事業承継に活かす

持分会社・一般社団法人・信託の法務・税務

牧口 晴一・齋藤 孝一 ◎著

〔第2版〕

中央経済社

第2版　改訂によせて……

平成30年度税制改正により**一般社団法人への課税強化**がなされました。

今後の，更なる課税強化も予想されていますし，そもそも従前の法律であっても税務否認が可能と言われています。

そんな中，どのように事業承継に活用してゆくか？　これが**第1点の改訂ポイント**でした。

初版では持分会社のうち，あまりに忘れ去られた合名・合資会社にスポットを当てて驚くべき活用を何点も示しました。

今回は，近年活用が増えている**合同会社**にスポットを当て，ただ単に株式会社より安くて便利というだけでなく，驚くべきスキーム**「財産承継トラスト®」**を提示しました。

それは，第1の改訂ポイントである**一般社団法人と組み合わせ，同法人への課税強化にも耐えうる抜本的な試みです。**

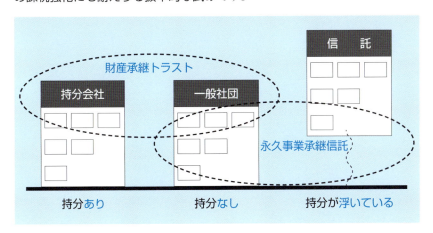

第2点は，事業承継における税金を支援する納税猶予制度は整ってきたものの，そもそも事業承継を基本的にサポートする法律が現行法にはなく，それを**阻害する民法（特に遺留分制度）を回避するための，これまた驚くべき**

スキーム「永久事業承継信託®」を提示しました。

　それは，一般社団法人と信託を組み合わせ，相続から事業承継を切り離し（したがって遺留分からも解き放たれます）永久に事業を承継させる手法です（節税にはなりません）。

　第3点は，初版において質問の多かった持分会社の無限責任社員の債務控除と，信託内の受託者借入の最先端の見解を筆者（齋藤）の論文を資料として収めました。

　第4点は持分会社（合名会社・合資会社）のモデル定款を資料として収めました。

　　　　　　　　　　　　　　　　　平成30年9月　著者　牧口　晴一
　　　　　　　　　　　　　　　　　　　　　　　　　齋藤　孝一

魅惑的な「持分ワールド」へのご招待

　恐らくこの本を手にされた多くの方々が，「持**株**会社……」と勘違いされたのではないかと苦笑しております。
　持**株**会社ではなく，持**分**会社です。ここまで強調しなければならないほどに，持分会社は忘れ去られた存在です。その良さに気づかれていないのです。

　しかし，その潜在能力は凄く，たとえば，株式会社の事業承継ではよく問題化する，名義株式がありません。
　たとえ，名義持分やほとんど経営に関与しなくなった持分権者がいたとしても，その者が死亡すると，持分会社からは法定退社したことになり，その者の相続人等に承継されません（後継者には承継可能）。
　したがって，株式会社のように後継者の議決権を確保するための株式買取請求で，右往左往することもありませんし，株主代表訴訟制度もありません。

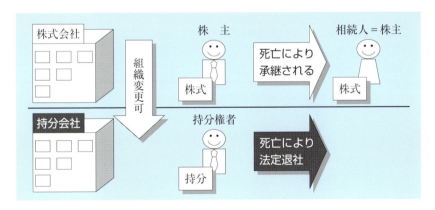

　さらには，後継者への優先的分配で事業承継上の節税も可能です。その他，役員給与を消費税法上の課税仕入にできるとか……目から鱗が満載です。

　一方，コンプライアンスが厳しくなる中，決算公告が義務づけられながら無視し続ける"後ろめたい株式会社"ではなく，元々公告義務のない持分会社にしておけば，正々堂々と公告不要ですし，社員総会も不要です。何と自

由度が高いことでしょう！　むしろ，大会社やファンドが上手に使っているのが実態です。会社法以前は不可能であった，株式会社から持分会社への組織変更も現在では可能ですし，当初から持分会社であれば，設立費用も安いし，毎年の税務申告は株式会社と全く変わらない……。

　このように見て来ると，持分会社は中小企業の実態にフィットしている面が多々あります。

　さて，本書は「持分」を巡って展開していきます。
　すると「持分のない」法人である一般社団法人が際立つ存在となります。
　持分がないから相続税が課税されない。耳を疑いたくなるような節税だけに否認されるリスクもありますが，正々堂々と工夫の余地もあります。

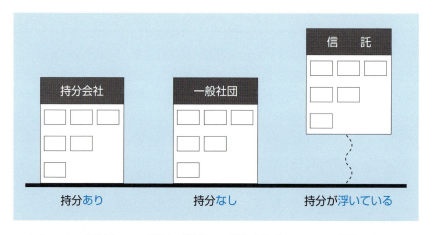

　さらには，最近とみに話題の信託は，「持分」を巡っては「誰のものでもない財産」（nobody's property）という，「持分が浮いた状態」なのですが，目的を完遂する構造をもっているため財団法人の機能を有しているのです。

　この「持分会社」，「一般社団法人」，「信託」の各々は「信頼感」を前提にして，組み合わせて使うこともできます。当然「株式会社」とも……。
　それでは，皆様を，魅惑的な"持分ワールド"にご招待致します。

平成27年10月　著者　牧口　晴一
齋藤　孝一

凡　例

会社法 ……………………………………………	法
会社法の施行に伴う関係法律の整備等に関する法律 ……	整備法
法人税法 …………………………………………	法法
相続税法 …………………………………………	相法
所得税法 …………………………………………	所法
消費税法 …………………………………………	消法
地方税法 …………………………………………	地方
法人税法施行令 …………………………………	法令
相続税法施行令 …………………………………	相令
財産評価基本通達 ………………………………	財基通
法人税基本通達 …………………………………	法基通
所得税基本通達 …………………………………	所基通
相続税法基本通達 ………………………………	相基通
信託法 ……………………………………………	信法
一般社団法人及び一般財団法人に関する法律 ……	一般法

目　　次

第Ⅰ編　持分会社

第1章　持分会社の事業承継への活用……………1

1　日陰の存在……持分会社………………………2
2　事業承継の節税に使える合同会社………………4
　(1)　合同会社の設立を思い立つ　4
　(2)　合同会社の本当のメリット　4
3　後継者に，出資比率に関係なく利益分配！………6
　(1)　会社法により明確化した出資比率によらない利益分配　6
　(2)　税務上の「みなし贈与」にならない細心の注意　10
4　後継者への「損益分配」がキーワード……………12
　(1)　利益の配当は，社員が請求することができる持分会社　12
　(2)　「持分の譲渡」と「株式の譲渡」の違い　14
　(3)　「配当」をしないと持分は貢献度に応じて増加し続ける　16
5　合名・合資会社なら持分評価を0にできる……………18
　(1)　当初案でシミュレーションして改良する　18
　(2)　無限責任社員のいる合名会社・合資会社ならさらに効果的　20
　(3)　「信用出資」という打ち出の小槌の事始め　22
6　合名・合資なら持分評価を相続時点でも0に……………26
　(1)　利益が出ると持分は増え続ける＝持分評価が上がる　26
　(2)　分配の全額を配当すれば持分は増えない＝評価0のまま　27
　(3)　残余財産分配請求権のない持分にして完璧に評価0に　28
　(4)　後継者にシフトした給与で，年金が減らない所得構成　29
7　議決権割合は，株式会社とは全然異なる……………30

(1) 持分会社の役員とは？　30
　　　(2) 議決権（意思決定）は，株式会社と大きく異なる　34
　　　(3) 法人を出資者（社員）とし，業務執行社員とした影響　37
　8　合名・合資なら債務超過額は債務控除可能 ……………… 38
　　　(1) 役員構成から持株評価をゼロに仕組む！　38
　　　(2) 土地活用まで考え，さらに，いざという時の仕組み　40
　　　(3) 合名・合資会社の債務超過額は債務控除可能　42
　　　(4) 持分の承継を定款で定める　44
　　　(5) 「社員の責任」の承継を定款で定める　47
　9　名義株対策で合名・合資会社に組織変更 ……………… 48
　　　(1) 名義株主の泥沼管理が，永久に続いてしまう！　48
　　　(2) 持分会社の合理性に気付く……社員を法定退社させられる　52
　　　(3) 「死亡」による法定退社を活用する　54
　　　(4) 「後見開始の審判を受けたこと」による法定退社の活用　56
　　　(5) その他の「法定退社」の事由の活用は？　57
　　　(6) 「組織変更」とは　58
　　　(7) 株式会社を持分会社に「組織変更」する　60
　　　(8) 株式会社を合同会社に「組織変更」する具体的手続き　62
　　　(9) 「総株主の同意」の取り付け方　72
　　　(10) 「総株主の同意」が取れない場合　76
　10　持分会社の定款に盛り込むべきこと１点 ……………… 80
　　　(1) めでたく「総株主の同意」を得た小泉氏　80
　　　(2) 「定款変更」のみ株式会社と同じにするアイデア　82
　11　「法定退社」した場合の「持分の払戻し」 ……………… 84

第２章　持分会社の会計・法務・税務 ……………… 87
　1　「持分会社」概論 ……………………………………………… 88
　　　(1) 持分会社とは　88

　　　　(2) 持分会社の活用方法　89
　　　　(3) 持分会社の「組織変更」と「種類の変更」　90
　　2　持分会社の会計の原則 …………………………………… 92
　　3　持分会社の計算書類 ……………………………………… 96
　　　　(1) 計算書類の作成（法617②）　96
　　　　(2) 計算書類の保存（法617④）　97
　　　　(3) 計算書類の閲覧等（法618・625）　98
　　4　持分会社の計算書類の内容……………………………… 100
　　　　(1) 貸借対照表 純資産の部　100
　　　　(2) 社員資本等変動計算書　100
　　　　(3) 個別注記表　101
　　5　資本金の額の減少 ……………………………………… 102
　　　　(1) 持分会社の原則　102
　　　　(2) 合同会社の特則　103
　　6　持分会社の「利益の配当」…………………………… 106
　　　　(1) 持分会社の利益の配当の原則（法621・622・623）　106
　　　　(2) 合同会社の特則（利益の配当の制限）　108
　　　　(3) 合同会社の利益の配当に関する責任　108
　　　　(4) 合同会社における欠損が生じた場合の責任　111
　　7　出資の払戻しと合同会社の特則 ……………………… 112
　　　　(1) 合名・合資会社の出資の払戻し　112
　　　　(2) 合同会社の社員の退社に伴う払戻しに関する特則　114
　　8　まとめ：税理士が押さえておきたい法務と会計 ……… 116
　　　　Ⅰ　法　務　編　116
　　　　Ⅱ　会　計　編　120
　　9　〈応用〉　持分会社を活用した組織再編 ……………… 124
　　　　(1) 持分会社が存続する吸収合併を活用する―持分会社が株式
　　　　　　会社を吸収合併し存続会社となる（法751）　124
　　　　(2) 持分会社を設立して新設合併を行う（法755）　126

(3) 株式会社の事業に関して有する権利義務の全部又は一部を，新設分割により合名会社に承継させる（法765）　127
　(4) 吸収分割の活用―株式会社が有する事業上の権利義務の全部又は一部を分割し，合名会社に承継させる（法760）　128
　(5) 合同会社に発行済株式を取得させる株式交換（法770・771）　130
　(6) 株式会社の合併・会社分割・株式交換（吸収合併等）の手続　131
　(7) 持分会社が吸収合併存続会社，吸収分割承継会社及び株式交換完全親会社となる場合の手続（法802）　131
10　定款自治で，事業承継に活用できる持分会社の税務‥‥132
〈Q1〉　持分会社の出資について教えてください。　132
〈Q2〉　信用・労務出資をした無限責任社員への利益の分配や残余財産の分配はどうするのですか？　133
〈Q3〉　債務超過の場合，無限責任社員の相続税の債務控除ができますか？　134
〈Q4〉　残余財産分配請求権がない無限責任社員の信用出資や，利益の配当のない無限責任社員の信用出資は可能ですか？　140
〈Q5〉　会社法622条に「社員の損益分配の割合」とありますが，聞きなれない文言です。　141
〈Q6〉　持分会社の意思決定＝業務の執行はどのようになっていますか？　143
〈Q7〉　持分会社の社員に法人が就任する際の税務上の留意点　144
〈Q8〉　創業オーナーが100％株式を有する高収益株式会社を消滅会社とし，創業オーナーが無限責任社員（信用出資），後継者が有限責任社員である合資会社を承継会社とする合併による事業承継対策は？　144
〈Q9〉　債務超過の株式会社を消滅会社にし，信用力のある合資会社に債務を承継させる対策は？　144

第Ⅱ編　一般社団法人

第1章　一般社団法人の活用の全体像 …………… 145
  1　全体像を俯瞰する ……………………………… 146
  2　中心は，ここだ！ ……………………………… 150
    (1)　財産移転は「譲渡」で行うのが無難　150
    (2)　財産移転の方法は，大別3つある　151
  3　裏の中心は，ここだ！ ………………………… 152

第2章　一般社団法人の法務・税務 …………… 155
  1　「一般社団法人等」と法人税 ………………… 156
    (1)　多くの税理士にとって，初めて向き合う公益法人等の税務　156
    (2)　まずは，法人税の観点から区分する　157
    (3)　2階法人の要件・それから外れた時の，遡及清算　158
    (4)　2階法人の税務上のメリット　160
  2　「一般財団法人」とは？ ……………………… 162
    (1)　「一般財団法人」とは？　個人の所有財産でなくなる！　162
    (2)　「一般財団法人」のメリットとデメリット　163
  3　「一般社団法人」とは？ ……………………… 164
    (1)　「一般社団法人」の必要性から"持分がない"ことを理解　164
    (2)　株式会社と，「持分」で比較してみると……　165
    (3)　「基金」とは，負債　166
    (4)　持分がないということは，「残余財産」の分配はどうなるのか？　168
    (5)　一般社団法人の組織・議決権・社員……そして乗っ取りの

　　　　　リスク　170
　　　(6)　一般社団法人の設立手続き・重要な「目的」　176
4　「一般社団法人」の相続税の全体像 …………………… 178
　　　(1)　相続の観点からは，第4の事業承継先　178
　　　(2)　「みなし譲渡」とは？　180
5　「一般社団法人」の相続税・入り口と出口 …………… 182
　　　(1)　「一般社団法人」に贈与等をすると贈与税等が（相法66④）
　　　　　182
　　　(2)　「一般社団法人」から利益を得ると贈与税等が（相法65）
　　　　　183
6　「一般社団法人」の税務……入り口 …………………… 184
7　「一般社団法人」の税務……入り口の詳細 …………… 188
8　出口課税で遡って課税 …………………………………… 204
9　「基金」を放棄したら債務免除益に …………………… 206
10　実務の中心スキーム……「譲渡」…………………… 210
　　　(1)　買取資金計画　210
　　　(2)　譲渡価額　213
11　税務上の否認リスク …………………………………… 216
　　　(1)　うまい話には落とし穴が……最低限ヘッジすべきこと　216
　　　(2)　どのような否認が考えられるか？　217
　　　(3)　まとめ　223
12　一般社団法人の租税回避への改正 …………………… 226
　　　(1)　「特定一般社団法人等」は個人とみなして相続税を課税　226
　　　(2)　「特定一般社団法人等」（相法66の2①）とは　227
13　課税強化対策"財産承継トラスト®" …………………… 228
　　　(1)　短絡的対策では憂いを残す　228
　　　(2)　「財産承継トラスト®」の概要　229
　　　(3)　法人の設立　230
　　　(4)　合同会社の運営　236

(5)　財産承継トラスト®による，2つの相続税対策　238
　(6)　財産承継トラスト®の下での相続税の課税関係　238
　(7)　財産承継トラスト®の合理性及び関連事項　242

第Ⅲ編　信　託

第1章　信託税制の全体像……249

1　知らぬ間に日常的に"信託"している…… 250
2　事業承継の「方法」としての位置づけ…… 256
3　信託の種類（受託者による区別）と課税…… 258
　(1)　商事信託と民事信託 ▶ 受託者による区分　258
　(2)　信託の種類と課税 ▶ 受託者による区別はない　259
4　対価の有無による信託の課税の違い…… 260
　(1)　信託設定時の課税　基本中の基本　260
　(2)　受益者　262
　(3)　信託受益権の評価　263
　(4)　効力が生じた時……（「遺言代用生前信託」の場合で説明）　264
5　相続前後，数十年の心配に対応する一覧表…… 266
6　最も中心となる受益者等課税信託…… 268
　(1)　「受益者等課税信託」とは　268
　(2)　「みなし受益者」とは……「信託の変更」にも関係　269
　(3)　「信託の変更」　272
7　信託期間中に受益者等が変更した場合の課税…… 274
8　信託の終了（清算）時の課税…… 276
　(1)　終了で"誰のものでもない財産"が，着地し課税される　276
　(2)　残余財産受益者と帰属権利者　278

(3)　「信託の終了」の場合　280
　9　受益者連続型信託の課税･････････････････････････282
　　　(1)　受益者連続型信託の範囲（相令1の8）　282
　　　(2)　受益者連続型信託の評価の特例（相法9の3）　284
　　　(3)　受益者連続型信託の課税　285
　10　受益者等が存在しない信託等の特例･･････････････286
　　　(1)　受益者が存在しない信託とは（信法258〜261）　286
　　　(2)　受益者等が存在しない信託に対する課税の特例　287
　　　(3)　受益者等が存在する信託で存在しなくなった場合　290
　　　(4)　受益者等が存しない信託に存在することになった場合　292

第2章　信託の活用事例 ･･････････････････ 295

　1　名義預金も解消！　認知症対策も！･････････････296
　　　(1)　節税で生前贈与はしたいが，息子に浪費されないか心配　296
　　　(2)　認知症が心配。財産の管理を信用できる長男に任せたい　297
　2　「息子の嫁にだけは渡さない」が可能に･･･････････298
　　　(1)　受益者連続型信託の活用例　298
　　　(2)　売買（譲渡）で承継させれば，遺留分の対象外で安定的　299
　3　信託は，受託者が肝！　一般社団法人に･･････････300
　　　(1)　横領続発した成年後見制度と同じ心配が･･････　300
　　　(2)　委託者自ら，一般社団法人を設立し受託者とする　301
　4　議決権を一般社団法人に････････････････････････302
　　　(1)　遺言代用信託スキームで後継者にスムーズかつ確実に　302
　　　(2)　議決権と配当受領権を区分するのは，種類株式と信託しかない　303
　5　議決権の評価額はいくらか？････････････････････304

> **コラム1** 信託を活用した事業承継の想定事例その特徴　306
>   1．遺言代用信託（自益信託）　307
>   2．他益信託　310
>   3．後継ぎ遺贈型受益者連続信託　312

　6　家督相続が可能な"永久事業承継信託®"……………… 318
　　⑴　民法と税法は「株式所有権と事業支配権」を一体承継できない　318
　　⑵　現行の法制度はどうなっているのか？　320
　　⑶　死は所有を破る　322
　　⑷　「永久事業承継信託®」の概要　324
　7　知られていない障害者等へ非課税信託 ………………… 330
　8　結婚・出産・子育て資金の非課税贈与 ………………… 332
　9　信託で「争族」頻発を政府が助長？ …………………… 334
　　⑴　贈与は7つの種類がある　334
　　⑵　「贈与税の申告内容の開示」に立法の漏れ　334

巻末付録

- 無限責任社員の法的責任と相続税法上の債務控除
  ―会社法と相続税法との交錯―（齋藤孝一）　339
- 民事信託における信託内借入に対する相続税法上の取扱いについて
  （齋藤孝一）　353
- 合名会社の戦略的モデル定款　367
- 合資会社の戦略的モデル定款　375
- 一般社団法人及び一般財団法人に関する法律　条文　381
- 信託法　条文　436

あとがき　499
索　引　501

第Ⅰ編　持分会社
第1章　持分会社の事業承継への活用

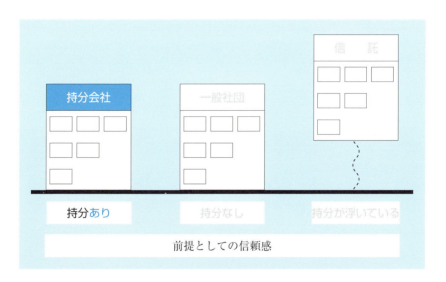

● 物語の主人公……オーナー経営者：小泉氏（昭和17年生まれ）

◆ 本章の「エッセンス・ストーリー」

　小泉氏が，合同会社の設立を思い立つ中で，自分の相続・事業承継対策を考える中で，意外に有益性のある「持分会社」を理解することを通じて，合名会社・合資会社のさらなる有効活用に目覚めて行きます。

　最後には，現在経営中の株式会社をいかにスムーズに組織変更をして合資会社にしようかと企てて行きます。

1 日陰の存在……持分会社

過去の遺物？ しかし，その潜在能力は強力！

「持分会社」と一般の人々に聞いてもほとんど知られていません。事実，**「持分会社〇〇」という会社は存在し得ません**。これが「株式会社」と，まずもって，異なることです。

「持分会社」の中身は何か？ と問われて，初めて「合名会社」と「合資会社」そして「合同会社」という具体的な社名に冠を付ける社名が登場します。

会社法等に規定する会社の類型

会社の区分	具体的社名に付く名称	根拠法
株式会社	株式会社	会社法（平成17年7月26日成立，平成18年5月1日施行）
持分会社	合名会社	会社法（平成17年7月26日成立，平成18年5月1日施行）
持分会社	合資会社	会社法（平成17年7月26日成立，平成18年5月1日施行）
持分会社	合同会社	会社法（平成17年7月26日成立，平成18年5月1日施行）
特例有限会社	有限会社	会社法の施行に伴う関係法律の整備等に関する法律（成立，施行は会社法に同じ）

会社法が平成17年に制定される直前，大学院の「商法」講座では，改正法案の検討会が進む中，指導教授の言葉は印象的でした。

「時間もないので，持分会社の部分は飛ばして……」でした。

事実，六法の一角をなす「商法」が毎年のように改正されるというだけでも大事なのに，平成13年には，年に3回も改正されて，商法学会は浮足立った時代でした。

そして，その集大成として，平成17年に，突如として1,000条近い条文が登場して，「**六法**」から"**七法**"へと揶揄されるほどに変わったのでした（商法は今も残骸のように残っています）。

だから,「時間がないので」は切実な問題で，通常の講義の中では，株式会社がメインとなり，持分会社は生まれた時から継子扱いだったわけです。当然，実務の中では株式会社と有限会社がほとんどを占め，その**有限会社がなくなり**，合同会社が新設されるというのが持分会社の唯一というほどの，セールスポイントでした。

　会社法の一番の権威書たる江頭憲治郎教授の書籍は，会社法前は『株式会社・有限会社法』でしたが，会社法施行後は『株式会社法』になっています。
　こうして，学者も学生も，そこに籍を有していた我ら著者の2人も，当然の如く大変革が起きようとしている最中に，熱中して研究をしておりました。

　しかし,「新会社法」と当時呼ばれていた，法案を検討し，出版をする中で実務家出身の著者2人には，その日陰にひっそりと咲かせている花に気づくのにさほど時間は要しませんでした。

　特に，株式会社に種類株式が明確な形をもって登場したことは，改めて「株式」とは何か？ に迫るものでした。その時，ふと路傍を見ると,「株式」ではない「持分」とは何か？ と必然的に興味が湧きました。

　そのことは，本文で縷々述べていくこととして,「持分会社」を使えば，あんなことも，こんなこともできる！ と思い描くようになり，今どき……と思われながら，合名会社や合資会社を設立して，現実に，様々なスキームを実行してまいりました。

　その軌跡は，会社法改正の際に出版した書籍に明確に足跡を残し，会社法に対応する税制改正に対応して，僅かずつながら，世に問うてきました。本書冒頭の『魅惑の「持分ワールド」へのご招待』がその一例で，そこで述べた,"新たな機軸"も加えて，若干の物語を追いながら，主人公の小泉氏の気づきと共に，ご理解頂けるよう，全体像を述べていくことにします。

2　事業承継の節税に使える合同会社

物語を追いながら，持分会社を理解する

⑴　合同会社の設立を思い立つ

　オーナー経営者である小泉氏は，昭和17年生まれですが，事業欲旺盛で，老舗の味をITで仕掛ける会社を立ち上げることにしました。その会社とは，小泉氏と同い歳である時の首相が，在任最終年の平成18年に施行された会社法で，華々しくデビューした「合同会社」でと考えたのです。

　世の中のほとんどが，有限会社か株式会社といわれる中，なぜ合同会社なのか？　それは，小泉氏が，合同会社の短期的な変化対応力のある合理性に惚れ込んでいたからでした。さらに，人を信頼して望みを託することで合理的な節税効果を見出せることには，まさに目から鱗だったのです。

⑵　合同会社の本当のメリット

　その上で，最近，法人設立で多くなって来たという合同会社のメリット・デメリットをネットで拾って，次頁の表にまとめました。しかし，株式会社経営の経験の長い小泉氏にとっては，本当のメリットと思えるものは右頁の内，数少ないことがよく分かりました。

　何故なら，設立費用は安いにこしたことはありませんが，最初だけのことで，零細で始めるならともかく，後年のことを考えればさしたることではありません。表の4～6は，多くの株式会社とて同じことで，個人企業との比較というだけの話で，そんな事なら，表の1～3は個人企業のほうが遥かに安いし自由度が高いといえます。

　2の決算公告不要も，元々，公告義務のある株式会社を経営してきた小泉氏も友達の経営者も一度も公告したこともない，まさに「赤信号皆で渡れば……」の世界でメリットに感じない。役員の任期がないというのも，対立する役員などが生じたときに，体よく追い出すことができなくなるなど，逆に

デメリットになることもあるので，何ともいえません。

それでも，小泉氏があえて合同会社としたのには，理由があります。

それが，表の3の損益の配分を，出資比率に関係なく社員間で自由決定可能と定款で規定できることも自由度が高いことでした。「これは，相続・事業承継に使える！」と閃いたのです。これについて以降見ていきます。

デメリットでは，下表の2を除き，問題がありません。これは合同会社の決議は頭数過半数による（法590②）というもので，定款をそれ以外にすれば良いだけです。株式会社に容易に変更できるのだから，大企業になる時に必要なら，すればいいだけのことでした。

No.	合同会社のメリット・デメリット メリット
1	6万円で設立可（登録免許税6万円のみ，定款認承不要）。 株式会社は，登録免許税（15万円）と定款認承（5万円）で，20万円 合同会社のほうが，14万円も安い。 登記に必要な書類も少なく，速く簡単設立可
2	ランニングコストが安く手続き等も簡単 決算公告義務がないため，官報掲載費6万円不要 役員の任期がないため，重任登記不要 （株式会社は，任期が切れる度に，重任登記で1万円）
3	経営の自由度が高い。 損益の配分を，出資比率に関係なく自由決定可 社員総会不要なため迅速かつ簡単に意思決定可 定款で規定できることも自由度が高い。
4	法人の節税メリットが享受可
5	有限責任
6	社債発行も可
7	株式会社への変更も可
No.	デメリット
1	知名度が低い
2	社員（経営者）同士の対立の危険性。特に社員数の多い場合の決議遅れ
3	上場不可
4	資金調達の手段も株式会社と比較すると少ない。

3 後継者に，出資比率に関係なく利益分配！

後継者のやる気を引き出し，彼の持分を優先的に増やせる

(1) 会社法により明確化した出資比率によらない利益分配

　小泉氏のプランでは，長男一郎氏（後継者）との共同経営です。それは，小泉氏自身は体力も気力もあるものの，ITの活用などで"時代を見る眼"は若い者には叶わないと感ずることが大きかったからです。

　その部分は，やはり長男に任せざるを得ないと考えますが，いかんせん，長男には，元手となる資金がありません。貸してやっては自覚が伴いません。
　株式会社ですと，仮に小泉氏が900万円の出資をしたとして，長男は1割の100万円が精一杯で，1,000万円の出資をして設立し，あるプロジェクトが成功して利益が100万円出た場合の利益の分配は以下のようになります。

株式会社の場合	出資比率　＝　損益の分配比率	
	小泉氏　オーナー経営者	小泉一郎氏　長男
出資額	900万円	100万円
出資比率	90%	10%
会社の利益額	100万円	
損益の分配額	90万円	10万円

　つまり，株式会社では，出資比率と損益の分配比率は同じですから，長男一郎氏の若い感性によって獲得し得た利益ながら，出資額に応じる割合である10％しか得られず，長男一郎氏のやる気が発揮しない仕組みです。

一郎氏が不満で株主総会に掛けても**議決権**は，**出資割合によりますから**否決されます。しかし，こんな時，家族経営では，仰々しく株主総会を開くでしょうか？　恐らく，仕事場や食卓で，親子の会話でしょう。そして小泉氏が折れて「よし分かった！　一郎。お前の分け前（配分）を60％にしてやろう！」と決断したとすると，さあ！　これを実現するには，株式会社では大変です。

　同じ普通株式ですから違う配当割合はできません。では，種類株式に変更するためには，株主総会を開いたことにして（笑），その議事録を作成し，定款を変更し，人的種類株式（法109②）を除き，登記しなければなりません。

　では，臨時の役員給与で支払おうとすると，一郎氏は，役員登記をしていなくても，税務上は「みなし役員」ですので，賞与は損金にならないので，来年度の役員給与改定を待たなければなりません。
　しかし，役員給与の運用は，中々硬直的で，業績に応じてフレキシブルに変更させるのは困難です。その間に，一郎氏のやる気は萎むかもしれませんし，逆の場合には，危機感を感じ難い給与となります。
　しかし，持分会社なら……次のようにできます。

持分会社の場合	出資比率　≠　損益の分配比率	
	小泉氏　オーナー経営者	小泉一郎氏　長男
出資額	900万円	100万円
出資比率	90％	10％
利益配当割合	40％	60％
会社の利益額	100万円	
損益の分配額	40万円	60万円

　なぜ，こんなことができるのでしょう？
　それは，会社法の条文に，規定があるからです。なお，「配当では損金にならないじゃないか！」と疑問に思われた方，ごもっともです……しかし，

しばらくお待ちください。馴染みの薄い持分会社を段階的に理解して頂くために徐々に述べます。

さて，会社法622条には，**社員**（当然のことですが，従業員のことではありません。**持分権利者のことです**）の損益分配の割合について，以下の規定があります。

> 社員の損益分配の割合（法622条）
> 1　損益分配の割合について定款の定めがないときは，その割合は，各社員の出資の価額に応じて定める。
> 2　利益又は損失の一方についてのみ分配の割合についての定めを定款で定めたときは，その割合は，利益及び損失の分配に共通であるものと推定する。

つまり，逆に，定款に定めさえすれば，自由に損益分配が可能なのです。こんなことは，株式会社では全くできない離れ業です。

先述したように，株式会社でこんなことをしようとしたら，人的種類株式の規定を置かざるを得ません。

持分会社は，株式会社ではありませんから，種類株式を発行することはできませんが，種類持分のようなことが登記も不要で，いとも簡単にできてしまうのです。

さらに，種類株式より自由度が高く，たとえば，以下のように定款で規定することも可能です。

> ＜定款記載例＞
> 各社員への損益分配の割合に関する事項は，総社員の同意により定める。

さらに，損益配分は決算の時だけではなく，いつ行っても構いませんから

（法621②）。業種によっては，1つ1つのプロジェクトが終了した段階で，その成果配分を明確にして皆のやる気を引き出すこともできます。

　この定款の例を見ていると，小泉氏が長男一郎氏と成果について話し合っているシーンが浮かんでくるかのようです。

　経営的には，これは大変優れた手法で，事前に損益分配目標を設定させることや，権限移譲を進めることを通じて，特に，事業承継の最大課題である後継者育成に役立つ仕組みにすることすらできます。

　もちろん，その話し合いによる損益分配割合は，経済的に合理的でなければなりません。ここは税務上最も重要な部分です。これについては，次頁の(2)で述べます。

　ところで，定款に定めがないと，出資の割合になると規定していますから，そうすると株式会社と同じになってしまいます。持分会社設立のために最低限必要な定款の規定ではないということで，ネット上で紹介されているサンプル定款では，一切触れられていないものが多く，勿体ない話です。
　以後，同様な規定ぶりの「定款に定めがないときは」とする規定が多数登場し，会社法が創設に当たって認めてくれた「定款自治」がたくさんありながら，それを活かしきっていないものが多いようで残念です。

(2) 税務上の「みなし贈与」にならない細心の注意

　持分会社による事業承継対策の入り口で中心になるのが，この会社法622条の「社員の損益分配の割合」です。

　それだけに，その定款に定めた方法（先の(1)の例では，話し合いによる分配割合）は，経済的に合理的でなければなりません。ここは税務上最も重要な部分です。

　小泉氏が，相続税の節税も考えて，余り働きもないのに，長男一郎氏にお手盛りで渡せば，「みなし贈与」（相法9）となる恐れがありますから，その分配割合の決定過程や証拠を残しておく必要があります。

　みなし贈与の根拠条文は以下の通りです。重要ではありますが，難解ですので，飛ばして，次頁の太線の下に進んで頂いて結構です。

> **相続税法9条　＊みなし贈与**
> 　第5条から前条まで及び次節に規定する場合を除くほか，対価を支払わないで，又は著しく低い価額の対価で利益を受けた場合においては，当該利益を受けた時において，当該利益を受けた者が，当該利益を受けた時における当該利益の価額に相当する金額（対価の支払があつた場合には，その価額を控除した金額）を当該利益を受けさせた者から贈与（当該行為が遺言によりなされた場合には，遺贈）により取得したものとみなす。

　これに関連する通達は以下の2つです。

> **相続税法基本通達　9条（(その他の利益の享受)）関係**
> 9-1（「利益を受けた」の意義）
> 　法第9条に規定する「利益を受けた」とは，おおむね利益を受けた者の財産の増加又は債務の減少があつた場合等をいい，労務の提供等を受けたような場合は，これに含まないものとする。

みなし贈与の具体例を示す次の通達も，内容的には会社法が施行前の平成15年の改正が最終改正ですが，元々から合名会社や合資会社で可能なスキームでありながらほとんど行われなかったため，例示にも載っていません。

> **相続税法基本通達9－2（株式又は出資の価額が増加した場合）**
> 　同族会社（法人税法第2条第10号に規定する同族会社をいう。以下同じ。）の株式又は出資の価額が，例えば，次に掲げる場合に該当して増加したときにおいては，その株主又は社員が当該株式又は出資の価額のうち増加した部分に相当する金額を，それぞれ次に掲げる者から贈与によって取得したものとして取り扱うものとする。この場合における贈与による財産の取得の時期は，財産の提供があった時，債務の免除があった時又は財産の譲渡があった時によるものとする。
> 　　　　　　　　　　　　　　（昭57直資2－177，平20課資2－10改正）
> (1) 会社に対し無償で財産の提供があった場合　当該財産を提供した者
> (2) 時価より著しく低い価額で現物出資があった場合　当該現物出資をした者
> (3) 対価を受けないで会社の債務の免除，引受け又は弁済があった場合　当該債務の免除，引受け又は弁済をした者
> (4) 会社に対し時価より著しく低い価額の対価で財産の譲渡をした場合　当該財産の譲渡をした者

　さて，会社法では，この条文に先立ち会社法621条に「利益の配当」という条文があります。「利益の配当」と「損益分配」とはどう異なるのでしょう？
　これは事業承継を考える上で重要ですので，次項で詳しく見てまいります。

4 後継者への「損益分配」がキーワード

「利益の配当」と「損益分配」との違いを理解すると，事業承継に活用できる

(1) 利益の配当は，社員が請求することができる持分会社

前項で，「損益分配」の割合は自由にできる……と述べました。そして，それは，会社法622条に規定されているのですが，その1つ前の条文に「利益の配当」というのがあります。

並べて比較すると，奇妙ですが，これが事業承継への活用の上で重要です。

> 利益の配当（法621条）
> 　社員は，持分会社に対し，利益の配当を請求することができる。

> 社員の損益分配の割合（法622条）
> 　損益分配の割合について定款の定めがないときは，その割合は，各社員の出資の価額に応じて定める。

621条1項は，社員が主語で，利益の配当を請求することができると，任意の規定になっています（合同会社は特則があって，会社は社員の請求を拒むことができます（法628〔第2章「持株会社の会計・法務・税務」108頁参照〕）。

このことは重要です。持分会社も，営利法人ですから，その点では株式会社と異なることはありません。

しかし，出資の仕方が株式会社と根本的に異なるのです。
　社員は，利益の配当を請求することができるとする任意規定は，基本的には，利益の配当を普段はしないことの表れでもあります。

　株式会社では，株主は配当を得るために出資する存在ですから，会社は配当するのは，当然だからです。

　しかし，会社の意思で一時的に配当をせずに留保することがあります。
　著名な例では，外国企業ですが，アップルが研究開発に資金を投じたいとのことで，しばらく株主への配当をしない旨を発表したこと等があります。

　ですから，それを表すように，株式会社には次の条文があります。左の持分会社と対比してみてください。

> 株主に対する剰余金の配当（法453条）
> 株式会社は，その株主（当該株式会社を除く。）に対し，剰余金の配当をすることができる。

　持分会社の方が，社員が主語であるのに対し，株式会社では，会社が主語で，同じく任意規定なのです。

　株式会社は，多数の資本を集めるための仕組みですが，持分会社は，社員数の制限を規定していないものの，持分の譲渡などの重大事項は，基本的には次頁で紹介する(2)の条文のように総社員の同意が必要です。

　1人でも欠けると重要な決定ができなくなってしまうので，基本的に少人数の出資者という前提でしかできないのです。
　だから，顔の知れた極近しい人達による同族経営の信頼感が前提なのです。

　それが，「持分の譲渡」の条文に表れています。それを見てみましょう。

(2) 「持分の譲渡」と「株式の譲渡」の違い

> **持分の譲渡**（法585条）
> 1　社員は，他の社員の全員の承諾がなければ，その持分の全部又は一部を他人に譲渡することができない。

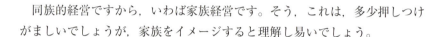

　同族的経営ですから，いわば家族経営です。そう，これは，多少押しつけがましいでしょうが，家族をイメージすると理解し易いでしょう。

　家庭では，家長が稼いできた利益をその都度分けるのではなく，家族を養うために，食事などの通常の支払いをします。その残りの蓄えは，相続の時まで取っておくようなイメージを持って頂ければ結構です。

　ですから，持分会社では，会社に利益が出たとしても「すぐに配当を！」とはなりません。

　ここでは，持分会社の本筋を述べることが主眼のため，あえて述べず後述することになりますが，この条文の2項以降は以下のように続き，有限責任社員などについて，株式会社に近い規定ができるようにしてあります（業務を執行する社員としない社員の区別については，7を参照）。

> **持分の譲渡**（法585条）
> 2　前項の規定にかかわらず，業務を執行しない有限責任社員は，業務を執行する社員の全員の承諾があるときは，その持分の全部又は一部を他人に譲渡することができる。
>
> 3　第637条の規定にかかわらず，業務を執行しない有限責任社員の持分の譲渡に伴い定款の変更を生ずるときは，その持分の譲渡による定款の変更は，業務を執行する社員の全員の同意によってすることができる。
>
> 4　前3項の規定は，定款で別段の定めをすることを妨げない。

これに対して，株式会社では，利益が出ないような会社の株式は，株主の目的に反しますので，次の条文のように自由に売り払うことができます。

> 株式の譲渡（法127条）
> 株主は，その有する株式を譲渡することができる。

持分は譲渡できないのに対して，株式は譲渡できると対象的です。

少し横道にそれますが，多くの誤解があるので申し添えておきます。中小企業のほとんどが，譲渡制限株式ですが，この株式も以下の条文のように，会社の承認こそ必要ですが，売ると決めたら必ず売れる法体系になっています。

> 譲渡制限株式 （法2条十七）
> 株式会社がその発行する全部又は一部の株式の内容として譲渡による当該株式の取得について当該株式会社の承認を要する旨の定めを設けている場合における当該株式をいう。

さて，話を戻して，繰り返しますが，社員は，利益の配当を請求することができるとする任意規定は，基本的には，利益の配当を普段はしないことの表れでもあります。

そうすると，どうなるでしょう？ 社員の持分の価値が増えることになります。株式会社なら，配当しないと会社に利益が留保されて，株価がその分高くなるのと同じです。

その持分の，各社員への配分割合の規定が，先に述べた622条なのです。「損益」とありますから，利益ばかりでなく，損失も持分の変動をきたします。次にやっと621条と622条を一緒に見ることにします。

すると，いよいよ核心に迫ってくることになります。

(3) 「配当」をしないと持分は貢献度に応じて増加し続ける

そうすると、以下の関係が成立してきます。

社員は、会社法621条によって、利益の配当を請求できるので、請求して配当を得ると、会社から利益は流失しますから、社員の持分は増えません。

配当を得た社員には、当然、配当所得として課税されます。

> **社員の損益分配の割合（法622条）**
> 損益分配の割合について定款の定めがないときは、その割合は、各社員の出資の価額に応じて定める。

> **利益の配当（法621条）**
> 社員は、持分会社に対し、利益の配当を請求することができる。

株式会社でも、オーナー経営者は、配当を好みません。上記と同じ理由からです。配当しなくたって、どのみち会社は自分のものだから、そのまま会社内に留保しておけば、自分の持分には違いないと高を括っているわけです。その上、配当は法人の損金になりません。……だから配当しない。

その結果、剰余金は、上記622条で、定款に貢献度の高い後継者に多く分配される仕組みにすれば、徐々に後継者の持分が増えていきます。

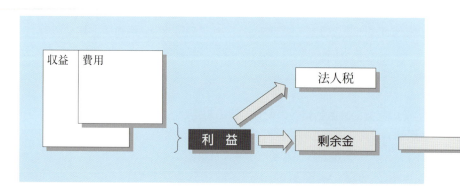

役員給与にすれば損金になるものの，昨今は法人税率が低下傾向にありますから，役員給与はある程度取るに留めるのが良いでしょう。

それ以上の給与支給も配当もせず，社内に剰余金として留保させておけば，配当課税を受けないことによって，後継者の財産は増え続けます。

小泉氏の狙いはこれだったのです。

> 社員の持分は増える。この段階では社員に対して配当課税は行われない。定款に貢献度の高い後継者に多く分配される仕組みを組み込むことで後継者の持分が増加していく。

> 配当すると，社員の持分は減る。社員に対して配当課税が行われる。配当は，法人の損金にならない。

> 株式会社でもオーナー経営では，配当しない傾向にあるのと同じで，結局，法人を太らせる方が得だ。

小泉氏の死亡時には，株式会社へ組織変更（48頁参照）をして，自己株式の取得をすればみなし配当もありません（措法9の7）。

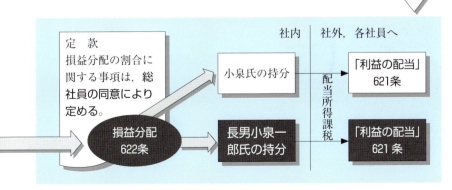

5 合名・合資会社なら持分評価を0にできる

温故知新の裏ワザ！

(1) 当初案でシミュレーションして改良する

小泉氏の当初案である，7頁の表を改めて載せれば，以下のように小泉氏900万円，長男一郎氏100万円の出資をして，合同会社を設立します。

持分会社の場合	出資比率 ≠ 損益の分配比率	
	小泉氏　オーナー経営者	小泉一郎氏　長男
出資額	900万円	100万円
出資比率	90%	10%
利益配当割合	40%	60%
会社の利益額	100万円	
損益の分配額	40万円	60万円

そして，前頁までの"仕組み"によって，会社に「利益の配当」は請求せず，「損益分配の割合」を以下の定款記載のようにして，必要な都度，話し合い一郎氏に多く渡るように，かつ「みなし贈与」とならないように，合理的計算の元，証拠書類を残し，事業経営の術を伝授し権限移譲していきます。

```
＜定款記載＞
各社員への損益分配の割合に関する事項は，総社員の同意により定める。
```

その結果，平均的に4：6の割合で持分が一郎氏に傾斜的に蓄積していったとすると，下表の左側の「当初案」のようになります。しかし，「中々迂遠な感じが否めない」と小泉氏は自分の寿命からして，唸りました。

　そこで，一郎氏の育成期間を3年で可能と考え，4年目から「損益分配の割合」を1：9とする案に変更しました。しかし，これでも長い……。

	当初案		3年引継案	
	小泉氏	一郎氏	小泉氏	一郎氏
当初出資	900	100	900	100
1年目	940	160	940	160
2年目	980	220	980	220
3年目	1,020	280	1,020	280
4年目	1,060	340	1,030	370
5年目	1,100	400	1,040	460
6年目	1,140	460	1,050	550
7年目	1,180	520	1,060	640
8年目	1,220	580	1,070	730
9年目	1,260	640	1,080	820
10年目	1,300	700	1,090	910
11年目	1,340	760	1,100	1,000
12年目	1,380	820	1,110	1,090
13年目	1,420	880	1,120	1,180
14年目	1,460	940	1,130	1,270
15年目	1,500	1,000	1,140	1,360
16年目	1,540	1,060	1,150	1,450
17年目	1,580	1,120	1,160	1,540
18年目	1,620	1,180	1,170	1,630
19年目	1,660	1,240	1,180	1,720
20年目	1,700	1,300	1,190	1,810

（4年目：変更／13年目：逆転）

(2) 無限責任社員のいる合名会社・合資会社ならさらに効果的

しかし，前頁のシミュレーションをしても，中々の長期戦を覚悟しなければならず，小泉氏の余命を考えると「痒い所に手が届くとまでは行かないなぁ」との感じがしました。

小泉氏は，フト考えました。「合同会社は確かに会社法の創設で新たに認められた『日本版LLC』ともいわれた最先端の会社組織で，西友やアップルジャパンなども合同会社であることで有名だ」

合同会社の特徴は，出資者全員が有限責任ということで，株式会社と同じでありながら，株式会社より定款自治の自由度が高いため，前頁までの「利益の配当」や「損益分配の割合」を享受することができる利点があります。「しかし，それにしても余りにも長い」と感じました。

そこで，合同会社と同じ持分会社の類型に，従来からある合名会社・合資会社を検討してみました。

会社法等に規定する会社の類型と責任範囲

会社の区分	具体的社名に付く名称	社員の責任範囲	
		有限	無限
株式会社	株式会社	●	—
持分会社	合名会社	—	●
	合資会社	●	●
	合同会社	●	—
特例有限会社	有限会社	●	—

上表のように，有限責任を負う社員と無限責任を負う社員が存在します。
株式会社・有限会社や合同会社は，有限責任社員のみという事は一般的に知られています。

しかし，その実，中小企業では銀行借り入れする場合に，往々にして**経営者の個人保証**を求められて，仕方なく応じてきた長い歴史がありました。つまり，**実質的に無限責任社員と同じ**なのです。「それならば，合名会社・合資会社でも問題ないのではないか？」と小泉氏は考えました。

もちろん，昨今では，個人保証を外す動きがないわけではありませんが，小泉氏がそう考えるに至った理由は，そんなことより，この先が重要なのです。

合同会社などの有限責任社員の出資は「金銭等」に限られています。ところが，無限責任社員は「労務出資」や「信用出資」も可能なのです。

	金銭等 (現物出資等)	労務出資 信用出資
有限責任社員	○	×
無限責任社員	○	○

すなわち，長男一郎氏は，先の例では100万円の出資でも精一杯でしたから，金銭出資は40万円に留め，後の60万円は，設立後1年間は本来の役員給与30万円のところ，25万円とし，5万円×12か月＝60万円の**労務出資**とすることができます（もっとも，この報酬債権による出資の方法は，合同会社以外の有限責任社員においても可能ですが，本論から外れるために省略します）。

この場合，設立時点では，出資を履行していないことになりますが，それでも問題ありません（合同会社では設立登記までに履行していないと認められません〔法578〕）。

しかし，小泉氏はもう一方の**信用出資**に着眼していました。

(3) 「信用出資」という打ち出の小槌の事始め

　小泉氏は，長年の会社経営と個人資産から社会的信用があります。この信用力を新会社に出資するのです。

　株式会社への金銭出資や現物出資にすっかり慣れている頭には，俄かに理解不能なことですが，極端な例でお話しましょう。

　たとえば，新会社設立に当たって，貴方が強力なコネを持っていて，時の総理と親しいとしましょう。総理が新会社の理念に惚れ込んで，無限責任社員として信用出資してくれました。その価値（登記の記載額）はどれほどでしょうか？

　恐らく，10億円と登記しても誰も疑いのないことでしょう。総理は一銭のお金も出資していませんが，現に総理が法的に無限に責任を負ってくれるわけですから，その新会社の信頼感は絶大です。ちなみに，登記のために必要な定款には以下のような規定がなされます。

合名会社又は合資会社　定款記載例

（社員の氏名，名称，住所，出資及び責任）

第5条　当会社の社員の氏名，又は名称及び住所，出資の目的及びその価額又は評価の標準並びに責任は，次のとおりである。

1. 信用：この評価の標準1か年3,000万円とする。
   東京都千代田区千代田1丁目1番1号
   　無限責任社員　　小泉純太郎

　そもそも会社法の存在目的は何か？　と問われると，一言でいえば「債権者保護」です。総理が無限に責任を負うと登記に記されると，法的に総理が個人資産をもって保証してくれるのと等しいわけで，会社法の第一義の目的である債権者保護も叶うわけです。

では，話を戻して，小泉氏の長男一郎氏が，同じく10億円で信用出資したとします。これは常識的に見て無理があります。一郎氏にそれだけの信用はないからです。

　それでは，本筋です。小泉氏が信用出資を3,000万円しました。もちろん，オーナー経営者として常識的に誰もが，それ位の信用が小泉氏にあると認識するでしょう。

　それ位の大雑把な評価で良いのです。何せ，いくらと登記しようが，無限に責任を負うと法的に約しているので問題ありません。

　一方，有限責任社員は，そうはいきません。その出資額をもって債権者保護に当たるわけですから，必ず最低限度，登記した金額の価値評価がなければなりません。

　では，小泉氏だけが信用出資3,000万円をした場合，貸借対照表にはどう記載されるのでしょう？　下図はどうなるのが正しいでしょう？

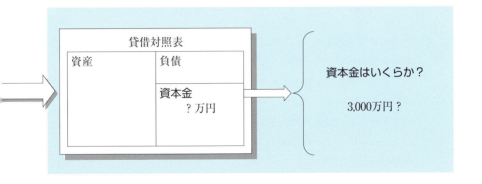

　頓智でも何でもありません。会計理論としても，真っ当なことです。
　では，仕訳を起こしてみてください。

```
借方科目 ***    *** 円  /  貸方科目 資本金*** 円
```

……と言う，仕訳が，伝票が起こせません。
無理矢理，起票したとすると……

```
借方科目 信用   3,000万円  /  貸方科目 資本金 3,000万円
```

……とでも，なりましょうか？ しかし，これでは会計の根本原理に違反します。

簿記を学んだ際に，一番最初に頭に刻んだはずです。会計公準。
会計公準とは，会計に関する諸原則が成立するための前提のことで，コンベンションとも呼ばれています。

企業会計の3公準

1) 企業実体の公準
   会計単位の前提となる公準であり，企業が独自の経済主体であること，企業の所有者が株主であることなどを意味する
2) 継続企業（ゴーイング・コンサーン）の公準
   費用配分など会計期間の前提となる公準であり，企業は会計期間を超えて存続することを意味する
3) 貨幣的評価の公準
   経済事実は全て貨幣で評価するということを意味する

「企業会計の3公準」の第3番目の「貨幣的評価の公準」は,「経済的事実は全て貨幣で評価する」ことを意味しています。
　ここにいう,「経済的事実」は「取引」となるもので,簿記上の取引は通常の取引と異なり,泥棒や火災に遭っても「取引」だと教えられたものでした。

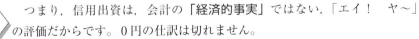　つまり,信用出資は,会計の「経済的事実」ではない,「エイ！　ヤ〜」の評価だからです。0円の仕訳は切れません。
　だから,左の仕訳は,この会計公準に違反するのです。したがって,資本金は0が正解となります。

　でも,疑問に思う事でしょう。「そういったって,登記は3,000万円で表示されているではないか！」と……しかし,それは登記法上の事であって,会計上の事ではありません。目的が違います。
　法人登記はいわば,人格を付与した証の戸籍として,法人が法的存在を証する目的で行われるのに対して,会計は適正期間損益計算が目的です。

　仮に1億円の信用出資でも,法人税法上の大企業にも該当しません。なぜなら,法人税は「一般に公正妥当と認められる会計処理の基準」によることになっていて(法法22④),その根本である会計が,これを「取引」として認識していないからです。

　では,住民税の均等割税はどうでしょう？　ご安心ください,信用出資3,000万円は,1,000万円以下の法人の区分となります(地税52①・312①)。
　さらには,消費税の課税事業者は？　課税事業者選択届を出さない限り課税事業者にもなりません(消法9)。

　そして,勿論,相続税・贈与税の財産評価上の評価も,設立時点では,0となります(財基通194)。小泉氏が思い付いたのは,これでした。

　この「信用出資」という「打ち出の小槌」は,振ればまだまだザクザクと財を生み出します。さらに次に進みましょう！

6 合名・合資なら持分評価を相続時点でも0に

持分を増やさない ＋ 当初から定款に定めておく

(1) 利益が出ると持分は増え続ける＝持分評価が上がる

前頁で，無限責任社員が信用出資をした設立時点では，相続税法上の財産評価は0になると述べました。

しかし，その後，「損益分配」（法622）を受けると，下図や4の(3)，5の(1)ように，利益が出れば年ごとに，持分評価は上がり続けます。

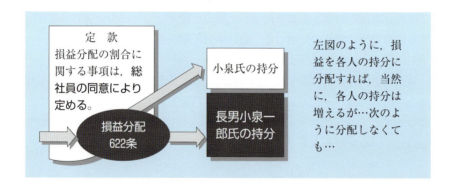

(2) 分配の全額を配当すれば持分は増えない＝評価０のまま

ですから，利益が出れば，「損益分配」（法622）の結果，持分は増加し続けます。

そこで，対策として，小泉氏は下図のように，「利益の配当」を請求（法621）します。

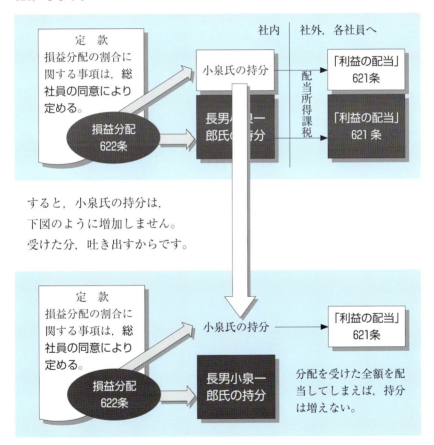

すると，小泉氏の持分は，
下図のように増加しません。
受けた分，吐き出すからです。

この結果，小泉氏の持分は，信用出資ですから，設立当初の評価は，前項5のように評価は０。そして，上記のように損益分配を受けた全額を配当するので，その後の評価額は増えません。

次に仕上げにまいります。

(3) 残余財産分配請求権のない持分にして完璧に評価0に

前頁までで，設立時の信用出資の評価0と，その後の損益分配を全額配当してしまうことで，持分の増加0で，小泉氏の持分評価は0であり続けました。

一見，これで完璧のように見えますが，そうではありません。損益分配は，損益計算書上のものですから，清算価値を見れば，貸借対照表上の利益が出る可能性があります。つまり残余財産の価値です。

会社法666条では，次のように，その「残余財産の分配の割合」を定めています。
ここでも，**定款自治**です。定款で定めればその通りに，そうでないときは出資の価額に応じて定めるとあります。

> **残余財産の分配の割合（法666条）**
> 　残余財産の分配の割合について定款の定めがないときは，その割合は，各社員の出資の価額に応じて定める。

定款に定めがなければ，出資の価額が，小泉氏が信用出資3,000万円で，長男一郎氏が現金出資100万円とすると，**残余財産の価値のほとんどは，小泉氏の持分**となってしまいます。

したがって，当初から定款に，小泉氏については，残余財産の分配の割合はない旨の定めをしておきます。
これで，小泉氏の持分評価は完璧に0になります。

これで，結論は出ていますが，詳細な会社法での検証は，第2章（140頁）を参照ください。

(4) 後継者にシフトした給与で，年金が減らない所得構成

この結果，小泉氏の所得構成は，若干の役員給与と先の利益の分配（法622）とそれに基づく利益の配当（法621）となります。

それと共に，IT知識に長けた長男一郎氏の貢献にシフトした構成が以下のように可能になります。

すなわち，利益の分配（法622）は，貢献度に応じた合理的な配分でなければ「みなし贈与」に該当してしまうことは，3の(2)（10頁）で述べた通りで恣意的な配分ができません。

しかし，役員給与は，小泉氏のそれについて，著しく低額であっても何ら問題はありません。

役員給与と利益の分配の方向性

	小泉氏	長男一郎氏
役員給与	なるべく低額に	なるべく高額に（限度あり）
利益の分配	貢献度に応じた**合理的な配分が必要**	

すなわち，この方向性の結果，小泉氏の所得構成は，配当所得と低額な給与所得ということになり，**年金減額を避けることができます**（厚生年金保険法46，附則11，平成6年附則21，昭和60年附則62①）。

もちろん，前頁で述べたように，小泉氏の持分評価は0となります。

7　議決権割合は，株式会社とは全然異なる

むしろ，株式会社のほうが異常だったのかも……

(1) 持分会社の役員とは？

しかし，合同会社をやめて，合名会社か合資会社のいずれにするかについては，持分会社の役員について知っておく必要があります。

そこで，小泉氏は持分会社の独特な議決権の考え方を考慮することにしました。すなわち，役員の概念です。

株式会社の場合，役員は，「取締役」と「監査役」で，会社の代表者となるのは，「代表取締役」です。

しかし，持分会社は，驚くべきことに，原則として，すべての社員（出資者）に会社の代表者としての業務執行権と代表権があるのです（法590①）。つまり原則，社員全員が役員なのです。信頼が前提の「全員経営」ですから，株式会社でいえば，出資者全員が代表取締役になっているのと同じです。

したがって「取締役」や「監査役」と呼ばれる機関もありません。

> **業務の執行　（法590条）**
> 　社員は，定款に別段の定めがある場合を除き，持分会社の業務を執行する。

しかし，すべての出資者が会社の代表権を持ってしまう，つまり経営に携わると，不都合が2つ発生します。

①　各人がバラバラに意思決定することによる混乱
②　「金は出すが経営には参加したくない」という出資者の重荷になる

① に対しては，「代表社員」という身分を置くことができます。
② に対しては，定款で，業務執行権のある社員（業務執行社員）（これが役員です）と業務執行権のない社員を定めることができます（後述する法591①）。

①の代表社員は，業務執行社員となります。

②の業務執行社員が複数人存在し，会社の代表者を定める場合は業務執行社員から「代表社員」を選ぶことができます。

結果として，次の表のように，持分会社の役員とは，「業務執行社員」をいいます。そして，有限責任社員でもなれるのです。

持分会社の役員	無限責任社員	有限責任社員	その他＊
業務執行社員	役　員		
業務執行権のない社員		—	

＊社員以外の者を，業務執行社員にすることは，所有と経営の一致から原則的にできないと考えられますが，民法上の組合においては組合員以外の者に，業務執行を委任することも認められていること（民法670②）から，持分会社においても定款自治の問題として社員の選択にゆだね，認められるとする説もあります[1]。

法人が業務執行社員になることもできます。つまり，法人が役員になれるのです。これは株式会社にはない特徴です。

その場合は，その法人の中から自然人である「職務執行者」を1名選任します（法598）。

このための仰天の影響は，後に(3)で触れることになりますが，まずは，法598条と，登記の条文（法912～914）と共に確認しておきます。

1　江頭憲治郎＝中村直人『論点体系会社法4』401頁〔橡川泰史〕（第一法規，2012年）。

> **法人が業務を執行する社員である場合の特則** （法598条）
> 1　法人が業務を執行する社員である場合には，当該法人は，当該業務を執行する社員の職務を行うべき者を選任し，その者の氏名及び住所を他の社員に通知しなければならない。
>
> 2　第593条から前条までの規定は，前項の規定により選任された社員の職務を行うべき者について準用する。

　上記２項で準用されるのは，「善管注意義務」等で，要するに自然人の役員と同じ責任を負うということです。

　次に，登記ですが，持分会社はほとんど同じなので，代表して合名会社の条文を掲載します。会社を「代表する」場合のみ自然人の氏名等の登記が必要となります。つまり，ただの役員である業務執行社員の場合は不要です。

> **合名会社の設立の登記**（法912条）
> 　合名会社の設立の登記は，その本店の所在地において，次に掲げる事項を登記してしなければならない。
> 　一　目的
> 　二　商号
> 　三　本店及び支店の所在場所
> 　四　合名会社の存続期間又は解散の事由についての定款の定めがあるときは，その定め
> 　五　社員の氏名又は名称及び住所
> 　六　合名会社を代表する社員の氏名又は名称（合名会社を代表しない社員がある場合に限る。）
> 　七　合名会社を代表する社員が法人であるときは，当該社員の職務を行うべき者の氏名及び住所
> 　（後略）

ちなみに，法人税法における役員の定義の条文を参考までに掲げておきますが，持分会社の役員が最後のほうに登場します。

1．役員の定義
　法人税法第2条第15号（役員）
　　法人の取締役，執行役，会計参与，監査役，理事，監事及び清算人並びにこれら以外の者で法人の経営に従事している者のうち政令で定めるものをいう。

　法人税法施行令第7条（役員の範囲）
　　1　法第2条第15号（役員の意義）に規定する政令で定める者は，次に掲げる者とする。
　　　一　法人の使用人（職制上使用人としての地位のみを有する者に限る。次号において同じ。）以外の者でその法人の経営に従事しているもの
　　　二　同族会社の使用人のうち，第71条第1項第5号イからハまで（使用人兼務役員とされない役員）の規定中「役員」とあるのを「使用人」と読み替えた場合に同号イからハまでに掲げる要件のすべてを満たしている者で，その会社の経営に従事しているもの

2．使用人兼務役員の定義
　法人税法第34条第6項で，次のように定義している。
　　使用人としての職務を有する役員とは，役員（社長，理事長その他政令で定めるものを除く。）のうち，部長，課長その他法人の使用人としての職制上の地位を有し，かつ，常時使用人としての職務に従事するものをいう。

3．使用人兼務役員とされない役員
　法人税法施行令第71条で，法第34条第6項（役員給与の損金算入）に規定する政令で定める役員は，次に掲げる役員と規定している。
　(1)　代表取締役，代表執行役，代表理事及び清算人
　(2)　副社長，専務，常務その他これらに準ずる職制上の地位を有する役員
　(3)　合名会社，合資会社及び合同会社の業務を執行する社員
　(4)　取締役（指名委員会等設置会社の取締役及び監査等委員である取締役に限る。），会計参与及び監査役並びに監事
　(5)　前各号に掲げるもののほか，同族会社の役員のうち次に掲げる要件の全てを満たしている者　（略）

(2) 議決権（意思決定）は，株式会社と大きく異なる

　役員が定まったことで，やっと議決権に進めます。申すまでもなく，**株式会社では，議決権は株式に付与**されており，その議決権の過半数とか3分の2以上とか…定めがあります。

　持分会社の経営に関する意思決定は，議決権とは表現されませんが，分かりやすいのでこれを使うとして，原則として，出資者の過半数の同意により行うものとされています（法590②）。

> **業務の執行**（法590条）
> 2　社員が2人以上ある場合には，持分会社の業務は，定款に別段の定めがある場合を除き，社員の過半数をもって決定する。
>
> 3　前項の規定にかかわらず，持分会社の常務は，各社員が単独で行うことができる。ただし，その完了前に他の社員が異議を述べた場合は，この限りでない。

　ここで重要なのは，原則として，出資額に関係せず，出資者の頭数でカウントしているということです。ここが，株式会社と決定的に相違する点です。

　さらには，株式会社であれば，株主総会を開催し…決議は，出席株主の議決権の過半数等…しなければならない…とあるべきところが，ないのです。

　そうです。「社員総会」を開かなければならないという規定もありません。ですから，持ち回り決議でも何でも結構ですし，もちろん，社員総会を開催しても良いのです。
　当然，たとえば，2週間前に通知するとかの規定もありません。まことに小規模会社にピッタリです。というよりも，株式会社の規定のほうが，仰々し過ぎるといったほうが適切でしょうか。

なお，上記条文の3項の「常務」とは，消耗品を購入するとかの日常的な業務のことを指しています。

定款で業務執行社員を限定した場合は，業務を業務執行社員の過半数で決めることになっています（法591）。

> **業務を執行する社員を定款で定めた場合**（法591条）
> 　業務を執行する社員を定款で定めた場合において，業務を執行する社員が2人以上あるときは，持分会社の業務は，定款に別段の定めがある場合を除き，**業務を執行する社員の過半数をもって決定する**。この場合における前条第3項の規定の適用については，同項中「社員」とあるのは，「業務を執行する社員」とする。

しかしながら，定款で「出資額に比例する」と規定することもできます。事業承継税制を適用する場合には，この規定にする必要があります（措法70の7の2①，拙著『中小企業の事業承継（九訂版）』471頁〔清文社，2018年〕）。

また，裁決基準を「過半数」ではなく「多数決」にすることも，重要事項の意思決定は「総社員の3分の2以上の賛成」などとすることもできます。

けれども，「出資額に比例する」株式会社に似た定款としてしまうと，小泉氏3,000万円と長男一郎氏100万円では，後継者一郎氏のやる気を削ぐものになってしまいます。

事業承継税制に適合させる必要がある時点になれば，また定款変更は容易にできる人数のためここでは，見送ることにしました。

したがって，原則通り，前頁にある頭数主義（法590②）で小泉氏と一郎氏，それぞれ1対1の議決権としました。

しかし，これでは，万が一親子で意見が対立した場合には，過半数を得られないことにより，いわゆるデッドロック状態となって法人の意思決定ができなくなる恐れがあります。

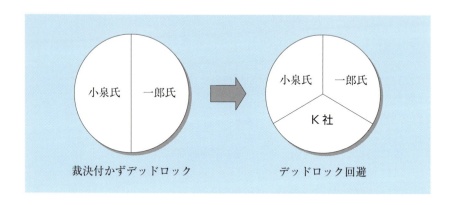

この場合，小泉氏の妻を3人目の出資者とするなど，様々な方法が考えられますが，ここでは，経営上のリスクや，次頁で紹介する効果などを総合勘案した結果，**小泉氏の経営する株式会社K社を，出資者（社員）とする**ことにしました。

このため，頭数での議決権は上図の右側のようになり，デッドロックを回避することができる体制になりました。人を信頼し，人に望みを託することは決して対等にすることではなく，いざという時に混乱を招かない仕組みを構築しておく知慧なのです。

(3) 法人を出資者（社員）とし，業務執行社員とした影響

　法人を出資者とすることは，株式会社でも珍しくありません。しかし，持分会社では，先述の通り，法人を役員にすることが可能（法598）であり，株式会社では不可能なことです。

　株式会社K社からの「職務執行者」は，小泉親子にとって間を取り持つことができる子飼いの従業員であって，株式会社K社の安倍専務に就任してもらうことにしました。

　これは，早期に後継者育成を図るための，いわば小泉氏の親としての手離れをよくするための対策でもありましたし，戦国の世でいう「守役（もりやく）」のようなものとして，第三者として，若（わか）を支えて貰う意図がありました。

　ところで，当社の役員である**株式会社K社への役員報酬は，法人であるが故に，源泉徴収はしません**。
　しかも，驚いたことに，消費税の仕入税額控除の対象となります[2]。

2　齋藤孝一『会計参与制度の法的検討』117頁（中央経済社，2013年）。

8 合名・合資なら債務超過額は債務控除可能

温故知新の裏ワザ！　さらに冴えわたる！

(1) 役員構成から持分評価をゼロに仕組む！

　小泉氏は**合同会社をやめ**，合名会社か合資会社のいずれかにする決意を固めました。そして，当初は親子2人での設立でしたいから…

　合名会社であれば，小泉氏と長男一郎氏共に無限責任社員にするか，小泉氏1人を社員として，一郎氏を従業員とする方法もなくはありません。
　しかし，一郎氏の後継者育成を考えると後者はないので，合名会社の場合は，前者の，2人共が無限責任社員という選択肢になるでしょう。

持分会社の責任範囲の違い

会社の区分	具体的社名に付く名称	社員の責任範囲	
		有限	無限
持分会社	合名会社	—	●
	合資会社	●	●
	合同会社	●	—

　一方，**合資会社であれば**，小泉氏を無限責任社員とした場合，一郎氏を有限責任社員としなければ，最低の社員構成とはなりません。

　ところが，経営判断から，前頁のように株式会社K社を，税務上も役員である業務執行社員としました。
　先述の通り，**役員は無限責任社員・有限責任社員のいずれであるかを問いません**（次表参照）。

持分会社の役員			
	無限責任社員	有限責任社員	その他＊
業務執行社員	役　員		
業務執行権のない社員		―	

　これまでに決まっていることは，小泉氏は信用出資をすることから，無限責任社員であることが確定しています。

　合資会社であれば，長男一郎氏と，株式会社K社は，無限・有限のどちらでも構わない。しかし，合名会社の選択であれば，皆が無限責任社員になる必要があります。

　ここで，小泉氏は，単独で，無限責任社員となり，一郎氏と株式会社K社の2者を有限責任社員とする合資会社とする決断をしました。
　これには，後述するように，小泉氏のしたたかな計画が含まれていました。それは，債務超過額を債務控除する可能性を仕組んだのです。

　この結果，当社の社員の構成は以下のようになりました。

当社の役員			
	無限責任社員	有限責任社員	その他＊
業務執行社員（役員）	小泉氏	一郎氏・K社	
業務執行権のない社員	なし		

　全員が業務執行社員ですので，代表社員を誰にするかを考えることにしました。有限責任社員でも可能ですが，ここしばらくは信用の問題もあり，小泉氏が代表社員を務めることにしました。

(2) 土地活用まで考え，さらに，いざという時の仕組み

　小泉氏は，下図のように個人の土地に，建物を会社所有で建てる計画も企てました。さらに土地の賃貸借「定期借地権」を活用し，20％の土地の評価減を得ることにしました（拙著『中小企業の事業承継（九訂版）』420頁〔清文社，2018年〕）。

　このビルには，学習塾経営の次男夫妻を管理人として住まわせ，その家族従業員にも給与を支払うことで，所得分散ができる計画です。

　また家族従業員に対する「中小企業退職金共済」で損金計上しながら管理人の退職金の準備もできます。

　さらに，小泉氏個人に相続が発生した場合に，相続人が相続税の納税資金に苦慮するケースが多いのですが，その場合には，下図のように③建物の敷地を会社に売却し，納税資金を創出します④。

　この場合，相続に係る土地の相続税相当額を，その土地に係る譲渡所得税の計算上，取得費に加算する節税もできます。

　敷地の買取資金は，①会社が会社を受取人とする死亡生命保険金（一部は，オーナーの死亡退職金に充当）で用意し，②不足額は銀行借入します。

　会社経由での相続税の納税資金借入となる上，その金利は損金計上となりますから，個人で銀行借入をして納税資金を用意する（個人の場合，金利は必要経費になりません）よりも有利です。

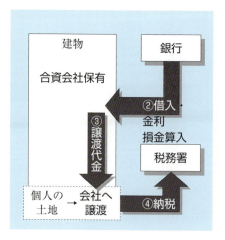

このような資産経営を会社で行うことのメリットは大きいため今日では，資産保有型法人による節税・消費税還付は定番的になっています。

しかし，小泉氏は，さらに，その会社を合資会社で行うことを企画しました。すなわち，相続税対策の対象となる…この場合，小泉氏を無限責任社員とし，他に1名以上の有限責任社員とします。既に，長男一郎氏と株式会社K社と言う2者の有限責任社員が揃っていますからOKです。

無限責任社員は，合資会社の会社財産をもって会社の債務を完済することができない状態にあるときにおいては，連帯して会社の債務を弁済する責任を負います（法580）。

> **社員の責任**（法580条）
> 1　社員は，次に掲げる場合には，連帯して，持分会社の債務を弁済する責任を負う。
> 　一　当該持分会社の財産をもってその債務を完済することができない場合
> 　二　（略）
> 2　有限責任社員は，その出資の価額（既に持分会社に対し履行した出資の価額を除く。）を限度として，持分会社の債務を弁済する責任を負う。

そして，無限責任社員は，（小泉氏の死亡による）退社の登記をする以前に生じた会社の債務に対しては，責任を負わなければなりません（法612①）。

> **退社した社員の責任**　（法612条）
> 　退社した社員は，その登記をする前に生じた持分会社の債務について，従前の責任の範囲内でこれを弁済する責任を負う。

(3) 合名・合資会社の債務超過額は債務控除可能

　前頁の仕組みの結果，建物を会社所有にしていますから，建設当時から，居住用マンションであっても消費税還付の合法的な方法があります。これについては，本書の中心テーマではないため，別途，拙著『中小企業の事業承継（九訂版）』422頁～433頁（清文社，2018年）を参照ください。

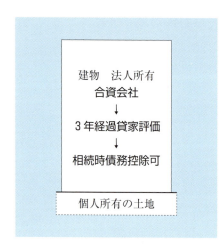

　さて，これにより，**建物取得後3年経過すると建物評価額は貸家評価**となります（財基通185）。

　無限責任社員となる小泉氏は，信用出資ですから，5(3)で述べたように，貸借対照表上の資本金は0となり，資本金は，有限責任社員の出資額（一郎氏100万円，株式会社K社10万円の合計110万円）のみとなります。

　仮に，建物の建築費用が1億円として，その取得資金は銀行等の全額借入，完成後3年を経過した時の建物評価額は，固定資産税評価に貸家の減額があるので，ざっと4,000万円としましょう。不動産貸付業以外を考えない前提です。

　借入金の元本返済が余り進んでいないとして，3年後の借入金残高が9,000万円とすると，この合資会社は，下図の貸借対照表のように**相続税評価上は5,000万円の債務超過会社**となります。

貸借対照表			
建　物	4,000万円	借　入　金	9,000万円
		資　本　金	110万円

したがって，無限責任社員が死亡すると，会社の債務超過額5,000万円は，相続税の計算上，被相続人の債務として相続税法13条の規定により相続財産から控除できます。なお，これについては，国税庁から以下の回答があります。

詳細は第2章134頁～139頁及び339頁参照。

国税庁HPより
　　　https://www.nta.go.jp/law/shitsugi/sozoku/05/03.htm
　合名会社等の無限責任社員の会社債務についての債務控除の適用

【照会要旨】
　合名会社，合資会社の会社財産をもって会社の債務を完済することができない状態にあるときにおいて，無限責任社員が死亡しました。
　この場合，その死亡した無限責任社員の負担すべき持分に応ずる会社の債務超過額は，相続税の計算上，被相続人の債務として相続税法第13条の規定により相続財産から控除することができますか。

【回答要旨】
被相続人の債務として控除して差し支えありません。
　（注）　合名会社の財産だけでは，会社の債務を完済できないときは，社員は各々連帯して会社の債務を弁済する責任を負うとされ（会社法580），退社した社員は，本店所在地の登記所で退社の登記をする以前に生じた会社の債務に対しては，責任を負わなければならない（会社法612①）とされています。

【関係法令通達】　相続税法第13条第1項　会社法第580条，第612条第1項
　注記
　　平成29年7月1日現在の法令・通達等に基づいて作成しています。
　　この質疑事例は，照会に係る事実関係を前提とした一般的な回答であり，必ずしも事案の内容の全部を表現したものではありませんから，納税者の方々が行う具体的な取引等に適用する場合においては，この回答内容と異なる課税関係が生ずることがあることにご注意ください。

(4) 持分の承継を定款で定める

持分会社では，社員の死亡は，退社原因となり（法607三），持分の払戻しの原因となってしまいます（法611①）。

法定退社（法607条）
　社員は，前条，第609条第１項，第642条第２項及び第845条の場合のほか，次に掲げる事由によって退社する。
一　定款で定めた事由の発生
二　総社員の同意
三　死亡
四　以降，略

退社に伴う持分の払戻し（法611条）
１　退社した社員は，その出資の種類を問わず，その持分の払戻しを受けることができる。ただし，第608条第１項及び第２項の規定により当該社員の一般承継人が社員となった場合は，この限りでない。

２　退社した社員と持分会社との間の計算は，退社の時における持分会社の財産の状況に従ってしなければならない。

払戻しをする時は，「出資払戻し請求権」で評価しなければなりません。

そうすると，債務超過の会社の払戻し額は０円ですから，マイナスにはなりません。

ところで，社員でない小泉氏の妻が**持分会社の社員として加入**するには，原則は**定款変更**，すなわち**他の持分権者の全員の合意**が必要です。

社員の加入（法604条）
２　持分会社の社員の加入は，当該社員に係る定款の変更をした時に，その効力を生ずる。

> **定款の変更**（法637条）
>   持分会社は，定款に別段の定めがある場合を除き，総社員の同意によって，定款の変更をすることができる。

　しかし，社員が死亡により法定退社した後の，加入では死亡時点では，小泉氏の妻は社員ではありません。

　このため，事前に定款で社員（小泉氏）が死亡した場合には，当該社員の相続人（小泉氏の妻）が持分を承継すると定めることが必要です（法608①②）。

　この場合，相続人は，持分を自動的に承継し，定款変更をする（法604①）ことなく（法608③），持分を有する社員となります（法608②）。

> **相続及び合併の場合の特則**（法608条）
> 1　持分会社は，その社員が死亡した場合又は合併により消滅した場合における当該社員の相続人その他の一般承継人が当該社員の持分を承継する旨を定款で定めることができる。
> 2　第604条第2項の規定にかかわらず，前項の規定による定款の定めがある場合には，同項の一般承継人（社員以外のものに限る。）は，同項の持分を承継した時に，当該持分を有する社員となる。
> 3　第1項の定款の定めがある場合には，持分会社は，同項の一般承継人が持分を承継した時に，当該一般承継人に係る定款の変更をしたものとみなす。

　このように，予め定款に相続が発生した場合の持分承継の定めをしておくことが肝要です。

　小泉氏の妻が無限責任社員の地位を承継してから2週間以内に社員の変更登記をしなければなりません（法915①）。

> **変更の登記**（法915条）
>   会社において第911条第3項各号又は前3条各号に掲げる事項に変更が生じたときは，2週間以内に，その本店の所在地において，変更の登記をしなければならない。

 もちろん，次のように**登記義務の懈怠**は，罰則の対象となります（法976）が，登記自体が無効になることはありません。

> **過料に処すべき行為**（法976条）
>   発起人，設立時取締役，設立時監査役，設立時執行役，取締役，会計参与若しくはその**職務を行うべき社員**，監査役，執行役，会計監査人若しくはその職務を行うべき社員，清算人，清算人代理，**持分会社の業務を執行する社員**，民事保全法第56条に規定する仮処分命令により選任された取締役，監査役，執行役，清算人若しくは**持分会社の業務を執行する社員の職務を代行する者**，第960条第1項第5号に規定する一時取締役，会計参与，監査役，代表取締役，委員，執行役若しくは代表執行役の職務を行うべき者，同条第2項第3号に規定する一時清算人若しくは代表清算人の職務を行うべき者，第967条第1項第3号に規定する一時会計監査人の職務を行うべき者，検査役，監督委員，調査委員，株主名簿管理人，社債原簿管理人，社債管理者，事務を承継する社債管理者，代表社債権者，決議執行者，外国会社の日本における代表者又は支配人は，次のいずれかに該当する場合には，100万円以下の過料に処する。ただし，その行為について刑を科すべきときは，この限りでない。
>   一 この法律の規定による登記をすることを怠ったとき。
>   以下，略

(5) 「社員の責任」の承継を定款で定める

　本項では「社員の責任」の承継を定款で定めることの必要性を述べます。無限責任社員の小泉氏が死亡による法定退社をしたことに伴い，自動的に合資会社は合同会社になってしまいます（法638②）。

　ところで，合資会社の債務超過額を小泉氏の相続税申告において債務控除をするに際して，誰が当該債務を承継するかを決めなければなりません。小泉氏の妻が当該債務を承継するよりも長男一郎氏が承継するほうがベターです（もっとも，債権者の承認が必要です）。

　そこで，あらかじめ，定款で小泉氏の無限責任社員の地位を長男一郎氏が承継すると定めておく必要があります。

　すなわち，定款で「無限責任社員の小泉氏が欠けたる時には，すでに有限責任社員である小泉一郎氏が当該責任と持分を承継する」と定めておくことで，被相続人小泉氏の無限責任社員の地位と持分を自動的に承継することができます（上柳克郎ほか編『新版注釈会社法⑴』603頁［江頭憲治郎］（有斐閣，1985年），松井信憲『商業登記ハンドブック』677頁（商事法務，3版，2015年）。

　＊＊＊＊＊＊＊＊＊＊＊＊＊＊＊＊＊＊＊＊＊＊＊＊＊＊＊

　ところで，小泉氏の想定は，新規の持分会社が，本業である「老舗の味をITで仕掛ける事業」とは別に，不動産経営を行い，かつ，本業の計算を加えず，不動産経営のみを抽出して，債務控除の可能性を検討したものです。

　本業が成功すれば，債務超過にならずに済むかもしれません。
　いずれにしても，このスキームでは，最低3年の経過が必要です。
　しかし，後継者である長男一郎氏の経営が上手く行かず本業自体が赤字になる可能性も考えられます。
　すると，先のマイナスは，さらに増える可能性もあります。そして，肝心の小泉氏の相続はいつ起こるか？　これも神のみぞ知ることです。

9 名義株対策で合名・合資会社に組織変更

会社法改正で可能になった裏ワザ。損益分配の利点から組織変更も

(1) 名義株主の泥沼管理が，永久に続いてしまう！

　こうして，様々に検討する中で，小泉氏の脳裏によぎるものがありました。**小泉氏の父が，昭和初頭に設立した株式会社Tのことでした。当時は，株式会社の設立には発起人が最低7人必要という商法119条の規定がありました。**

　これが，父の没後，いわゆる名義株として問題化しているのです。

　株式会社Tの株式総数は100株で，株主数は，小泉氏を除けば，当初は父の友人関係で6名でしたが，それが1〜2回の相続を経て，ねずみ算式に増え，右図のように20名に達していました。

　通常，名義株の解消には，**名義株である旨の覚書**などに署名押印をもらい，公証人役場で確定日付を取り，若干の印鑑代などと称して金員を渡して解決することが多いものです。

名義株承諾書（または念書）のサンプル

株式会社〇〇御中

　株主名簿に載っております，私名義の貴社株式の実質所有者は，創業者〇〇〇〇氏であり，私は貴社創立にあたって名義を貸したに過ぎないため，貴社に対して何ら権利請求をいたしません旨，本日この承諾書（念書）を差し入れます。

　　平成〇年〇月〇日　　　　住所　＊＊＊＊＊＊＊＊＊＊＊＊＊＊＊
　　　　　　　　　　　　　　　　　氏名＊＊＊＊　自署　実印

（拙著『中小企業の事業承継（九訂版）』221頁〔清文社，2018年〕）参照。

しかし，株式会社Ｔの場合，現在こそ余り配当を出していませんが，高度成長期に，**高額な配当を出していたこともあって**，本当は名義株でしかありませんが，実質的な株主であるとして，先の覚書を認めてくれずにいました。

ほとんどが１株とはいえ，その１株について相続が発生し，相続人間で準共有になっている場合もありました（法106）。

さらに，２名については，父が恩義を感じていたものか，旧友なのかわかりませんが，１名につき議決権の10％を占める10株，２人で20株も分け与えた形になっていました。まるで，ストック・オプションですね。

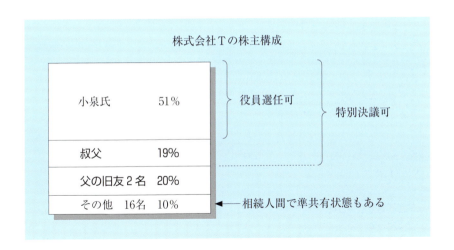

結局，株主構成は，上図の通り**小泉氏が51％とその叔父が19％で合計70％**を所有しているため，通常の経営には何ら問題はありません。

しかし，毎年の株主総会の通知などで手間も煩雑ですが，次のような大きなリスクもあります。

特に，２名で20％を有する株主に，譲渡等承認請求（法136）などを仕掛けられた場合には，買取価額をめぐっては裁判沙汰にも発展する可能性もあります[3]。

さらには，1株でも所有していれば株主代表訴訟（法847）が簡単に起こされる可能性があります。

　世の中は，コンプライアンスの時代です。叩いて埃の出ないような会社は皆無です。

　株式会社Tもご多聞に洩れず…というか，多くの株式会社がそうであるように，義務である決算公告（法939）はしておらず，税務上は何とかクリアしているといえども，個人的な経費の付け回しが皆無とはいえません。

　信頼感を前提とする小規模な会社にとっては煩わしいばかりですから，信頼感が希薄になってきた少数株主を何とか整理できないものかと悩んでいました。

　対策として，以下の方法はあるものの，いずれも困難でした。

> 　本来，株主に相続が発生した際に，相続人から強制的に買取できると相続人等に対する売渡しの請求（法174）ができるよう，定款変更したいのですが，それには，小泉氏の叔父の同意による特別決議が必要で，これに協力が得られず，今日に至っています。
>
> 　仮に，親戚であってもここは利害が対立するようなのです。
>
> 　また，平成27年5月に施行された改正会社法による特別支配株主による株式等売渡請求（法179等）も，小泉氏が単独で90％を所有していなければならず使えません。
>
> 　その他，全部取得条項付種類株式による方法や，株式併合，1株未満の端数の処理など方策はあるものの，名義株式の解消のためとなると本来の使用目的と異なることや，憲法の私有財産制にも及ぶ事ゆえに，紛争となる可能性も排除できません[4]。

3　詳細は，牧口晴一＝齋藤孝一『非公開株式譲渡の法務・税務（第5版）』57，337頁（中央経済社，2017年）。
4　後藤孝典・野入美和子・牧口晴一等『中小企業における株式管理の実務』51～60頁（日本加除出版，2015年）。

そして，小泉氏の悩みは，仮に上記の方法で何らかの解決を見たにしても，対価が必要となることでした。

特に2名の20%を占める株式については，相当高額になることが避けられません。

結局，株主であり続けるための放置が，次善の最良策という苦策で，今までそうしてきました。

しかし，経営にも関係のない信頼感を持ちえない株主の管理を，今後その相続人も含めて営々と，先のリスクを抱えつつ，続ける手間・コスト・煩わしさは，気が遠くなるほど大変ですし，経営の足かせであり，かつ管理費の無駄でしかありません。

放置すると，株主は倍の倍と…ねずみ算式に増えてしまいます。先日も株主が160名に達してしまった会社の税理士から相談がありました。

> 経営にも関係のない信頼感を持ちえない株主の管理を，
> 今後その相続人も含めて営々と，
> 先のリスクを抱えつつ，
> 続ける手間・コスト・煩わしさは，
> 気が遠くなるほど大変ですし，
> 経営の足かせであり，かつ管理費の無駄

小泉氏は，こんな意識を強く持たざるを得ませんでした。

そして，将来，何らかの必要があれば，名義株主がいなくなった後，再び株式会社に組織変更しても良いでしょう。

(2) 持分会社の合理性に気付く……社員を法定退社させられる

下表は，小泉氏が当初，合同会社を設立しようと発起して，ネット上で探した5頁で掲載した合同会社のメリットとデメリットでした。

ここで，一般には語られることのない持分会社のメリットに小泉氏は意識が向きました。それは，下表に載っていません。なぜなら，一般の解説では，相続や，まして事業承継のことなど考えていないからです。

合同会社のメリット・デメリット

No.	メリット
1	6万円で設立可（登録免許税6万円のみ，定款認承不要）。 株式会社は，登録免許税（15万円）と定款承認（5万円）で，20万円 合同会社のほうが，14万円も安い。 登記に必要な書類も少なく，速く簡単設立可
2	ランニングコストが安く手続き等も簡単 決算公告義務がないため，官報掲載費6万円不要 役員の任期がないため，重任登記不要 （株式会社は，任期が切れる度に，重任登記で1万円）
3	経営の自由度が高い。 損益の配分を，出資比率に関係なく自由決定可 株主総会不要なため迅速かつ簡単に意思決定可 定款で規定できることも自由度が高い。
4	法人の節税メリットが享受可
5	有限責任
6	社債発行も可
7	株式会社への変更も可

No.	デメリット
1	知名度が低い
2	社員（経営者）同士の対立の危険性。特に社員数の多い場合の決議の遅れ
3	上場不可
4	資金調達の手段も株式会社と比較すると少ない。

小泉氏は、8の(4)で、相続税対策としての債務控除を考え、そのための定款整備をしていて気が付いたのでした。

それは、「法定退社」（法607）です。

> 法定退社　（法607条）
>   社員は、前条、第609条第1項、第642条第2項及び第845条の場合のほか、次に掲げる事由によって退社する。
>   一　定款で定めた事由の発生
>   二　総社員の同意
>   三　死亡
>   四　合併（合併により当該法人である社員が消滅する場合に限る。）
>   五　破産手続開始の決定
>   六　解散（前2号に掲げる事由によるものを除く。）
>   七　後見開始の審判を受けたこと。
>   八　除名

ちなみに、上記条文柱書の609条1項は「持分の差押債権者による退社」、642条2項は「持分会社の継続時の不同意退社」、845条は「持分会社の設立無効又は取消しの判決の効力」で、いずれも極めて特殊な場合ですから、今回は考慮外とします。

上記条文の8つの事由によって、法的に退社させることができるのです。

これは株式会社ではあり得ないことです。ある意味、持分会社の最大のメリットともいえます。

株式は、所有者の相続財産を形成し、当然に相続人等に承継されてしまうため、永遠に株主の権利が受け継がれてしまうのです。

8つの事由のうち、特に使えるものは、3号の「死亡」と7号の「後見開始の決定」です。

(3) 「死亡」による法定退社を活用する

　この，社員の「死亡」による法定退社は，本書冒頭の「**魅惑的な『持分ワールド』へのご招待**」でご紹介した，持分会社の潜在能力なのです。

　改めて，図解を示すと株式会社との相違が明確です。
　そして，**このメリットを享受するために，株式会社から持分会社へ組織変更**をするのです。

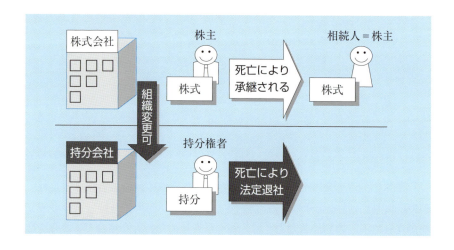

　その「組織変更」はどうやるのか？　それが知りたいという，はやる気持ちを抑えて，まずは，なぜそうなのか？　…先の8つの法定退社の検討をします。これが「組織変更」の手続きにも関係してくるからです。

　さて，なぜ，「法定退社」があるのか？　それも，「損益の分配」のように，会社法で大幅に認められた**定款自治のためでもなく，元々の原則からして**「法定退社」があるののです。

　一番使い勝手の良い「死亡」事由を考えてみます。
　それは，持分会社は，社員相互間の人的な信頼を基礎としているからです。その社員の死亡によって，その社員の人的な信頼は消滅し，相続人等に引き

継がれることはありません。税理士の資格と同じで，その人，限りのものです。

一方，後継者のように，先代社長の地位を引き継がなければならない場合には，それこそ「定款自治」によって，総社員の同意の元で，定款を変更して，地位を引き継ぐこともできます。

これは，8の(5)で先述した小泉氏の死亡により，小泉一郎氏が無限責任社員の地位を承継するために，定款を事前に変更した場合のことです（法583）。

> **社員の責任を変更した場合の特則**（法583条）
> 　有限責任社員が無限責任社員となった場合には，当該無限責任社員となった者は，その者が無限責任社員となる前に生じた持分会社の債務についても，無限責任社員としてこれを弁済する責任を負う。

しかし，死亡した社員の持分は，全く消えてしまうわけではありません。その遺族は，社員の地位は引き継げないけれども，持分の払戻しを受けることができます（法611）。

これについては，「法定退社」の解説が終わったところで述べます。

(4) 「後見開始の審判を受けたこと」による法定退社の活用

次に、「法定退社」のうち、今後ますます増えるであろう認知症等による後見開始に対応するものです。

下図を見るまでもなく、「後見開始」は「死亡」より早い時期に訪れますから、本件のテーマからは、「死亡」より有益性が高いわけです。

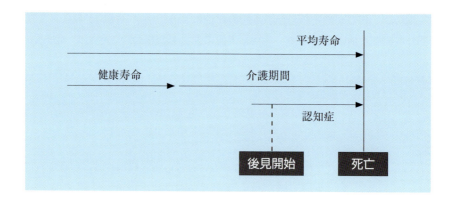

ただ、「後見開始」は、従前の「禁治産制度」と異なり、公告されません（公告していても気づきませんが）、戸籍に記載されることもありません。

しかも、「成年後見登記に関する証明書」は、交付を請求できる者が限定されているため、持分会社の社員が成年後見制度を利用しているかどうかについて、外部から直接に確認することができません。

この場合、「登記されていないことの証明書」の提出を求めることにより、確認が可能ですが、後述する理由により、日常会話や取引の中で、社員側からの発言に基づいて行動した方がベターだと考えます。

(5) その他の「法定退社」の事由の活用は？

　会社法607条の「法定退社」の事由のうち，3号の「死亡」と7号の「後見開始の審判を受けたこと」以外のその他の事由については，ほとんど適用できるケースがない，あるいは，後述する理由から適用しない方が良いと考えられます。

　まず，1号の「定款で定めた事由の発生」は，強行法規又は公序良俗に反しない限り，自由に定款に定めることができます。しかし，株式会社からの組織変更の場合，まだ持分会社が設立できていませんので，会社法で法定する以外のことを規定すると，目立つのです。それが問題ない会社は，たとえば，「音信不通が1年以上続いた場合」とか「医師の診断に基づく判断能力の欠如」等を規定することも良いでしょう。

> 法定退社　（法607条）
> 　社員は，前条，第609条第1項，第642条第2項及び第845条の場合のほか，次に掲げる事由によって退社する。
> 　一　定款で定めた事由の発生
> 　二　総社員の同意
> 　三　死亡
> 　四　合併（合併により当該法人である社員が消滅する場合に限る。）
> 　五　破産手続開始の決定
> 　六　解散（前2号に掲げる事由によるものを除く。）
> 　七　後見開始の審判を受けたこと。
> 　八　除名

　2号は，使えそうで使えません。これは，複数の社員から同時に退社の申出があった場合ですから，1つ前の条文（法606）の「任意退社」の色彩が濃いもので，本テーマから外れます。4号は，社員が法人の場合ですから後述する組織再編と関係して機能する場合があります。5号は，レアケースですから，記憶に留める程度で結構です。6号は，社員が法人の場合で，これもレアケースですから同じく記憶に留める程度に。最後の八号「除名」は，ある社員が会社に対する重要な義務違反等があり，それ以外の社員の過半数の決議で，会社が裁判所に対して請求するというものですから，よほどのことでしかありませんので，これも記憶に留める程度で結構です（法859）。

(6) 「組織変更」とは

会社法の構成を，条文の最も大きな構成単位である「編」で見てみると下図のようになります。

「組織変更」は「株式会社」が「持分会社」に変わること，または逆の場合を示しますから，これらと別の編である第5編に規定さています。

```
              会社法    条文構成  ＜編＞
  第1編    総則
  第2編  ⤵株式会社⤴
  第3編  ⤴持分会社⤵
  第4編    社債
  第5編    組織変更，合併，会社分割，株式交換及び株式移転
  第6編    外国会社
  第7編    雑則
```

> 定義（法2条二十六）
>   組織変更　次のイ又はロに掲げる会社がその組織を変更することにより当該イ又はロに定める会社となることをいう。
>   イ　株式会社　合名会社，合資会社又は合同会社
>   ロ　合名会社，合資会社又は合同会社　株式会社

組織変更は，合併などのいわゆる**組織再編**と共に規定されています。

持分会社の中で，合名会社・合資会社・合同会社にそれぞれ変わるのは，「種類の変更」といい（法638），定款の変更でできます。ただし，持分会社は，原則としては，総社員の同意で，定款変更ができますが，定款に別段の定めをしておくこともできますのでお勧めです（法637）。

> 定款の変更（法637条）
> 　　持分会社は，定款に別段の定めがある場合を除き，総社員の同意によって，定款の変更をすることができる。

> 定款の変更による持分会社の種類の変更　（法638条）
> 1　合名会社は，次の各号に掲げる定款の変更をすることにより，当該各号に定める種類の持分会社となる。
> 　一　有限責任社員を加入させる定款の変更　合資会社
> 　二　その社員の一部を有限責任社員とする定款の変更　合資会社
> 　三　その社員の全部を有限責任社員とする定款の変更　合同会社
>
> 2　合資会社は，次の各号に掲げる定款の変更をすることにより，当該各号に定める種類の持分会社となる。
> 　一　その社員の全部を無限責任社員とする定款の変更　合名会社
> 　二　その社員の全部を有限責任社員とする定款の変更　合同会社
>
> 3　合同会社は，次の各号に掲げる定款の変更をすることにより，当該各号に定める種類の持分会社となる。
> 　一　その社員の全部を無限責任社員とする定款の変更　合名会社
> 　二　無限責任社員を加入させる定款の変更　合資会社
> 　三　その社員の一部を無限責任社員とする定款の変更　合資会社

ここで，あえて注目するならば，上記のように「種類の変更」は，そこにある内容の定款変更をすればできるのに対して，前頁の「組織変更」は「編」まで構成して，その中で，条文数こそ5つと少ないものの長文の要件を掲げて1つの章を構えていることでしょう。

なにせ，平成17年の**会社法創設以前**には，株式会社や有限会社は「**物的会社**」で，合名会社と合資会社は「**人的会社**」と全くカテゴリーが異なるため，この間で，**変更はできなかった**のです。

(7) 株式会社を持分会社に「組織変更」する

　ここでは，テーマに沿って，株式会社を持分会社に，そっくりそのまま「組織変更」する場合について述べることにします。
　したがって，持分会社から株式会社への「組織変更」は省略します。

> ★そして，組織変更に際し，いわゆるスクイーズアウトして株主から外すことをしないで（それができない前提で組織変更をしようとしているのですから），何事もなかったかの如く穏便に遂行することを第一義としています。

> ★このことは重要です。何せ，寝た子を起こさないように，株主権を持分権にそのまま移行させ，将来の法定退社を迎えるようにお膳立てするのですから…。
> ただし，株主の全員の同意が得られるならば，定款自治の項目をなるべく盛り込むことが良いでしょう。

　また，株式会社は，社債や新株予約権を発行していない前提で述べます。

　株式会社という**「物的会社」**が，持分会社という**「人的会社」**に会社組織を変えるというのは，ある意味では大きな変化でありながら，一方では取るに足らないほどの小さな変化です。

小さな変化という意味では，**法人税法の事業年度**です。ここでは，ある事業年度の中途で組織変更や会社の種類の変更をしても，**同一人格なので，無視する**旨が規定されています。

> **組織変更等の場合の事業年度**（法基通1−2−2）
> 　法人が会社法その他の法令の規定によりその組織又は種類の変更（以下「組織変更等」という。）をして他の組織又は種類の法人となった場合には，組織変更等前の法人の解散の登記，組織変更等後の法人の設立の登記にかかわらず，当該法人の事業年度は，その**組織変更等によっては区分されず継続する**ことに留意する。
> 　旧有限会社（会社法の施行に伴う関係法律の整備等に関する法律第2条に規定する旧有限会社をいう。）が，同法第45条《株式会社への商号変更》の規定により株式会社へ商号を変更した場合についても，同様とする。

同じく，小さな変化という意味では，会社組織を変更するだけですから，**債務超過会社であってもできますし，資本金の額も変わりません**。数字はそのままなのです（計規23・34）。

大きな変化という意味では，⑸で述べたように，組織変更が合併等の組織再編行為の範囲でまとめられたため，**債権者保護手続きが常に必要になって**しまったことがあげられます。

持分会社のうち，合名会社や合資会社が株式会社に組織変更するという，今ここで取り上げるのと逆のケースでは，確かに無限責任社員がいなくなり有限責任化されるので，債権者保護も必要でしょう。

しかし，ここで取り上げるケースは，株式会社という有限責任から，同等の有限責任である合同会社に組織変更する，あるいは，出資者が無限責任を負うという合名会社や合資会社になろうというのです。

したがって，あえて債権者保護手続きは過剰な負担と思われますが，法律である以上仕方がありません。
最低1か月の間，債権者保護手続きを踏まなければなりません（後述の法779）。

(8) 株式会社を合同会社に「組織変更」する具体的手続き

前頁までは，株式会社を"持分"会社に「組織変更」すると述べてきました。しかし，ここからは，(7)の楕円の中の方向性に従うため，持分会社のうちの合同会社に「組織変更」することとします。

その**理由**は，株式会社と同じく**全ての社員が有限責任であるため，後述の最も重要な手続きである手順2において，従前と何ら変わらないため，株主の同意が，得やすい**ことです。ですから，同意が得られるならば，合名会社や合資会社でもかまいません。

手順1

> 組織変更計画の作成（法743条）
> 　会社は，組織変更をすることができる。この場合においては，組織変更計画を作成しなければならない。

スケジュールは，下図の通りです。そのうち，**最重要の手続きが手順2の「総株主の同意」**です。

まず手順1では，上記の条文の「変更計画」を作成しなければなりませんが，その内容は，右頁の通りで，本件の場合，**合同会社で全員が有限責任社員ですから，問題がありません。**

この計画書は登記の際，添付書類として必要になります。

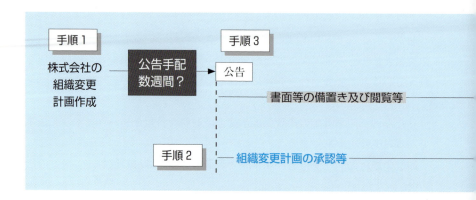

> **株式会社の組織変更計画**（法744条）
>   株式会社が組織変更をする場合には，当該株式会社は，組織変更計画において，次に掲げる事項を定めなければならない。
>   一　組織変更後の持分会社（以下この編において「組織変更後持分会社」という。）が合名会社，合資会社又は合同会社のいずれであるかの別
>   二　組織変更持分会社の目的，商号及び本店の所在地
>   三　組織変更持分会社の社員についての次に掲げる事項
>   　イ　当該社員の氏名又は名称及び住所
>   　ロ　当該社員が無限責任社員又は有限責任社員のいずれであるかの別
>   　ハ　当該社員の出資の価額
>   四　前2号に掲げるもののほか，組織変更後持分会社の定款で定める事項
>   五　組織変更に際して金銭等を交付するときは…（省略）
>   六　前号に規定する場合…（省略）　七〜八（新株予約権につき省略）
>   九　組織変更がその効力を生ずる日（以下この章において「効力発生日」という。）
>   2　組織変更後持分会社が合名会社であるときは，前項第3号ロに掲げる事項として，その社員の全部を無限責任社員とする旨を定めなければならない。
>
>   3　組織変更後持分会社が合資会社であるときは，第1項第3号ロに掲げる事項として，その社員の一部を無限責任社員とし，その他の社員を有限責任社員とする旨を定めなければならない。
>
>   4　組織変更後持分会社が合同会社であるときは，第1項第3号ロに掲げる事項として，その社員の全部を有限責任社員とする旨を定めなければならない。

　上記のうち，重要なのは4号の**持分会社の定款で定める事項**です。小泉氏は，最低限，59頁で述べた定款変更の条件を株式会社と同様にしました。合同会社になってから，総社員の同意を得ることは不可能だからです（⑩参照）。

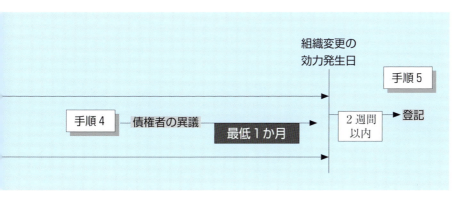

前頁の条文中の効力発生日に，持分会社となり，定款が変更したものとみなされ，株式会社の株主は，持分会社の社員となります（法745）。

したがって，この日から逆算して前頁のスケジュールを作成します。「総社員の同意」は，即日可能な場合もあれば，日数を要する場合もありますので，それを除けば，公告の手配に意外に時間を要する場合がありますが，これに「債権者の異議」を受ける期間の1か月を加えます。

株式会社の組織変更の効力の発生等 （法745条）
組織変更をする株式会社は，効力発生日に，持分会社となる。

2　組織変更をする株式会社は，効力発生日に，前条第1項第2号から第四号までに掲げる事項についての定めに従い，当該事項に係る定款の変更をしたものとみなす。

3　組織変更をする株式会社の株主は，効力発生日に，前条第1項第3号に掲げる事項についての定めに従い，組織変更後持分会社の社員となる。

4　前条第1項第5号イ定めがある場合…（省略）
5　新株予約権…（省略）

6　前各項の規定は，第779条の規定による手続が終了していない場合又は組織変更を中止した場合には，適用しない。

組織変更の効力発生日の変更（法780条）
組織変更をする株式会社は，効力発生日を変更することができる。

2　前項の場合には，組織変更をする株式会社は，変更前の効力発生日（変更後の効力発生日が変更前の効力発生日前の日である場合にあっては，当該変更後の効力発生日）の前日までに，変更後の効力発生日を公告しなければならない。

3　第1項の規定により効力発生日を変更したときは，変更後の効力発生日を効力発生日とみなして，この款及び第745条の規定を適用する。

[手順2]

　一連の手続きのうち，最も重要なのが，ここで，効力発生日の前日までに総株主の同意を得なければなりません（法776）。

> 株式会社の組織変更計画の承認等　（法776条）
> 1　組織変更をする株式会社は，効力発生日の前日までに，組織変更計画について当該株式会社の総株主の同意を得なければならない。
>
> 2　組織変更をする株式会社は，効力発生日の20日前までに，その登録株式質権者及び登録新株予約権質権者に対し，組織変更をする旨を通知しなければならない。
> 3　前項の規定による通知は，公告をもってこれに代えることができる。

　さて，問題は，「名義株式である旨の覚書」にも応じてくれない株主に対していかに同意を得るかです。

　これらは交渉の世界の話ですので，株主の人数などによって具体的な方法は，個別面談や書面送付など様々な方法が組み合わせてさらにはいく度か繰り返されることと思います。

　ここでは，先の小泉氏の株式会社Tの事例で話を進めることにします。
　ここに重要なポイントが隠されています。会社法と登記法のミステリーです。

　しかし，長くなりますし，先に[手順5]までの全体構造を説明した後の方が，謎解きも理解しやすいため，その後に，この[手順2]だけクローズアップして，述べることにします。

|手順3|

ここでは、組織変更計画の関係書類を、会社に備置きして、株主と債権者に閲覧可能な状態にし、必要であればコピーを渡します。

組織変更計画に関する書面等の備置き及び閲覧等（法775条）

1　組織変更をする株式会社は、組織変更計画備置開始日から組織変更がその効力を生ずる日（以下この節において「効力発生日」という。）までの間、組織変更計画の内容その他法務省令で定める事項を記載し、又は記録した書面又は電磁的記録をその本店に備え置かなければならない。

2　前項に規定する「組織変更計画備置開始日」とは、次に掲げる日のいずれか早い日をいう。
　一　組織変更計画について組織変更をする株式会社の総株主の同意を得た日
　二　新株予約権を発行しているとき…（省略）
　三　第779条第2項の規定による公告の日又は同項の規定による催告の日のいずれか早い日

（続きは次頁）

上記条文の2項は、「いつから閲覧可能にするか？」ということで、下図の|手順3|に位置します。小泉氏の場合、「総株主の同意」には時間がかかるので、公告の日から閲覧しなければなりませんでした。

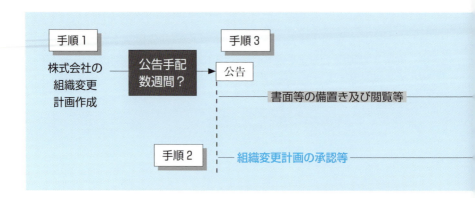

下の第3項では,「株主及び債権者は」となっているところに注意です。既にミステリーが始まっています。

> (前頁からの続き)
>
> 3　組織変更をする株式会社の株主及び債権者は,当該株式会社に対して,その営業時間内は,いつでも,次に掲げる請求をすることができる。ただし,第2号又は第4号に掲げる請求をするには,当該株式会社の定めた費用を支払わなければならない。
> 一　第1項の書面の閲覧の請求
> 二　第1項の書面の謄本又は抄本の交付の請求
> 三　第1項の電磁的記録に記録された事項を法務省令で定める方法により表示したものの閲覧の請求
> 四　第1項の電磁的記録に記録された事項を電磁的方法であって株式会社の定めたものにより提供することの請求又はその事項を記載した書面の交付の請求

小泉氏の場合,総株主の数は多数とはいえないため,備置きする書類の全てではありませんが,公告より前に,株主に届くよう郵送しています。

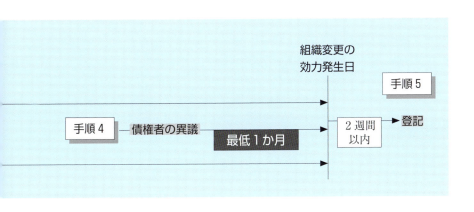

手順4

関係書類の閲覧は,「株主及び債権者」にされますが,その計画に対して異議を述べることができるのは,債権者に限定されています。

株主には「同意」を得る過程で,異議を述べることが可能だからです。

債権者の異議（法779条）

1　組織変更をする株式会社の債権者は,当該株式会社に対し,組織変更について異議を述べることができる。

2　組織変更をする株式会社は,次に掲げる事項を官報に公告し,かつ,知れている債権者には,各別にこれを催告しなければならない。ただし,第3号の期間は,1箇月を下ることができない。
　一　組織変更をする旨

　二　組織変更をする株式会社の計算書類（第435条第2項に規定する計算書類をいう。以下この章において同じ。）に関する事項として法務省令で定めるもの

　三　債権者が一定の期間内に異議を述べることができる旨

3　前項の規定にかかわらず,組織変更をする株式会社が同項の規定による公告を,官報のほか,第939条第1項の規定による定款の定めに従い,同項第2号又は第3号に掲げる公告方法によりするときは,前項の規定による各別の催告は,することを要しない。

4　債権者が第2項第3号の期間内に異議を述べなかったときは,当該債権者は,当該組織変更について承認をしたものとみなす。

5　債権者が第2項第3号の期間内に異議を述べたときは,組織変更をする株式会社は,当該債権者に対し,弁済し,若しくは相当の担保を提供し,又は当該債権者に弁済を受けさせることを目的として信託会社等に相当の財産を信託しなければならない。ただし,当該組織変更をしても当該債権者を害するおそれがないときは,この限りでない。

2項で,「官報に公告し,かつ知れている債権者には,各別にこれを催告しなければならない」とあります。

しかし,3項で,官報と定款で定めた新聞への公告又は,官報と電子公告をすれば,債権者への各別の催告を省略することができます。

問題は,計算書類,つまり決算書を公告しなければならないことでしょう。元々株式会社は決算書を公告しなければならないのに,「今さらなぜ？」というのが,偽らざる気持ちでしょう。

日刊新聞への掲載は,どこの新聞とは決まっていませんから,地元からずっと離れた地方の夕刊紙なら,誰にも気付かれないしお安いし……官報なんて,ほとんど誰も読んでいないので,一度だけ裸になるつもりで,本当の自由を得るために,腹を括りましょう。

なお,この掲載したことは,次の 手順5 の登記で添付する必要があります。

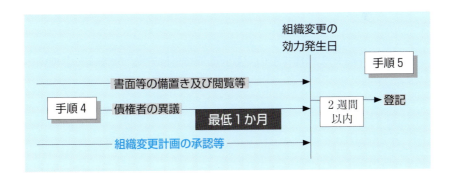

既に述べたように,この備置きと閲覧の期間は最低1か月で,4項にあるように,その間に債権者から異議がなければ,承認したものとみなされます。

5項では,債権者から異議が出た場合の対処が規定されています。
普通は,支払ってしまうことで債権者でなくなりますので,それが手っ取り早いでしょう。

これも，次の 手順5 の登記で添付する必要があります。つまり「債権者○○から，異議の申出があったため，債権額＊＊＊円については，弁済した」として銀行振込みの書類などで証明するわけです。

　そして，その債権額が軽微なときなど，放置しておいても，翌月には支払いがなされ，組織変更をしても，その債権者を害するようなことは起きないという時は，それもその旨，証明して，次の 手順5 の登記で添付する必要があります。

　このことを規定したのが，最後の５項の「当該組織変更をしても当該債権者を害するおそれがないときは，この限りでない」は微妙ですが，おそれがないか否かは，その債権の額や弁済期などを考えて総合判断ということになるでしょう。

　そして，最終の手続きとして，次頁の 手順5 の登記に進みます。

　手順4 までがちゃんとできていれば，ほとんど問題になりません。

　問題は，手順2 の「総株主の同意」の取り付け方で，次項(9)で詳細に述べます。

手順5

最後は，株式会社の解散登記と，合同会社の設立登記です。

組織変更の登記（法920条）

会社が組織変更をしたときは，その効力が生じた日から2週間以内に，その本店の所在地において，組織変更前の会社については解散の登記をし，組織変更後の会社については設立の登記をしなければならない。

合同会社の設立の登記（法914条）

合同会社の設立の登記は，その本店の所在地において，次に掲げる事項を登記してしなければならない。

一　目的
二　商号
三　本店及び支店の所在場所
四　合同会社の存続期間又は解散の事由についての定款の定めがあるときは，その定め
五　資本金の額
六　合同会社の業務を執行する社員の氏名又は名称
七　合同会社を代表する社員の氏名又は名称及び住所
八　合同会社を代表する社員が法人であるときは，当該社員の職務を行うべき者の氏名及び住所
九　第939条第1項の規定による公告方法についての定款の定めがあるときは，その定め
十　前号の定款の定めが電子公告を公告方法とする旨のものであるときは，次に掲げる事項
　イ　電子公告により公告すべき内容である情報について不特定多数の者がその提供を受けるために必要な事項であって法務省令で定めるもの
　ロ　第939条第3項後段の規定による定款の定めがあるときは，その定め
十一　第9号の定款の定めがないときは，第939条第4項の規定により官報に掲載する方法を公告方法とする旨

⑼ 「総株主の同意」の取り付け方

前頁までの手順のうち，最も重要な手続きが 手順2 であることは，これまでに何度も繰り返しました。

下図のように， 手順2 ・ 手順3 ・ 手順4 の全てが揃ってでしか組織変更の効力は発生しないのです。

いわば，**クリティカルパス**です。この攻略には鉄則があります。

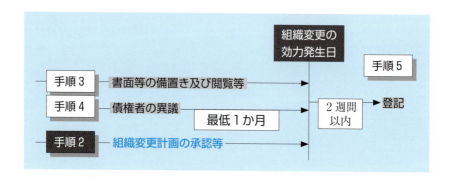

朝起きて，インスタント珈琲を飲む時の手順は，⑴珈琲の瓶を出す，⑵カップを用意する，⑶お湯を沸かすです。

この時のクリティカルパスは，一番時間のかかる⑶の「湯を沸かす」です。だから，これを先に手を付け，その間の時間内で⑴⑵をやるのです。

さて，小泉氏は，この「総株主の同意」を３段階で取り付ける計画を立てました。

① まず，総株主に同一の趣旨書とそれに対する同意書および返信封筒を共に郵送します（同意は必ずしも**書面である必要はない**）。
② 次に，**電話フォロー**アップ。
③ 最後に，同意書が送られてこなかった株主への**個別交渉**です。

最初の①の文章が大切です。どういう計画に対して，同意を取り付けたかを証する書類にもなるからです。

口頭で説明するにしても，論理的に次の内容が整っていることが大切ですから，それを整理するためにも，やはり文書にすることです。
ポイントは，以下の3点です。

> 1 なぜ，組織変更をしなければならないのか？　その必要性。
>
> 2 株主にとって利益は？
>
> 3 株主の有限責任は変わるのか？

以下，順に述べてまいります。

1 組織変更の理由と必要性　と　2 株主にとっての利益

小泉氏が，最初に述べたことは，1の組織変更の**大義名分**です。
そしてそれだけではなく，2それが株主の持分の増加の可能性につながります。

この，**公私共にメリット**がなければ人は動きません。
そして，この2大ポイントは，次の2つでした。

> ❶「管理コスト削減と株主の皆様の持分の増加の可能性」
> ❷　コンプライアンス順守の世の中への対応

❶の「管理コスト削減と株主の皆様の持分の増加の可能性」については，たとえば，このような例を引いて，小泉氏は説明しました。

> 著名企業である西友はなぜ，株式会社から合同会社に変わったか？
> アップルジャパンは，なぜ，当初から合同会社で設立したのか？
> それは，非上場会社は，手間とコストの要する株主総会などを開催せずに，機動的な経営ができること。
> わが社においても，オーナー株主のみで株主総会が開催できるものの，株式会社であるがゆえに，形式的でも開催し，議事録を作成することに手間とコストを要してきた。
>
> これら，無用な手間と管理諸費用を合同会社にすると不要になるため，削減でき，変化対応力を付けることが合理的であると判断したこと。
> 以上のことを通じて，会社の財務状況が良くなり，ひいては株主の皆様の持分の価値を増やす可能性は高まること。

❷のコンプライアンス順守の世の中への対応は，以下のように小泉氏は説明しました。

> 現在は，法令順守を厳しく追求されるようになっていることを，
> 株式会社は，毎期決算書を官報等で公告する義務があるが，現実には，非上場会社のほとんどが実施していない。
>
> しかし，この無法状態がいつまでも続くとは思えない。世の中の変化は，ある日突然と起こり，オセロゲームのように，状況が変化すること。
>
> そして，これらも，事前にリスクの芽を摘んでおくことで，結果的に株主の皆様のリスクを減らすことが，必ず実現できること。

③ 株主の有限責任は変わるのか？

小泉氏は，最後に再び西友やアップルジャパンの例を引き出しながら，株式会社の株主にとっての最大のメリットである「有限責任」が変わらないことを平易に語りました。

> 株式会社の株主にとっての最大のメリットである「有限責任」
> つまり，株主の皆様は，会社に万が一のことがあっても，既に出資した株式の金額以上の責任は，負う法的な義務は一切ないという特徴は，会社法によって新たに導入された合同会社でも全く変わらないので安心してください。

④ 最後のダメ押し

最後に，小泉氏は，まとめを含めて，ダメ押しをして，今，しなければできなくなってしまうことを力説しました。

> リスクがあって，それを変更するのに僅かなコストででき，会社にとって何らデメリットもなく，メリットが大きいならば，果敢に遂行すべきであること。
>
> 今，しなければ，株主の皆様にも避け難く訪れる高齢化の波のなか，万が一にも認知症などにでもなると，株主の皆様の同意を得ることができなくなってしまう時期が迫っていること。

⑽ 「総株主の同意」が取れない場合

⑼の文書を送付し，個別交渉もするのですが，どうしても「総株主の同意」が取れなかった場合にはどうするか？　小泉氏はこれを案じていました。

この同意が取れない場合とは，以下のようなケースが考えられました。

> ① 単純に，ある株主が頑固で応じない場合。
> ② 何らかの条件をつければ可能とも考えられる場合。
> ③ 株主が認知症等となり法律行為ができない場合。
> ④ 株主の死亡で，相続人の共有等となり同意が取れない場合。
> ⑤ 株主が行方不明の場合。

こうした場合には，株式会社では強制的にスクイーズアウトさせる方法があります。しかし，50頁で述べたように，こじれると紛争に発展する可能性や，合法的に買い取るにしても，対価が必要なため，持株割合からして，それが相当高額になってしまう場合には，そこにも至れない場合が多いのです。

それを押してでも，強行して（著者の著した具体的な方法の書籍も同頁で紹介しました），同意の取れる株主だけにした上で，組織変更をするのも1つの方法かもしれません。

しかし，ここではあえて，次の3つの道を検討してみることにします。

> ❶ 組織変更の登記では「総株主の同意」の証明書の添付は不要
> ❷ 持分を増やしてやることを交渉条件にする
> ❸ 合同会社を存続会社とした合併等を行う

❶ 組織変更の登記では「総株主の同意」の証明書の添付は不要

次頁の「添付書類の通則」にあるように，持分会社の登記の変更は全て，総社員の同意を証する書面を添付しなければなりません。しかし，次の条文である，株式会社を持分会社に組織変更する場合の添付書類には「総株主の

同意」の書面添付は要件とされていないのです。

添付書面の通則（商業登記法　合名会社の登記　93条）
　登記すべき事項につき**総社員の同意又はある社員若しくは清算人の一致を要するときは，申請書にその同意又は一致があつたことを証する書面を添付しなければならない。**

（合資会社に準用：商業登記法111，合同会社に準用：同法118）

組織変更の登記　（商業登記法77条）
前条の登記の申請書には，次の書面を添付しなければならない。
　一　組織変更計画書
　二　定款
　三　会社法第779条第2項の規定による公告及び催告（同条第3項の規定により公告を官報のほか時事に関する事項を掲載する日刊新聞紙又は電子公告によつてした場合にあつては，これらの方法による公告）をしたこと並びに異議を述べた債権者があるときは，当該債権者に対し**弁済**し若しくは相当の**担保**を提供し若しくは当該債権者に弁済を受けさせることを目的として相当の財産を**信託**したこと又は当該組織変更をしても当該**債権者を害するおそれがないことを証する書面**
　四　組織変更をする株式会社が株券発行会社であるときは，第59条第1項第2号に掲げる書面
　五　組織変更をする株式会社が新株予約権を発行しているときは，第59条第2項第2号に掲げる書面
　六　法人が組織変更後の持分会社を代表する社員となるときは，次に掲げる書面
　　イ　当該法人の登記事項証明書。ただし，当該登記所の管轄区域内に当該法人の本店又は主たる事務所がある場合を除く。
　　ロ　当該社員の職務を行うべき者の選任に関する書面
　　ハ　当該社員の職務を行うべき者が就任を承諾したことを証する書面
　七　法人が組織変更後の持分会社の社員（前号に規定する社員を除き，合同会社にあつては，業務を執行する社員に限る。）となるときは，同号イに掲げる書面。ただし，同号イただし書に規定する場合を除く。
　八　株式会社が組織変更をして合資会社となるときは，有限責任社員が既に履行した出資の価額を証する書面

なぜ，株式会社を持分会社に組織変更する場合には，登記の添付書類として「総株主の同意」を証する書面が必要ないのか？

持分会社は，7で述べたように，信頼が前提での**全員経営**，社員全員が役員というのが原則であるのに対して，**株式会社では所有と経営とが分離されて，多数決決議が原則になっている**ことが根本的にあるからです。

しかし，株式会社が持分会社に組織変更する場合には，どちらが優先するのか？　**本来は矛盾**することです。

だからこそ，会社法以前では株式会社等の物的会社と，合名会社・合資会社の人的会社との組織変更はできなかったともいえます。

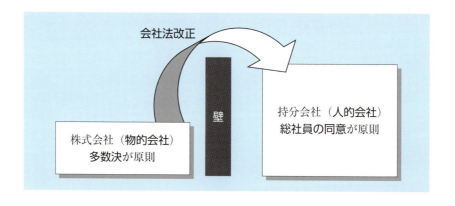

その矛盾を，会社法では「総株主の同意」として，建前を守り，商業登記法では，現実問題として……では，たとえば株式会社では多数の株主であることは想定されますから，膨大な株主数の場合，同意書面を株主から取り寄せて，段ボール箱に入れて登記の申請書に添付するのか？

そこで，同時に行う登記である，株式会社の解散登記において，株主総会議事録で「総株主の同意があった」として登記ができるのです。

だからといって，総株主の同意がないのに，偽りを記載して登記することは可能だとしても，責任問題や後日の紛争の種になることはあるでしょう。

あえていえば，紛争が起こらないのは，株数が少なく評価も低額であることを前提に，先述した「総株主の同意」が取れないケースの，③株主が認知症等となり法律行為ができない場合，④株主の死亡で，相続人の共有等となり同意が取れない場合，⑤株主が行方不明の場合であろうと考えます。

❷ 持分を増やしてやることを交渉条件にする

　次の方法は，「総株主の同意」を個別に交渉する場合において，**交付する持分や金銭等の内容について，その有する株式数に応じた平等な扱いをする必要はない**とされていることを活用するのです[5]。

　したがって，たとえば，小泉氏の持分から贈与税等を考慮しつつ分け与えて割合を増やすなどが考えられないわけではありません。
　これも株式会社は，株主平等の原則であるのに対して，持分会社では，そのような原則はありません。

　また，株式会社の**組織再編等に反対する株主に対しては，株式買取請求が認められる**のが普通ですが，組織変更の場面では規定されていないのです。

❸ 合同会社を存続会社とした合併等を行う

　しかし，この方法は，株式会社と持分会社の間での組織再編の違いはあれ，基本的に3頁前で50頁を再度説明したことと同じで，紛争性のリスクは皆無ではありません（なお，この方法は，第2章で述べることにします）。

■■

　小泉氏は，結局，万全な方策は，万難を排して「総株主の同意」を得ることが，最もリスクの少ないことを改めて確認しました。

　そして，それだからこそ，株主の数が，相続等を繰り返し，ねずみ算式に増えてしまっては，総株主の同意が取れなくなるので，今ここで，合同会社に組織変更しておかなければならないと75頁の④の「最後のダメ押し」を自分に対しても決意するのでした。

---

[5] 江頭憲治郎＝中村直人『論点体系会社法5』399頁〔桑原聡子〕（第一法規，2012年）。

10 持分会社の定款に盛り込むべきこと1点

特に，組織変更に際しての留意点

(1) めでたく「総株主の同意」を得た小泉氏

そして，小泉氏は，前頁の"その決意"の元，ついに「総株主の同意」を取り付けることに成功し，めでたく合同会社への組織変更を成し遂げました。

それにしても，戦後の高度成長期に株式会社を興し，半世紀もすると，株主の相続が1～2度は起きています。その都度，ねずみ算式に株主の増加が起きることもあり，当初から株主の数が多い会社は，容易に100人を超す株主になってしまい，「総株主の同意」の困難度は想像に難くありません。

下図は，当初7人で起業した株式会社が，株主の相続により，株式が分割所有していく流れを示した概念図です。

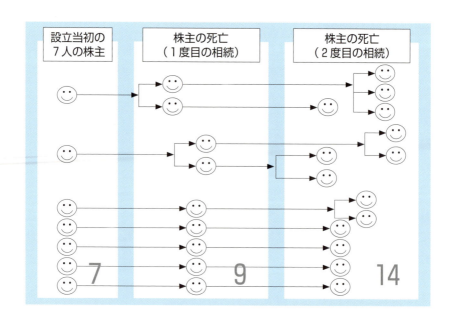

恐らく，大株主ほど，株式が比較的分けやすい資産であることもあって分割が進みやすいと考えられます。下手をすれば，一度の相続で，多数の株主が分散所有することもあります。あるいは，協議不調で「準共有」の可能性もあります。端株主らは，分割協議すら失念されて，「その他の財産は○○が相続する」との記述で相続され，意外に分散は進まないとも考えられます。

並行して，認知症や行方不明の株主も多発するかもしれません。

小泉氏の株式会社Tでは，今回，いち早く気が付き，行動を起こしたという意味では不幸中の幸いでした。

こうして，合同会社への組織変更によって，3〜4で述べた出資比率に関係なく後継者により多く損益分配ができます。

さらに，5〜6，8で述べた持分評価を0〜マイナスにするために，合同会社を，合名会社・合資会社に「会社の種類の変更」もできます。

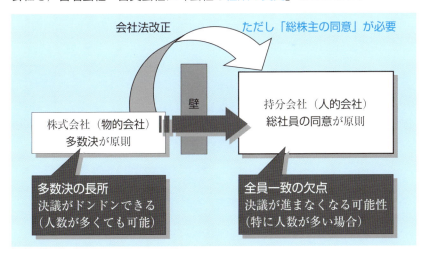

しかし小泉氏は思い当りました。これら，持分会社の長所を活かし実践するには，その都度，今度は「総社員の同意」が必要になってしまうのです。

すると，上図のように，今度は「全員一致の欠点」が生じてしまうのです。

かといって，株式会社から合同会社への組織変更の折に，これらを合同会社の定款に謳うと，波風が立ちやすくなり，「総株主の同意」を得る障害にもなりかねません。そこで，小泉氏は一計を図りました。

(2) 「定款変更」のみ株式会社と同じにするアイデア

　小泉氏の一計のアイデアは実に簡単です。そのことは，実は既に63頁で述べて実践済みです。

　すなわち，株式会社から合同会社への組織変更に際して，持分会社の定款変更の法定要件を「総社員の同意」から，株式会社と同じ「総議決権の3分の2以上」としておくのです。

　これには，組織変更の際の「総株主の同意」においても，「現在の株式会社と全く同じ条件ですからご安心ください」と説明ができます。

　また，株式会社の「会計帳簿の閲覧等の請求」（法433）に近づける別段の定めによる緩和も良いと考えられます（98頁。法618②参照）。

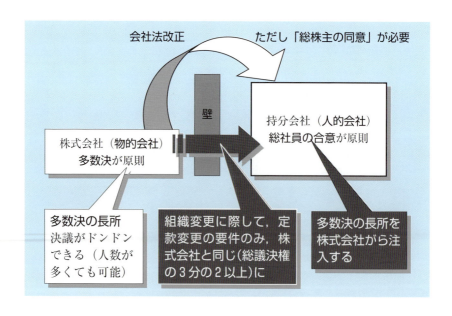

そして，合同会社に組織変更した後に，定款変更の条件を，総社員の合意から株式会社並に緩和してありますので，8・12頁に書いたように定款に定めさえすれば，自由に損益分配が可能になります。

　さらに，28頁で書いたように定款で定めさえすれば，残余財産の分配の割合が自由に決めることができます。

　そのうえ，38頁で書いたように合名・合資に「会社の種類を変更」することも容易にできます。

　法定退社（法607）の「定款で定める事由」を追加するのも良いでしょう（53頁参照）。

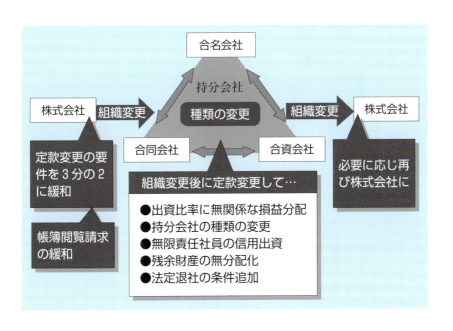

11 「法定退社」した場合の「持分の払戻し」

特に，組織変更に際しての留意点

(1) 退社に伴う持分の払戻し

社員の死亡等による退社である「法定退社」をした場合，社員は，出資額を没収されるわけではなく，当然に，社員は持分の払戻しを受ける権利を有します（法611）。

> 退社に伴う持分の払戻し（法611条）
> 1 退社した社員は，その出資の種類を問わず，その持分の払戻しを受けることができる。ただし，第608条第1項及び第2項の規定により当該社員の一般承継人が社員となった場合は，この限りでない。
>
> 2 退社した社員と持分会社との間の計算は，退社の時における持分会社の財産の状況に従ってしなければならない。
>
> 3 退社した社員の持分は，その出資の種類を問わず，金銭で払い戻すことができる。
>
> 4 退社の時にまだ完了していない事項については，その完了後に計算をすることができる。

この条文で注意すべきは，主語は退社した社員であり，その社員は払戻しを受けることができる……とする任意の規定であることです。

このため，たとえば，死亡した社員の相続人から，払戻しの請求がなければ会社は積極的に払戻しをする必要はないことになります。

むろん，積極的に支払ってしまっても構いませんが，まとまった金額の必

要となる持分の場合は，すぐには支払えないこともあると考えられます。

また，2項にあるように，その**払戻額の計算**に当たっては，紛争になることも考えられるので，いたずらに寝た子を起こすよりも，請求がなければ放置しておくことも考えられます。

この場合，多くの社員は，法定退社したことすら知ることがなく，請求権を行使せずに放置することが考えられます。

うがった見方をすれば，小泉氏のスキームは，株式会社から持分会社への組織変更は，この効果を期待した手法といえます。

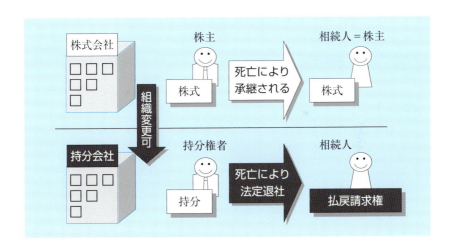

しかし，その退社した社員の**請求権**は残っていますので，持分の払戻し額を**未払金**として**出資から振り替える**ことになります。

この請求権の**時効は10年**（民法167）で消滅するため，その時点を経過すると会社は**時効取得**したことになります。

持分会社は，組合法理に則っていますが，多くの組合の規定では，この時効を2年としていますので，それと同様に定款変更するのも一考かもしれません。

時効取得すると，他の社員が出資額に応じて**みなし贈与**を受けたことになります（相法9）。

その他，特に合同会社については，払戻しの際の詳細な条文があるのは，株式会社同様，全員が有限責任社員であるため，不当に高額な払戻しをすると債権者を害する恐れがあるためです（法626・633・645・636：第2章詳細参照）。

こうして⑧から長々と論じてきた**名義株主対策**は，持分会社の潜在能力だと述べました。しかし，この他にも**持分会社になれば株主代表訴訟の恐れはなくなる**などの潜在能力もあります。

これまでの，小泉氏の物語を，今一度，会計と法務，そして税務の面から網羅的に検証することを次章で述べてまいります。

また，79頁で述べたように，**株式会社を消滅会社として，持分会社を存続会社とした組織再編を仕掛け**，これまでの持分会社の利点を取得できる大技もあります。

これらについては，高度なこともあるため，小泉氏の物語は一旦ここで終了し，次章で述べることとします。

第2章 持分会社の会計・法務・税務

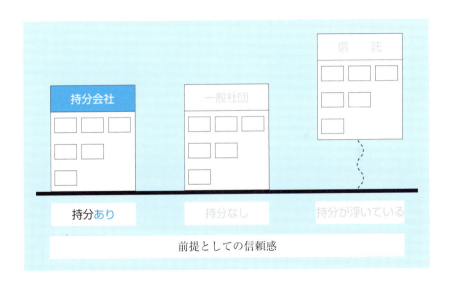

◆ 本章の「エッセンス・ストーリー」

　第1章の小泉氏のストーリーの中では織り込むことができなかった、地味な部分である「会計原則」や「資本金の額の減少」,「出資の払戻し」をしっかり押さえておきます。

　さらに,第1章でのまとめに加えて,第1章では組織変更だけでしたが,「持分会社」での組織再編にも言及してまいります。

1 「持分会社」概論

第1章のストーリーを，詳細な規定に遡り確認していきます

⑴ 持分会社とは

　旧商法では，株式会社，有限会社，合資会社，合名会社の4つの会社の種類が規定されていました。

　これが会社法では，株式会社，合資会社，合名会社，合同会社の4種類となりました（「特例有限会社」は株式会社です）。このうち，合名会社，合資会社，合同会社の3つを総称して「持分会社」といいます。

　持分会社は出資者ごとに出資の内容が異なってもかまいませんが，出資者自身が業務執行を行うのが原則とされています。

　持分会社は，**出資者である社員がお互いの人的信頼**に基づいて形成される企業形態ですので，会社内部の規律は，……

> ① 定款自治が広く認められている
>
> ② 社員の入社，持分の譲渡，定款変更等の重要事項は，原則として総社員の同意が必要である

……等，組合的な法理になっています。出資者である社員の個性が重視される法人であるといえます。

　これに対して，株式会社は出資者である株主は出資額を限度として責任を負う有限責任ですから，株主の個性が重視されず，制度的にも所有と経営との分離を建前としています。

(2) 持分会社の活用方法

持分会社，特に合同会社については，旧有限会社のかわりに1人会社のようなスモールカンパニーとしての活用のみならず，**ジョイント・ベンチャーや特別目的会社としての活用**が盛んに行われています。

上場企業間におけるジョイント・ベンチャーとしての活用のほか，**ストラクチャード・ファイナンス**[6]などにおける**特別目的会社**などとして旧有限会社が担ってきた役割の一部を合同会社が代替しています[7]。

持分会社の普通の活用例

① スモールカンパニー
② ジョイント・ベンチャー
③ ストラクチャード・ファイナンス等における特別目的会社
④ ホールディング・カンパニー（合同会社に限る）

旧有限会社と比較して，社債発行が認められるため，より利便性が高まっています。このことから，その会計の透明性も求められています。

したがって，合同会社，合名会社・合資会社の会計の差異と持分会社各社の法理の差異について明らかにします。

そして，持分会社をホールディング・カンパニーとするなど（法2三十一），持分会社の自由度に着目した組織再編を活用した事業承継対策手法を考察していきたいと思います。

---

[6] ストラクチャー（仕組み）を使った資金調達手法のことをいう。その代表がPFI（Private Finance Initiative）といった事業向けのプロジェクトファイナンスであり，資産の流動化といったアセットファイナンス，M&AやMBO（management buy out）のためのファイナンスも，ストラクチャード・ファイナンスの一例である。

[7] 長島・大野・常松法律事務所編『アドバンス 新会社法』689頁（商事法務，2版，2016年）。

(3) 持分会社の「組織変更」と「種類の変更」

　会社法では，株式会社（特例有限会社を含む）から持分会社へ，また，持分会社から株式会社へ変更（特例有限会社への変更はできません）することを「組織変更」として認めています。

　そのためには特別な手続きが必要です。持分会社が他の持分会社になることは「会社の種類の変更」といい，定款変更と登記の手続きだけで行うことができます。

　合資会社，合名会社が合同会社に「会社の種類の変更」をすれば，合資会社，合名会社の無限責任社員が有限責任社員になることができます。

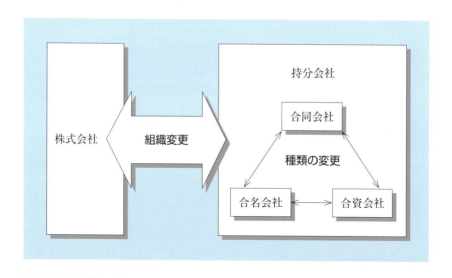

　合資会社や合名会社の経営を他人に委ねる必要があるときや，会社がリスクの高い事業をしようとするときなどにメリットがあります。

　ただし，**無限責任社員であったときの債務は，債権者保護の観点から，引き続き弁済する責任を負います。**

　ちなみに合資会社，合名会社が債務超過の場合，その債務超過額は無限責

任社員の相続の開始の際に、相続財産から控除することが可能とされています（43頁参照）。

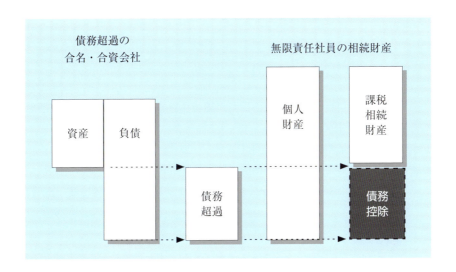

株式会社を合同会社に「組織変更」をすれば、社員の有限責任性を保ちながら、小規模組合的な内部規律により会社運営ができるようになります。

2　持分会社の会計の原則

株式会社と会計の原則はほぼ同じ。次の3で異なってきます

　持分会社の会計は，一般に公正妥当と認められる企業会計の慣行に従うものとされています（法614）。
　これは，会社法や会社計算規則（以下「計規」といいます）のみではすべてを網羅できないことから，実務慣行を尊重するということです。
　ここでいう「企業会計の慣行」とは，実務上，持分会社の場合は，「中小会計要領」によることが妥当といえましょう。

　ところで，計規の用語の解釈及び規定の適用に関しては，一般に公正妥当と認められる企業会計の基準その他の企業会計の慣行をしん酌しなければならない（計規3）と規定されていますので，計規は，旧商法の「斟酌」規定に先祖返りしたように考える向きもあるようですが，あくまでこれは計算規則の解釈と規定の適用について，企業会計の慣行を参考にすべしという宣言的規定であり，本法との離齬があるのではありません。

　次頁の計算規則のうち「純資産の部」で特徴的な2点を先に掲げると……

> 1．持分会社の資本金は出資された財産額の範囲内で定めます。資本金にしない残額（資本金の2分の1規制はありません）は，資本剰余金とします（計規30）。したがって，出資額の全額を資本剰余金とすることも可能です。

> 2．持分会社には資本準備金・利益準備金という概念はありません（計規31・32）。合名会社及び合資会社は，いつでも資本金と資本剰余金を自由に振替えできます（計規31①三）。これは，無限責任社員の存在が債権者保護になっているからです。

持分会社に関する**計算規則上の規制**としては，以下があります。

計算規則9条（持分会社の出資請求権）
　同30条（資本金の額）
　同31条（資本剰余金の額）
　同32条（利益剰余金の額）
　同33条（組織変更後持分会社の社員資本）
　同34条（組織変更後株式会社の株主資本）
　同35条（吸収型組織再編対価の全部又は一部が吸収合併存続会社の株式又は持分である場合における吸収合併存続会社の株主資本等の変動額）
　同36条（株主資本等を引き継ぐ場合における吸収合併存続会社の株主資本等の変動額）
　同37条（吸収型再編対価の全部又は一部が吸収分割承継会社の株式又は持分である場合における吸収分割承継会社の株主資本等の変動額）
　同38条（株主資本等を引き継ぐ場合における吸収分割承継会社の株主資本等の変動額）
　同39条（株式交換）
　同44条（持分会社の設立時の社員資本）
　同45条（支配取得に該当する場合における新設合併設立会社の株主資本等）
　同46条（共通支配下関係にある場合における新設合併設立会社の株主資本等）
　同47条（株主資本等を引き継ぐ場合における新設合併設立会社の株主資本等）
　同50条（株主資本等を引き継ぐ場合における新設分割設立会社の株主資本等）
　同51条（共同新設分割の場合における新設分割設立会社の株主資本等）
　同56条（更生計画に基づく行為に係る計算に関する特則）
　同70条（持分会社の成立の日の貸借対照表）
　同71条（持分会社の各事業年度に係る計算書類）
　同96条（社員資本等変動計算書）
　同97条（持分会社の個別注記表）

さらに、計算規則の第8編「持分会社の計算に係る計数等に関する事項」に、以下の規定が置かれています。

計算規則162条（損失の額）
　　同162条（利益額）
　　同164条（剰余金額）
　　同165条（欠損額）
　　同166条（純資産額）

このように、持分会社に関しても、会計計算規則に数多くの計算規定が置かれています。

① 会計帳簿の作成（法615①）
　持分会社は、会社計算規則第2編「会計帳簿」（計規4～同56）に定めるところにより、適時に、正確な会計帳簿を作成しなければならないとされています（法615①）。
　これは、**株式会社の会計帳簿と同様の規制**となっています（法432）。

　旧商法33条1項本文では、「会計帳簿は、……整然かつ明瞭に記載又は記録することを要す。」と規定されており、旧法の「整然性と明瞭性」から「適時性と正確性」へと転進がみられました。
　適時性の許容範囲については、明らかではありませんが、少なくとも現金取引は翌日までに、信用取引は翌月末までに記帳を完了すると解すべきでありましょう。

　正確性は、当然のことですが、証憑等に基づき事実を記帳する、すなわち真実性と言い換え得るものです。

② 会計帳簿の保存（法615②）
　会計帳簿及び事業関係重要書類は、その閉鎖の時から**10年間保存**すること

が要求されています。

　閉鎖とは，決算確定による決算仕訳の終了を意味しますので，したがって，決算日が平成19年3月31日であれば，決算仕訳は3月31日付けで行うものの，決算確定が5月31日であれば，翌6月1日から10年間すなわち平成29年5月31日まで保存することとなります。

③　会計帳簿の提出命令・計算書類の提出命令（法616・619）

　刑事訴訟法323条で，書面の証拠能力の特則として，**業務の通常の過程において作成された商業帳簿には，他の書面と異なり，戸籍謄本，公正証書と同様の高い証拠能力が付与**されており，そのことが会社法616条の規定（会計帳簿の裁判所による提出命令）及び同法619条の規定（計算書類の裁判所による提出命令）に反映しているものと解されます。

3 持分会社の計算書類

何と！　合名会社・合資会社は貸借対照表のみ義務づけ

(1) 計算書類の作成（法617②）

　持分会社は，各事業年度に係る計算書類を，当該事業年度に係る会計帳簿に基づき作成しなければならないとし（法617②，計規71③），棚卸法ではなく誘導法により作成しなければならないことが明らかにされています。

　株式会社は，計算書類及び事業報告並びにこれらの附属明細書を作成しなければならない（法435）と規定されていますが，持分会社には，事業報告と附属明細書はその作成が義務づけられていません。

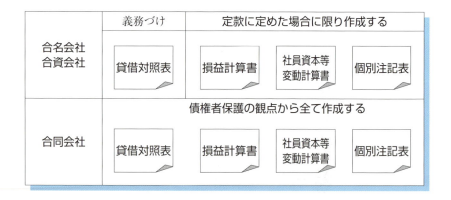

　また，合名会社・合資会社（以下「合名・合資会社」といいます）は，貸借対照表のみ作成が義務づけられています（計規71）。

　ほかに損益計算書，社員資本等変動計算書又は個別注記表を作成すると定款に定めた場合に限り，これらの書類も作成することとなります（計規71①一）。

合同会社は，債権者保護の観点から，貸借対照表，損益計算書，社員資本等変動計算書，個別注記表を作成しなければならない（計規71①二）と規定されています。

また，持分会社には，準備金という概念はありません（計規76）。

計算規則71条2項に計算書類の作成に係る期間につき，その括弧書で事業年度の末日を変更する場合に限り，変更後の事業年度は1年6箇月を超えることはできないという文言があり，会計学や租税法の観点からは，その規定振りに驚くばかりですが，実務上は法人税法上の事業年度規定（法法13）により事業年度の末日の短縮はできても延長をすることはできず，変更前の事業年度末で一旦区切った会計期間で所得の計算を行い，変更前の次期事業年度の開始日から新たに設定した事業年度の末日までを次期の会計期間として所得の計算を行います。

(2) 計算書類の保存（法617④）

計算書類はそれが作成された時から，**10年間の保存が義務**づけられています（法617④）。作成された時とは，決算の確定した時と解すべきです。なぜならば，決算承認が得られなければ，計算書類は再作成しなければならないからです。

ところで，持分会社は株式会社と異なり，**決算承認をする**株主総会に類する社員総会の設置は義務づけられていません。

そこで，決算の確定は，社員が2人以上ある場合には，持分会社の業務は，定款に別段の定めがある場合を除き，**社員の過半数をもって決定し**（法590②），業務を執行する社員を定款で定めた場合においては，定款に別段の定めがある場合を除き，**業務を執行する社員の過半数をもって決定する**（法591①）とありますので，係る決定をもって決算の承認＝確定となります。

(3) 計算書類の閲覧等（法618・625）

① 持分会社の原則（法618）

　持分会社の社員は，当該持分会社の営業時間内はいつでも計算書類の閲覧又は謄写の請求ができるということが原則ですが（法618①），定款で別段の定めをすることができることとされています（法618②本文）。

　したがって，定款において「業務執行社員が承認をした場合に限り，請求により謄写又は閲覧ができる。」という定めも可能です。

　ただし，事業年度の終了時における社員からの請求を制限することはできません（法618②但書）。

> **計算書類の閲覧等**（法618条）
> 1　持分会社の社員は，当該持分会社の営業時間内は，いつでも，次に掲げる請求をすることができる。（以下略）
> 2　前項の規定は，定款で別段の定めをすることを妨げない。ただし，定款によっても，社員が事業年度の終了時に同項各号に掲げる請求をすることを制限する旨を定めることができない。

　ちなみに，次の株式会社の場合と比較して頂くと良いでしょう（第１章82頁参照）。

> **会計帳簿の閲覧等の請求**（法433条）
> 　総株主（株主総会において決議をすることができる事項の全部につき議決権を行使することができない株主を除く。）の議決権の100分の３（これを下回る割合を定款で定めた場合にあっては，その割合）以上の議決権を有する株主又は発行済株式（自己株式を除く。）の100分の３（これを下回る割合を定款で定めた場合にあっては，その割合）以上の数の株式を有する株主は，株式会社の営業時間内は，いつでも，次に掲げる請求をすることができる。この場合においては，当該請求の理由を明らかにしなければならない。（以下略）

　ところで，株式会社は株主に対して株主総会において計算書類の報告責任

＝説明責任がありますが（法438），持分会社は人的会社であり出資者＝経営者（役員）ということが原則ですので，出資者に対する説明責任についての規定は置かれていません。

　なお，持分会社は，利害関係者が少ないために，広く情報開示を行う必要性に乏しいことから，株式会社と異なり決算公告は義務づけられていません。
　また，最終事業年度に係る貸借対照表に資本金として計上した額が5億円以上である，又は負債の部に計上した額の合計額が200億円以上である場合であっても，会計監査人の監査は要求されていません。
　これは特例有限会社（特例有限会社も決算公告は義務づけられてはいません〔整備法28〕）と同様です。

　ちなみに，大会社とは，株式会社特有の概念なのです（法2六）。

② 合同会社の特則（法625）
　一方，債権者に対する計算書類の閲覧についての規制については，持分会社のうち合同会社は無限責任社員がいませんので，債権者保護の観点から，合同会社の債権者については，当該合同会社の営業時間内は，いつでもその計算書類（作成した日から5年以内のものに限ります）の閲覧・謄写請求をすることができるとされており，合名・合資会社との差別化が図られています（法625）。

4 持分会社の計算書類の内容

自己株式に相当する「自己持分」の概念はない

(1) 貸借対照表 純資産の部

　持分会社の貸借対照表の純資産の部は，社員資本と評価・換算差額等の項目とし（計規73①三），社員資本に係る項目は，資本金，出資金申込証拠金，資本剰余金，利益剰余金に区分しなければならないとされています（計規76③）。

　評価・換算差額等に係る項目は，その他有価証券評価差額金，繰延ヘッジ損益，土地評価差額金に区分しなければなりません。

　なお，自己株式に相当する自己持分の概念は持分会社にはありません（法587）。したがって，会社が一時的に保持せざるを得ない特段の事情がある場合には，仮払金で会計処理をせざるを得ません。

(2) 社員資本等変動計算書

　合同会社にのみ作成が義務づけられている社員資本等変動計算書は，社員資本と評価・換算差額等の項目とし（計規96②三），社員資本は資本金，資本剰余金，利益剰余金の項目に区分し（同③三），評価・換算差額等に係る項目は，その他有価証券評価差額金，繰延ヘッジ損益，土地評価差額金，為替換算調整勘定に区分し（同⑤），資本金，資本剰余金，利益剰余金に係る項目は，当期首残高，当期変動額，当期末残高について明らかにし，係る当期変動額については，各変動事由ごとに当期変動額及び変動事由を明らかにしなければならないとされています（同⑦）。

　さらに，評価・換算差額等に係る項目は，当期首残高及び当期末残高並びに当期変動額について明らかにしなければならず，この場合において，主要な当期変動額について，その変動事由とともに明らかにすることを妨げない

と規定されています（同⑧）。

(3) 個別注記表

　持分会社のうち合同会社及び定款で個別注記表を作成すると定めた合名・合資会社においては，重要な会計方針に係る事項に関する注記等の5個（計規98①二・三・四・六・十九）のみが義務づけられています（計規98②五）。

　2号の重要な会計方針に係る事項に関する注記とは，会計方針に関する重要性の乏しいものを除く次の5項目です（計規101）。

> 1．資産の評価基準及び評価方法
> 2．固定資産の減価償却の方法
> 3．引当金の計上基準
> 4．収益及び費用の計上基準
> 5．その他計算書類の作成のための基本となる重要な事項
> 　計規98条1項3号の会計方針の変更に関する注記とは，持分会社において，一般に公正妥当と認められる会計方針を他の一般の公正妥当と認められる会計方針に変更した場合における重要性に乏しいものを除く次に掲げる事項です（同102の2）。
> 　　1．当該会計方針の変更の内容
> 　　2．当該会計方針の変更の理由
> 　　3．遡及適用をした場合には，当該事業年度の期首における純資産額に対する影響額
> 　　4．当該事業年度より前の事業年度の全部又は一部について遡及適用をしなかった場合には，計算書類の主な項目に対する影響額

5 資本金の額の減少

株式会社のような厳しさはなく，容易に減額できる

(1) 持分会社の原則

持分会社は，損失てん補のために，その資本金の額を減少することができますが（法620①），損失てん補に限定されていません。

減少する資本金の額は，損失の額として法務省令で定める方法により算定される額を超えることはできません（法620②）。

> **資本金の額の減少**（法620条）
> 1 持分会社は，損失のてん補のために，その資本金の額を減少することができる。
> 2 前項の規定により減少する資本金の額は，損失の額として法務省令で定める方法により算定される額を超えることができない。

零でもよいですが，**マイナスすなわち減資差損は認められていません**。

法務省令で定める方法は，次の方法により算定される額のうちいずれか少ない額とする方法をいうとされています（計規162）。

> 1 零 −（資本剰余金の額＋利益剰余金の額）……零未満であれば零。
>
> 2 資本金の額

(2) 合同会社の特則

合同会社おいては，法620条1項の場合のほか，出資の払戻し又は持分の払戻しのために，その資本金の額を減少することができます（法626①）。

なお，「出資の払戻し」とは，既に出資として払込み又は給付をした金銭等の払戻し（以下「出資の払戻し」）をいいますが，社員を脱退する「持分の払戻し」とは異なりますので注意してください。

「出資の払戻し」のために減少する資本金の額は，出資の価額の範囲内で資本金の額が定められますので，出資払戻額から出資の払戻しをする日における剰余金額を控除して得た額を超えることはできません（法626②）。

「持分の払戻し」のために減少する資本金の額は，債権者の異議に規定する合同会社の持分払戻額から，持分の払戻しをする日における剰余金額を控除して得た額を超えることはできません（法626③）。

出資の払戻し又は持分の払戻しを行う場合の資本金の額の減少（法626条）

1　合同会社は，第620条第1項の場合のほか，出資の払戻し又は持分の払戻しのために，その資本金の額を減少することができる。

2　前項の規定により出資の払戻しのために減少する資本金の額は，第632条第2項に規定する出資払戻額から出資の払戻しをする日における剰余金額を控除して得た額を超えてはならない。

3　第1項の規定により持分の払戻しのために減少する資本金の額は，第635条第1項に規定する持分払戻額から持分の払戻しをする日における剰余金額を控除して得た額を超えてはならない。

4　前2項に規定する「剰余金額」とは，第1号に掲げる額から第2号から第4号までに掲げる額の合計額を減じて得た額をいう。
　一　資産の額　　二　負債の額　　三　資本金の額　　四　前2号に掲げるもののほか，法務省令で定める各勘定科目に計上した額の合計額

なお,「剰余金額」とは,〔「資産の額」－（負債の額＋資本金の額＋計規164条に定める各勘定科目に計上した額の合計額）〕をいいます（法626④）。

各勘定科目に計上した額については,次のように定められています（計規164三）。

> 三　次のイからホに掲げる場合における当該イからホまでに定める額
> 　イ　法626条2項に規定する剰余金額を算定する場合……当該社員の出資につき資本剰余金に計上されている額
> 　ロ　法626条3項に規定する剰余金額を算定する場合……次に掲げる額の合計額
> 　　①　当該社員の出資につき資本剰余金に計上されている額
> 　　②　32条2項2号イに掲げる額から同号ロに掲げる額を減じて得た額
> 　ハ　法632条2項及び634条1項に規定する剰余金を算定する場合……次に掲げる額のうちいずれか少ない額
> 　　①　法624条1項の規定による請求に応じて出資の払戻しをした日における利益剰余金の額及び資本剰余金の額の合計額
> 　　②　当該社員の出資につき資本剰余金に計上されている額
> 　ニ　法633条2項ただし書きに規定する場合……ハ①に掲げる額
> 　ホ　法635条1項，2項1号及び636条2項に規定する剰余金額を算定する場合……資本剰余金の額及び利益剰余金の額の合計額

合同会社では，利益処分および出資の払戻しについて制限がありますので，その代わりとして出資の払戻しのための資本減少を認めているのです。

社員が出資の払戻しを請求する際は，出資金額についての減少に係る定款の変更をする必要があります（法632①）。

また，出資の払戻額は払戻日の剰余金の額または定款変更により減少した出資価額のいずれか少ない額を超えることはできません（法632②）。

出資の払戻しの制限（法632条）
1　第624条第1項の規定にかかわらず，合同会社の社員は，定款を変更してその出資の価額を減少する場合を除き，同項前段の規定による請求をすることができない。

2　合同会社が出資の払戻しにより社員に対して交付する金銭等の帳簿価額（以下この款において「出資払戻額」という。）が，第624条第1項前段の規定による請求をした日における剰余金額（第626条第1項の資本金の額の減少をした場合にあっては，その減少をした後の剰余金額。以下この款において同じ。）又は前項の出資の価額を減少した額のいずれか少ない額を超える場合には，当該出資の払戻しをすることができない。この場合においては，合同会社は，第624条第1項前段の規定による請求を拒むことができる。

なお，合同会社が資本金の額を減少する場合は，株式会社と同様の債権者保護手続を必要とします（法627）。

債権者の異議（法627条）
1　合同会社が資本金の額を減少する場合には，当該合同会社の債権者は，当該合同会社に対し，資本金の額の減少について異議を述べることができる。

2　前項に規定する場合には，合同会社は，次に掲げる事項を官報に公告し，かつ，知れている債権者には，各別にこれを催告しなければならない。ただし，第2号の期間は，1箇月を下ることができない。（以下略）

ところで，旧商法においては，資本金は合名会社等の純資産額のうち拠出資本部分に相当する額を表示すること以外にその役割はないことから資本金に関する規律を欠いていましたが，会社法においては，合同会社における財源規制上の控除額として，資本金の額を利用することから資本金に関する規律をおいているのです。

6 持分会社の「利益の配当」

「利益の配当」と「損益の分配」を区別する

(1) 持分会社の利益の配当の原則（法621・622・623）

会社法では，持分会社の「利益の配当」と「損益の分配」を区別して規定しています（法621・622）。

> **利益の配当**（法621条）
> 社員は，持分会社に対し，利益の配当を請求することができる。

> **社員の損益分配の割合**（法622条）
> 損益分配の割合について定款の定めがないときは，その割合は，各社員の出資の価額に応じて定める。

旧商法では，商法における利益の分配と民法組合における損益の分配（民法674）との間に，概念上大きな差異はないものと解されていました。

> **組合員の損益分配の割合**（民法674条）
> 1　当事者が損益分配の割合を定めなかったときは，その割合は，各組合員の出資の価額に応じて定める。
>
> 2　利益又は損失についてのみ分配の割合を定めたときは，その割合は，利益及び損失に共通であるものと推定する。

しかし，会社法では，配当概念の変容（利益の配当のみでなく払込資本の

払戻しも剰余金の配当とした）に伴い，下図のように，持分会社においては，持分会社の損益が各社員の持分との関係でどのように分配されるかについては会社法622条で規定し，自己に分配された利益に相当する財産の現実の払戻しについては同法621条で規定しました。

その他，持分の差押えの効力（法621③）や責任に関する規定（法623②・628・629）も整備されました。

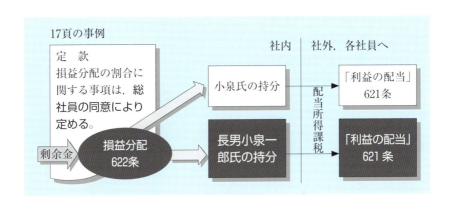

なお，利益の配当には，資本剰余金の配当は含みません（法634，計規31②但書）。

持分会社の利益の配当の方法は，定款で自由に定めることができます（法621②，上図）。
損益分配の割合についても定款で自由に定めることができますが，定款に定めがないときは，その割合は各社員の出資の価額に応じて定めるとされています（法622，上図）。
なお，利益と損失の分配の割合について，一方のみ定款で定めた場合は，共通割合であると推定するとされています（法622②）。

なお，これらの条文は，会社法によって初めて規定されました。商法時代には，民法の「組合」の規定が準用されていました。このことは，持分会社を理解する上で必要な概念となります（旧商法68・147，民法674）。

(2) 合同会社の特則（利益の配当の制限）

合同会社は、利益の配当により社員に対して交付する金銭等の帳簿価額（以下、「配当額」といいます）が当該利益の配当をする日における**利益額を超える場合には、当該利益の配当をすることができません。**

この場合には、法621条1項の「社員は持分会社に対し、利益の配当を請求することができる。」という規定による請求を拒むことができるとされています（法628）。

> **利益の配当の制限**（法628条）
> 　合同会社は、利益の配当により社員に対して交付する金銭等の帳簿価額（以下この款において「配当額」という。）が当該利益の配当をする日における利益額を超える場合には、当該利益の配当をすることができない。この場合においては、合同会社は、第621条第1項の規定による請求を拒むことができる。

(3) 合同会社の利益の配当に関する責任

合同会社が、利益の配当の制限の規定に違反して利益を配当した場合には、当該利益の配当に関する**業務を執行した社員は、当該合同会社に対し、当該利益の配当を受けた社員と連帯して、当該配当額に相当する金銭を支払う義務を負う**として、金銭による支払い義務＝責任を課しています。

ただし、当該業務を執行した社員が、その職務を行うについて注意を怠らなかったことを証明した場合は、この限りでないとし（法629①但書）、**株式会社における法462条2項の規定と平仄を合わせています。**
そして、かかる返済義務は、免除できません。

ただし、利益の配当をした日における利益額を限度として当該義務を免除することについて総社員の同意がある場合には、この限りでないとし（法629②）、株式会社における法462条3項の規定と平仄を合わせています。
またこれらの規定振りから、**株式会社における「分配可能額」と持分会社**

における「利益額」とが同じ概念として会社法において用いられていることが分かります。

> **利益の配当に関する責任**（法629条）
> 1 合同会社が前条の規定に違反して利益の配当をした場合には，当該利益の配当に関する業務を執行した社員は，当該合同会社に対し，当該利益の配当を受けた社員と連帯して，当該配当額に相当する金銭を支払う義務を負う。ただし，当該業務を執行した社員がその職務を行うについて注意を怠らなかったことを証明した場合は，この限りでない。
>
> 2 前項の義務は，免除することができない。ただし，利益の配当をした日における利益額を限度として当該義務を免除することについて総社員の同意がある場合は，この限りでない。

ところで，合資会社と合同会社が，利益の配当により有限責任社員に対して交付した金銭等の帳簿価額つまり「配当額」が，当該利益の配当をする日における利益額を超える場合には，当該利益の配当を受けた有限責任社員は，当該会社に対し，連帯して，当該配当額に相当する金銭を支払う義務を負う（法623①：次頁条文参照）ものとされています。

そして，同条2項に，「利益の配当を受けた有限責任社員についての法580条2項の「有限責任社員の責任」規定の適用については，その出資の価額（既に持分会社に対して履行した出資の価額を除く）及び法623条1項の配当額が，同条1項の利益額を超過する額（同項の義務を履行した額を除く）の合計額を限度として，持分会社の債務を弁済する責任を負う」と規定されています。

しかし，「合同会社の利益の配当に関する特則」における会社法630条（社員に対する求償権の制限等）3項において，「法623条2項の規定は合同会社の社員については適用しない。」とし，違法な配当を受けた有限責任社員について，合資会社と合同会社の社員の有限責任性に差異を設けています。

> **有限責任社員の利益の配当に関する責任**（法623条）
> 1 持分会社が利益の配当により有限責任社員に対して交付した金銭等の帳簿価額（以下この項において「配当額」という。）が当該利益の配当をする日における利益額（持分会社の利益の額として法務省令で定める方法により算定される額をいう。以下この章において同じ。）を超える場合には、当該利益の配当を受けた有限責任社員は、当該持分会社に対し、連帯して、当該配当額に相当する金銭を支払う義務を負う。
>
> 2 前項に規定する場合における同項の利益の配当を受けた有限責任社員についての第580条第2項の規定の適用については、同項中「を限度として」とあるのは、「及び第623条第1項の配当額が同項の利益額を超過する額（同項の義務を履行した額を除く。）の合計額を限度として」とする。

ところで、合名会社の社員の利益の配当に関する責任規定が置かれていないのは、債権者に対して無限責任を負っているからです。

また、合同会社においては、利益を受けた社員は、配当額が利益の配当をした日における利益を超えることにつき善意であるときは、すなわち知らなかったときは、当該配当額について、当該利益の配当に関する業務を執行した社員からの求償の請求に応ずる義務を負いません（法630①）。

しかし、債権者は配当額（当該配当額が当該債権者の有する債権額を超える場合にあっては、当該債権額）に相当する金銭を支払わせることができるとして債権者保護規定を置いています（法630②）。

合資会社には、この規定は置かれていません。なぜならば、合資会社の有限責任社員は善意悪意を問わず、会社に対して利益の配当についての責任を負っているからです（法623②）。

> **社員に対する求償権の制限等**（法630条）
> 1　前条第1項に規定する場合において，利益の配当を受けた社員は，配当額が利益の配当をした日における利益額を超えることにつき善意であるときは，当該配当額について，当該利益の配当に関する業務を執行した社員からの求償の請求に応ずる義務を負わない。
>
> 2　前条第1項に規定する場合には，合同会社の債権者は，利益の配当を受けた社員に対し，配当額（当該配当額が当該債権者の合同会社に対して有する債権額を超える場合にあっては，当該債権額）に相当する金銭を支払わせることができる。
>
> 3　第623条第2項の規定は，合同会社の社員については，適用しない。

(4) 合同会社における欠損が生じた場合の責任

合同会社が利益の配当をした場合において，当該利益の配当をした日の属する事業年度の末日に欠損額が生じたときは，当該利益の配当に関する業務を執行した社員は，当該合同会社に対し，当該利益の配当を受けた社員と連帯して，その欠損額（当該欠損額が配当額を超えるときは，当該配当額）を**支払う義務を負う**ものとされています。

ただし，当該業務を執行した社員がその職務を行うについて**注意を怠らなかったことを証明した場合は，この限りではありません**（法631①）。係る支払い義務は，**総社員の同意がなければ，免除することができません**（法631②）。

7 出資の払戻しと合同会社の特則

合同会社は株式会社に近いから……

(1) 合名・合資会社の出資の払戻し

　旧商法では，出資の払戻しの規定はありませんでしたが，会社法では624条1項に社員の身分を維持しつつ「社員は既に出資として払込み又は給付をした金銭等の払戻しを請求することができる」という規定をおいています。

　利益の配当や持分の払戻しは，含まれませんので注意が必要です。
　さらに，現物出資の場合には，当該財産の価額に相当する金銭の払出しを請求することができます（法624①後段）。当該財産の価額は，出資時の帳簿価額とされています。

　信用・労務出資をした無限責任社員にあっては，払込みが金銭等でないため払戻しを請求することができません。
　また，定款自治により，払戻しに関する事項（時期・回数・財産の種類・額）を自由に定めることができます（法624②）。

出資の払戻し（法624条）
1　社員は，持分会社に対し，既に出資として払込み又は給付をした金銭等の払戻し（以下この編において「出資の払戻し」という。）を請求することができる。この場合において，当該金銭等が金銭以外の財産であるときは，当該財産の価額に相当する金銭の払戻しを請求することを妨げない。
2　持分会社は，出資の払戻しを請求する方法その他の出資の払戻しに関する事項を定款で定めることができる。

合名・合資会社の出資の履行は，会社の事業の状況を勘案しつつ，適宜行えば足りるとされていますので，いったん出資した財産の払戻しを受けることも認められることを明確にしたものです。

合同会社の社員は，定款を変更してその出資の価額を減少する場合を除き，出資の払戻しを請求することはできません（法632①）。合同会社の社員は，会社債権者に対して間接有限責任しか負わないことからの制約です。

> **出資の払戻しの制限**（法632条）
> 　第624条第1項の規定にかかわらず，合同会社の社員は，定款を変更してその出資の価額を減少する場合を除き，同項前段の規定による請求をすることができない。

合名・合資会社における払戻しについては，債権者保護手続を行うことなく，払戻しによって減額する資本金・資本剰余金の内訳は自由に決めることができます（計規30②二・31②二）。

合同会社における出資の払戻しは，債権者保護手続を必要とします（法627）。

> **債権者の異議**（法627条）
> 　合同会社が資本金の額を減少する場合には，当該合同会社の債権者は，当該合同会社に対し，資本金の額の減少について異議を述べることができる。

減少する資本金の額は出資払戻しをする日における剰余金を控除して得た額を超えることはできません（法626②）。
そこで，債権者保護手続を要しない資本剰余金から減額をします。
資本剰余金を超えて払戻しが行われる場合に資本金の減額を行います（計規30②二）。

(2) 合同会社の社員の退社に伴う払戻しに関する特則

合同会社が持分の払戻しにより社員に対して交付する「持分払戻額」が当該持分の払戻しをする日における剰余金の額を超える場合には，当該合同会社の債権者は，当該合同会社に対し，持分の払戻しについて異議を述べることができます（法635）。

すなわち，「持分払戻額」＞「剰余金額」となる場合には，合同会社は，次の事項を官報に公告し，かつ知れている債権者には各別にこれを催告しなければなりません。

> 1．当該剰余金額を超える持分の払戻しの内容
>
> 2．債権者が一定の期間内に異議を述べることができる旨

「一定の期間」とは，原則として1箇月以上ですが，払戻額が「純資産額」を超える場合や簿価債務超過会社が払戻す場合には，2箇月以上となります。これは，清算に準じた場合に該当しますので，個別催告も省略することはできません（法635③但書）。

なお，「純資産額」とは，（資本金の額＋資本剰余金の額＋利益剰余金の額＋最終事業年度の末日における評価・換算差額等に係る額）となります（計規166）。

合同会社が上記の規定に違反して持分の払戻しをした場合には，合同会社に対して，払戻しに関する業務を執行した社員は，当該払戻しを受けた社員と連帯して，当該持分払戻額に相当する金銭を支払う義務を負います。

ただし，当該業務執行社員が任務懈怠がないことを証明した場合は，この限りではありません（法636）。

債権者の異議（法635条）

1　合同会社が持分の払戻しにより社員に対して交付する金銭等の帳簿価額（以下この款において「持分払戻額」という。）が当該持分の払戻しをする日における剰余金額を超える場合には，当該合同会社の債権者は，当該合同会社に対し，持分の払戻しについて異議を述べることができる。

2　前項に規定する場合には，合同会社は，次に掲げる事項を官報に公告し，かつ，知れている債権者には，各別にこれを催告しなければならない。ただし，第2号の期間は，1箇月（持分払戻額が当該合同会社の純資産額として法務省令で定める方法により算定される額を超える場合にあっては，2箇月）を下ることができない。
　一　当該剰余金額を超える持分の払戻しの内容
　二　債権者が一定の期間内に異議を述べることができる旨

3　前項の規定にかかわらず，合同会社が同項の規定による公告を，官報のほか，第939条第1項の規定による定款の定めに従い，同項第2号又は第3号に掲げる公告方法によりするときは，前項の規定による各別の催告は，することを要しない。ただし，持分払戻額が当該合同会社の純資産額として法務省令で定める方法により算定される額を超える場合は，この限りでない。

4　債権者が第2項第2号の期間内に異議を述べなかったときは，当該債権者は，当該持分の払戻しについて承認をしたものとみなす。

5　債権者が第2項第2号の期間内に異議を述べたときは，合同会社は，当該債権者に対し，弁済し，若しくは相当の担保を提供し，又は当該債権者に弁済を受けさせることを目的として信託会社等に相当の財産を信託しなければならない。ただし，持分払戻額が当該合同会社の純資産額として法務省令で定める方法により算定される額を超えない場合において，当該持分の払戻しをしても当該債権者を害するおそれがないときは，この限りでない。

8 まとめ：税理士が押さえておきたい法務と会計

これまでのポイントを一挙に集めて確認します

I 法務編

① 社員の規定

1．出資者＝社員になることができるのは，自然人のみならず**法人でも可能**です。その根拠は，会社法576条1項4号に社員の氏名または名称を定款に記載するとあり，また会社法598条（法人が業務を執行する社員である場合の特則）の規定があるからです。

　そして，法人が出資者になる場合には，当該法人は，業務を執行する社員の職務を負う自然人を選任しなければならないと規定しています。

2．**持分会社は民法上の組合と同様の組合法理で会社運営**が行われます。

　したがって，原則として総社員の同意で業務執行が行われますが，**社員間の契約自由の原則＝定款自治が株式会社以上に認められており**，組織運営の自由度の高い会社組織であるといえます。

3．**合名会社の出資者＝社員は1人でも構いません**（法641①四）。

　しかし，当該社員が自然人の場合には，社員が死亡したら解散事由となりますので，定款で当該社員が死亡した場合における当該社員の持分の承継人を定めておくことができます（法608①）。

② 出資の規定

4．有限責任社員にあっては，その出資は，金銭や現物でなければなりませんが（法576①六），**無限責任社員は信用・労務出資でも構いません**。ということは，法人が無限責任社員になり信用出資をした場合には，当該法人のB/Sに出資勘定が計上されないということになります。

また，合名会社の無限責任社員が，信用・労務出資をした場合の当該法人の**資本金の額は零**となります。

5．合資会社の有限責任社員の**有限の意味**は，出資予定額を限度として，持分会社の債務を弁済する責任を負うということですが（法580②），合同会社の有限責任社員に限っては，出資に係る金銭の全額払込み，又は現物の全部給付（現物出資）の責任がありますので（法578），出資額を限度に責任を負うという間接有限責任です（**株式会社の株主と同様の責任です**）。

　なお，有限責任社員の現物出資の適正性を担保する制度は株式会社と異なり（法33），設けられていません。

6．無限責任社員の信用・労務出資は，それを社員間の合意により評価し，評価額を定款に記載しますが，その額は，**年次配当や解散時の残余財産の分配をする際の基準とするためです**。

7．出資持分の譲渡・贈与は，民法上の組合法理と同様に，**社員全員の承諾が必要です**（法585①）。

　この手続は，持分会社には，社員総会という機関の定めがないので，「**持ち回り承諾書**」という形式をとることになります。

　ただし，定款自治により，代表社員の承諾により，譲渡等を認めるという定款の定めも有効となります（法585④）。

8．持分会社には，自己持分の取得は禁止されています（法587）。

③　法人の意思決定

9．定款に別段の定めがない会社は，社員＝出資者1人1人が業務を執行しますが，定款で業務執行社員を定めることができます（法590①）。

　そして，業務執行社員が2人以上ある場合には，定款に別段の定めがない会社は，業務の決定すなわち法人としての意思決定は，**業務執行社員の過半数をもって行いますが**（法591①），**定款で代表社員が決定すると定めることもできます**（法590②）。

　ただし，持分会社の**「常務」**は，業務執行社員を複数定めた場合には，

各業務執行社員は**単独で行うことができますが**，その完了前に他の業務執行社員が異議を述べた場合は，この限りでないとされています（法590③）。

④ 業務執行社員の選任・辞任・解任

10. 業務執行社員を1名，すなわち代表社員1名のみ定款に定めれば，重要な使用人（支配人）の選任・解任も当該業務執行社員に委ねるという定款で定めることも可能です（法591②）。

11. 業務執行社員は正当な理由がなければ，辞任することができませんし（法591④），業務執行社員の解任は，「正当な理由」があれば他の社員の一致により解任することができます（法591⑤）。
　　なお，辞任と解任につき，「正当な理由」要件を定款で外すこともできます（法591⑥）。

⑤ 社員の監視権

12. 定款で業務執行社員を定めた場合には，会社の事業年度の終了時又は重要な事由があるときは，**社員には持分会社の業務及び財産の状況を調査できるという監視権を有していますが**，これは定款でも制限できません（法592②）。

⑥ 社員の責任

13. 業務執行社員は，善管注意義務並びに忠実義務を負うことと規定されています（法593①②）。
　　また，持分会社又は他の社員の請求があるときは，いつでもその職務執行の状況を報告し，その職務が終了した後は，遅滞なくその経過及び結果を報告しなければならないとされていますが（法593③），定款で任務懈怠による賠償責任免除を定めることができます（法593⑤）。

14. 業務執行社員は，競業避止義務・利益相反取引の制限を負っています。定款で別段の定めをすることができます（法594・595）。

15. 業務執行社員は，その任務を怠ったときは，持分会社に対し，これによって生じた損害を賠償する責任を負うこととされています（法596）。
　　また，業務を執行する有限責任社員は，その業務を行うについて悪意又は重大な過失があったときは，これによって第三者に生じた損害を賠償する責任を負うこととされています（法597）。

⑦　持分会社の代表者

16. 業務を執行する社員は，持分会社を代表しますが，他に持分会社を代表する社員その他持分会社を代表する者を定めた場合には，この限りではありません（法599①）。
　　ということは，社員以外の者を理事長として持分会社の代表とすることも可能であると解されます。

　　ただし，原則として，業務執行社員が2人以上ある場合には，各自，持分会社を代表することとなりますので（法599②），定款によって又は定款の定めに基づく社員の互選によって，業務執行社員の中から持分会社を代表する社員を定めることができます（法599③）。

⑧　社員の加入・脱退

17. 持分会社の社員の加入は，当該社員に係る定款の変更をした時に，その効力を生じますが，合同会社の場合には，当該社員が出資に係る払込み又は給付の全部を完了した時に社員となります（法604）。
　　なお，合同会社を除き，当該社員の登記をすることとなります（法912①五・913①五）。

18. 持分会社の社員の退社は，やむを得ない事由があるときは，任意に退社することができます（法606③）。

　　社員は，総社員の同意又は死亡，除名等で法定退社します（法607）。
　　退社した社員は，その持分の払戻しを受けることができますが（法611①），その計算は退社の時における持分会社の財産の状況に従うこととされています（法611②）。

19. 持分会社は、その社員が死亡した場合における当該社員の相続人その他の一般承継人が当該社員の持分を承継する旨を定款で定めることができます（法608①）。

特に、一人合名会社・合同会社の場合には、強制解散をヘッジするために有効な規定です。

⑨ 定款の変更

20. 持分会社は総社員の同意によって定款の変更をすることができますが、定款に別段の定めをすることで、代表社員が定款を変更するとか、資本多数決で定款変更をすると定めることもできます（法637）。

21. 持分会社の種類の変更は定款の変更で可能ですが、種類の変更登記は、解散と設立という登記実務を伴います（法919）。

⑩ 法人の解散

22. 持分会社は、総社員の同意、社員が欠けたこと等所定の事由により解散します（法641）。

また、清算に伴う残余財産の分配割合は各社員の出資額に応じますが、定款に別段の定めをすることで、属人的に定めることもできます（法666）。

Ⅱ 会 計 編

① 純資産の部

1. 持分会社の資本金は出資された財産額の範囲内で定めます。資本金にしない残額（資本金の2分の1規制はありません）は、資本剰余金とします（計規30）。したがって、出資額の全額を資本剰余金とすることも可能です。

2. 持分会社には資本準備金・利益準備金という概念はありません（計規31・32）。合名会社及び合資会社は、いつでも資本金と資本剰余金を自由に振り替えることができます（計規31①三）。これは、無限責任社員の存在が債権者保護になっているからです。

② 計算書類

3．持分会社の計算書類は，①貸借対照表，②損益計算書，③社員資本等変動計算書，④個別注記表ですが，合名・合資会社にあっては，会社が作成すると定めた場合に②③④を作成するとされていますので（計規71①一），貸借対照表以外の作成は任意なのです。

4．持分会社の社員は，定款に定めることで，事業年度の終了時にのみ計算書類の閲覧謄写を請求できるとすることができます（法618②）。定款に定めないと，常時，会社に対して計算書類の閲覧謄写を請求できます（法618①）。

③ 利益の配当

5．持分会社の利益の配当は，出資の価額に応じますが（法622①），定款に定めることで，属人的に配当の額を定めることもできます（法621②）。

6．有限責任社員は，持分会社の利益の額を超えて利益の配当を受けた場合には，当該配当額に相当する金銭を持分会社に対して支払う義務を負うこととされています（法623①）。これは，債権者の保護規定です。

④ 出資の払戻し

7．持分会社の社員は，「出資の払戻し」を請求することがすることができますが（法624），合同会社の社員は定款を変更してその出資の価額を減少する場合を除き，「出資の払戻し」を請求することができません（法632①）。なお，退社に伴う「持分の払戻し」（法611）と区別が必要です。

〈合同会社の会計の特則〉

① 　計算書類の閲覧・謄写
1．合同会社の会社債権者は合同会社の営業時間内は，いつでもその計算書類の閲覧謄写を請求できるとされています（法625）。

② 　純資産の部
2．合同会社は，「損失のてん補」，「出資の払戻し」，「持分の払戻し」のために，資本金の額を減少することができます（法626①）。合同会社が資本金の額を減少する場合には，株式会社と同様に，所定の債権者保護手続を経て，資本金の減少の効力が生ずることになります（法627）。

　なお，無限責任社員が存在する合名・合資会社では，債権者保護手続は要求されていません。

3．「損失のてん補」のために減少する資本金の額は，①0－資本剰余金の額及び利益剰余金の額の合計額（0未満の場合は0），②資本金の額，のうちいずれか少ない額を超えることはできません（法620，計規162）。

4．「出資の払戻し」のために減少する資本の額は，「出資払戻額」から剰余金額を控除した額を超えてはならないとされています（法626）。

5．「持分の払戻し」のために減少する資本の額は，「持分払戻額」から剰余金額を控除した額を超えてはならないとされています（法326③）。

〈持分会社の組織変更編〉

1．持分会社は株式会社に，株式会社は持分会社に組織変更することができます。この場合においては，組織変更計画を作成しなければなりません（法743）。

2．株式会社が組織変更により持分会社になる際に，株式会社の株主に対してその株式に代わる出資（持分）以外の金銭等（持分会社の社債を含む）を交付することができます（法744①五）。
　そして，持分会社は新株予約権を受け継げませんので，金銭の割当てをすることになります（法744①七）。

9 ＜応用＞ 持分会社を活用した組織再編

会社法では株式会社と一体化した条文になっている

(1) 持分会社が存続する吸収合併を活用する―持分会社が株式会社を吸収合併し存続会社となる（法751）

〈活用のポイント〉

　持分会社を設立し，これに株式会社を吸収合併し，合併に際して，株式会社の少数株主に対して，合併対価として，現金等（社債でも可）を交付してキャッシュ・アウトすれば，組織運営の自由度を得ることができます。

　さらに，持分会社の定款を，持分会社の意思決定を原則的取扱いである頭数主義から出資主義にしておけば，事業承継税制の適用も可能[8]となります。

　また，債務超過の株式会社を合併消滅会社とし，吸収合併存続会社を一人合名会社にすれば，無限責任社員の相続に際して，債務超過額を債務控除することが可能です（134～139頁参照）。

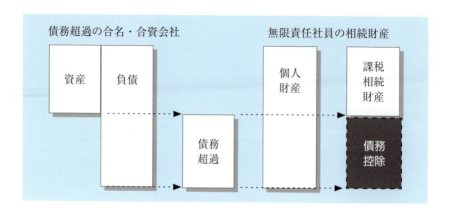

---

[8] 国税庁 HP【措置法第70条の7関係】「贈与税の納税猶予の対象となる非上場株式等の意義」説明4参照。

〈手続〉
合併契約書作成上の留意点

持分会社が存続会社となり，株式会社が消滅会社となる合併に際しては，吸収合併契約において，次に掲げる事項を定めなければなりません（法751）。

① 吸収合併存続持分会社及び吸収合併消滅株式会社の商号及び住所
② 吸収合併消滅株式会社の株主が吸収合併存続持分会社の社員となるときは
　1）存続会社が合名会社の場合には，当該社員となる氏名又は名称及び住所並びに出資の価額
　2）存続会社が合資会社の場合には，当該社員となる氏名又は名称及び住所，当該社員が無限責任社員又は有限責任社員のいずれであるかの別，並びに当該社員の出資の価額
　3）存続会社が合同会社の場合には，当該社員となる氏名又は名称及び住所並びに出資の価額を吸収合併契約書に定めますが，効力発生日に旧株主は吸収存続持分会社の社員となります。また，吸収存続持分会社の定款の変更をしたものとみなされますが（法752③），後日のために改めて定款を書き直すことをお勧めします。
③ 吸収合併存続持分会社が吸収合併消滅株式会社の株主に対して，その株式に代わる金銭等を交付するときは，当該金銭等又はその算定方法等について
　1）社債であるときは，当該社債の種類及び種類ごとの各社債の金額の合計額又はその算定方法（吸収合併効力発生日に社債権者となります）
　2）社債以外の財産であるときは，当該財産の内容及び数若しくは額又はこれらの算定方法，例えば，現金の代わりに貸付金債権を交付すれば，金利と返済方法を定めればよいのです（吸収合併効力発生日に貸付金債権者となります）。
　3）吸収合併消滅会社の株主に対する金銭等の割当てに関する事項
　　金銭等を交付する場合には，吸収合併消滅株式会社の株主の有する株式数に応じて交付しなければなりませんが，持分交付の際はこの限りではありません。
④ 吸収合併消滅株式会社が新株予約権を発行しているときは，新株予約権者に交付する当該新株予約権に代わる金銭の額又はその算定方法その他新株予約権者に対する金銭の割当てに関する事項
⑤ 吸収合併の効力発生日（法752①）
　効力発生日に吸収合併存続持分会社は，吸収合併消滅株式会社の権利義務を承継します。

(2) 持分会社を設立して新設合併を行う（法755）

〈活用のポイント〉

同時に2以上の株式会社を新設合併消滅会社とし，新設合併設立会社として持分会社を設立します。その効果は，上記(1)と同様です。

〈手続〉

2以上の株式会社が新設合併をする場合において，新設合併設立会社が持分会社であるときは，新設合併契約において，次に掲げる事項を定めなければなりません（法755）。

なお，吸収合併と異なり，敢えて効力発生日の定めをしませんが，新設合併設立持分会社の設立登記の日が効力発生日となり，新設合併消滅株式会社の権利義務を承継します（法756）。

① 新設合併消滅株式会社の商号及び住所
② 持分会社である新設合併設立持分会社の種類
③ 新設合併設立持分会社の目的，商号及び本店の所在地
④ 新設合併設立持分会社の社員の氏名又は名称及び住所，無限責任社員又は有限責任社員の別，当該社員の出資の額
⑤ 新設合併設立持分会社の定款で定める事項（決議の方法が頭数主義か出資主義か等）
⑥ 新設合併設立持分会社が新設合併消滅株式会社の株主に対して，その株式に代わる当該新設合併設立持分会社の社債を交付するときは当該社債の種類及び種類ごとの各社債の金額の合計額及びその算定方法
⑦ 新設合併消滅株式会社の株主に対する社債の割当てに関する事項
⑧ 新設合併消滅株式会社が新株予約権を発行しているときは，新株予約権者に交付する当該新株予約権に代わる金銭の額又はその算定方法
⑨ 新設合併消滅株式会社の新株予約権者に対する金銭の割当てに関する事項
⑩ その他各種持分会社特有の社員についての定め

(3) 株式会社の事業に関して有する権利義務の全部又は一部を，新設分割により合名会社に承継させる（法765）

〈活用のポイント〉

　株式会社と合同会社という物的会社しか分割会社になれませんが，受け皿である新設分割設立会社には，すべての持分会社がなることができます。

　したがって，債務超過の株式会社を分割し，当該債務を一人合名会社に承継すれば，法人債務を相続時に実質的に個人債務にできます（134～139頁参照）。

〈手続〉

　新設分割設立会社が「持分会社」であるときは，新設分割計画において，以下の事項を定めなければなりません。
① 持分会社である新設分割設立会社が「合名会社，合資会社，合同会社のいずれであるか」の別
② 新設分割設立持分会社の「目的」「商号」「本店の所在地」
③ 新設分割設立持分会社の「社員」についての以下の事項
　イ 「社員の名称・住所」
　ロ 「社員が無限責任社員，有限責任社員のいずれであるか」の別
　ハ 「社員の出資の価額」
④ 上記②③のほか，新設分割設立持分会社の「定款で定める事項」
⑤ 新設分割設立持分会社が分割会社から承継する「資産」「債務」「雇用契約」「その他の権利義務に関する事項」
⑥ 新設分割設立持分会社が分割会社に対して設立持分会社の「社債を交付」するときは，「社債の種類」「種類ごとの各社債の金額の合計額」又は「その算定方法」
⑦ ⑥の場合において，2以上の「株式会社」又は「合同会社」が共同して新設分割をするときは，分割会社に対する「社債の割当てに関する事項」
⑧ 新設分割株式会社が新設分割設立持分会社の成立の日に次に掲げる行為をするときは，その旨
　イ 全部取得条項付種類株式の取得（取得対価が新設分割設立持分会社の持分のみであるものに限ります）
　ロ 剰余金の配当（配当財産が新設分割設立持分会社の持分のみであるものに限ります）
⑨ 設立持分会社が「合名会社」であるときは，「社員の全部を無限責任社員とする旨」を定めなければなりません。
⑩ 設立持分会社が「合資会社」であるときは，「社員の一部を無限責任社員とし，その他の社員を有限責任社員とする旨」を定めなければなりません。
⑪ 設立持分会社が「合同会社」であるときは，「社員の全部を有限責任社員とする旨」を定めなければなりません。

〈効力の発生・異議申立て等（法766）〉

　債権者を詐害する会社分割等について，法761条と同様の規定が設けられました（129頁参照）。

(4) 吸収分割の活用—株式会社が有する事業上の権利義務の全部又は一部を分割し，合名会社に承継させる（法760）

〈活用のポイント〉

　吸収分割会社には，株式会社と合同会社という物的会社しかなれませんが，受け皿である分割承継会社には，限定はありませんので，すべての持分会社が分割承継会社になることができます。したがって，合名会社・合資会社を分割会社にしようとする場合には，定款を変更して合同会社への「種類の変更」を行えば，分割会社になることができます。債務超過の株式会社を分割して，当該債務を一人合名会社に承継させることで，法人債務を相続に当たって実質的に個人の債務とすることができます（134～139頁参照）。

〈手続〉

　　会社は，吸収分割をする場合において，吸収分割承継会社との間で，吸収分割契約を締結しなければなりません。
　　吸収分割承継会社が，持分会社であるときは，吸収分割契約において次の事項を吸収分割契約書に定めなければなりません。
① 持分会社である吸収分割承継持分会社の「商号」「住所」
② 吸収分割承継持分会社が吸収分割会社から承継する「資産」「債務」「雇用契約」「その他の権利義務に関する事項」
③ 吸収分割株式会社の「株式」を吸収分割承継持分会社に承継させるときは，「当該株式に関する事項」
④ 吸収分割会社が吸収分割に際して「吸収分割承継持分会社の社員となる」ときは，次のイ～ハまでに掲げる吸収分割承継持分会社の区分に応じ，当該イ～ハに定める事項
　　イ　合名会社　「社員の氏名・名称」「住所」「出資の価額」
　　ロ　合資会社　「社員の氏名・名称」「住所」「社員が無限責任社員又は有限責任社員のいずれであるかの別」「社員の出資の価額」
　　ハ　合同会社　「社員の氏名・名称」「住所」「出資の価額」
⑤ 吸収分割承継持分会社が吸収分割に際して分割会社に対してその事業に関する権利義務の全部又は一部に代わる金銭等を交付するときは，次の事項
　　イ　当該金銭等が吸収分割承継持分会社の「社債」であるときは，「社債の種類」「種類ごとの各社債の金額の合計額」又は「その算定方法」
　　ロ　当該金銭等が吸収分割承継持分会社の「社債以外の財産」であるときは，「財産の内容」「数（額）」又は「これらの算定方法」
⑥ 効力発生日
⑦ 吸収分割株式会社が，効力発生日に，以下の行為をするときは，その旨
　　イ　全部取得条項付種類株式の取得（取得対価が吸収分割承継持分会社の持分のみであるものに限ります）
　　ロ　剰余金の配当（配当財産が吸収分割承継持分会社の持分のみであるものに限ります）

〈効力の発生・異議申立て等（法761）〉

① 吸収分割承継持分会社は，効力発生日に，吸収分割契約の定めに従い，吸収分割会社の権利義務を承継します。
② 上記①の規定にかかわらず，吸収分割会社の債権者で異議申立ての規定（法789①二）の各別の催告を受けなかった債権者は，吸収分割契約において吸収分割後に吸収分割会社に対して債務の履行を請求することができないものとされているときであっても，吸収分割会社に対して，吸収分割会社が効力発生日に有していた財産の価額を限度として，当該債務の履行を請求することができます。
③ 上記①の規定にかかわらず，吸収分割会社の債権者で異議申立ての規定（法789①二）の各別の催告を受けなかったものは，吸収分割契約において吸収分割後に吸収分割承継持分会社に対して債務の履行を請求することができないものとされているときであっても，吸収分割承継持分会社に対して，承継した財産の価額を限度として，当該債務の履行を請求することができます。
④ 上記①の規定にかかわらず，吸収分割会社が吸収分割承継持分会社に承継されない債務の債権者（残存債権者）を害することを知って吸収分割をした場合には，残存債権者は，吸収分割承継持分会社に対して，承継した財産の価額を限度として，当該債務の履行を請求することができます。ただし，吸収分割承継持分会社が吸収分割の効力の発生時において残存債権者を害すべき事実を知らなかったときは，この限りではありません。なお，吸収分割会社が効力発生日に全部取得条項付種類株式の取得や剰余金の配当を受けるときは，適用しません。
⑤ 吸収分割承継持分会社が，上記④の規定により債務を履行する責任を負う場合には，当該責任は，吸収分割会社が残存債権者を害することを知って吸収分割をしたことを知った時から2年以内に請求又は請求の予告をしない残存債権者に対しては，その期間を経過した時に消滅します。効力発生日から20年を経過したときも同様です。
⑥ 吸収分割会社について破産手続開始の決定，再生手続開始の決定又は更生手続開始の決定があったときは，残存債権者は，吸収分割承継持分会社に対して，上記④の請求する権利を行使することができません。

(5) 合同会社に発行済株式を取得させる株式交換（法770・771）

〈活用のポイント〉

　合同会社を株式交換完全親会社とすることができます。株式交換の対価として，持分ではなく金銭等を交付すれば，少数株主をキャッシュ・アウトすることができます。持分を交付する場合には，株式数に応ずる必要はありません（法770③）。

　また，親会社である合同会社に組合法理に準じた定款自治を活用することで，フレキシブルな経営が可能となります。

　なお，ホールディングカンパニーを設立する株式移転における持株会社は，株式会社に限られていますので，持分会社を活用することはできません（法２三十二）。

〈手続〉

　　株式会社が株式交換をする場合において，株式交換完全親会社が合同会社であるときは，株式交換契約において，次に掲げる事項を定めなければなりません。

① 株式交換完全子会社及び株式交換完全親合同会社の商号及び住所
② 株式交換完全子会社の株主が，株式交換完全親合同会社の社員になるときは，当該社員の氏名又は名称（法人の場合）及び住所並びに出資の価額
③ 株式交換完全親合同会社が株式交換に際して株式交換完全子会社の株主に対してその株式に代わる金銭等（株式交換完全親合同会社の持分を除きます）を交付するときは，当該金銭等について，次に掲げる事項
　イ　当該金銭等が株式交換完全親合同会社の社債であるときは，当該社債の種類及び種類ごとの各社債の金額の合計額又はその算定方法
　ロ　当該金銭等が株式交換完全親合同会社の社債以外の財産であるときは，当該財産の内容及び数若しくは額又はこれらの算定方法
④ ③に規定する場合には，株式交換完全子会社の株主（株式交換完全親合同会社を除きます）に対する③に規定する金銭等の割当てに関する事項
⑤ 効力発生日

(6) 株式会社の合併・会社分割・株式交換（吸収合併等）の手続

（法782〔吸収合併契約等に関する書面等の開示〕・783〔吸収合併契約等の承認等〕・784〔簡易・略式組織再編〕・784の2〔吸収合併等差止請求〕・785〔反対株主の株式買取請求〕・786〔株式の買取価格の決定等〕・789〔債権者の異議〕等）

〈吸収合併消滅株式会社・吸収分割株式会社・株式交換完全子会社（以下「消滅株式会社等」といいます）の手続〉

イ 消滅株式会社等は，吸収合併等備置開始日から吸収合併等が効力発生日から6箇月を経過する日（吸収合併消滅株式会社にあっては，効力発生日）までの間，吸収合併契約等の内容その他法務省令（法規182～184）に定める「吸収合併消滅株式会社の事前開示事項」・「吸収分割株式会社の事前開示事項」・「株式交換完全子会社の事前開示事項」を記載し，又は記録した書面又は電磁的記録（吸収合併契約・吸収分割契約・株式交換契約）をその本店に備え置かなければなりません。
ロ 吸収合併契約等備置開始日とは，吸収分割会社・株式交換完全子会社では，契約締結の日から2週間を経過した日となります（法782②五）。
ハ 消滅株式会社等では，効力発生日までに総会決議，株式買取請求，債権者保護手続等の全てが完了していなければなりません（法783）。
ニ 合併対価等が，持分のときは，対象株主全員の同意が必要です（法783②③）。
ホ 持分会社が存続する吸収合併契約，持分会社に権利義務を承継させる吸収分割契約，合同会社に発行済株式を取得させる株式交換契約において，消滅株式会社等の株主が不利益を受けるおそれがあるときは，当該株主は消滅株式会社等に対して吸収合併等をやめることを請求することができます（法784の2）。
ヘ 特別支配会社（議決権9割支配）の株主以外の反対株主（法785②）は，消滅株式会社に対し，自己の有する株式を公正な価格で買い取ることを請求できます（法785）。
ト 消滅株式会社等に対し，吸収合併の場合は吸収合併消滅株式会社の債権者，吸収分割の場合は吸収分割後吸収分割株式会社に対して債務の履行を請求することができない吸収分割株式会社の債権者（持分会社に権利義務を承継させる吸収分割契約で吸収分割会社について破産手続開始の決定等で吸収分割承継会社に対して権利行使ができない吸収分割会社の残存債権者）は，吸収合併等について異議を述べることができます（法789）。

(7) 持分会社が吸収合併存続会社，吸収分割承継会社及び株式交換完全親会社となる場合の手続（法802）

存続持分会社等は，原則として，効力発生日の前日までに，吸収合併契約等について存続持分会社等の総社員の同意を得なければなりませんが，定款に「社員の過半数の同意で決定する」「代表社員が決定する」という定めがある場合には，この限りではありません（法802①）。また，債権者異議の規定（法799）が準用されます。

10 定款自治で，事業承継に活用できる持分会社の税務

これまでの活用プランのまとめ

以下の論点から，持分会社を事業承継の受け皿会社に活用するスキームが解明されるはずです。株式会社を消滅会社等にする組織再編の高度なスキームとの組み合わせが考えられます。

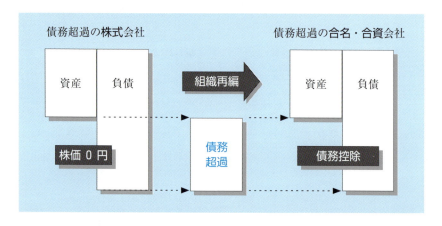

〈Q1〉 持分会社の出資について教えてください。

〈A1〉
　合同会社と合資会社の有限責任社員は金銭等に限られていますが，無限責任社員は信用出資・労務出資が認められています。したがって，合名会社は，資本金の額が零円での会社設立が可能です。
　これは，法人（会社）＝自然人（社員）という関係にあるので，究極の連帯保証・信用保証をしていることにほかなりません。もっとも，旧商法では，無限責任社員は自然人に限られていましたが，会社法では，法人も無限責任社員になることができるようになりました。

> 〈Q2〉 信用・労務出資をした無限責任社員への利益の分配や残余財産の分配はどうするのですか？

〈A2〉
　合資会社の有限責任社員は金銭等での出資が義務づけられていますから，出資額の評価は金銭であれば，金銭の額ですし，現物出資であれば，適正な時価が評価額となります。
　しかし，**評価の適正性を担保する制度はありません。**
　そして，係る出資額に比例して利益や残余財産の分配を行うのが原則ですが，契約＝定款で定めれば，必ずしも比例的に分配をする必要はありません。

　株式のように，利益の分配と残余財産の分配の双方とも有しない株式は認められないという規制（法105②）はありません。

　ところで，**信用や労務の評価**は簡単ではありません。そこで，**出資者の間**で，話し合いで「エイ・ヤ〜」と決めるわけです。無限責任を負っていますので，法人の連帯債務者であり，**信用保証人**です。そこで，法人の事業活動等を鑑みて，1億円と評価することも可能なのです。

　したがって，有限責任社員が100万円を出資しており，信用を出資している無限責任社員の信用出資の評価額を10,000万円と評価しますと，定款で別段の定めをしない場合は，**利益の分配**は100：10,000の比率で分配するわけです。**残余財産の分配**も，定款で定めなければ，100：10,000の割合で分配します。
　しかし，無限責任社員が，残余財産の分配は不要であるとし，定款にその旨を定めれば，たとえ，解散・清算という事態になったとしても，残余財産請求権はありません。

〈Q3〉 債務超過の場合，無限責任社員の相続税の債務控除ができますか？

〈A3〉
　会社法580条1項1号に「当該持分会社の財産をもってその債務を完済できない場合」には，社員は連帯して持分会社の債務を弁済する責任を負うと規定されています。
　その2項に有限責任社員は，その出資を限度として，連帯して，持分会社の債務を弁済する責任を負うと規定しています。

社員の責任（法580条）
1　社員は，次に掲げる場合には，連帯して，持分会社の債務を弁済する責任を負う。
　一　当該持分会社の財産をもってその債務を完済することができない場合

　二　当該持分会社の財産に対する強制執行がその効を奏しなかった場合（社員が，当該持分会社に弁済をする資力があり，かつ，強制執行が容易であることを証明した場合を除く。）

2　有限責任社員は，その出資の価額（既に持分会社に対し履行した出資の価額を除く。）を限度として，持分会社の債務を弁済する責任を負う。

---

① 債務の完済不能の意味

　「当該持分会社の財産をもってその債務を完済できない場合」とは，会社が債務超過であることを意味し，債務超過の事実が存在することにより，会社債務に対する無限責任社員の直接連帯責任は当然発生し[9]，債務超過の判定は，ゴーイング・コンサーンを前提にした営業価額（帳簿価額）で評価するか，清算価額で評価するかについては，学説上の対立がありますが[10]，ゴー

9　大審院大正13・3・22判決民集3巻185頁。
10　上柳克郎＝鴻常夫＝竹内昭夫編集代表『新版注釈会社法(1)』276頁〔小澤優一〕（有斐閣，1985年）。

イング・コンサーンで評価するという考え方が，多数説となっています[11]。

多数説の根拠は，社員の責任が会社の存続を前提としてその維持を目的としていること，会社が清算状態になく，社員の責任追及の条件を定めるための財産評価であることを根拠としています。

というのは，会社法580条1項2号で「当該持分会社の財産に対する強制執行がその効を奏しなかった場合」に社員が連帯責任を負うとありますので，1項1号に基づき社員が連帯責任を負う場面は，強制執行又は破産宣告等が行われて債務完済不能が確定したことを要しないと解されるからです[12]。

② 無限責任社員が負担する会社債務の範囲

無限責任社員が負担する会社の債務の範囲は，社員の責任は，担保責任であり，会社財産から債権者が弁済を受けなかった残額に限るという残額説と会社の債務の全額を負担する全額説との対立があります。

通説は全額説であり，債務超過の事実は社員の責任発生の条件であって，限度を定めるものではないという理由です。

まさに，人的会社の特質は，無限責任社員の信用が基礎になっていることにあり，この特質に照らして，法が無限責任社員に会社債務の弁済に責任を特に負わせているのであるから，無限責任社員は会社の債務と同一内容及び同一範囲の債務を負担するのが相当であるという理由によります[13]。

③ 無限責任社員に相続の開始があった場合の被相続人が負担すべき債務と債務控除

国税庁は，「合名会社，合資会社の会社財産をもって会社の債務を完済することができない状態にあるときにおいて，無限責任社員が死亡した場合，

---

11 江頭憲治郎編集代表『会社法大系』339頁（青林書院，2008年）。
12 奥島孝康＝落合誠一＝浜田道代編『新基本法コンメンタール会社法3』10頁〔今泉邦子〕（日本評論社，第2版，2015年）。
13 大審院大正13・3・22判決民集3巻185頁，大審院昭和9・12・12判決法律新聞37790号15頁。

その死亡した無限責任社員の負担すべき持分に応ずる会社の債務超過額は、相続税の計算上、被相続人の債務として相続税法第13条の規定により相続財産から控除することができますか？」という照会に対して、「合名会社等の無限責任社員の会社債務についての債務控除の適用」という「情報」を発遣しています（43頁参照）。

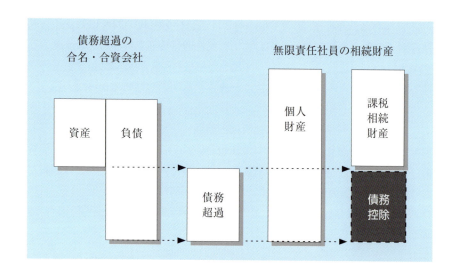

　そこには、「被相続人の債務として控除して差し支えありません。」として、その理由は「合名会社の財産だけでは、会社の債務を完済できないときは、社員各々連帯して会社の債務を弁済する責任を負うとされ（法580）、退社した社員は、本店所在地の登記所で退社の登記をする以前に生じた会社の債務については、責任を負わなければならない（法612①）とされています」と記述されています。

　この「情報」については、いくつかの論点があります。と申しますのは、会社法580条1項1号は、継続企業が前提となっていますので、①債務超過の評価、②債務控除すべき金額について、**会社法の考え方との調整を図る必要**があるからです。

① 会社法580条1項1号は、債務超過の状態にある場合には、無限責任社員は持分会社の債務を弁済する責任を負うとされていますので、債務の全額について負担を負うというのが会社法の学説の多数説であるからです。

債務超過という会社の危機的状態を認識した場合には、債権者保護の観点から、会社債権者は無限責任社員に対して、債務の返済の履行を請求し得るからです。

そして、当該返済に応じた無限責任社員は弁済につき正当の利益を有する第三者として、その範囲内で当然に債権者に代位する（民法500）からです。

> **法定代位（民法500条）**
> 弁済をするについて正当な利益を有する者は、弁済によって当然に債権者に代位する。

したがって、無限責任社員が1名の場合には、債務超過額を債務控除するのではなく、会社債務の全額を控除しつつ、同時に係る会社に対する債権の実質的回収可能性を評価して、財産に計上するという構成が正しいといえましょう。

② 次に、回収可能性の評価ですが、債務超過状態の評価は会社法上の通説は、ゴーイング・コンサーンを前提にした営業価額、すなわち継続企業を前提にした「一般に公正妥当な企業会計の基準に準拠」して作成された貸借対照表で債務超過状態にあるか否かを判断するとされています。

とはいえ、相続税の計算という課税の公平を重視する観点からの債務超過の判断ですので、貸借対照表上の資産・負債を財産評価基本通達によって評価するのが妥当ではないかと筆者は考えています。

その上で、債務超過であるならば、相続開始時点での債権の回収可能性がないと判断するならば、請求権の評価は零になります。

③ また，上記①・②の考え方によりますと，会社の債務の全額を債務控除すべきであるという論理も成立することになります。

　　しかしながら，課税の公平，租税回避の防止という政策的観点から，税務上の清算価額計算としての意義を有するところの財産評価基本通達に基づいて計算される「債務超過額」を債務控除するのが妥当であると考えています。

　念のために，次頁に国税庁のホームページに掲載されている「持分会社の退社時の出資の評価」を掲げましたので参照ください。

　通常は，事業承継者が，持分を承継するため，取引相場のない株式の評価方法に準じて評価するのです。

　なお，詳細な論文については資料339頁を参照ください。

国税庁 HP より
https://www.nta.go.jp/law/shitsugi/hyoka/13/03.htm

持分会社の退社時の出資の評価
【照会要旨】
　合名会社，合資会社又は合同会社（以下「持分会社」と総称します。）の社員は，死亡によって退社（会社法第607条第1項第3号）することとされていますが，その持分について払戻しを受ける場合には，どのように評価するのでしょうか。
　また，出資持分の相続について定款に別段の定めがあり，その**持分を承継する場合**には，どのように評価するのでしょうか。

【回答要旨】
1　持分の払戻しを受ける場合
　　持分の払戻請求権として評価し，その価額は，評価すべき持分会社の課税時期における各資産を財産評価基本通達の定めにより評価した価額の合計額から課税時期における各負債の合計額を控除した金額に，持分を乗じて計算した金額となります。
　（理由）
　　持分の払戻しについては，「退社した社員と持分会社との間の計算は，退社の時における持分会社の財産の状況に従ってしなければならない。」（会社法第611条第2項）とされていることから，持分の**払戻請求権**として評価します。

2　持分を承継する場合
　　取引相場のない株式の評価方法に準じて出資の価額を評価します。
　（理由）
　　出資持分を承継する場合には，出資として，取引相場のない株式の評価方法に準じて評価します。

【関係法令通達】財産評価基本通達178〜193，194　会社法第607条，第611条

> 〈Q4〉 残余財産分配請求権がない無限責任社員の信用出資や，利益の配当のない無限責任社員の信用出資は可能ですか？

〈A4〉

残余財産分配請求の割合は会社法666条に，原則は定款で定めます。

属人的な定款の定めがなければ，出資の評価額に応じて分配する旨を定款に定めることになります。もともと，信用出資の評価をどうするかですが，零評価でも構いませんし，その評価額は資本金の額には反映しません。

残余財産の分配の割合（法666条）
　残余財産の分配の割合について定款の定めがないときは，その割合は，各社員の出資の価額に応じて定める。

利益の配当の割合についても定款で属人的に定めることができます（法621条）。

お尋ねの<u>全く利益の配当を受けない社員の定めを定款に定めることは，営利法人の本質に反することになりできない</u>と解されます[14]が，全社員の持分について，利益の配当をしないという定款の定めは有効であると考えられます[15]。

利益の配当（法621条）
　社員は，持分会社に対し，**利益の配当を請求することができる**。

---

[14] 奥島孝康＝落合誠一＝浜田道代編『新基本法コンメンタール会社法3』52頁〔青竹正一〕（日本評論社，第2版，2015年）。

[15] 江頭憲治郎＝中村直人『論点体系会社法4』485頁〔道野真弘〕（第一法規，2012年）。

〈Q5〉 会社法622条に「社員の損益分配の割合」とありますが、聞きなれない文言です。

〈A5〉
　持分会社は、組合法理に準じておりますので、原則として、各人の持分の増減は個別管理をするという考え方があるものと思われます。
　本条は、会社法の創設前は、商法68条・147条により、合名会社・合資会社の内部関係として、民法の組合における組合員の損益分配に関する規定（民法674）が準用されていました。本条は準用とせずに、会社法に規定したのです（法622）。

> **社員の損益分配の割合**（法622条）
> 　損益分配の割合について定款の定めがないときは、その割合は、各社員の出資の価額に応じて定める。

　会社法は、利益の配当と損失の分配を区別し、持分会社の事業経営により生じた利益および損失をどのような割合で分配するかについては、会社法622条で規定し、621条では、利益配当の概念を用いて、各社員に分配された利益に相当する財産の現実の払戻しについて規定しています。

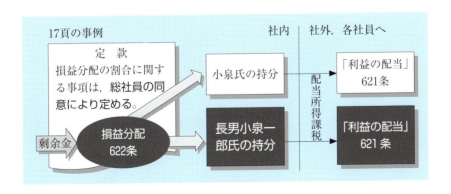

持分会社の経営で生じた**利益および損失**を社員にどのような割合で分配するかについては，属人的に定款で定めますが，定めがないときは，その割合は各社員の出資額に応じて定めます。

　また，定款で，利益分配または損失分配のいずれかについてのみ分配の割合を定めたときは，その割合は双方に共通のものと推定することとされています（法622②）。

　ところで，**損益分配の方法と時期**については，利益の分配は，事業年度ごとに行う必要はなく，定款の定めにより利益の一部または全部を積立金として内部留保し，各人の持分を増加させるという方法で利益分配することも認められています。

　また，損失の分配により，社員は追加出資をして，現実にてん補する必要はありません。社員は定款で定められた出資額以上の出資義務を負わず，また，社員は損失分配の割合に関係なく，会社債権者に弁済義務を負うことになります（法580）。

　増減した社員の持分は，実際には，社員の退社又は会社の清算によって社員関係が終了するときに現実化するのです[16]。

16　奥島孝康＝落合誠一＝浜田道代編『新基本法コンメンタール会社法3』52頁〔青竹正一〕（日本評論社，第2版，2015年）。

〈Q6〉 持分会社の意思決定＝業務の執行はどのようになっていますか？

〈A6〉
　社員総会という機関は存在しません。また，原則として，出資額に応じて議決権を有するわけでもありません。完全な人頭主義です（法590②）。
　ただし，定款で決議は出資主義とすることが可能です。出資主義に定款を変更しないと，事業承継税制が使えないのも事実です。

　社員間の話し合いでの多数決が原則です。例外的な出資主義にしますと，出資額5万円当たり1個の議決権を有するというような定款の定めや属人的に議決権を何個有するという定めも有効です。

> **業務の執行**（法590条）
> 2　社員が2人以上ある場合には，持分会社の業務は，定款に別段の定めがある場合を除き，社員の過半数をもって決定する。

　業務執行をする社員を定款で定めた場合においては，業務執行社員の過半数で業務を執行しますが，定款で別段の定めをすることができます。
　たとえば，業務を執行する社員は会社を代表するのが原則ですが（法599），会社を代表する社員を社員の互選で定めた場合には，代表社員が会社を代表します。

　このような会社においては，業務は代表社員が行うと定款に定めれば，会社の業務執行はスムーズにできるようになります。
　たとえば，社員の加入は定款変更事項であり，総社員の同意が必要ですが，定款に代表社員が定款変更を行う権限を有すると定めておくことにより（法637），代表社員の一存で社員の加入が可能になります。

〈Q7〉 持分会社の社員に法人が就任する際の税務上の留意点

〈A7〉
　法人でも無限責任社員に就任することができます。持分会社が法人社員に支給する役員給与は，源泉徴収はしませんし，仕入税額控除の対象となります。

　役員給与の損金不算入（法法34）の適用を受けますので，原則として「定期同額給与」に該当しないときは，損金不算入となります。

〈Q8〉 創業オーナーが100％株式を有する高収益株式会社を消滅会社とし，創業オーナーが無限責任社員（信用出資），後継者が有限責任社員である合資会社を承継会社とする合併による事業承継対策は？

〈A8〉
　合併対価として，創業者に対して，残余財産分配請求権を有せず，損益分配請求権を100％有する（利益の配当としてすべて受け取る）「持分」を交付します（なお，後継者は，残余財産分配請求権を100％有する「持分」とします。このような「持分」の定めは定款で定めることが可能です。

〈Q9〉 債務超過の株式会社を消滅会社にし，信用力のある合資会社に債務を承継させる対策は？

〈A9〉
　承継会社である合資会社は，信用力が高い会社といえます。特にオーナーが無限責任社員であれば，法人の債権者はいざというときに満足を得ることができます。

第Ⅱ編　一般社団法人
第1章　一般社団法人の活用の全体像

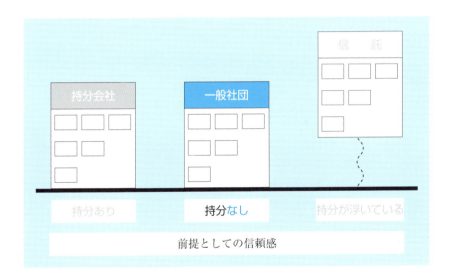

◆ 本章の「エッセンス・ストーリー」

　一般社団法人を，相続・事業承継の中でどう位置づけるか？
これは結構ポイントになります。
　「方法」ではなく「承継先」として位置づけるという新しい切り口です。
　そして，活用（承継方法）の中心と，裏の中心へと迫ります。

1 全体像を俯瞰する

一般社団法人は，第4の承継先。何をどうやって移転させるのか？

　一般社団法人や一般財団法人に財産を移転すると，"持分がない"ので相続税や贈与税がかからないと，耳を疑うような話があります。
　それは，"本当であり，本当ではない"が正しいでしょう。つまり「移転さえすれば課税されない」とはいえず，使い方いかんなのです。

　これらの法人は，平成20年施行の「一般社団法人及び一般財団法人に関する法律」（以下「一般法」）によって作られるもので，下図のように，第4の事業承継先と位置づけられます。

　まずは，全体像を把握して頂きます。したがって青文字が多くなります。

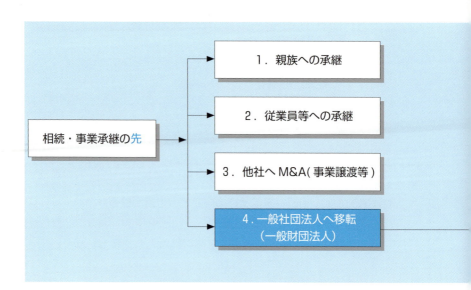

第1章 一般社団法人の活用の全体像　147

　一般社団法人は，"持分がない"…まず，これをちゃんと次章で理解する！
　しかし，問題はそこにどう移転させるか？　単純に移転させる手段である贈与や遺贈では，両者に移転段階で課税が生じてしまうのです。

　そこで，「相続税又は贈与税の負担が不当に減少する結果」にならないよう，相続税法施行令33条3項の要件を具備することにより，下図の❶のうちの贈与税課税は回避する（受贈益課税は受ける）のがまず考えられます。

　さらに，この場合において，贈与によらず，「時価による譲渡」が行われると，受贈益課税をも回避することができます。
　これが，現実に一番多く用いられる方法です（第2章⑪参照）。ただし，この場合，一般社団法人側の，買取資金の総合的な計画が必要になります。

　次に，❷の場合は，その受贈益課税や贈与税課税を受けても，その財産とその後に法人が成長して得た内部留保は未来永劫相続税が課されないという効果を狙う方法です。持株会社だと必要なモニタリングが不要なのです。

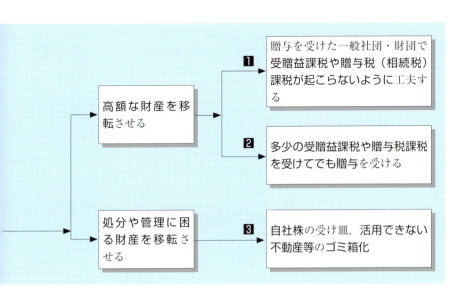

さらに、**3**として、移転財産は、処分に困る財産でも結構です。この場合、「処分や管理に困る財産」の受け皿というのは、2つの意味があります。

★　1つは、発行法人が自己株式を取得するとトリプル課税問題を起こしかねない厄介な高額な財産を移転すると、「みなし配当」と「みなし贈与」は回避できます。

　さらに具体的には、次頁の下図にある受け皿として、①持株会を一般社団法人で設立する、②あるいは、従業員持株会から買い取る、③自社株が大幅に値下がり時に、そのチャンスを活かすために買い取る。また、④グループ法人課税を回避して、損出しにも使えます。

★　2つめに、荒れ不動産等（固定資産税を回避）や、経営権がないのに原則評価される同族株式、貸付金等のゴミ箱代わりに使うことです。
　これは意外に重要で、一般社団法人には相続税が掛からないことに目が行き勝ちですが、そもそも持分がないことに着目した、いわば合法的不法投棄（？）ですね。道義的にも果たしてどこまで可能か際どいでしょうが。

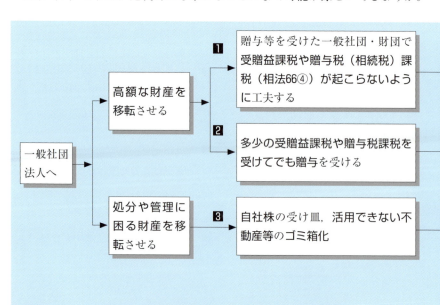

> そして……最後の⑤は，これまでとは全く異次元の活用です。
> 　前頁までは，何らかの財産を一般社団法人が取得するのに対し，ここでは信託の受託者になるのです。
>
> 　これは信託ですから，税務上は，いわば預かるだけです。これまでと異なり，"持たざる活用"です。
> 　これが次編で述べる「信託」の受託者としての活用で，注目される分野です。

　こうして，一見，万能とも思える一般社団法人。しかし，税務・経営上のリスクもあります。趣旨に従った使用をしないと大きなしっぺ返しの洗礼を受けるでしょう。
　このようなリスクを掛けても，一般社団法人に財産を移転させるメリットは，下図中央にあるように移転後は未来永劫に相続税が掛からないことと，持株会社と異なり，移転後の株価のモニタリングが不要であることがあります。

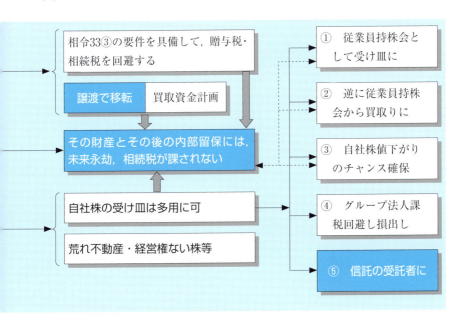

2 中心は，ここだ！

なぜ，「譲渡」が中心のスキームになるのか？

(1) 財産移転は「譲渡」で行うのが無難

前頁の図解の中心は，ずばり，下図の部分です。しかも，実際には，右半分の青の部分がメインです。一般社団法人に対する課税を考えると，いの一番に出てくるのは，下図の**1**での相続税法66条4項のようです。

これに該当すると，贈与側にはみなし譲渡（所法59条：第2章**4**参照）と，受贈側は，受贈益課税と贈与税（相続税）課税のダブルだから，右にある施行令33条3項の要件を具備すると近視眼的な対応になりがちです。

ところが，**1**は，冒頭「贈与，遺贈」の場合と限定しています。一般社団法人は，自然人ではありませんので相続人になれないから，遺言で受けることになるので，「遺贈」となっていますが，場面としては「相続」です。

次頁上図のように，財産の移転の方法は，大別すると3つです。そのうちの「贈与」と「相続（遺贈）」の場合に相続税法66条4項が発動してくるのです。だったら「譲渡」なら発動してこないわけです。

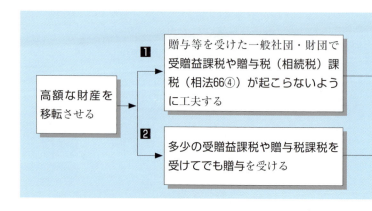

(2) 財産移転の方法は，大別して3つある

No.	承継方法	「遺留分」の対象か	承継安定性
1	譲　　渡	対象外	安定
2	贈　　与	対　象	
3	相　　続（遺贈）		不安定

しかし，「譲渡」は他の2つと決定的に異なることがあります。

それは，他の2つが無償での財産移転であるのに対して，「譲渡」は対価が必要なのです。しかも適正な時価でなければなりません。

それゆえに，等価交換ですから，何ら受益がないので，当然の結果として**1**の「受贈益課税や贈与税（相続税）課税」が起こらないのです（第2章**11**参照）。

ついでながら，上表で「譲渡」は「遺留分の対象外」になるのは，「譲渡」は対価があるから，財産が減らない。したがって，「譲渡」で移転した財産（後継者が引き継ぐべき，自社株や不動産）は遺留分の対象にはならず，承継の安定性が高いわけです。この**「承継の安定性」は一般社団法人への移転にも当てはまる**のです。

さらに，次頁では左図を拡大して追っていきます。

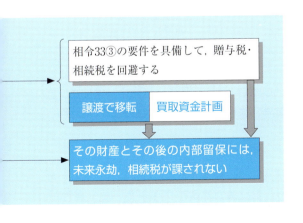

3 裏の中心は，ここだ！

相続税法施行令33条3項が復活？

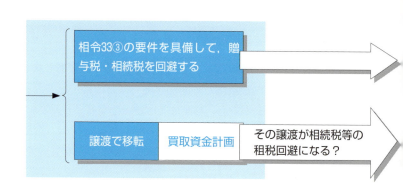

　では，「譲渡」で行けば，相続税法は関係ないので，図のすぐ上の，「相続税法施行令33条3項」は，贈与・遺贈だから関係がないのではないか？

　確かに，関係ありません。しかし，3つの理由から，実は「裏の中心」がここにある！　…と確認することになります。

　ちなみに，この施行令は後ほど，これに関する通達を含めて詳述しますが，概要は次頁の通りで，**かなり厳しく私的な利用を禁止**しています。

★　第1に，「譲渡」には対価が必要ですから，現実には資金が常に潤沢とはいえない場合が多くて，「贈与」なりを組み合わせなければならないことが多いのです。

★　第2に，前項②の❷のルートの場合，時価が低いものを贈与等あるいは低額譲渡すれば，贈与税等の負担は著しく減少しますし，贈与側では，

```
┌─────────────────────────────────────────────────┐
│          相続税法施行令33条3項の概要              │
│  一．①法人の運営組織が適正であること              │
│      （通常は社員1人だが，個別通達で8人必要となる等）│
│      ②同族親族等関係者が役員等の3分の1以下であること│
│      （結局，①で8人といっているから，身内は2人まで）│
│  二．法人関係者に対する特別利益供与が禁止されていること│
│  三．残余財産の帰属先が国等に限定されていること    │
│  四．法令違反，仮装隠蔽等の公益に反する事実がないこと│
└─────────────────────────────────────────────────┘

         現在のところは，明確な基準・判例・裁決例がない
```

「みなし譲渡」の可能性もなくなることもあります。あるいは，債務超過の株式など，評価がゼロのものを贈与等すれば，当然，贈与税等も「みなし譲渡」も生じません。

★ 第3に，実務上最も多用される「譲渡」だけであったとしても，他の裁決事例等から検討するに，結局は，その「譲渡」を含む全体のスキームの中で，相続税・贈与税の租税回避を仕組んだ意図があるならば，税務上否認されるリスクが高いと判断せざるを得ないのです。

現在のところは，これに関する明確な基準や判例・裁決例が存在しません。そのときに，判断の指針として，また，否認の根拠として，総則6項が適用されるか？ しかし，総則6項は財産評価の問題だから，譲渡価額が適正でないことを理由にすれば別ですが，網羅的ではありません。

そうすると，相続税法64条の「同族会社等の行為又は計算の否認等」とな

るとしても，具体的な基準は？　となると，この施行令が相続税のものだからこそ浮かびあがってくるのです。

　この施行令では，「相続税の負担が不当に減少する結果とならない」要件が列記されています。
　たとえば，前頁に示したように，「運営組織が適正」であることが掲げられていますが，この個別通達において役員が8人必要としているなど厳しいものがあります。一般社団法人は設立時にこそ2人ですが，設立後は1人でも運営可能ですから使い勝手が良いのです。いかにこの8人が厳しいか理解できると思います。なお，上記の個別通達は，「一般法」が平成20年12月1日に施行されることに対応して改正されたものです（190頁に全文掲載）。

　そういう意味をこめて，次の第2章以降の法令等に当たって頂ければ良いと考えます。
（＊相続税法66条《人格のない社団等に対する課税》関係　《個別通達》持分の定めのない法人に対して財産の贈与等があった場合の取扱いについて〔昭39・6・9直審（資）24（改正平30・7・3課資2－9）〕第2持分の定めのない法人に対する贈与税の取扱い：190頁〜201頁に掲載）

第2章　一般社団法人の法務・税務

持分会社	一般社団	信　　託
持分あり	持分なし	持分が浮いている

前提としての信頼感

◆　本章の「エッセンス・ストーリー」

　一般社団法人のイメージを一般財団法人と共に、根本から紐解いていきます。それが「基金」や「残余財産」にも影響するのです。

　さらには，課税問題は，一般社団法人への財産移転の際の入り口課税である相続税に留まらず，それ以前の所得税の「みなし譲渡」と関係してきます。

　実務で中心となる「譲渡」によるスキームとそれに対する税務否認の可能性へと言及してまいります。

1 「一般社団法人等」と法人税

法人税の区分によって相続税も説明されるので……

(1) 多くの税理士にとって，初めて向き合う公益法人等の税務

　民間非営利部門の活動の健全な発展を促進し，従来の公益法人制度に見られる様々な問題に対応するために，平成20年12月１日から新たな公益法人制度が施行されました。

　この改革では，従来の主務官庁による**設立許可制度を改め，一般社団法人・一般財団法人を登記のみで設立できる**ようになりました。

　この時点では，多くの税理士は，公益法人が関与先ではないため，ほとんどが関心を持たれませんでした。関係ない！　と無視もされました。

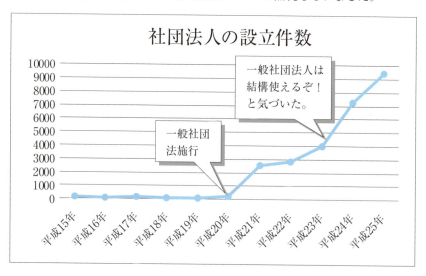

　法人司法統計を見ると…従来，年間100件前後の登記件数だった社団法人も，平成20年からうなぎ登りとなり，５年後には１万件を狙うほどになりました。その頃から，一般社団法人が相続税の節税に使えることが広まるにつけて，俄かに税理士の関心が集まりだしてきました。

(2) まずは，法人税の観点から区分する

税法的には，まずは法人税の観点から区分することが必要です。

一般社団法人や一般財団法人は，別途の「公益社団法人及び公益財団法人の認定等に関する法律」により公益認定を受けているか否かにより下表の右のように2区分されます。

しかし，法人税上の区分は左側のように3つに区分されます。
そのうち，相続対策で使うのは，法人税の区分の「1階法人」と通称で呼ばれる区分で，株式会社と同様にすべての所得に法人税が課税される区分です。別の通称では，「全所得課税法人」とも呼ばれています。

他の区分は基本的には本書では述べません。しかしながら，結果的には2階法人になれるほどの内容を持つことが，税務上の否認リスクをなくすことになっていくのです。ですから，2階法人は少し説明します。

税務			法務
3階	公益社団法人・公益財団法人 （公益目的は収益事業でも非課税， その他の収益事業は通常の課税）		2階 公益法人
2階 非営利型	過去から未来に至るまで特定の者に利益を与えない法人（非営利徹底型）	会費により共益的活動を図る法人（共益型）	1階 一般法人
1階	法人税法の普通法人と同じ扱いを受ける 一般社団法人・一般財団法人		

公益法人は難度の高い認定が要件ですから，本書ではまったくの対象外として，上表の2階法人は，(4)で後述する**特定の収益事業しか法人税が課税されない（逆に言えば非営利事業には課税されない）**特典があるため，法務上は公益法人ではないのですが，法人税法上は，「公益法人等」と呼ばれるから混乱を招きやすいです（法法2六・九の二）。さらに，混乱は続きます。

(3) 2階法人の要件・それから外れた時の，遡及清算

さらに，困ったことに2階の床と1階の天井は紙一重とはこのことで，次頁の2階法人の要件に該当さえすれば，特段の手続きを踏むことなく，その法人の意識に関係なく，2階法人（非営利徹底型又は共益型）になります。

まあ，これは税務上の特典が受けられるようになるから良いとしても，問題は，その2階法人の要件の1つでも該当しなくなった瞬間に，これまた特段の手続きを踏むことなく，その法人の意識に関係なく，底が抜けて忽然と1階法人に成り下がってしまうのです（法法2九の二，法令3）。

2階法人が，剰余金の分配を行うことを決定し，又は行った場合や，特定の個人や団体に特別の利益を与えることを決定し，又は与えたことにより1階法人となった場合，その後は同じ型の，つまり共益型から同じ共益型の2階法人になることはできません（法基通1-1-9）。

そして，2階法人が1階法人に該当することとなった場合には，過去の収益事業以外の事業から生じた所得の累積額（以下「累積所得金額」といいます）を益金の額に算入することとなります（法法64の4）。

つまり，時効なく，設立当初に遡って清算させられることになるわけですから，恐ろしいことです。1階法人に合併された時も同様です。

> 益金に算入すべき額（累積所得金額）＝資産の帳簿価額－負債帳簿価額等

(注) 1 上記算式により計算した金額がマイナス（累積欠損金額）となる場合には，損金の額に算入します。
　　 2 負債帳簿価額等とは，負債の帳簿価額及び利益積立金額の合計額をいいます。

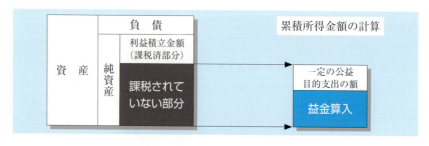

2階法人(非営利型法人)の要件

類　型	要　件
① 非営利性が徹底された法人 (法法2九の二イ、法令3①) 〔非営利徹底型〕	1　剰余金の分配を行わないことを定款に定めていること
	2　解散したときは、残余財産を国・地方公共団体や一定の公益的な団体に贈与することを定款に定めていること
	3　上記1及び2の定款の定めに違反する行為(上記1、2及び下記4の要件に該当していた期間において、特定の個人又は団体に特別の利益を与えることを含みます)を行うことを決定し、又は行ったことがないこと
	4　各理事について、理事とその理事の親族等である理事の合計数が、理事の総数の3分の1以下であること
② 共益的活動を目的とする法人 (法法2九の二ロ、法令3②) 〔共益型〕	1　会員に共通する利益を図る活動を行うことを目的としていること
	2　定款等に会費の定めがあること
	3　主たる事業として収益事業を行っていないこと
	4　定款に特定の個人又は団体に剰余金の分配を行うことを定めていないこと
	5　解散したときにその残余財産を特定の個人又は団体に帰属させることを定款に定めていないこと
	6　上記1から5まで及び下記7の要件に該当していた期間において、特定の個人又は団体に特別の利益を与えることを決定し、又は与えたことがないこと
	7　各理事について、理事とその理事の親族等である理事の合計数が、理事の総数の3分の1以下であること

(4) 2階法人の税務上のメリット

　2階法人は次頁の表にある34業種の収益事業（法令5）の所得だけに課税されます。これを見ていると，**結局はほとんど課税される**ということになります。
　この収益事業に該当しないものなどあるのか？　と思うほどです。

　しかし，**活動資金として寄附を受ける必要のある法人等は**，寄附はこの課税される34業種に該当しないため（法基通15−2−12），2階法人の税務上のメリットを全面的に享受することができます（ここには大きなヒントが隠れていますが本書のテーマ外なので省略します）。

　また，表の下のただし書きにあるように，公益社団法人と公益財団法人は課税されないので，将来，公明正大に3階に上がることを予定している法人は，2階法人として準備期間を過ごす間は課税されながら公益認定を待ちつつ，実績を作ることになります。

　このように，**2階法人の税務上のメリットと言っても，その実態は中々窮屈**です。前の(3)で述べたように，下手に2階法人になっていて，突如床を踏み外し1階法人になり，設立当初の過去に遡って，たとえば上記の寄附が受贈益として課税されるリスクもあります（その他，法基通1−1−11「収益事業を行っていないことの判定」参照）。

　したがって，たとえば，通常，相続税の節税などを考えて資産管理法人を……と考えると34業種の中の5の「不動産貸付業」に該当して，**どの道，収益事業になって課税される**わけですし……それくらいなら，入りやすく運営しやすい1階法人からとなるのです。

公益法人等の"収益事業"から生じた所得に対しては，法人税が課税されます。この場合の収益事業とは，次の34の事業をいいますが，継続して事業場を設けて行われるものに限ります（法令5①）。

1　物品販売業　　2　不動産販売業　　3　金銭貸付業　　4　物品貸付業　　5　不動産貸付業　　6　製造業　　7　通信業　　8　運送業　　9　倉庫業　　10　請負業　　11　印刷業　　12　出版業　　13　写真業　　14　席貸業　　15　旅館業　　16　料理店業その他の飲食店業　　17　周旋業　　18　代理業　　19　仲立業　　20　問屋業　　21　鉱業　　22　土石採取業　　23　浴場業　　24　理容業　　25　美容業　　26　興行業　　27　遊技所業　　28　遊覧所業　　29　医療保健業　　30　技芸教授業　　31　駐車場業　　32　信用保証業　　33　無体財産権の提供等を行う事業　　34　労働者派遣業

ただし，法律の規定に基づき行われる一定の事業は除かれますし，次の事業はその種類を問わず収益事業から除外されます（法令5②）。
1．公益社団法人・公益財団法人が行う公益目的事業
2．身体障害者及び生活保護者等が事業に従事する者の総数が2分の1以上を占め，かつ，その事業がこれらの者の生活の保護に寄与しているもの等

しかし，1階法人は，普通法人と同じ扱いを受けるのですから，グループ法人を株式会社で作ったのと同じではないか？

そこで，一般社団法人や一般財団法人の特徴が出て来ます。すなわちオーナーなどの財産を一般社団法人・一般財団法人に移転させると通常の会社と異なり，**オーナーらの所有権が及ばなくなるため相続税が掛からなくなる**のです。ただし，**その移転時にオーナー側にみなし譲渡所得課税や法人側にみなし贈与課税等が発生します**（4参照）。

2 「一般**財**団法人」とは？

余り使われないがメリットもある。それでも使われない理由は？

(1) 「一般財団法人」とは？　個人の所有財産でなくなる！

　一般社団法人と一般財団法人のうち，通常使われるのは一般社団法人です。
　一般財団法人は，余り使われないのはなぜか？　でも，ひょっとすると使う可能性もありますので，概要を知っておくことも必要です。

　一般社団法人が人の集まりであるのに対して，一般財団法人は財産の集まりです。これに一定の目的を持った財産に法人格が与えられたものです。
　だから，自分の財産から切り離しますから自分の持分はなく，その財産がまったく別個の法人格を持ち，設立者の設立目的（奨学金給付などの慈善事業）を永久に実現し続けるのです。
　たとえば，ノーベル財団を想起して頂ければイメージは簡単に付きます。一般財団法人は，設立者の意思を永久に実現し続けます。

　「一般法」ができるまでは，財団法人を組成するためには，基本財産として1億円以上が許認可の目安とされていました。
　しかし，準則主義となった「一般法」では，300万円以上で可能となりました（一般法153③）。これなら，誰にでも作ることができます。

　もっとも，300万円では大した活動はできません。かといって巨額の個人財産を単純に一般財団法人に移動させると，法人側で多額の受贈益課税が起こりますので一般社団法人の場合と同様な工夫が必要となります。

　一般財団法人は，相続・事業承継対策としては，ほぼ一般社団法人と同様の活用ができます。

(2) 「一般財団法人」のメリットとデメリット

　一般財団法人は遺言で設立もできます（一般法152②）。

　実務の執行者である理事の運営が設立者の意思から外れていないかを監督するのが，評議員です。評議員は信託の受託者の役割を担うといっていいでしょう。

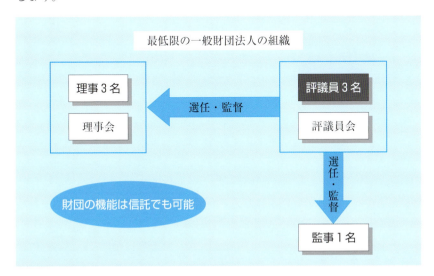

最低限の一般財団法人の組織

　その評議員の選任・解任の方法は定款に変更を認める規定がない限り変更は禁止されています（一般法200①）。
　設立者といえども定款に定められた目的を変更することができません。
　このように，当初の財団の目的を守り続けて行くには最適の組織といえます。しかし，一般財団法人は，上図のように，最低限の組織を作るためだけでも，7人必要です。
　上場会社系の相続対策では，この人材の手当てができますから一般財団法人も使えるのですが，一般の場合には，困難です。
　一方，一般社団法人は，最高決定機関である社員総会で全てを決めることができるので，法人の目的の変更や，法人自体の売却すら決めることができます。これも，一般社団法人の方が使い勝手が良いことの原因になっています。しかし，設立者の意思を守り抜くという観点からは，財団は打って付けです。そして，これを容易に行えてしまうのが次編の「信託」で，その意味では「信託」は財団と言えます。

3 「一般社団法人」とは？

持分がないとはどういう意味か？ なぜ，持分がないのか？

(1) 「一般社団法人」の必要性から"持分がない"ことを理解

　一般社団法人とは「紳士クラブ」だといわれますが，日本人には却ってイメージしづらいようです。

　例えば，趣味や勉強や社会貢献のため，目的はなんでも結構ですが，人が集まったとします。同窓会やゼミ，同好会です。しかし，それは個人の集まりですから，団体の人格（法人格）を持つことができません。

　すると，その団体の通帳を作るのも，団体名義で事務所も借りられません。代表者個人の名前で行うことになってしまいます。

　そこで，代表者に相続が起こると代表者の遺産になってしまいます。

```
人の集まり（人格なき社団）

株式会社等（営利目的）

組合（組合員の共有財産）

一般社団法人（持分なし）
```

　では，株式会社等の営利法人にすると，そもそも営利を目的としていないので趣旨に沿わず，変な眼で見られかねません。

　それならば……と，民法上の「組合」にすると，今度は，組合員の共有財産になってしまいます。

　そもそも，メンバーは，その団体のために使って欲しいと思うだけで出しているのであって，溜まったお金を，自分の財産にしたい等とは思っていない（つまり，自分の持分とは思っていない）のです。

　このようなニーズに応えるべく，目的に関係なく（営利・非営利共に可）一定目的の人の集団（これを社団といいます）に法人格を与えたわけです。

(2) 株式会社と,「持分」で比較してみると……

　一般社団法人は，株式会社と比較するのが理解しやすいでしょう。
　まず一般社団法人には，株式会社の株主に相当する者が居ません。これが最も大きな特徴です。株主は，その会社の出資者で，会社の所有者です。

　だから株主は出資持分があります。つまり，70％の株式を所有する株主は「この会社の70％は俺の物だ」となります。
　しかも，株式会社設立に際して株主となる者は，金銭等を出資しなければなりません。つまり資本金です。

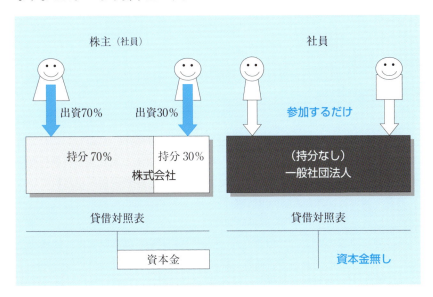

　ところが，一般社団法人は，設立に際して金銭等いかなる出資の強制はされません（後述のように任意には可能）。人の集合だけで，参加することで成り立つのが一般社団法人だからです。だから資本金がありません。
　株式会社では，「株主かつ社員」ですが，一般社団法人では，持分を有する者である株主は存在しませんから，社員という概念だけです。

　一般社団法人の社員には，その一般社団法人に対して，私の所有分というべき「持分」がありませんから，その一般社団法人は，社員の誰のものでもありません。この感覚を是非，分かってください。

(3) 「基金」とは，負債

　もちろん，それでは運営ができないという場合，もしくは，後に重要になりますが，一般社団法人は，お金がない団体ですから，財産を「譲渡」で取得しようとしても資金がないので，そのために，任意に「基金」という名で拠出することもできます（一般法131～140）。

　それは一般社団法人からすると，返還義務がある（同法131カッコ書き）いわゆる「劣後債務」，つまり負債になります（ただし，表示は「純資産の部」）。

　したがって，拠出した者からは「貸付金」となります。しかし，これでは相続財産になってしまいますので，折角，一般社団法人に財産を移動させたのに，置き場所が変わっただけの話です。つまり，相続税が課税されてしまうので，通常行いません。

　そこで，運営のために必要であれば，定款に定めれば，社員に「経費の負担」を義務づけることができます（一般法27）。
　これも株式会社と比較すると大きな相違点です。株式会社では，株主に対して経費の負担をさせることができません。
　これなども，そういわれてみればと，改めて気づく株式会社の特徴でもあります。それほど，我々は株式会社の概念が染み付いてしまっているようです。

> **経費の負担**（一般法27条）
> 　社員は，定款で定めるところにより，一般社団法人に対し，経費を支払う義務を負う。

第2章　一般社団法人の法務・税務　167

> **基金を引き受ける者の募集等に関する定款の定め**（一般法131条）
> 　一般社団法人（一般社団法人の成立前にあっては，設立時社員。次条から第134条まで（第133条第1項第1号を除く。）及び第136条第1号において同じ。）は，基金（この款の規定により一般社団法人に拠出された金銭その他の財産であって，当該一般社団法人が拠出者に対してこの法律及び当該一般社団法人と当該拠出者との間の合意の定めるところに従い返還義務（金銭以外の財産については，拠出時の当該財産の価額に相当する金銭の返還義務）を負うものをいう。以下同じ。）を引き受ける者の募集をすることができる旨を定款で定めることができる。この場合においては，次に掲げる事項を定款で定めなければならない。
> 　一　基金の拠出者の権利に関する規定
> 　二　基金の返還の手続

　前頁で基金は「劣後債務」であると述べました。返済順位が一般債務に劣るのですから，必ず返済されるものではないのです（一般法141）。

> **基金の返還**（一般法141条）
> 1　基金の返還は，定時社員総会の決議によって行わなければならない。
> 2　一般社団法人は，ある事業年度に係る貸借対照表上の純資産額が次に掲げる金額の合計額を超える場合においては，当該事業年度の次の事業年度に関する定時社員総会の日の前日までの間に限り，当該超過額を返還の総額の限度として基金の返還をすることができる。
> 　一　基金（第144条第1項の代替基金を含む。）の総額
> 　二　法務省令で定めるところにより資産につき時価を基準として評価を行っている場合において，その時価の総額がその取得価額の総額を超えるときは，時価を基準として評価を行ったことにより増加した貸借対照表上の純資産額
> 3　前項の規定に違反して一般社団法人が基金の返還をした場合には，当該返還を受けた者及び当該返還に関する職務を行った業務執行者（業務執行理事その他当該業務執行理事の行う業務の執行に職務上関与した者をいう。次項及び第5項において同じ。）は，当該一般社団法人に対し，連帯して，違法に返還された額を弁済する責任を負う。

　すると，次に当然に浮かんでくる相続税回避は，基金を放棄してしまうことです。しかし，これは債務免除益となります（ 9 参照）。

⑷ 持分がないということは，「残余財産」の分配はどうなるのか？

　繰り返しますが，同窓会やゼミなど，志を共にする同志の人の集まりは，自分はそのメンバー（構成員＝社員）で，参加し所属してはいるけれど，その団体に対して，自分の持分という概念はありません。それが「持分がない」という意味です。

　したがって資本金がありません。設立に際して金銭等いかなる出資の強制もされないのです。我々は株式会社の概念が染み付いてしまっているので，先の「出資持分」がないという感覚が中々持てずにいるのです。

　したがって，一般社団法人が利益を出しても，その**余剰金**を社員に分配することもありませんし，解散しても，残余財産のうちに持分がありませんので，その分配を受ける権利を与える旨の定款の定めはできません（一般法11条②：これについては，次頁で，どんでん返しがあります。さらには，一般法第7章の罰則においても罰則規定がありません。巻末の条文参照）。

定款の記載又は記録事項（一般法11条）
1　一般社団法人の定款には，次に掲げる事項を記載し，又は記録しなければならない。
　一　目的
　二　名称
　三　主たる事務所の所在地
　四　設立時社員の氏名又は名称及び住所
　五　社員の資格の得喪に関する規定
　六　公告方法
　七　事業年度

2　社員に剰余金又は残余財産の分配を受ける権利を与える旨の定款の定めは，その効力を有しない。

　これも，持分の概念が株式会社等と明確に異なる点です。そしてこのことが，一般社団法人の特徴でもある「倒産隔離機能」にもなっています。

前頁で,「一般法」の構成員である社員に残余財産を分配するという定款に規定ができないと述べました。
　そうすると,持分がない……すなわち誰の物でもない一般社団法人の残余財産はどこに行くかが,同法239条に規定されています。

　1項では,定款で定めるところによるとあります。これは,同法11条2項では,社員に与えないとしているので,社員以外の誰かに渡すことを定款に定めておけば,それによるということです。

　2項は,それができなければ社員総会の決議によるとあります。これは重要です。最後の最後のこの社員総会で社員に分配すると決議すれば,そうなるということです。つまり持分カムバックになるのです。

> **残余財産の帰属**（一般法239条）
> 1　残余財産の帰属は,定款で定めるところによる。
> 2　前項の規定により残余財産の帰属が定まらないときは,その帰属は,清算法人の社員総会又は評議員会の決議によって定める。
> 3　前2項の規定により帰属が定まらない残余財産は,国庫に帰属する。

　2階法人がこの決議をすれば,2階法人である要件（①の(3)）を満たさなくなるので,設立当初に戻って課税されるでしょう。しかし,解散前に,合理的な計算で退職金等で支出していたらどうでしょう？

　しかし,結局は,「持分あり」になるので,個人なら一時所得（所基通34－1),法人なら益金です。

> **一時所得の例示**（所基通34－1）
> 　次に掲げるようなものに係る所得は,一時所得に該当する。
> (6)　人格のない社団等の解散により受けるいわゆる清算分配金又は脱退により受ける持分の払戻金

(5) **一般社団法人の組織・議決権・社員……そして乗っ取りのリスク**

　一般社団法人と株式会社の最低限の組織を比較すると，下図のようになります。社員には，「一般法」の条文上は限定されていませんので，法人でもなれます。

　株式会社の取締役に相当する役員を理事といいます（一般法60）。共に最低1人で可能（設立時のみ2名）です。

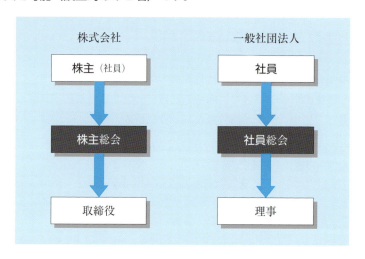

```
社員総会以外の機関の設置（一般法60条）
1　一般社団法人には，1人又は2人以上の理事を置かなければならない。
2　一般社団法人は，定款の定めによって，理事会，監事又は会計監査人を
　　置くことができる。
```

　株式会社のように，議決権に連動する株式を持たせるなどして，後継者を決定しなければならないことはありません。ですから**後継者が決まっていない場合にも使えます**。この場合，代表理事は定めないほうが良いかもしれません（一般法77）。しかし，ここは難しいところです。各自勝手な動きをして困ることもあるため，調整役を代表とすることも考えられます。

　また，⑫で後述する租税回避の疑いを払拭するためには，本体企業のホールディング会社として一般社団法人を設立する，あるいは，ホールディング

合同会社等の上に一般社団法人を置くような場合等には，それぞれ代表者を変える（できるだけ親族等以外）ことが望ましいでしょう。

> **一般社団法人の代表**（一般法77条）
> 1　理事は，一般社団法人を代表する。ただし，他に代表理事その他一般社団法人を代表する者を定めた場合は，この限りでない。
> 2　前項本文の理事が2人以上ある場合には，理事は，各自，一般社団法人を代表する。
> 3　一般社団法人（理事会設置一般社団法人を除く。）は，定款，定款の定めに基づく理事の互選又は社員総会の決議によって，理事の中から代表理事を定めることができる。
> 4　代表理事は，一般社団法人の業務に関する一切の裁判上又は裁判外の行為をする権限を有する。
> 5　前項の権限に加えた制限は，善意の第三者に対抗することができない。

話し合いは，最高意思決定機関である社員総会の決議によります（一般法35）。

> **社員総会の権限**（一般法35条）
> 1　社員総会は，この法律に規定する事項及び一般社団法人の組織，運営，管理その他一般社団法人に関する一切の事項について決議をすることができる。
> 2　前項の規定にかかわらず，理事会設置一般社団法人においては，社員総会は，この法律に規定する事項及び定款で定めた事項に限り，決議をすることができる。
> 3　前2項の規定にかかわらず，社員総会は，社員に剰余金を分配する旨の決議をすることができない。
> 4　この法律の規定により社員総会の決議を必要とする事項について，理事，理事会その他の社員総会以外の機関が決定することができることを内容とする定款の定めは，その効力を有しない。

社員総会の決議は，社員の頭数議決権が原則ですから，前編の「持分会社」と同じです（一般法48①）。

株式会社のように種類株式による議決権の制限もできません（一般法48②）。

> **議決権の数**（一般法48条）
> 1　社員は，各1個の議決権を有する。ただし，定款で別段の定めをすることを妨げない。
> 2　前項ただし書の規定にかかわらず，社員総会において決議をする事項の全部につき社員が議決権を行使することができない旨の定款の定めは，その効力を有しない。

そして，決議は，過半数で行い，いわゆる特別決議では3分の2以上というのは株式会社と同じです（一般法49）。

> **社員総会の決議**（一般法49条）
> 1　社員総会の決議は，定款に別段の定めがある場合を除き，総社員の議決権の過半数を有する社員が出席し，出席した当該社員の議決権の過半数をもって行う。
> 2　前項の規定にかかわらず，次に掲げる社員総会の決議は，総社員の半数以上であって，総社員の議決権の3分の2（これを上回る割合を定款で定めた場合にあっては，その割合）以上に当たる多数をもって行わなければならない。
> 一　第30条第1項の社員総会（除名の決議）
> （以下省略）

その他，社員総会の招集やその省略など，株式会社同様詳細な規定が「一般法」にはありますので，巻末の条文で適宜確認ください。これらは，**いろいろ揉め事が起きてきた時は，結構重要になります。**

そして，一般社団法人の構成単位である社員については，前編の持分会社同様に，任意退社と法定退社があるのです（一般法28・29）。その活用方法は，前編で申し上げた通りです。

> **任意退社**（一般法28条）
> 1　社員は，いつでも退社することができる。ただし，定款で別段の定めをすることを妨げない。
> 2　前項ただし書の規定による定款の定めがある場合であっても，やむを得ない事由があるときは，社員は，いつでも退社することができる。

> **法定退社**（一般法29条）
> 前条の場合のほか，社員は，次に掲げる事由によって退社する。
> 　一　定款で定めた事由の発生
> 　二　総社員の同意
> 　三　死亡又は解散
> 　四　除名

　不思議というか，当然というか，「一般法」の条文の「社員」の節には，入社の概念がありません（ただ，同法の31条には「社員名簿」の作成が義務づけられています）。ここに一般社団法人の自由さと危うさが同居しています。

　普通は，次の(6)で述べる「定款」によって，社員の資格なり入社なりの文言のもと，「会員の推薦」とか「総社員の同意」なりで入社が認められるのが多いのですが，まったく定款自治に委ねられています。

　一般社団法人は出資の義務がありません。**つまり資金がなくても社員にはなれます。**そして，社員になれば**社員1名につき議決権が1個**です。
　株式会社であれば，議決権は基本的に出資額に比例します。新たに増資するのも簡単ではありません。仮に，ある人が乗っ取りを図ろうと，ある一定の議決権を有するためには，相当大変な努力と資金が必要になります。
　しかし，「持分がある」それゆえに，会社に対しての持分は明らかです。算術的に勝敗を決することができます。

ところで、一方の一般社団法人ですが、一般社団法人の会合に参加していると、長い間での各人の発言から、自然に発言力に差が出てくることを経験します。それは資金力とは全く異なる人間力です。

初めはオブザーバーや聴講者として参加し、徐々に何となく、"会員"＝社員と認められていくものであることは、誰しも経験があることです。

さて、ここから先は、想像力をたくましくして欲しいのですが、仮に一族の財産管理をする一般社団法人を組成し、一族の家族が当初社員となります。その後、様々な専門的アドバイスを受けるために、オブザーバーに参加して頂きます。
多くの場合、オブザーバーは専門的知識も有しますから、論理的説得力もあります。それゆえ、"彼"の発言力は徐々に増して行くことになります。

> これは筆者が、昔、ある店舗に勤務中で、経験したことですが…
>
> ある客が、当初の一見客から次第に馴染み客となり、初めの頃は、当然に現金取引で、実に気持ちの良いほどの支払いっぷりでした。
> だからこそ、次第に信用取引、つまり掛け売りが認められるほどの上客となりました。
> 信用取引は、次第に金額が大きくなり、それでも支払いは滞ることなく続いておりました。ところが、**ある時、豹変した**のでした。

人は、そうやって、「資金」か「発言」を用いながら、長い時間を掛けて信用を築くのですが、問題は、その信頼を築いた後の、何かしらの目的があって、意図的に信頼が構築される時、人は、いかに簡単に騙されてしまうかということを、その発生から反乱に至るまでの過程をつぶさに体験しました。

オブザーバーや経営コンサルタントに国家資格は必要ありません。資格からくる縛りもほとんどありません。もちろん、国家資格があれば大丈夫とい

うものでもありませんが，やはりそこは違うものです。

「一般法」には以下のような除名の規定はありますが，"彼"が信頼を勝ち取り，リーダーシップを掌握してしまっている場合には無力です。

> **除名**（一般法30条）
> 1　社員の除名は，正当な事由があるときに限り，社員総会の決議によってすることができる。この場合において，一般社団法人は，当該社員に対し，当該社員総会の日から1週間前までにその旨を通知し，かつ，社員総会において弁明する機会を与えなければならない。
> 2　除名は，除名した社員にその旨を通知しなければ，これをもって当該社員に対抗することができない。

株式会社なり，持分会社なら，その「持分がある」ということで，どれだけか守られています。逆に「持分がない」ということは，"前提としての信頼"はどれだけ危ういことか。「持分がない」ことは決してバラ色ではないのです。

一般社団法人をホールディングカンパニーにできますが，ここが乗っ取られたら想像するだに恐ろしい事態が待ち受けます。このようなリスクが「持分がない」だけに横たわっていることを理解しておく必要があります。

もちろん，次の(6)での定款自治は重要ですが，定款は株式会社の定款の実務でも経験するように，登記事項でないものは，実に不安定なものです。
しかも，登記事項は，そもそも対外的なものであって，内部統制には関係がありません。理事や代表理事は氏名を登記する必要があっても，問題はどうやって，その理事や代表理事が選ばれるか？　さらには，どうやって社員になるのか？　それらについては無力なのです。

(6) 一般社団法人の設立手続き・重要な「目的」

　一般社団法人の設立を簡単に示せば，下表の通りです。
　一見してお分かり頂けるように，株式会社の設立とほとんど同じで，まさに準則主義で設立できますから，1週間もあれば簡単にできます。

No.	作　業　内　容
1	定款（印紙不要）を作成し（一般法10），公証人の認証を受ける（一般法13）。
2	設立時理事（設立時監事や設立時会計監査人を置く場合は，これらの者も）の選任を行う（一般法15）。
3	設立時理事（設立時監事が置かれている場合は，その者も）が，設立手続の調査を行う（一般法20）。
4	法人を代表すべき者（設立時理事又は設立時代表理事）が，法定の期限内に，主たる事務所の所在地を管轄する法務局又は地方法務局に設立の登記の申請を行う（一般法22）。

＊　なお，1及び2は設立時社員（法人成立後最初の社員となる者2名以上）が行います。

　このうち，重要なのは定款の目的です。一般社団法人の中で最も重要と言って差し支えない項目です。それが一般社団法人の「信頼」を形として支えるものです。
　これは「一般法」の中でなんら制限をしていませんので，既に述べたように営利でも非営利でも構いません。ですから，個人の財産を管理する目的の人が集まって作ることもできます。

　後述する租税回避に該当しないように，組織運営が適正になるようにすることが大切ですが，それ以前に，目的が「相続税の節税」とはまさか書けません。

　これについては，拙著の『事業承継に活かす従業員持株会の法務・税務』（中央経済社）でも述べておりますが，「本音の目的」と「本来の目的」とがあります。
　「本来の目的」は，敢えていえば「建前の目的」ということになろうかと

思います。

　従業員持株会は，そのほとんどが民法組合で，"持分は共有"です。それでも，「本音の目的」と「本来の目的」を巡っての葛藤があり，幽霊持株会の疑惑も頻発します。

　仮に，"表だけの存在"を考えてみれば分かるように，それは存在し得ないものです。見せるべき表があるということは，裏面が存在することの証でもあります。それが公序良俗に反しない限り，内に秘める限りは社会的にも容認せざるを得ないのです。

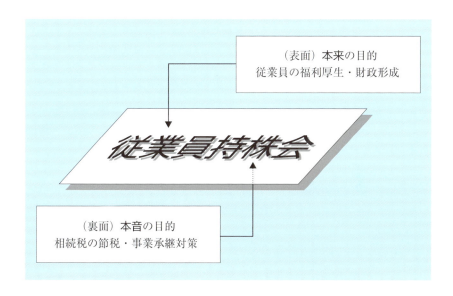

　しかし，たとえ「建前の目的」であったとしても，それがなければならず，そしてそれに沿って「組織運営が適正になされている」という外見が，悲しいかな，欠かせないのです。

　それは，人間の生き様と同じです。
　食べるために働くという「本音の目的」。そして社会のために働くという「本来の目的」でなければならない「建前」。誰が責められましょう。

　これらが，やがては税務上の否認にもつながって行くことになります。

4 「一般社団法人」の相続税の全体像

細部に突入して行きますが、常に全体像第1章の①を念頭に……

(1) 相続の観点からは、第4の事業承継先

いよいよ、詳細な部分に入りますので、今一度、本編の冒頭を確認します。

通常、事業承継は下図のように、①親族内承継と、②親族外承継としての従業員や役員への承継、③そして同じく親族外承継ながらも、まったくの他者の手に渡るものとしてM&Aや事業譲渡等が考えられました。

そこに、平成20年施行の「一般法」によって作られる法人として「一般社団法人」や「一般財団法人」が登場しました。

これは、第4の事業承継先と位置づけられるのです。この位置づけは結構重要です。つまり、基本的には自分たち同族ではない先が故の信頼の基本です。

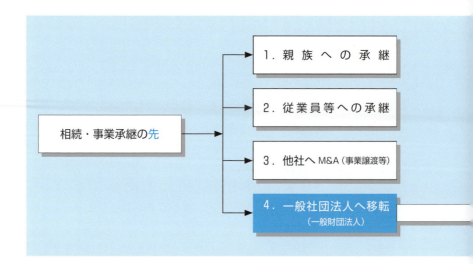

第2章　一般社団法人の法務・税務　179

　だからこそ，下図のように，もし同族関係者が支配する一般社団法人に財産が移転した場合には，贈与税・相続税の不当な減少になるため，もしその時には，その一般社団法人を，個人とみなして贈与税・相続税を課税するわけです。

　次頁の⑤からは，この一般社団法人への財産が入る"入り口課税"である相続税法66条4項と，"出口課税"である同法65条を見開きで同時に述べます。

　さらに⑥からは，それを詳細に分け入ってきます。⑦の通達は長いので，関係しそうな部分を確認する程度で結構です。

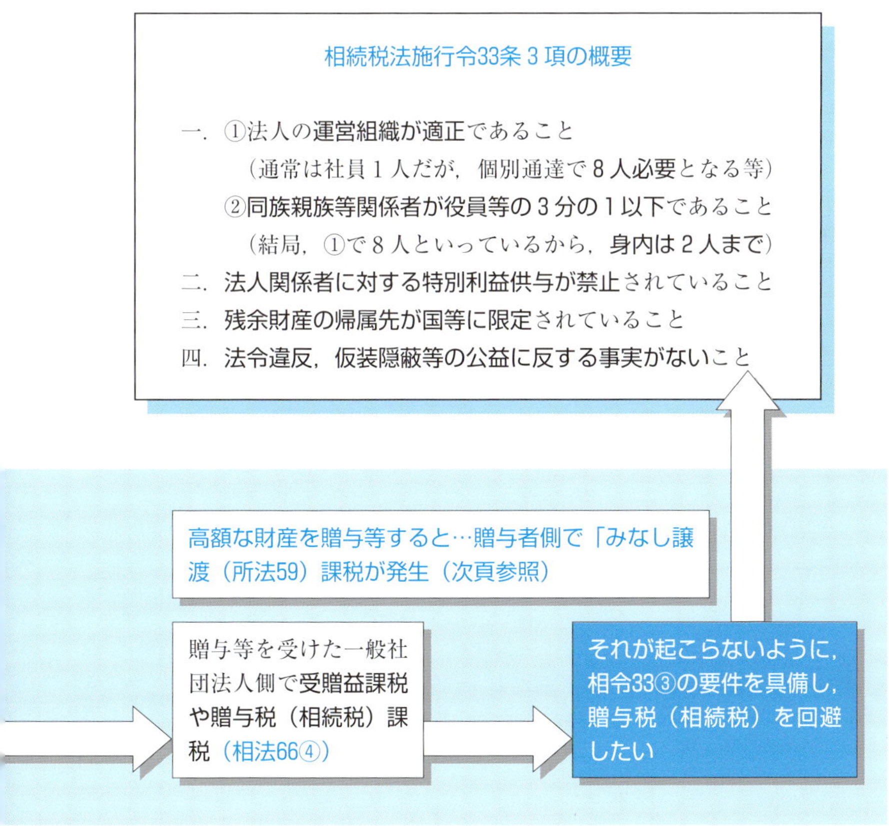

相続税法施行令33条3項の概要

一．①法人の運営組織が適正であること
　　　（通常は社員1人だが，個別通達で8人必要となる等）
　　②同族親族等関係者が役員等の3分の1以下であること
　　　（結局，①で8人といっているから，身内は2人まで）
二．法人関係者に対する特別利益供与が禁止されていること
三．残余財産の帰属先が国等に限定されていること
四．法令違反，仮装隠蔽等の公益に反する事実がないこと

高額な財産を贈与等すると…贈与者側で「みなし譲渡（所法59）課税が発生（次頁参照）

贈与等を受けた一般社団法人側で受贈益課税や贈与税（相続税）課税（相法66④）

それが起こらないように，相令33③の要件を具備し，贈与税（相続税）を回避したい

(2) 「みなし譲渡」とは？

前頁までに「みなし譲渡」が何度か出てきました。

難解な制度ですが，知っておく必要はありますので，詳細は避けて，一言でいえば，法人に対する贈与・遺贈，さらには著しく低い価額（2分の1に満たない価額）による譲渡の場合には，「時価」によって譲渡したものとみなすという規定です（所法59）。

つまり，時価100円のものを，贈与すると，個人の課税体系から法人の課税体系に移ってしまいます。個人と法人とは大きく課税体系が異なるので，法人に贈与・遺贈された場合には，個人側で一旦清算するために，時価で譲渡したものとするのです（所法59①一）。

初心者には理解しづらいものですが，戦後の税制の基本をなしたシャウプ税制に基づいたものです。だから昔は，相続の時は，被相続人の清算としての譲渡所得等と，相続人側では相続税とダブルで課税だったのです。

ところが，余りにも国民の理解が得られないため，現在は，相続人側の相続税だけになりました。

それでも相続人にはなり得ない法人に関しては，昔の規定が生きているのです。

贈与等の場合の譲渡所得等の特例（所法59条①一）

次に掲げる事由により居住者の有する山林（事業所得の基因となるものを除く。）又は譲渡所得の基因となる資産の移転があつた場合には，その者の山林所得の金額，譲渡所得の金額又は雑所得の金額の計算については，その事由が生じた時に，その時における価額に相当する金額により，これらの資産の譲渡があつたものとみなす。

一　贈与（法人に対するものに限る。）又は相続（限定承認に係るものに限る。）若しくは遺贈（法人に対するもの及び個人に対する包括遺贈のうち限定承認に係るものに限る。）

さらに，贈与すると，今のように譲渡とみなされるし，受贈側にみなし贈与税が掛かるので，対価1円で譲渡したとすると，「譲渡」なのでみなし譲渡課税もみなし贈与課税も掛からないとしたら，簡単に租税回避ができてしまいます。

そこで，2分の1未満の対価で譲渡した場合は，先の例では50円未満で譲渡したら100円で譲渡したとみなして所得税を課税するというものです（所法59①二，所令169）。

(所法59条①二)
二　著しく低い価額の対価として政令で定める額による譲渡（法人に対するものに限る。）

時価による譲渡とみなす低額譲渡の範囲（所令169条）
　法第59条第1項第2号（贈与等の場合の譲渡所得等の特例）に規定する政令で定める額は，同項に規定する山林又は譲渡所得の基因となる資産の譲渡の時における価額の2分の1に満たない金額とする。

しかし，注意しなければならないのは，時価の2分の1以上の価額による譲渡の場合でも，買主が同族会社の場合には，みなし譲渡とされる可能性があります（所基通59-3）。ただ，一般社団法人は同族会社に成り得ません。

同族会社等に対する低額譲渡（所基通59-3）
　山林（事業所得の基因となるものを除く。）又は譲渡所得の基因となる資産を法人に対し時価の2分の1以上の対価で譲渡した場合には，法第59条第1項第2号の規定の適用はないが，時価の2分の1以上の対価による法人に対する譲渡であっても，その譲渡が法第157条（(同族会社等の行為又は計算の否認)）の規定に該当する場合には，同条の規定により，税務署長の認めるところによって，当該資産の時価に相当する金額により山林所得の金額，譲渡所得の金額又は雑所得の金額を計算することができる。

5　「一般社団法人」の相続税・入り口と出口

「一般社団法人」に贈与等で移転したり
「一般社団法人」から利益を得ると租税回避で課税される

(1)　「一般社団法人」に贈与等をすると贈与税等が（相法66④）

　一般社団法人は，持分がないので，相続税が掛かりません。そこに個人財産を贈与や遺贈で移転すると，1階法人は普通法人と同じですから，その贈与や遺贈を受けた時に受贈益課税となります。

　ところで，これとは別個に，「相続税又は贈与税の負担が不当に減少する結果となると認められる」と，同法人を個人とみなして贈与税や相続税（2割加算あり）が課税されます（下図の上段：相法66④）。すると受贈益課税との二重課税になるので，相続税等の計算上，受贈益課税の法人税等は控除されます（相法66⑤）。

　ただし，上記の不当減少にならないとされる要件を具備すれば，課税されません（下図の下段：相令33③）。この要件は医療法人の場合と同じです。対策はこの具備や「譲渡」です（次項6，11を参照）。

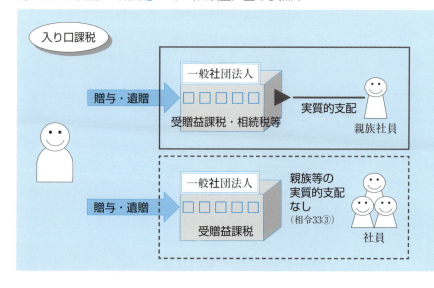

(2) 「一般社団法人」から利益を得ると贈与税等が（相法65）

前記(1)は，一般社団法人に入ってくる方の話ですが，今度は，一般社団法人から出ていく方の話です。入った時に遡って課税されるという話です。つまり，同法人から資産の低額譲渡や無償利用，金銭の無償貸付けなど，そして同法人の解散によって残余財産が設立者の親族に分配されるとすると，同法人を経由して贈与税や相続税の回避ができてしまうからです。利益を享受した個人が，同法人に贈与または遺贈した者から直接に贈与または遺贈により取得したものとして，財産の移転時に（つまり，遡って！）贈与税または相続税が課税されます（相法65（⑨参照））。

株式会社ではどうだったかというと，やはり同様の規定があるのです。いわゆる「みなし贈与（相法9）」で，拙著『非公開株式譲渡の法務・税務』（中央経済社）を参照してください。

前頁の入り口課税で逃れても，それ以降で私的流用があると，遡って課税されるわけです。そして，この問題は一般社団法人の出口問題としても浮上してきます。永久に一般社団法人として存続するのであれば良いのですが，最終的に解散し残余財産を個人が受け取ると，その時に，上記に該当するわけです。ここをどう設計するかが課題となります。なお，前記(1)と競合する場合には，前記(1)の適用が優先されます（相法65①）。

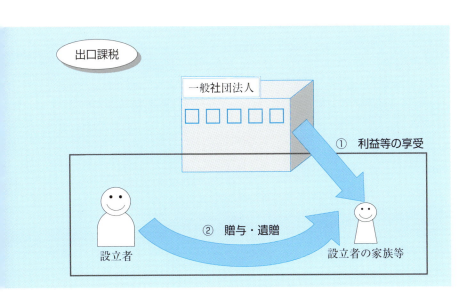

6 「一般社団法人」の税務…入り口

相続税法66条4項

　一般社団法人の税務を理解する上で欠かせない条文の1つ目が、相続税法66条です。この条文は、相続税法の中の第7章「雑則」の中に位置します。66条4項が直接関係するのですが、全体を理解することが必要です。

　66条の題は、「人格のない社団又は財団等に対する課税」で、この等の中に、4項の「法人格のある」一般社団法人又は財団が含まれるわけです。

　まず、1項では、人格のない社団又は財団（以下、特に書く場合を除き、財団は省略します）に対して贈与又は遺贈があったら（法人税法では法人とみなしていることから、通常は法人扱い）、敢えて、**通常法人とみなされているのを個人とみなして贈与税又は相続税を課税**するとしています。だから相続税法に規定されているわけです。そして、それは2項で、**設立時も同じ**としています。

（人格のない社団又は財団等に対する課税）
相法第66条
1　代表者又は管理者の定めのある人格のない社団又は財団に対し財産の贈与又は遺贈があつた場合においては、当該社団又は財団を個人とみなして、これに贈与税又は相続税を課する。
　この場合においては、贈与により取得した財産について、当該贈与をした者の異なるごとに、当該贈与をした者の各一人のみから財産を取得したものとみなして算出した場合の贈与税額の合計額をもって当該社団又は財団の納付すべき贈与税額とする。
2　前項の規定は、同項に規定する社団又は財団を設立するために財産の提供があつた場合について準用する。

4項が本命です。1項は，法人税法では法人と，この相続税法では個人と，それぞれみなされた人格の持分としているのですが，では，当初から「持分のない法人」はどうするのか？　が残ってしまいます。

そこで，4項で，「持分の定めのない法人」に対して，贈与等があった場合，その贈与等した者等の特別関係者の相続税等が不当減少するときには，1項を準用して，その「持分の定めのない法人」を個人とみなして相続税等を課税するとしています。

> 3　前2項の場合において，第1条の3又は第1条の4の規定の適用については，第1項に規定する社団又は財団の住所は，その主たる営業所又は事務所の所在地にあるものとみなす。
> 4　前3項の規定は，持分の定めのない法人に対し財産の贈与又は遺贈があつた場合において，当該贈与又は遺贈により当該贈与又は遺贈をした者の親族その他これらの者と第64条第1項に規定する特別の関係がある者の相続税又は贈与税の負担が不当に減少する結果となると認められるときについて準用する。この場合において，第1項中「代表者又は管理者の定めのある人格のない社団又は財団」とあるのは「持分の定めのない法人」と，「当該社団又は財団」とあるのは「当該法人」と，第2項及び第3項中「社団又は財団」とあるのは「持分の定めのない法人」と読み替えるものとする。

これで「持分の定めのない法人」に対する課税が明瞭になります。

> 「持分の定めのない法人」に対し財産の贈与又は遺贈があつた場合において，当該贈与又は遺贈により当該贈与又は遺贈をした者の親族その他これらの者と第64条第1項に規定する特別の関係がある者の相続税又は贈与税の負担が不当に減少する結果となると認められるときは，当該「持分の定めのない法人」に対し財産の贈与又は遺贈があつた場合においては，当該法人を個人とみなして，これに贈与税又は相続税を課する。

つまり，贈与等の特別関係者の相続税等が不当減少しない時は，当該法人の通常の受贈益となって法人税が課税され，不当減少になるときは，さらに，相続税等も課税されるという二重課税になってしまいます。

このため，それを調整するのが，次の５項で，上記のように法人が個人とみなされて課税された相続税等を納税する際に，その受贈益に対応する法人税等を控除することが政令（相令33条）委任（右頁参照）されています。

> 5　第１項（第２項において準用する場合を含む。）又は前項の規定の適用がある場合において，これらの規定により第１項若しくは第２項の社団若しくは財団又は前項の持分の定めのない法人に課される贈与又は相続税の額については，政令で定めるところにより，これらの社団若しくは財団又は持分の定めのない法人に課されるべき法人税その他の税の額に相当する額を控除する。

最後の６項が，隠れた本命ともいえるもので，４項で「不当に減少する結果となると認められるときは……」と規定しているので，その可否の判定については政令（相令33③）で定めるとしているのです。

> 6　第４項の相続税又は贈与税の負担が不当に減少する結果となると認められるか否かの判定その他同項の規定の適用に関し必要な事項は，政令で定める。

右頁にその柱書がありますが，これは特に重要なため次項において改めて解説します。

第2章 一般社団法人の法務・税務

（人格のない社団又は財団等に課される贈与税等の額の計算の方法等）

相令33条
1 法第66条第1項（同条第2項において準用する場合を含む。）又は同条第4項の規定により同条第1項若しくは第2項の社団若しくは財団又は同条第4項の持分の定めのない法人（以下この項、次項及び第5項において「社団等」という。）に課される贈与税又は相続税の額については、次に掲げる税額の合計額（当該税額の合計額が当該贈与税又は相続税の額を超えるときには、当該贈与税又は相続税の額に相当する額）を控除するものとする。
 一 社団等が贈与又は遺贈により取得した財産の価額から翌期控除事業税相当額（当該価額を当該社団等の事業年度の所得とみなして地方税法の規定を適用して計算した事業税（同法第72条第3号（事業税に関する用語の意義）に規定する所得割に係るものに限る。以下この号において同じ。）の額をいう。）を控除した価額を当該社団等の事業年度の所得とみなして法人税法の規定を適用して計算した法人税の額及び地方税法の規定を適用して計算した事業税の額
 二 前号の規定により計算した当該社団等の法人税の額を基に地方法人税法の規定を適用して計算した地方法人税の額並びに地方税法の規定を適用して計算した同法第23条第1項第3号（道府県民税に関する用語の意義）に規定する法人税割に係る道府県民税の額及び同法第292条第1項第3号（市町村民税に関する用語の意義）に規定する法人税割に係る市町村民税の額
2 前項の規定を適用する場合において、社団等に財産の贈与をした者が二以上あるときは、当該社団等が当該贈与により取得した財産について、当該贈与をした者の異なるごとに、当該贈与をした者の各1人のみから取得したものとみなす。

3 贈与又は遺贈により財産を取得した法第65条第1項に規定する持分の定めのない法人が、次に掲げる要件の全てを満たすとき（中略）は、法第66条第4項の相続税又は贈与税の負担が不当に減少する結果となると認められないものとする。
　　　　　　＊以下、次項で改めて詳説

7 「一般社団法人」の税務…入り口の詳細

相続税法施行令33条3項と通達

　この要件を満たせば，「相続税又は贈与税の負担が不当に減少する結果となると認められない」つまり，私的所有を離れて，公であるということだから重要です。それを，この条件である施行令を読むと，その厳しさが分かります。要は，完全に親族による支配をなくすという条件＋公明正大な経営が求められるのです。私的企業のレベルではないことを覚悟してください。

相令33条3項

　贈与又は遺贈により財産を取得した法第65条第1項に規定する持分の定めのない法人が，次に掲げる要件の全てを満たすとき（一般社団法人又は一般財団法人（当該贈与又は遺贈の時において次条第4項各号に掲げるものに該当するものを除く。次項において「一般社団等」という。）にあつては，次項各号に掲げる要件の全てを満たすときに限る。）は，法第66条第4項の相続税又は贈与税の負担が不当に減少する結果となると認められないものとする。

一　その運営組織が適正であるとともに，その寄附行為，定款又は規則において，その役員等のうち親族関係を有する者及びこれらと次に掲げる特殊の関係がある者（次号において「親族等」という。）の数がそれぞれの役員等の数のうちに占める割合は，いずれも3分の1以下とする旨の定めがあること。

　　イ　当該親族関係を有する役員等と婚姻の届出をしていないが事実上婚姻関係と同様の事情にある者
　　ロ　当該親族関係を有する役員等の使用人及び使用人以外の者で当該役員等から受ける金銭その他の財産によつて生計を維持しているもの
　　ハ　イ又はロに掲げる者の親族でこれらの者と生計を一にしている

　　　　もの
　　ニ　当該親族関係を有する役員等及びイからハまでに掲げる者のほか，次に掲げる法人の法人税法第2条第15号（定義）に規定する役員（(1)及び次条第3項第6号において「会社役員」という。）又は使用人である者
　　　(1)　当該親族関係を有する役員等が会社役員となつている他の法人
　　　(2)　当該親族関係を有する役員等及びイからハまでに掲げる者並びにこれらの者と法人税法第2条第10号に規定する政令で定める特殊の関係のある法人を判定の基礎にした場合に同号に規定する同族会社に該当する他の法人
二　当該法人に財産の贈与若しくは遺贈をした者，当該法人の設立者，社員若しくは役員等又はこれらの者の親族等（次項第2号において「贈与者等」という。）に対し，施設の利用，余裕金の運用，解散した場合における財産の帰属，金銭の貸付け，資産の譲渡，給与の支給，役員等の選任その他財産の運用及び事業の運営に関して特別の利益を与えないこと。
三　その寄附行為，定款又は規則において，当該法人が解散した場合にその残余財産が国若しくは地方公共団体又は公益社団法人若しくは公益財団法人その他の公益を目的とする事業を行う法人（持分の定めのないものに限る。）に帰属する旨の定めがあること。
四　当該法人につき法令に違反する事実，その帳簿書類に取引の全部又は一部を隠蔽し，又は仮装して記録又は記載をしている事実その他公益に反する事実がないこと。

　さらに，この施行令については，以下の解釈通達があります。要は，相当厳格であるということであって，生半可な対応でみとめられるものではないとの理解が必要です。以下13頁にわたって続く通達は、真剣にこの適用を考える時以外は、読み飛ばす程度で結構でしょう。

この通達は30.7.3「相続税法基本通達等の一部改正について（法令解釈通達）」の第3によって改正されています。（14, 15, 17, 17の2（新）, 19, 20）

解釈通達〔持分の定めのない法人に対する贈与税の取扱い〕
（相続税等の負担の不当減少についての判定）

14　法第66条第4項に規定する「相続税又は贈与税の負担が不当に減少する結果となると認められるとき」かどうかの判定は，次に掲げる持分の定めのない法人の区分に応じ，それぞれに定めるところにより行うものとする。
(1)　(2)に掲げる持分の定めのない法人以外の持分の定めのない法人　原則として，贈与等を受けた法人が法施行令第33条第3項各号に掲げる要件を満たしているかどうかにより行うものとする。
　　　　ただし，当該法人の社員，役員等（法施行令第32条に規定する役員等をいう。以下同じ。）及び当該法人の職員のうちに，その財産を贈与した者若しくは当該法人の設立に当たり財産を提供した者又はこれらの者と親族その他法施行令第33条第3項第1号に規定する特殊の関係がある者が含まれていない事実があり，かつ，これらの者が，当該法人の財産の運用及び事業の運営に関して私的に支配している事実がなく，将来も私的に支配する可能性がないと認められる場合には，同号の要件を満たさないときであっても，同項第2号から第4号までの要件を満たしているときは，法第66条第4項に規定する「相続税又は贈与税の負担が不当に減少する結果となると認められるとき」に該当しないものとして取り扱う。
(2)　持分の定めのない法人のうち法施行令第33条第3項に規定する一般社団法人等（以下18までにおいて「一般社団法人等」という。）に該当するもの　次に掲げるところによる。
　　イ　贈与等を受けた一般社団法人等が同条第4項各号に掲げる要件のいずれかを満たさない場合には，法第66条第4項に規定する「相続税又は贈与税の負担が不当に減少する結果となると認められるとき」に該当する。
　　ロ　贈与等を受けた一般社団法人等が法施行令第33条第4項各号に掲げる要件の全てを満たす場合には，原則として，当該一般社団法人等が同条第3項各号に掲げる要件を満たしているかどうかにより行う。
　　　（注）　一般社団法人等については，同条第3項第1号の要件を満たさない場合

には上記イに該当することから，上記(1)のただし書の取扱いはされないことに留意する。

(その運営組織が適正であるかどうかの判定)

15 法施行令第33条第3項第1号に規定する「その運営組織が適正である」かどうかの判定は，財産の贈与等を受けた法人について，次に掲げる事実が認められるかどうかにより行うものとして取り扱う。
(1) 次に掲げる法人の態様に応じ，定款，寄附行為又は規則（これらに準ずるものを含む。以下同じ。）において，それぞれ次に掲げる事項が定められていること。

イ 一般社団法人
　(イ) 理事の定数は6人以上，監事の定数は2人以上であること。
　(ロ) 理事会を設置すること。
　(ハ) 理事会の決議は，次の(ホ)に該当する場合を除き，理事会において理事総数（理事現在数）の過半数の決議を必要とすること。
　(ニ) 社員総会の決議は，法令に別段の定めがある場合を除き，総社員の議決権の過半数を有する社員が出席し，その出席した社員の議決権の過半数の決議を必要とすること。
　(ホ) 次に掲げるC及びD以外の事項の決議は，社員総会の決議を必要とすること。
　　この場合において次のE，F及びG（事業の一部の譲渡を除く。）以外の事項については，あらかじめ理事会における理事総数（理事現在数）の3分の2以上の決議を必要とすること。
　　なお，贈与等に係る財産が贈与等をした者又はその者の親族が法人税法（昭和40年法律第34号）第2条第15号（定義）に規定する役員（以下「会社役員」という。）となっている会社の株式又は出資である場合には，その株式又は出資に係る議決権の行使に当たっては，あらかじめ理事会において理事総数（理事現在数）の3分の2以上の承認を得ることを必要とすること。
　　A　収支予算（事業計画を含む。）
　　B　決算
　　C　重要な財産の処分及び譲受け

　　　　D　借入金（その事業年度内の収入をもって償還する短期の借入金を除く。）その他新たな義務の負担及び権利の放棄
　　　　E　定款の変更
　　　　F　解散
　　　　G　合併，事業の全部又は一部の譲渡
　　　（注）　一般社団法人及び一般財団法人に関する法律（平成18年法律第48号）第15条第2項第2号《設立時役員等の選任》に規定する会計監査人設置一般社団法人で，同法第127条《会計監査人設置一般社団法人の特則》の規定により同法第126条第2項《計算書類等の定時社員総会への提出等》の規定の適用がない場合にあっては，上記Bの決算について，社員総会の決議を要しないことに留意する。

(ヘ)　役員等には，その地位にあることのみに基づき給与等（所得税法（昭和40年法律第33号）第28条第1項《給与所得》に規定する「給与等」をいう。以下同じ。）を支給しないこと。

(ト)　監事には，理事（その親族その他特殊の関係がある者を含む。）及びその法人の職員が含まれてはならないこと。また，監事は，相互に親族その他特殊の関係を有しないこと。

　　　（注）　1　一般社団法人とは，次の(1)又は(2)の法人をいう。
　(1)　一般社団法人及び一般財団法人に関する法律第22条の規定により設立された一般社団法人
　(2)　一般社団法人及び一般財団法人に関する法律及び公益社団法人及び公益財団法人の認定等に関する法律の施行に伴う関係法律の整備等に関する法律（平成18年法律第50号）（以下「整備法」という。）第40条第1項《社団法人及び財団法人の存続》の規定により存続する一般社団法人で，同法第121条第1項《認定に関する規定の準用》の規定において読み替えて準用する同法第106条第1項《移行の登記》の移行の登記をした当該一般社団法人（同法第131条第1項《認可の取消し》の規定により同法第45条《通常の一般社団法人又は一般財団法人への移行》の認可を取り消されたものを除く。）
　　　　　2　上記(イ)から(ト)までに掲げるほか，法施行令第33条第3項第1号に定める親族その他特殊の関係にある者に関する規定及び同項第3号に定める残余財産の帰属に関する規定が定款に定められていなければならないことに留意する。
　　　　　3　社員総会における社員の議決権は各1個とし，社員総会において行使できる議決権の数，議決権を行使することができる事項，議決

権の行使の条件その他の社員の議決権に関する事項（一般社団法人及び一般財団法人に関する法律第50条《議決権の代理行使》から第52条《電磁的方法による議決権の行使》までに規定する事項を除く。）について，定款の定めがある場合には，たとえ上記(イ)から(ト)までに掲げる事項の定めがあるときであっても**上記15の(1)に該当しないものとして取り扱う。**

□ 一般財団法人
(イ) 理事の定数は6人以上，監事の定数は2人以上，評議員の定数は6人以上であること。
(ロ) 評議員の定数は，理事の定数と同数以上であること。
(ハ) 評議員の選任は，例えば，評議員の選任のために設置された委員会の議決により選任されるなどその地位にあることが適当と認められる者が公正に選任されること。
(ニ) 理事会の決議は，次の(ヘ)に該当する場合を除き，理事会において理事総数（理事現在数）の過半数の決議を必要とすること。
(ホ) 評議員会の決議は，法令に別段の定めがある場合を除き，評議員会において評議員総数（評議員現在数）の過半数の決議を必要とすること。
(ヘ) 次に掲げるC及びD以外の事項の決議は，評議員会の決議を必要とすること。この場合において次のE及びF（事業の一部の譲渡を除く。）以外の事項については，あらかじめ理事会における理事総数（理事現在数）の3分の2以上の決議を必要とすること。

なお，贈与等に係る財産が贈与等をした者又はその者の親族が会社役員となっている会社の株式又は出資である場合には，その株式又は出資に係る議決権の行使に当たっては，あらかじめ理事会において理事総数（理事現在数）の3分の2以上の承認を得ることを必要とすること。

A 収支予算（事業計画を含む。）
B 決算
C 重要な財産の処分及び譲受け
D 借入金（その事業年度内の収入をもって償還する短期の借入金を除く。）その他新たな義務の負担及び権利の放棄
E 定款の変更
F 合併，事業の全部又は一部の譲渡

（注） 一般社団法人及び一般財団法人に関する法律第153条第1項第7号《定款の記載又は記録事項》に規定する会計監査人設置一般財団法人で，同法第199条の規定において読み替えて準用する同法第127条の規定により同法第126条第2項の規定の適用がない場合にあっ

　　　　　ては，上記ロ(ヘ)のＢの決算について，評議員会の決議を要しないこ
　　　　　とに留意する。
　　(ト)　役員等には，その地位にあることのみに基づき給与等を支給しないこと。
　　(チ)　監事には，理事（その親族その他特殊の関係がある者を含む。）及び評議員
　　　　（その親族その他特殊の関係がある者を含む。）並びにその法人の職員が含まれ
　　　　てはならないこと。また，監事は，相互に親族その他特殊の関係を有しないこ
　　　　と。
　　　　　(注)　1　一般財団法人とは，次の(1)又は(2)の法人をいう。
　　　　　(1)　一般社団法人及び一般財団法人に関する法律第163条《一般財団法人の
　　　　　　　成立》の規定により設立された一般財団法人
　　　　　(2)　整備法第40条第１項の規定により存続する一般財団法人で，同法第121
　　　　　　　条第１項の規定において読み替えて準用する同法第106条第１項の移行の
　　　　　　　登記をした当該一般財団法人（同法第131条第１項の規定により同法第45
　　　　　　　条の認可を取り消されたものを除く。）
　　　　　　2　上記ロの(イ)から(チ)までに掲げるほか，法施行令第33条第３項第１号に
　　　　　　　定める親族その他特殊の関係にある者に関する規定及び同項第３号に定
　　　　　　　める残余財産の帰属に関する規定が定款に定められていなければならな
　　　　　　　いことに留意する。

八　学校法人，社会福祉法人，更生保護法人，宗教法人その他の持分の定め
　のない法人
　(イ)　その法人に社員総会又はこれに準ずる議決機関がある法人
　　Ａ　理事の定数は６人以上，監事の定数は２人以上であること。
　　Ｂ　理事及び監事の選任は，例えば，社員総会における社員の選挙により選出
　　　されるなどその地位にあることが適当と認められる者が公正に選任されるこ
　　　と。
　　Ｃ　理事会の議事の決定は，次のＥに該当する場合を除き，原則として，理事
　　　会において理事総数（理事現在数）の過半数の議決を必要とすること。
　　Ｄ　社員総会の議事の決定は，法令に別段の定めがある場合を除き，社員総数
　　　の過半数が出席し，その出席社員の過半数の議決を必要とすること。
　　Ｅ　次に掲げる事項（次のＦにより評議員会などに委任されている事項を除
　　　く。）の決定は，社員総会の議決を必要とすること。
　　　　この場合において，次の(E)及び(F)以外の事項については，あらかじめ理事
　　　会における理事総数（理事現在数）の３分の２以上の議決を必要とすること。
　　　(A)　収支予算（事業計画を含む。）
　　　(B)　収支決算（事業報告を含む。）
　　　(C)　基本財産の処分

(D)　借入金（その会計年度内の収入をもって償還する短期借入金を除く。）
　　　その他新たな義務の負担及び権利の放棄
　　(E)　定款の変更
　　(F)　解散及び合併
　　(G)　当該法人の主たる目的とする事業以外の事業に関する重要な事項
　F　社員総会のほかに事業の管理運営に関する事項を審議するため評議員会などの制度が設けられ，上記(E)及び(F)以外の事項の決定がこれらの機関に委任されている場合におけるこれらの機関の構成員の定数及び選任並びに議事の決定については次によること。
　　(A)　構成員の定数は，理事の定数の2倍を超えていること。
　　(B)　構成員の選任については，上記ハ(イ)のBに準じて定められていること。
　　(C)　議事の決定については，原則として，構成員総数の過半数の議決を必要とすること。
　G　上記ハ(イ)のCからFまでの議事の表決を行う場合には，あらかじめ通知された事項について書面をもって意思を表示した者は，出席者とみなすことができるが，他の者を代理人として表決を委任することはできないこと。
　H　役員等には，その地位にあることのみに基づき給与等を支給しないこと。
　I　監事には，理事（その親族その他特殊の関係がある者を含む。）及び評議員（その親族その他特殊の関係がある者を含む。）並びにその法人の職員が含まれてはならないこと。また，監事は，相互に親族その他特殊の関係を有しないこと。
(ロ)　上記ハの(イ)以外の法人
　A　理事の定数は6人以上，監事の定数は2人以上であること。
　B　事業の管理運営に関する事項を審議するため評議員会の制度が設けられており，評議員の定数は，理事の定数の2倍を超えていること。ただし，理事と評議員との兼任禁止規定が定められている場合には，評議員の定数は，理事の定数と同数以上であること。
　C　理事，監事及び評議員の選任は，例えば，理事及び監事は評議員会の議決により，評議員は理事会の議決により選出されるなどその地位にあることが適当と認められる者が公正に選任されること。
　D　理事会の議事の決定は，法令に別段の定めがある場合を除き，次によること。
　　(A)　重要事項の決定
　　　　次のaからgまでに掲げる事項の決定は，理事会における理事総数（理事現在数）の3分の2以上の議決を必要とするとともに，原則として評議員会の同意を必要とすること。

　　　　　　なお，贈与等に係る財産が贈与等をした者又はその者の親族が会社役員となっている会社の株式又は出資である場合には，その株式又は出資に係る議決権の行使に当たっては，あらかじめ理事会において理事総数（理事現在数）の3分の2以上の承認を得ることを必要とすること。
　　　　　　a　収支予算（事業計画を含む。）
　　　　　　b　収支決算（事業報告を含む。）
　　　　　　c　基本財産の処分
　　　　　　d　借入金（その会計年度内の収入をもって償還する短期借入金を除く。）その他新たな義務の負担及び権利の放棄
　　　　　　e　寄附行為の変更
　　　　　　f　解散及び合併
　　　　　　g　当該法人の主たる目的とする事業以外の事業に関する重要な事項
　　　　(B)　その他の事項の決定
　　　　　　上記ハ(ロ)Dの(A)に掲げる事項以外の事項の決定は，原則として，理事会において理事総数（理事現在数）の過半数の議決を必要とすること。
　E　評議員会の議事の決定は，法令に別段の定めがある場合を除き，評議員会における評議員総数（評議員現在数）の過半数の議決を必要とすること。
　F　上記ハ(ロ)のD及びEの議事の表決を行う場合には，あらかじめ通知された事項について書面をもって意思を表示した者は，出席者とみなすことができるが，他の者を代理人として表決を委任することはできないこと。
　G　役員等には，その地位にあることのみに基づき給与等を支給しないこと。
　H　監事には，理事（その親族その他特殊の関係がある者を含む。）及び評議員（その親族その他特殊の関係がある者を含む。）並びにその法人の職員が含まれてはならないこと。また，監事は，相互に親族その他特殊の関係を有しないこと。
　I　贈与等を受けた法人が，学生若しくは生徒（以下「学生等」という。）に対して学資の支給若しくは貸与をし，又は科学技術その他の学術に関する研究を行う者に対して助成金を支給する事業その他これらに類する事業を行うものである場合には，学資の支給若しくは貸与の対象となる者又は助成金の支給の対象となる者等を選考するため，理事会において選出される教育関係者又は学識経験者等により組織される選考委員会を設けること。
　　　（注）　1　上記ハの(イ)及び(ロ)に掲げるほか，法施行令第33条第3項第1号に定める親族その他特殊の関係にある者に関する規定及び同項第3号に定める残余財産の帰属に関する規定が定款，寄附行為又は規則に定められていなければならないことに留意する。
　　　　　　2　上記ハの法人の定款，寄附行為又は規則が，標準的な定款，寄附行

為又は規則（租税特別措置法（昭和32年法律第26号）第40条《国等に対して財産を寄附した場合の譲渡所得等の非課税》の規定の適用に関し通達の定めによる標準的な定款，寄附行為又は規則をいう。）に従って定められている場合には，上記15の(1)に該当するものとして取り扱うことに留意する。

　(注)　1　特例社団法人又は特例財団法人（整備法第40条第1項の規定により存続する一般社団法人又は一般財団法人であって同法第106条第1項（同法第121条第1項において読み替えて準用する場合を含む。）の移行の登記をしていない法人又は同法第131条第1項の規定により同法第45条の認可を取り消された法人をいう。）については，法令に別段の定めがある場合を除き，上記ハに準じて取り扱うことに留意する。

　　　　2　公益社団法人（整備法第40条第1項に規定する一般社団法人で同法第106条第1項による移行の登記をした法人を含む。）及び公益財団法人（同法第40条第1項に規定する一般財団法人で同法第106条第1項による移行の登記をした法人を含む。）については，原則として，上記15の(1)に該当するものとして取り扱う。なお，この場合においては，次に掲げる事項が定款に定められていなければならないことに留意する。

　　　　　(1)　法施行令第33条第3項第1号に定める親族その他特殊の関係にある者に関する規定及び同項第3号に定める残余財産の帰属に関する規定

　　　　　(2)　贈与等に係る財産が贈与等をした者又はこれらの者の親族が会社役員となっている会社の株式又は出資である場合には，その株式又は出資に係る議決権の行使に当たっては，あらかじめ理事会において理事総数（理事現在数）の3分の2以上の承認を得ることを必要とすること。

(2)　贈与等を受けた法人の事業の運営及び役員等の選任等が，法令及び定款，寄附行為又は規則に基づき適正に行われていること。

　(注)　他の一の法人（当該他の一の法人と法人税法施行令（昭和40年政令第97号）第4条第2項《同族関係者の範囲》に定める特殊の関係がある法人を含む。）又は団体の役員及び職員の数が当該法人のそれぞれの役員等のうちに占める割合が3分の1を超えている場合には，当該法人の役員等の選任は，適正に行われていないものとして取り扱う。

(3)　贈与等を受けた法人が行う事業が，原則として，その事業の内容に応じ，その事業を行う地域又は分野において社会的存在として認識される程度の規模を有していること。この場合において，例えば，次のイからヌまでに掲げる事業がその

法人の主たる目的として営まれているときは，当該事業は，社会的存在として認識される程度の規模を有しているものとして取り扱う。
　イ　学校教育法第1条に規定する学校を設置運営する事業
　ロ　社会福祉法第2条第2項各号及び第3項各号に規定する事業
　ハ　更生保護事業法第2条第1項に規定する更生保護事業
　ニ　宗教の普及その他教化育成に寄与することとなる事業
　ホ　博物館法（昭和26年法律第285号）第2条第1項《定義》に規定する博物館を設置運営する事業
　　（注）　上記の博物館は，博物館法第10条《登録》の規定による博物館としての登録を受けたものに限られているのであるから留意する。
　ヘ　図書館法（昭和25年法律第118号）第2条第1項《定義》に規定する図書館を設置運営する事業
　ト　30人以上の学生等に対して学資の支給若しくは貸与をし，又はこれらの者の修学を援助するため寄宿舎を設置運営する事業（学資の支給若しくは貸与の対象となる者又は寄宿舎の貸与の対象となる者が都道府県の範囲よりも狭い一定の地域内に住所を有する学生等若しくは当該一定の地域内に所在する学校の学生等に限定されているものを除く。）
　チ　科学技術その他の学術に関する研究を行うための施設（以下「研究施設」という。）を設置運営する事業又は当該学術に関する研究を行う者（以下「研究者」という。）に対して助成金を支給する事業（助成金の支給の対象となる者が都道府県の範囲よりも狭い一定の地域内に住所を有する研究者又は当該一定の地域内に所在する研究施設の研究者に限定されているものを除く。）
　リ　学校教育法第124条《専修学校》に規定する専修学校又は同法第134条第1項《各種学校》に規定する各種学校を設置運営する事業で，次に掲げる要件を満たすもの
　　(イ)　同時に授業を受ける生徒定数は，原則として80人以上であること。
　　(ロ)　法人税法施行規則（昭和40年大蔵省令第12号）第7条第1号及び第2号《学校において行う技芸の教授のうち収益事業に該当しないものの範囲》に定める要件
　ヌ　医療法（昭和23年法律第205号）第1条の2第2項に規定する医療提供施設を設置運営する事業を営む法人で，その事業が次の(イ)及び(ロ)の要件又は(ハ)の要件を満たすもの
　　(イ)　医療法施行規則（昭和23年厚生省令第50号）第30条の35の2第1項第1号ニ及び第2号《社会医療法人の認定要件》に定める要件
　　(ロ)　その開設する医療提供施設のうち1以上のものが，その所在地の都道府県が定める医療法第30条の4第1項に規定する医療計画において同条第

２項第２号に規定する**医療連携体制に係る医療提供施設として記載及び公示**されていること。
　　(ハ)　その法人が租税特別措置法施行令第39条の25第1項第1号《**法人税率の特例の適用を受ける医療法人の要件等**》に規定する厚生労働大臣が財務大臣と協議して定める基準を満たすもの

(特別の利益を与えること)

16　法施行令第33条第3項第2号の規定による**特別の利益を与えることとは，具体的には，例えば，次の(1)又は(2)に該当すると認められる場合が**これに該当するものとして取り扱う。
(1)　贈与等を受けた法人の**定款**，寄附行為若しくは規則又は贈与契約書等において，次に掲げる者に対して，**当該法人の財産を無償で利用させ，又は与えるなどの特別の利益を与える旨の記載がある場合**
　イ　贈与等をした者
　ロ　当該法人の設立者，社員若しくは役員等
　ハ　贈与等をした者，当該法人の設立者，社員若しくは役員等（以下16において「贈与等をした者等」という。）の親族
　ニ　贈与等をした者等と次に掲げる特殊の関係がある者（次の(2)において「特殊の関係がある者」という。）
　　(イ)　贈与等をした者等とまだ婚姻の届出をしていないが事実上婚姻関係と同様の事情にある者
　　(ロ)　贈与等をした者等の使用人及び使用人以外の者で贈与等をした者等から受ける金銭その他の財産によって生計を維持しているもの
　　(ハ)　上記(イ)又は(ロ)に掲げる者の親族でこれらの者と生計を一にしているもの
　　(ニ)　贈与等をした者等が会社役員となっている他の会社
　　(ホ)　贈与等をした者，その親族，上記(イ)から(ハ)までに掲げる者並びにこれらの者と法人税法第2条第10号に規定する政令で定める特殊の関係のある法人を判定の基礎とした場合に同号に規定する同族会社に該当する他の法人
　　(ヘ)　上記(ニ)又は(ホ)に掲げる法人の会社役員又は使用人

(2)　贈与等を受けた法人が，贈与等をした者等又はその親族その他特殊の関係がある者に対して，次に掲げるいずれかの行為をし，又は行為をすると

認められる場合
- イ　当該法人の所有する財産をこれらの者に居住，担保その他の私事に利用させること。
- ロ　当該法人の余裕金をこれらの者の行う事業に運用していること。
- ハ　当該法人の他の従業員に比し有利な条件で，これらの者に金銭の貸付をすること。
- ニ　当該法人の所有する財産をこれらの者に無償又は著しく低い価額の対価で譲渡すること。
- ホ　これらの者から金銭その他の財産を過大な利息又は賃貸料で借り受けること。
- ヘ　これらの者からその所有する財産を過大な対価で譲り受けること，又はこれらの者から当該法人の事業目的の用に供するとは認められない財産を取得すること。
- ト　これらの者に対して，当該法人の役員等の地位にあることのみに基づき給与等を支払い，又は当該法人の他の従業員に比し過大な給与等を支払うこと。
- チ　これらの者の債務に関して，保証，弁済，免除又は引受け（当該法人の設立のための財産の提供に伴う債務の引受けを除く。）をすること。
- リ　契約金額が少額なものを除き，入札等公正な方法によらないで，これらの者が行う物品の販売，工事請負，役務提供，物品の賃貸その他の事業に係る契約の相手方となること。
- ヌ　事業の遂行により供与する利益を主として，又は不公正な方法で，これらの者に与えること。

（判定の時期等）

17　法第66条第4項の規定を適用すべきかどうかの判定は，法施行令第33条第4項の規定に該当するかどうかの判定を除き，贈与等の時を基準としてその後に生じた事実関係をも勘案して行うのであるが，贈与等により財産を取得した法人が，財産を取得した時には同条第3項各号に掲げる要件を満たしていない場合においても，当該財産に係る贈与税の申告書の提出期限又は更正若しくは決定の時までに，当該法人の組織，定款，寄附行為又

は規則を変更すること等により同項各号に掲げる要件を満たすこととなったときは，当該贈与等については法第66条第4項の規定を適用しないこととして取り扱う。

(法施行令第33条第4項の判定)

17の2　一般社団法人等について法施行令第33条第4項の規定の適用の判定を行う場合には，次によることに留意する。
(1)　同項第1号又は第2号の要件は，一般社団法人等への贈与等の時における当該一般社団法人等の定款の定めに基づき判定するのであるから，その贈与等の後にこれらの要件を満たすものに定款の定めを変更したとしても，同項の規定により，当該贈与等については法第66条第4項の規定が適用される。
(2)　贈与等を受けた一般社団法人等が法施行令第33条第3項第2号に規定する贈与者等に対し同条第4項第2号に規定する特別利益を与えたかどうかの判定は「16」(2)に，当該一般社団法人等の定款において当該贈与者等に対し特別利益を与える旨の定めがないかどうかの判定は「16」(1)に，それぞれ準じて行う。

(社会一般の寄附金程度の贈与等についての不適用)

18　法施行令第33条第3項各号に掲げる要件を満たしていないと認められる法人に対して財産の贈与等があつた場合においても，当該財産の多寡等からみて，それが社会一般においてされている寄附と同程度のものであると認められるときは，法第66条第4項の規定を適用しないものとして取り扱う。

(持分の定めのない法人に対する贈与税課税の猶予等)

19　法令及びこの通達により判断して法第66条第4項の規定を適用すべき場合においては，贈与等をした者の譲渡所得について租税特別措置法第40条の規定による承認申請書が提出された場合においても，課税の猶予をしないことに留意する。

　　(注)　法施行令第33条第3項の規定により，一般社団法人等からは法施行令第33条第4項各号に掲げる法人が除かれていることから，一般社団法人等への財産の贈与等については，租税特別措置法第40条の規定の適用はないことに留意する。

(贈与等をした者以外の者に特別の利益を与える場合)

20　持分の定めのない法人が，当該法人に対する財産の贈与等に関して，当該贈与等をした者及びその者の親族その他これらの者と法第64条第1項に規定する特別の関係がある者以外の者で当該法人の設立者，社員若しくは役員等又はこれらの者の親族その他これらの者と法第64条第1項に規定する特別の関係がある者に対し特別の利益を与えると認められる場合には，法施行令第33条第4項の規定に該当するときを除き，法第66条第4項の規定の適用はないが，当該特別の利益を受ける者に対して法第65条の規定が適用されることに留意する。

　　この場合において，贈与等に関して特別の利益を与えると認められる場合とは，「16」の(1)及び(2)に掲げる場合をいうものとして取り扱う。

(持分の定めのない法人から受ける利益の価額)

21 「20」の場合において，法第65条第1項に規定する「贈与により受ける利益の価額」とは，贈与等によって法人が取得した財産の価額によるのではなく，当該法人に対する当該財産の贈与に関して当該法人から特別の利益を受けたと認められる者が当該法人から受けた当該特別の利益の実態により評価するのであるから留意する。

8 出口課税で遡って課税

前頁までの入り口課税で逃れても，それ以降で私的流用すると…

前頁までは，一般社団法人に入ってくるほうの話ですが，今度は，一般社団法人から出ていくほうの話です。入った時に遡って課税されます。

つまり，同法人から資産の低額譲渡や無償利用，金銭の無償貸付けなど，そして同法人の解散によって残余財産が設立者の親族に分配されると同法人を経由して贈与税や相続税の回避ができてしまいます。利益を享受した個人が，同法人に贈与または遺贈した者から直接に贈与または遺贈により取得したものとして，財産の移転時に（つまり，遡って）贈与税または相続税が課税されます（相法65①）。といっても，時効までしか遡れないでしょうが。

入り口課税で逃れても，それ以降で私的流用があると，遡って課税されるわけです。そして，この問題は一般社団法人の出口問題として浮上してきます。永久に一般社団法人として存続するのであれば良いのですが，最終的に解散し残余財産を個人が受け取ると，その時に，上記に該当するわけです。

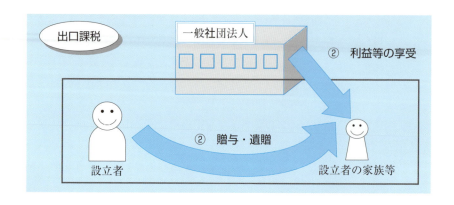

国税庁 HP より
https://www.nta.go.jp/about/organization/tokyo/bunshokaito/hojin/140527/01.htm

別紙3　2の事実関係に対して事前照会者の求める見解となることの理由
1　一般社団法人における基金制度について
　一般社団法人における**基金制度**は，**剰余金の分配を目的としない**という一般社団法人の基本的性格を維持しつつ，その活動の原資となる資金を調達し，その財産的基礎の維持を図るための制度として，一般社団・財団法人法第2章第5節【基金】に規定が設けられています。

　この「基金」は，一般社団・財団法人法の規定により一般社団法人に拠出された金銭その他の財産であって，当該一般社団法人が拠出者に対して同法及び当該一般社団法人と拠出者との間の合意の定めるところに従い**返還義務を負う**ものです（一般社団・財団法人法131条）。一般社団・財団法人法では，基金制度の採用は義務付けられておらず，**基金制度を採用するかどうかは，一般社団法人の定款自治によることとされています**（法務省ホームページ「一般社団法人及び一般財団法人制度 Q&A」Q23）。

　この「基金」の募集を行うためには，定款に「基金を引き受ける者の募集をすることができる旨」のほか，「基金の拠出者の権利に関する規定」及び「基金の返還の手続」を定めることが必要とされています（同法131条）。

2　一般社団法人における「基金」の特性
　一般社団法人における「基金」とは，次の①から③までの特性を有しています。
　① 経理処理については，**基金の総額及び代替基金は，貸借対照表の純資産の部**（純資産を示す適当な名称を示したものを含みます。）**に計上しなければならない**（一般社団法人及び一般財団法人に関する法律施行規則31条）。

　② 基金の**返還**は，拠出額（金銭以外の財産が拠出されたときは，拠出時の評価額）を限度とし，かつ，基金の返還に係る債権には利息を付すことができない（一般社団・財団法人法131条，143条）。

③　一般社団法人が破産手続開始の決定を受けた場合においては，基金の返還に係る債権は，破産法第99条第1項に規定する**劣後的破産債権**及び同条第2項に規定する**約定劣後破産債権に後れる**（一般社団・財団法人法145条）。

3　一般社団法人の社員及び基金の拠出者の特徴

一般社団法人の社員及び基金の拠出者は，次の①から③までの特徴を有しています。

①　剰余金又は残余財産の分配を受ける権利

一般社団法人は，剰余金の分配を目的としない法人ですので，定款の定めによって社員に剰余金又は残余財産の分配を受ける権利を与えることはできないこととされています（一般社団・財団法人法11条②）。

②　一般社団法人の議決権

一般社団法人の議決権については，一般社団法人の社員が各1個の議決権を有する旨及び定款で別段の定めをすることを妨げない旨規定されています（一般社団・財団法人法48条）が，社員以外の者に議決権を認めるものではありません。

③　基金の拠出者の地位

基金の拠出者の地位は，一般社団法人の社員たる地位とは結びついていないため，社員が基金の拠出者となることも可能であるし，社員が基金の拠出者とならないこともできるとされています（法務省ホームページ「一般社団法人及び一般財団法人制度Q&A」Q23）。

4　検討

(1)　「基金」は「資本金の額又は出資金の額」に該当するか。

イ　基金の拠出者は，上記1から3までの内容からすれば，一般社団・財団法人法及び一般社団法人との間の合意に基づき基金の返還を受ける権利を有しているものの，株式会社の株主又は持分会社の社員のように有限責任又は無限責任を負っているものではなく，また，基金の拠出について①剰余金又は利益の配当を請求する権利，②残余財産の分配を受ける権利及び③社員総会における議決権又は法人の業務を執行する権利のいずれも有さないこととされています。

ロ　また，一般社団法人は，拠出者に対して基金の返還義務を負っていると

ともに，基金は，破産手続開始の決定を受けた場合，拠出者において約定劣後破産債権に後れることとされていますので，債務と同様の性質を有しているものと認められます。

ハ　これらのことから，一般社団法人においては，当該基金は「資本金の額又は出資金の額」に該当せず，「債務」に該当すると考えられます。

(2)　「基金」の返還の免除は，債務免除益として課税対象となるか。

　法人税の課税所得の計算上，益金の額には，法人税法第22条第5項に規定する資本等取引以外の取引に係る全ての収益が含まれ，同条第2項は，無償による資産の譲受けその他の取引からも収益が生ずる旨定めています。このため，金銭その他の資産の贈与を受けたことにより生ずる受贈益は，全て益金の額に算入されるとともに，債権者から債務の免除を受けたことにより生ずる債務免除益も広く益金に含まれると考えられます。

　上記(1)のとおり，一般社団法人の基金は当法人にとっては「債務」として考えられますので，その基金について当法人と基金の拠出者との間で基金を弁済しない合意に至った場合には，当法人は債務の弁済義務が免除されることになりますので，当法人において債務免除益を認識することとなると考えられます。

＜参考＞「代替基金」…基金の返還の仕訳

　「代替基金」は「基金」を返還をした場合に同額を純資産の部に計上されます。「代替基金」は取り崩すことができません（一般法144②）から，その意味では利益準備金のような役割があります。

基金を100返還した場合の仕訳
（借）　基　　　　金　100　／　（貸）　現金預金　100 　　　　　　　　利益剰余金　100　／　　　　　代替基金　100

　なお，「基金」は，会計上は，純資産ですが，法人税法上は，資本金等にも利益積立金にも該当しません（法令8・9）。

　一方「代替基金」は，会計上は，「基金」同様に純資産ですが，法人税法上は，上記仕訳のように利益剰余金を原資としているため，利益積立金を構成しています。

10 実務の中心スキーム……「譲渡」

資金計画と適正時価での譲渡がポイント

(1) 買取資金計画

　一般社団法人に財産を移転させる方法は，そのほとんどが「譲渡」であることは，これまで述べてきました。しかし，肝心の一般社団法人側は，人の集まりたる「社団」としての人格はあれど，株式会社や持分会社であれば当然のお金がないという特異な存在です。

　したがって，これまで幾度か示してきた下図のように，「譲渡」で行く場合には，(1)**買取資金計画**と(2)**譲渡価額が重要**になります。

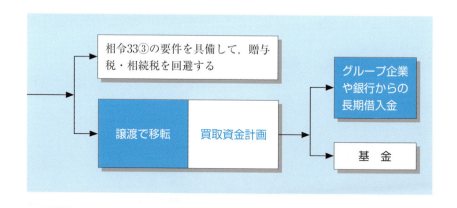

　買取資金を寄附したら，それは結局，資金の贈与になりますので，最低でも，一般社団法人側で受贈益課税を受けてしまい，さらに，既に 5 ， 6 で述べてきたように，相続税法66条4項の適用を受けて，個人とみなされて贈与税課税となります。

　結局は，上図の**グループ企業や銀行等金融機関からの借入**になります。

一方の「基金」も3の(3)、及び9で述べたように、結局は相続財産になるので、余り使われませんが、次頁の図の後に述べる方法も一考です。

　さて、借入金によると、事業承継の場合、通常、「グループ法人の株式」（一般の相続は不動産）をオーナーから買い取る資金とします。下図の場合は、グループ法人から借入れをしていますが、金融機関からでも構いません。

　❶でオーナーからグループ法人の株式を取得し、❷代金をグループ法人等から借入れし、❸オーナーに支払います。オーナーはそれを株式譲渡所得税について、分離課税で20.42％の課税（措法37の10）で課税関係は完了し、その残余のお金は、生活費等で費消しない限りは財産として残ります。

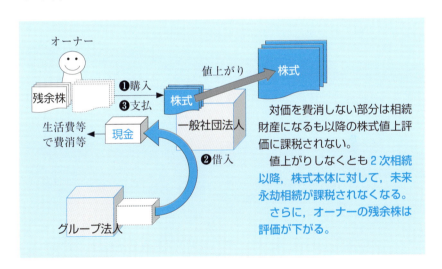

　その後、一般社団法人が所有したグループ法人の株式の評価が値上がりしもその部分に相続税は課税されませんし、2次相続以降、その株式本体については、未来永劫に相続税が課税されないことになります。

　この場合、図の❶でグループ法人株式の3分の1超の持株のほとんどを一般社団法人が取得します。こうすれば、平成27年度税制改正により次図のように、**グループ法人からの配当金が一般社団法人側の収益になりながら**、その**全額が益金不算入つまり法人税が掛からない**わけです。

受取配当等益金不算入制度の見直し(平成27年度税制改正)

平成27年改正前		平成27年4月1日以降	
持株比率	益金不算入割合	持株比率	益金不算入割合
25%未満	50%	5%以下	20%
		5%超3分の1以下	50%
25%以上	100%	3分の1超	100%

まとめると、❶の受取配当金から、借入先のグループ法人に❸の利息を支払い、残りを❹元金返済に回しますが、❺定款に定める「目的」(たとえば、障害者支援・環境保護等：③の(6)参照)のための事業に支出との兼ね合いで返済資金とします(元利支払いがないと全体が否認される)。

そうすると、益金は0で利息が損金になりますから、図の右の損益計算書のように、他に益金がないとすると欠損となります。

この欠損は、基金を放棄した債務免除益に充てるのも一考かもしれません。すなわち、オーナーは譲渡代金から基金拠出して、放棄するのです(9参照)。

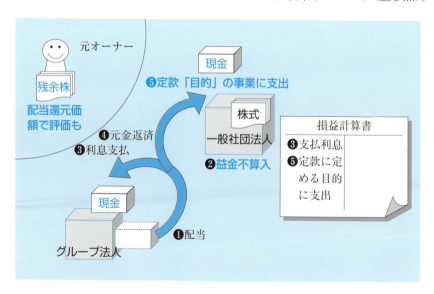

オーナーは少数株主になりますので、オーナーの株式の評価は、特例評価すなわち、配当還元価額にすることすら可能になります。

(2) 譲渡価額

次に、オーナーから取得時の価額です。不動産は最終的に不動産鑑定評価の道があることを考えれば、コストを別として容易ですが、株式は難問です。すなわち、中小企業の株式は、「取引相場のない株式」の評価方法として、財産評価基本通達があるものの、これはあくまでも相続・贈与の際の評価方法に過ぎず、本スキームのような「譲渡」は対象外です。

それなら実務上はいかにすべきか？ 本スキームは、個人から一般社団法人への譲渡ゆえ、所得税法の範疇に属するため、所得税法59条（4の(2)参照）で、実務的には所得税基本通達23－35（共）9を原則としつつも、それにより難いときは同通達59－6によることになるでしょう。しかしことは単純ではありません。下図のように、最後は「以上、4つの条件の下、財産評価基本通達の「取引相場のない株式」の評価によることを認める」とあります。

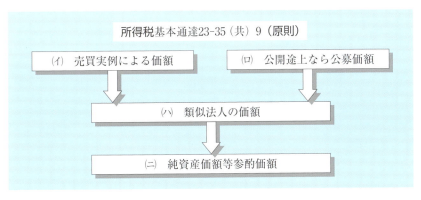

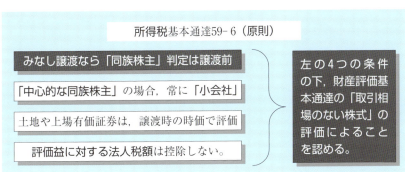

つまり、財産評価基本通達の「取引相場のない株式」の評価によるとは、下図の見開きの体系をすべて使うということです。

そこには、様々な判定の末に、原則的評価方法の「純資産価額方式」や「類似業種比準価額方式」と特例的評価の「配当還元方式」のどちらもあるわけです。

そして、原則的評価と特例的評価とは、10倍以上違うこともざらですから、どちらを使うべきかは難題です。

従業員持株会であれば、特例的評価方法である配当還元価額で通常は問題がありませんでした。なぜなら、**従業員持株会は民法上の組合ですから、パススルー課税の適用を受けるため**、事実上従業員個人という非常に持株の少ない者への譲渡だからです。

しかし、一般社団法人は、パススルーではありません。法人課税を受けます。

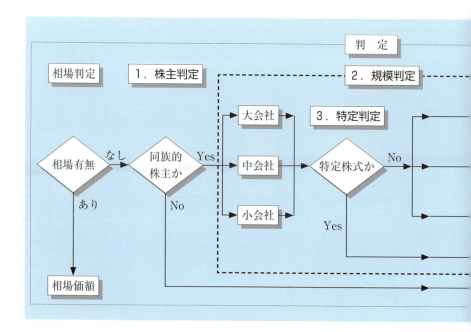

(1)で述べたように、一般社団法人に3分の1超の株式を持たせることで受取配当等の益金不算入を受けます。すると、30％以上となりますから、他の株主との関係では、一般社団法人が同族株主になることすらあります。

> **同族株主の定義**：財産評価基本通達188の一部分より：「同族株主」とは、課税時期における評価会社の株主のうち、株主の1人及びその同族関係者の有する議決権の合計数がその会社の議決権総数の**30％以上**（その評価会社の株主のうち、株主の1人及びその同族関係者の有する議決権の合計数が最も多いグループの有する議決権の合計数が、その会社の議決権総数の**50％超**である会社にあっては、50％超）である場合におけるその株主及びその同族関係者をいう。

一般社団法人に50％超が譲渡されるのであれば、間違いなく同族株主となります。したがって、多くの場合で、原則評価になることが多いと考えられます。

しかし、譲渡する株式数によって、あるいは贈与との組み合わせによっても変わってくる複雑な場合が起こり得ます。

詳細は、拙著『非公開株式譲渡の法務・税務（第5版）』（中央経済社、2017年）を参照ください。

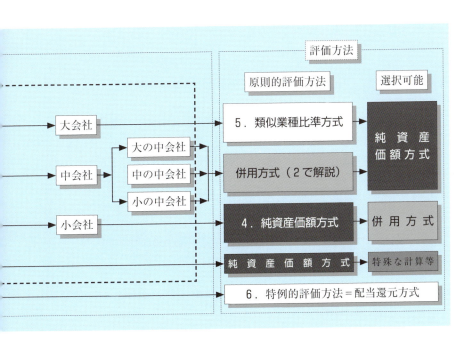

11 税務上の否認リスク

ある意味，当然のこと。税務バブルに警鐘を鳴らす

(1) うまい話には落とし穴が……最低限ヘッジすべきこと

まず，常識的に考えてみましょう。そもそも，一般社団法人に財産を移転さえすれば，持分がないから，相続税が掛からないという時点でおかしいと思わなければなりません。

それなのに，この異常さは何だ？　一種の税務バブルだろうと，後年，歴史を振り返って，「なぜ，その時にそう思えなかったのだろう」と失われた20年を顧みるように反省する時が来そうな予感がしています。

一般社団法人を用いた相続税の節税が認められるとするには，これまで随所で述べてきた様々な留意点を少なくとも外見的に充足する配慮が必要であると考えます。今一度それをまとめると，以下のようになります。

1．一般社団法人の目的ができるだけ公的なものであり，その実践の実績があること（3の(6)，11の(1)）
2．代表理事は，本体企業の代表者やその同族関係者でないこと（3の(5)，4の(1)）
3．借入金の契約書の整備，定期的な返済，相場並の利息支払（通常の同族会社経営でも当然の事：11の(1)）
4．「運営組織が適正」であること，特に同族関係者への給与等の支払いが適正であること（これも通常の同族会社経営でも当然の事：7，1章の3）
5．残余財産の分配が，定款において社員に分配するようになっていないこと。できれば，国等に分配されるように規定されていること（3の(4)，5の(2)，9，1章の3）

(2) どのような否認が考えられるか？

一般社団法人に関する否認は現在のところ表立っていませんが，どのような否認が考えられるかについて，1．スキームの問題点と，2．類似する事例についての判例等，3．当局側の見解の3つの面から僅かながら検討を試みることにします。

1．スキームの問題点

これについては，以下の3点が挙げられます[1]。

---

❶ **スキームに経済的合理性があるのか？**

オーナー本人やその相続人等が，一般社団法人の理事や代表である場合は，事実上その法人を支配しているとみなされるリスクが高い。

設立後，譲渡者がその法人の事務運営に関与したり，役員の選任等について影響力を行使しているなどにより，その法人の運営について適正性が確保されていないと認められる場合，譲渡者における相続税等の租税回避の有無が問題とされる可能性がある。

従業員持株会における幽霊持株会と同様に考えられる。

❷ **当局による法令改正の可能性**

現行の法令等でも十分に対処可能と仄聞しますが，法令として明文化される例が最近増えていることから「当局の後出しじゃんけん方式により規制措置を導入」する可能性があるといわれる。

❸ **経済状況の激変等による金融機関からの早期返済要請**

これにより，スキームの資金的裏づけが崩れる可能性がある。

---

[1] 川田剛『一般社団法人・財団法人を利用した相続対策をどう考えるか』（「税経通信」2015年5月号22頁，28頁）。同稿の中で，「対象会社から借りるか金融機関から借りるしかない。ちなみに，米国では，自己資金によるこの種の取引は，取引自体に全くリスクがなく，単なる資金循環に過ぎず，経済的合理性がないとして否認されている。」とも指摘している。

2．類似する事例についての判例等

現在のところ，注目される判例等のうち，2つを採り上げます。

1つ目は，**品川教授が解説文**の最後において「なお，本判決は本件13社を実質的に原告P1らの同族関係者であることを認定したのであるが，このような認定が可能であれば，近年もてはやされている一般社団法人等を利用した節税策にも影響を及ぼすものと考えられる。」と述べられたものです[2]。

本件13社というのは，原告P1の父からP6株式を譲り受けた，P1の経営する会社の**親族関係もない第三者の取引先**で，通常，評価通達188（同族株主の定義）の上の形式的適用上は，同族関係者とはならないと考えられます。しかし，形式的に適用するのは，同通達188等の趣旨にもとるため，議決権行使の実態等の証拠に基づき同族関係者と認定して課税したものです。

東京地方裁判所　平成26年10月29日　TAINZ888-1911
　関係会社株式の低額譲渡と当該株主に対するみなし贈与課税
〈判決要旨〉
　1　同族会社に該当する会社に対してされた時価より著しく低い価額の対価での財産の譲渡により譲渡を受けた当該会社の資産の価額が増加した場合には，当該会社の株主又は社員は，相続税法9条に規定する「対価を支払わないで，又は著しく低い価額の対価で利益を受けた」といえる。
　2　同族会社に該当する会社である株式会社及び合名会社に対して取引相場のない有限会社の持分がそれぞれ譲渡された場合における当該持分の価額については，**判示の事情の下においては**，財産評価基本通達189－3（株式保有特定会社の株式の評価）に定める方式によって評価することとするのが相当であり，かつ，その本文に定める方式によって評価する際に同通達185（純資産価額）のただし書による評価減を行うことはできず（後略）

2　品川芳宣『最新判例研究　関係会社株式の低額譲受け（譲渡）と当該株主に対するみなし贈与課税』（T＆Amaster2015年6月8日号26頁）。

第2章　一般社団法人の法務・税務　219

〈判決文27頁より〉
　そうすると，本件における原告P1及びP4とP6との関係のように，前者が後者を実質的に支配する関係にある場合において，同通達188⑴及び法人税法施行令4条2項（同族会社の判定上の特殊の関係のある法人）を形式的に適用することは，結局のところ，上記のとおりの同通達188及び同通達188－2の趣旨にもとるものというべきであって，上記の場合には，後者を前者の同族関係者とみることとするのが相当であり，その点において，同通達の定める評価方式以外の評価方式によるべき特段の事情があるというべきである。

〈判決文36頁より〉
　P3との取引関係の強化又は維持を動機として　（中略）　従前「安定社員として」P6の経営に「協力」してきた「出資者各位」に当たる本件13社に対し，「P27グループのガバナンスの見直し」を行っている中でP6の出資をP4に「集約する運びとな」ったことを理由に，原告P1の同族関係者であったP3が関与する中で，P4への売却が依頼されたのに応じて，締結されることとなったもので（後略）

〈判決文79頁より〉
　そうすると，本件13社は名目的存在にすぎず，何ら実権を有しないものであって，正にP1一族がP6を実質的に支配していると認められるのであるから，本件P6出資を評価するに当たり，同通達185のただし書を形式的，画一的に適用することは，その趣旨に反するため，これによらないことが正当と是認されるような特別の事情があるというべきであるから，本件各譲渡においては，同通達185のただし書は適用されず，本件P6出資の評価額の計算上，純資産価額について80パーセント相当額で評価すべきではない。

　相続税法9条については，10頁参照。

2つ目は、裁判ではなく、国税不服審判所の平成23年9月28日裁決です。ただし、本体会社の株式の受け皿として設立し、その収益のほぼ全てが、本体会社の株式から生ずる配当金で、総資産の大部分がその株式であるという点で、⑪で示した、まさしく一般社団法人による持株会社スキームに類似する内容であることに注目するものです。

国税不服審判所　平成23年9月28日裁決
　　　　　　　　http://www.kfs.go.jp/service/JP/84/17/index.html
〈裁決要旨〉
　請求人は、評価会社であるJ社は、同族株主がおらず、また、J社の株主であるK社は請求人の同族関係者ではないから、請求人とその同族関係者の議決権割合が15%未満となるので、請求人が本件被相続人からの相続により取得したJ社株式（本件株式）は、配当還元方式により評価すべきである旨主張する。

　しかしながら、①K社の設立経緯、資産内容、人的・物的実体及び株主総会や取締役会の開催状況からすると、K社の出資者がJ社の経営や意思決定に関心や興味を有していたとは考え難く、

　また、②K社の出資者は、いずれもJ社の役員等であり、J社を退社した後は、K社の出資者たる地位を失うことになっていたこと並びにK社の出資者及び出資の譲受人は本件被相続人にその決定権があったものと認められることからすると、K社の出資者がJ社の代表取締役であった本件被相続人の意に沿った対応をすることが容易に認められること、

　③そして、K社は、本件被相続人死亡後開催されたJ社の取締役を選任する重要なJ社の株主総会において、K社が所有しているJ社の株式に係る議決権を、K社の出資者でも役員でもない請求人（本件被相続人の妻）に委任していることからすれば、

　K社は本件被相続人に代表されるJ社の創業家の強い支配下にあり、K社の出資者は、同社の意思決定を、いずれも、本件被相続人及び請求人に代表されるJ社の創業者一族の意思に委ねていたものと認められるから、K社の

株主総会等における議決権の行使についても，J社の創業者一族の意思と同一の内容の議決権を行使することに同意していた者と認めるのが相当である。

　そうすると，請求人は，法人税法施行令第4条《同族関係者の範囲》第6項の規定により，K社の株主総会において全議決権を有し，かつ，K社の唯一の出資者であるとみなされることから，同条第3項により，K社を支配していることとなって，同条第2項により，K社は請求人と特殊関係にある法人に該当するので，請求人の同族関係者に該当することとなる。そうすると，J社における請求人とその同族関係者の議決権割合は15％以上となるから，本件株式を配当還元方式で評価することはできない。（平23.9.28東裁（諸）平23-47）

〈裁決書（抄）のうち，「判断」の(2)「当てはめ」の部分より〉

(イ)　K社は，J社の株式を一時的な受け皿として引き受けるために設立されたものであること，K社の収益のほぼすべてが，本件株式によって生ずる配当金であり，総資産の大部分が本件株式であること，平成19年以降，本件被相続人は，同人及びその一族の将来の相続税対策のため，同人らのJ社における議決権割合を15％未満にすることを目的として，同人が出資者を決定することができるK社に自らの所有するJ社の株式を譲渡することとし，K社の法人格を利用したことが認められること，K社は，J社と同じ場所に本店を置いているが，J社の建物にK社独自のスペースや備品等は存せず，K社が雇用している従業員も存しないこと，K社においては，社員総会又は株主総会，取締役会が開催されたことはないことからすれば，K社の出資者が，K社の経営や意思決定に関心や興味を有していたとは考え難い。

3．当局側の見解

　一般社団法人に関する課税当局側からの否認に関する情報等は未だに出されていません。

　ただ，税務大学校という国税の教育機関の教育官の論文集である「税大論叢」に，「一般法」が施行される前年の平成19年に発表された論文があります。当然，**執筆した教育官の個人的見解という建前にはなっていますが，注目されるものです。特に**最後の「結論」の青文字部分は，先の(2)2．の判決等との関連においても注視したいものです。現に平成30年度税制改正は，この意見に沿ったものとなっています。

　出典：国税庁ホームページより。なお，太文字表示は筆者の加工によります。
https://www.nta.go.jp/about/organization/ntc/kenkyu/ronsou/56/05/hajimeni.htm

---

相続税・贈与税のあり方について―新たな非営利法人制度を素材として―
　　　　　　　　　　　　　　税務大学校　研究部教育官　　宮脇　義男
3　結論

　このような懸念を払拭するためには，まずは，新たな非営利法人を一律に相続税法第66条の対象に加えた上で別途，租税回避の問題のない法人を適用除外とするなど，より踏み込んだ見直しが必要となる。しかし，仮にこのような措置を講じたとしても，執行上対応しきれるかどうかといった問題や，営利法人と一般社団法人における剰余金配当（分配）請求権の取扱いに見られるような両者の均一化が進む中で，新たな非営利法人に対してのみこのような措置を講ずることの有効な理由が見い出し難くなる状況が今後生ずることも考えられ，いずれ，このような状況に対応しつつ，無償の財産取得に担税力を見い出して課税するという相続税・贈与税の基本的な考え方に立ち返った見直しが必要と考えられる。例えば，現行の課税方式の下で，法人も原則として相続税・贈与税の納税義務者とすることや，被相続人の分割前の遺産全体を課税対象とする遺産課税の要素を多く取り入れること，また，個人が実質的に支配している一般社団法人等については，資産の移転時における相続税・贈与税の課税だけでなく，移転後も個人が実質的に支配している状態が継続していると認められる場合には，その個人に係る相続が発生したときは，当該法人に帰属する資産をその個人の相続財産として相続税の課税対象とすることも視野に入れ，資産の無償・低額譲渡における他の課税関係にも考慮しつつ検討することが必要となる。

(3) まとめ

さて，ここまで一般社団法人に関する税務上の否認リスクについて，検討してきました。重要ですので，再度まとめてみます。

まず，これまでの検討項目は以下のとおりになります。

---

(1) うまい話には落とし穴が……最低限ヘッジすべきこと

(2) どのような否認が考えられるか？
   1 スキームの問題点
      ❶ スキームに経済的合理性があるのか？
      ❷ 当局による法令改正の可能性
      ❸ 経済状況の激変等による金融機関からの早期返済要請

   2 類似する事例についての判例等
      ① 平成26年10月29日東京地裁判決
      ② 平成23年9月29日国税不服審判所裁決

   3 当局側の見解　　税務大学校教官の論文

「2　類似する事例についての判例等」の検討から分かることは，現行の法制度の中で十分に否認される可能性があるということです。②は一般社団法人を検討する際に紹介されるオーソドックスな裁決事例ですが，それに加えて，①は最新で，かつ国税不服審判所より進んだ東京地裁において否認されていることに加え，品川教授によるコメントが強烈でした。

この2つの事例から汲み取ることは，文理解釈上問題なくとも，実質で判断されるということです。それは，上記の「(1)うまい話には落とし穴が……最低限ヘッジすべきこと」で述べたことではありますが，実質を問われるということは，名実共に支配が及んでいない。だからオーナー一族の支配が及んでいないので，オーナーの「持分がない」という等式が成立しなければならないということでもあります。

2(150頁)の「中心はここだ！」，さらに3(152頁)の「裏の中心はここだ！」で述べたように，右頁図の「相続税法施行令33条3項」が復活し，これを実質的に細部にわたって規定する個別通達（190頁～202頁）が最低限順守すべきことになります。

これらは，既に述べてきたことですが，下図にあるように，そもそも事業承継先という視点からは，同族外への支配権の及ばない「持分のない」世界への移転が原点であるとの自覚が必要なのです（178頁参照）。

しかし，資産家（民間の営利会社）が，篤志家でもない中で，このようなことが可能であろうか？
　それを実現させるのが，「目的」だと考えます。だからこそ，その定款が重要視されます（176頁参照）。
　これを「目的適合性」あるいは「目的合理性」と言える，名実共に「公益的な」目的を掲げて果敢に実行し実績を作ることです。

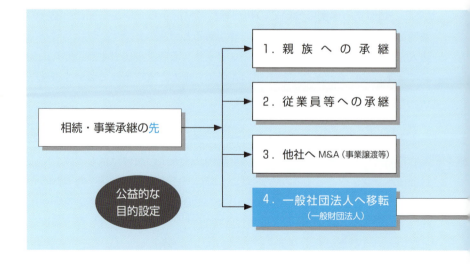

そうすると，将来的には，私見ながら「○○家の資産を保全する目的」というだけの私的なものではもはや心許ないと考えざるを得ないでしょう。

その結果，2階法人の「非営利徹底型」を維持し続け得る目的と実態を有します。そして，そこまで行うなら，資産規模によっては3階法人たる「公益社団法人」を目指せば，受贈益も非課税となるなど，むしろ合理的です。

これは，オーナーの事業承継を超えた，個人としての「相続」の精神的な対策にも通じ，さらには，後継者育成にもわたることで，事業承継に関係づけるとすれば，「企業理念」に連なる事項となります。

相続税法施行令33条3項の概要　詳細は個別通達

一．①法人の運営組織が適正であること
　　　（通常は社員1人だが，個別通達で8人必要となる等）
　　　②同族親族等関係者が役員等の3分の1以下であること
　　　（結局，①で8人といっているから，身内は2人まで）
二．法人関係者に対する特別利益供与が禁止されていること
三．残余財産の帰属先が国等に限定されていること
四．法令違反，仮装隠蔽等の公益に反する事実がないこと

そのための実行

→ 適正な時価で譲渡により移動させて譲渡所得課税を甘んじて受ける

→ 贈与等を受けた一般社団法人側で受贈益課税や贈与税（相続税）課税（相法66④）

→ それが起こらないように，相令33③の要件を具備し，贈与税・相続税を回避したい

12 一般社団法人の租税回避への改正

平成30年度税制改正で「特定一般社団法人等」への課税強化

(1) 「特定一般社団法人等」は個人とみなして相続税を課税

従前の一般社団法人・一般財団法人(以下「一般社団法人等」)には,持分がないことから(164頁参照)相続税がかかりませんでした。近年,これを利用した相続税の租税回避が横行していました。

そこで,平成30年度税制改正において,同族役員で占められる**「特定一般社団法人等」**については,下図のように相続税を課税するとされました。

税務			法務
3階	公益社団法人・公益財団法人		2階
2階	過去から未来に至るまで特定の者に利益を与えない法人(非営利徹底型)	会費により共益的活動を図る法人(共益型)	1階
1階	法人税法の普通法人と同じ扱いを受ける一般社団法人・一般財団法人		
地階	相続税では個人とみなされる「特定一般社団法人等」法人税は1階と同じ扱い		

たとえば,一般社団法人等を設立して(176頁参照),資産家が保有する財産を移転させ(210頁参照),**資産家自らが,息子と共に理事(役員)になっており,退任後5年以内に死亡した場合(在任中死亡でも同様)**には,同族関係者が役員の過半数なので「特定一般社団法人等」に該当するため,その法人等を個人とみなして相続税を課税するのです(法人税額からは控除します)。

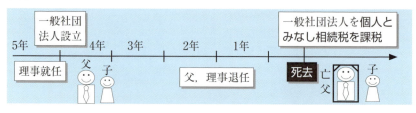

具体的には，その法人等の**資産から負債を控除した純資産**（211頁によれば余り多額にならないと考えられます）を，その死亡の時の同族理事の頭数（この場合2人）で割った額を，**亡くなった理事からその法人等が遺贈を受けたものとして，相続税を課税する**のです。

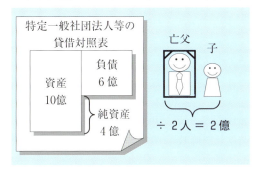

つまり，特定一般社団法人等を同族理事が共有していると考えて課税するのです。

(2) 「特定一般社団法人等」（相法66の2①）とは

「特定一般社団法人等」とは，次に掲げる要件のいずれかを満たす一般社団法人等をいいます。

① 相続開始の直前における同族理事数の総役員数に占める割合が2分の1を超えること。
② 相続開始前5年以内において，同族理事数の総役員数に占める割合が2分の1を超える期間の合計が3年以上であること。

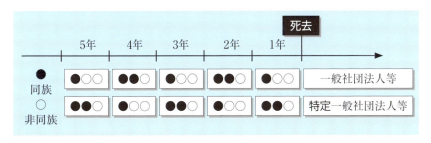

上記の「同族理事」とは，一般社団法人等の理事のうち，被相続人，その配偶者又は3親等内の親族その他当該被相続人と特殊の関係がある者（被相続人が会社役員となっている会社の従業員等）をいう。

この改正は，平成30年4月1日以後の一般社団法人等の役員の死亡に係る相続税に適用します。ただし，同日前に設立の一般社団法人等は，平成33年4月1日以後の役員の死亡に係る相続税から適用し，平成30年3月31日以前の期間は上記②の2分の1を超える期間に該当しないものとします。

13 課税強化対策 "財産承継トラスト®"

持分会社＋一般社団法人で子孫に財産を残す

(1) 短絡的対策では憂いを残す

前頁の課税強化に対応することは，表面的には容易です。一般社団法人の**理事の半数を非同族理事**とすることによって相続税の課税を避けることが出来ます。しかし，被相続人一族の**貴重な財産を所有する法人の理事の半数を非同族**とすることについては，慎重な検討が必要であると思われます。

理事構成を同族理事のみとし，その数を出来るだけ多くすれば，それだけ相続税の節税となります。しかし，理事の数が多くなると，組織の意思決定が困難になる等の問題が生じ，「**争族**」に発展するかもしれません。

また，**将来の更なる規制の強化**，または，その他の理由により，結局，一般社団法人に対象財産の所有権を帰属させる仕組みの利用を止めなければならない事態が生じるかも知れません。その場合，様々な困難が生じる可能性があります。

これらの諸問題を抜本的に解決する下図の仕組み「財産承継トラスト®」を，ここにご紹介します。

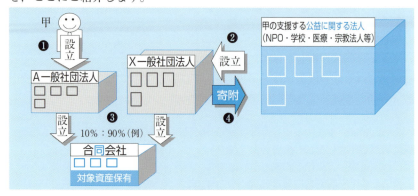

(2) 「財産承継トラスト®」の概要

前頁の「公益に関する法人」を支援するための寄附をする仕組みと後述する対象財産に応じた各種のプログラムを組み合せることにより「究極の相続税対策によって財産を作って子孫に残す」ことが可能となります。

この「財産承継トラスト®」は，何よりも，「公益に関する法人」に対して継続的に寄附を行い，その公益活動を支援することが前提となっている仕組みである点が重要です。

なお，「財産承継トラスト®」の節税効果を示すと以下のようになります。

甲の対象財産10億円・理事は同族のみで2名の場合の節税効果

● 「財産承継トラスト®」による場合
　残余財産分配請求権のない合同会社を設立し同社に対象財産の所有権を帰属させるため相続税の課税は"最大"以下のようになります。
　10億円÷2人×10%（仮定した出資比率）＝**5,000万円**

● 「財産承継トラスト®」によらない場合
　　（即ち，一般社団法人に対象財産の所有権を帰属させた場合）は
　10億円÷2人＝相続税の課税対象　**5億円**

　また，一般社団法人が被相続人から遺贈を受けたものとして課税されるため，**20%の加算**とになります。

(3) 法人の設立

① Ａ一般社団法人の設立

(ア) Ａ一般社団法人の社員

被相続人甲ら（少なくとも会社法上の会社を１社を含むことを要します。社員が欠けたことによる解散事由の発生を防止するためです。）が社員（構成員）となって，Ａ一般社団法人を設立します。

(イ) Ａ一般社団法人の定款

以下の規定を含むものとします。

> (a) 合同会社の社員権の取得を目的とする。
>
> (b) 社員総会の決議による**解散に伴う残余財産の帰属先は，公益に関する法人または国庫に限る**ものとする。

(b)の規定は，将来，一般社団法人が所有する財産に対する相続税の**課税を強化するための相続税法の改正**がおこなわれた場合にも，その影響を受けないようにするためです。

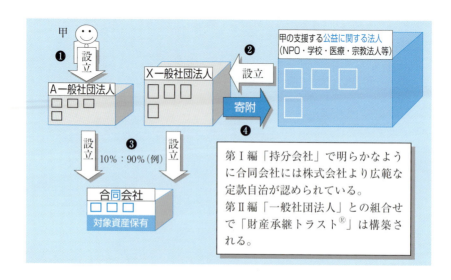

(ウ) A一般社団法人の理事
　以下の(a)または(b)の，**いずれかを選択**します。
　平成30年度税制改正の結果，前述のように課税関係が異なることになるからです。

> (a) 同族理事のみとする。
>
> (b) 同族理事と非同族理事を置き，同族理事の数が理事総数の2分の1を超えないようにする。

　極力，**上記(a)を選択すべき**でしょう。(b)を選択した場合，A一般社団法人の運営上支障が出ることも考えられます。後述しますが，合同会社の設立は，A一般社団法人とX一般社団法人により僅少な金銭出資で行われます。その後，甲所有の財産を譲渡により合同会社に移転します（当然譲渡所得課税の洗礼を受けます）。

　(b)を選択した場合の対策として，以下の方策をとることも考え方としてはあり得ます。しかし，**課税当局により，潜脱行為であるとしてその効力が否認される恐れがあるため**，避けるべきものと思料します。

> ① 代表理事制度を設け，社員総会で被相続人側の理事を代表理事に選任する。
> ② 代表理事に業務執行権及び代表権を与える。
> ③ 代表理事に法人の意思決定権を委ねる（この点が有効なことにつき，「熊谷則一著『逐条解説一般社団・財団法人法』184頁〜185頁」参照）。

② X一般社団法人の設立

(ア) X一般社団法人の社員

「公益に関する法人」が社員となってX一般社団法人を設立します。

「公益に関する法人」とは，NPO法人，社会福祉法人，学校法人，持分のない医療法人，宗教法人，公益社団・財団法人などです。

それらの法人は，推定被相続人甲ないし推定相続人が設立ないしは理事である法人であっても，何ら差し支えありません。

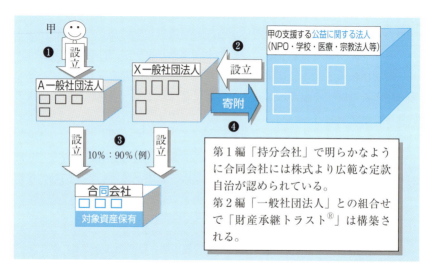

(イ) X一般社団法人の定款

以下の規定を置きます。

> (a) 合同会社の社員権の取得を目的とする。
> (b) 剰余金は，すべて当法人の社員である公益に関する法人に対する寄附に充てるものとする。
> (c) 社員総会の決議による解散に伴う残余財産の帰属先を公益に関する法人または国庫に限るものとする。

(c)の規定は，A一般社団法人同様，将来の課税強化の影響排除のためです。

(ウ) X一般社団法人の理事

同族理事（例えば1名）と非同族理事（例えば1名）を置き，同族理事の数が理事総数の2分の1を超えないようにします。

そのような理事構成であっても，特段の問題は生じません。
なぜなら，以下の通り，理事の権限と責任が極めて限定されているからです。

(i) 後述の通り，合同会社の業務執行は，A一般社団法人の全責任において行われる仕組みになっています。

そして，A一般社団法人の業務執行にかかるそのような権限と責任は，後述の通り，合同会社のX一般社団法人に対する監事報酬の支払い懈怠等の事由が発生しない限り，変わることがありません。

その点において，X一般社団法人の理事の権限と責任は極めて限定されていることになります。

(ii) また，後述の通り，X一般社団法人は，合同会社から優先配当を受ける権利を有しますが，その配当金は，前頁の定款(b)に規定するように，すべて「公益に関する法人」に対する寄附に充てられることになっています。

この点においても，X一般社団法人の理事の権限と責任は極めて限定されているものです。

③ 合同会社の設立

(ア) A一般社団法人とX一般社団法人とが合併で，合同会社を設立します。合同会社の資本金は，ごく少額であって差し支えありません。**合同会社には最低資本金の定めがありません。**

(イ) 合同会社の**資本金の大部分（例えば90％）をX一般社団法人が出資し，残余（すなわち，10％）をA一般社団法人が出資**します。

(ウ) 上記出資比率にかかわらず，当事者の合意により，A一般社団法人が合同会社の役員とその権限を定める権利を保有するものとします。
　（しかし，後述の通り，X一般社団法人に対する監事報酬の支払い懈怠等の事由が発生したときは，A一般社団法人はその権利を失い，X一般社団法人が，社員権の大部分を保有する当事者として，その権利を行使することになります。しかし，監事報酬は合同会社の資産から支払われるため，監事報酬の不払いは，実際上発生しません。監事報酬を支払えない資産状況であれば，最早，相続税対策は不要です。）

(エ) 合同会社の定款に以下の規定を置きます。
　将来，一般社団法人に対象財産の所有権を帰属させる方法による相続税対策に対する更なる課税強化があった場合においても，財産承継トラストによる相続税対策の有効性について疑問を挟む余地が無いようにするためです。

> (a) 社員は残余財産分配請求権を有しないものとする。
>
> (b) 社員総会の決議による解散に伴う残余財産の帰属先は，公益に関する法人または国庫に限るものとする。

(オ) 「A一般社団法人」を合同会社の社員とし，推定被相続人甲側の「個人」としない理由は，後述の通り，財産承継トラストにおいては，A一般社団法人が合同会社の社員になると同時に業務執行社員となり，安定的な配当を優先的にX一般社団法人にし，X一般社団法人がその全額を「公益に関

する法人」に配当することを目指しています。しかし，個人であるとすると，当該個人が死亡するごとに新たに業務執行社員を決定しなければならず，不安定になり，場合によっては争族になるかも知れないからです。

(カ) 「公益に関する法人」自体ではなく，同法人が設立したＸ一般社団法人を合同会社の社員とする理由は以下の通りです。

　(i) 何らかの理由（例えば，許認可の取消や信用問題の発生）で，支援する「公益に関する法人」を変更する必要が生じた場合に，合同会社の社員構成を変えることなく実施することが可能になります。

　(ii) 「公益に関する法人」自体が直接合同会社の社員になると，合同会社の営利事業によって，公益活動との関係で疑義が生じる恐れがありますが，その問題を避けることができます。

　(iii) 後述の通り，Ｘ一般社団法人が合同会社の監事役になります。仮に，「公益に関する法人」自体が事業法人である合同会社の監事役になると，「公益に関する法人」として許される範囲を超える可能性がありますが，その問題を避けることができます。

　(iv) 「公益に関する法人」の倒産リスクと許認可取消リスクを遮断することができます。
　　「公益に関する法人」が合同会社の社員権を直接保有した場合には，同「公益に関する法人」に対する債権者が合同会社の社員権を差し押さえた上で（差し押えの効力は，持ち分の払戻し請求権についても効力を有します），「差し押え債権者の強制退社請求権」を行使する可能性があります。しかし，Ｘ一般社団法人の事業目的は上記の通りですから，倒産することはありません。

　(v) 「公益に関する法人」の立場から見て，合同会社の債権者に対する何らかの債務が発生することを避けることができます。

(4) 合同会社の運営

① はじめに

合同会社は，その組合契約的な性格から，広く定款自治が認められています。すなわち，会社法は，合同会社について様々な規定を置くとともに，極めて広い分野で「別段の定め」を設けることを認めています。株式会社に近い業務形態をとることも可能です。

また，一般に，合弁会社の設立による事業の場合，合弁当事者が，持分比率にかかわらず，当事者間の取り決めに従って定めた役割を果たすことによって事業を遂行することが，むしろ通常です。財産承継トラスト®においてはこれらの手法を取り入れています。

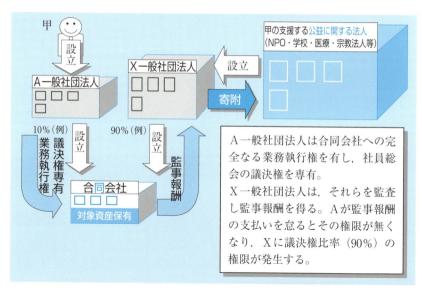

② A一般社団法人の留意事項

(ア) A一般社団法人の法人自体が合同会社の業務執行社員となります。業務執行社員は，法人の業務執行のすべてを行う権限を有します。

(イ) A一般社団法人は，実際に合同会社の業務を遂行する個人である職務執行者（推定被相続人及び推定相続人も可）を選任します。

(ウ) A一般社団法人は，後述③(ウ)のX一般社団法人への優先配当後，剰余金の残余がある場合，その残余のすべてにつき配当を受ける権利を有します。業務執行社員としての労務に対する対価です。

(エ)　A一般社団法人は，合同会社の議決権を専有します。
　(オ)　しかし，合同会社が，X一般社団法人に対する下記③(イ)記載の監事報酬の支払いを怠ったとき，または，下記③(ウ)の記載に従った優先配当の支払いを行わなかったときは，A一般社団法人は，上記(ア)，(ウ)及び(エ)記載の権利を失い，以後，合同会社に対する持分比率に従った権利を有するとします。
　　そのような結果は，上記いずれかの事由発生と同時にその効力が生じ，取消不能とします。

③　X一般社団法人の留意事項
　(ア)　X一般社団法人の法人自体が合同会社の監事となります。
　(イ)　X一般社団法人は，合同会社から剰余金の有無にかかわりなく一定金額の監事報酬の支払いを受ける権利を有します。同報酬は，理事報酬などのX一般社団法人の実費の支弁に充てられます。
　(ウ)　X一般社団法人は，合同会社に剰余金があるときは，一定金額の優先配当の支払いを受ける権利を有するものとします。同優先配当金は，すべて，X一般社団法人の社員（構成員）である「公益に関する法人」に対する寄附に充てられます。
　(エ)　上記(イ)監事報酬及び(ウ)の優先配当の支払いがある限り，X一般社団法人は合同会社の議決権を行使出来ないものとします。しかし，それらのいずれかの支払いが行われなかったときは，X一般社団法人は，持分比率に応じた議決権の行使が可能となります。

④　X一般社団法人の社員（構成員）である「公益に関する法人」
　　X一般社団法人から寄附を受けることができます。

⑤　推定被相続人，推定相続人及びその後の子々孫々

　(ア)　A一般社団法人の理事となり，役員報酬を受けることができます。
　(イ)　合同会社の役員となって役員報酬を受けることができます。

(5) 財産承継トラスト®による，2つの相続税対策
① 推定被相続人の事業活動（例えば，商品・不動産の売買取引，M＆A，工場建設）の一部に合同会社を組み込むことにより，それら事業から将来生じる収益を合同会社に蓄積し，相続税対象外の財産を子々孫々に残すことができます。納税資金として使うこともできます。

② 相続税対象財産（例えば，自社株，金融資産，収益不動産（含海外））を合同会社に譲渡することにより，相続税対象外の財産を子々孫々に残すことができます。

(6) 財産承継トラスト®の下での相続税の課税関係
　財産承継トラスト®においては，対象財産の所有権が合同会社に帰属する結果，合同会社の持分が相続税の対象になります。

㋐　A一般社団法人

甲の対象財産10億円・理事は同族のみで2名の場合の節税効果

● 「財産承継トラスト®」による場合
　残余財産分配請求権のない合同会社に対象財産の所有権を帰属させるため，相続税の課税は0です。
　仮に，将来，上記理由に影響を及ぼす何らかの法律改正があったとしても，相続税の課税対象が5,000万円を超えることは絶対にあり得ません。
　10億円÷2人×10%（仮定した出資比率）＝5,000万円

● 「財産承継トラスト®」によらない場合
　（即ち，一般社団法人に対象財産の所有権を帰属させた場合）は
　10億円÷2人＝相続税の課税対象　5億円

　また，一般社団法人が被相続人から遺贈を受けたものとして課税されるため，20%の加算となります。

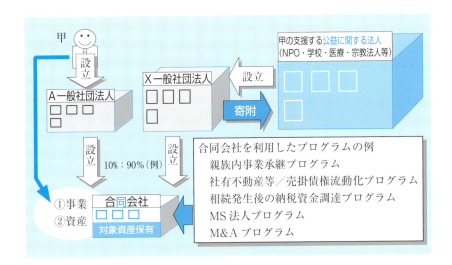

(イ) X一般社団法人

理事構成を,「同族理事と非同族理事とし,同族理事の数を理事総数の2分の1を超えない」ものとします。この結果,相続税の課税はありません。

この理事構成としても,理事の権限と責任は極めて限定されているため,特段の問題は生じません。その理由は,(3)の②(ウ)233頁の通りです(下記再掲)。

(i) 合同会社の業務執行は,A一般社団法人の全責任においておこなわれる仕組みになっています。

そして,A一般社団法人の業務執行にかかるそのような権限と責任は,後述の通り,合同会社のX一般社団法人に対する監事報酬の支払い懈怠等の事由が発生しない限り,変わることがありません。

その点において,X一般社団法人の理事の権限と責任は極めて限定されていることになります。

(ii) また,後述の通り,X一般社団法人は,合同会社に剰余金があるときは,合同会社から優先配当を受ける権利を有しますが,その配当金は,232頁の定款(b)に規定するように,すべて「公益に関する法人」の寄附に充てられることになっています。この点においても,X一般社団法人の理事の権限と責任は極めて限定されているものです。

(ウ) 財産承継トラスト®における相続税の課税に関連する詳細
① 一般社団法人に対する課税は，その所有する合同会社に対する持分割合について行われ，それを超えることはありません。その理由は以下の通りです。

(a) A一般社団法人とX一般社団法人が保有する合同会社に対する経済的利益は，それぞれが保有する持分割合に対応するものであることは，会社法上の理論として疑う余地がありません。

(b) 合同会社に関する会社法第666条は，「残余財産の分配の割合について定款の定めがないときは，その割合は，各社員の出資の価額に応じて定める」と規定しています。

② 将来，仮に一般社団法人の保有財産に対する相続税の課税を更に強化するための法改正が行われても，以下の理由から，その影響を受けることがありません。

(a) 対象財産は一般社団法人ではなく，合同会社が所有する仕組みになっているため，そのような法改正の影響を受けません。

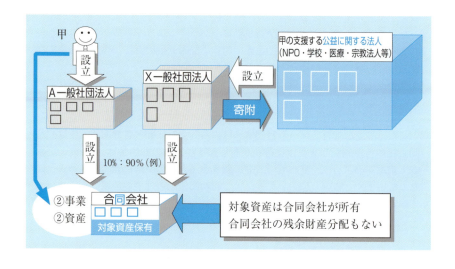

(b) 以下の定款規定が置かれ，相続問題が生じる余地が除去されています。

　(i) 合同会社の定款の規定により，合同会社の社員は残余財産分配請求権を有しないものとされています。

　(ii) 合同会社，A一般社団法人及びX一般社団法人のそれぞれの定款に，「解散に伴う残余財産の帰属先は，公益に関する法人または国庫に限られる」旨規定されます。

　(iii) X一般社団法人の定款の規定に，「剰余金はすべて当法人の社員である公益に関する法人に対する寄附に充てられる」旨規定されます。

(c) 「社員レベル」での制限をする相続税法改正の可能性の有無について
　平成30年度税制改正大綱において，政府・与党が「一般社団法人の問題は放置できない」としていることから，将来，更に一般社団法人の「社員レベル」での制限が加えられる可能性がないか，という点があります。

　ところが，以下の理由から，その可能性はないものと考えます。
　すなわち理事については，一般社団法人から（すなわち，その所有資産から）報酬を受ける関係にあることから，上記制限には，相続税の観点から一定の根拠があると言えます。
　しかし，社員レベルでは，一切そのような関係がないため，立法上の合理性がないものと考えます。
　加えて，社員要件に制限を加えれば，一般社団法人として設立された法人の活動全般に重大な影響が及ぶことになるため，そのような制限を加えることは極めて困難であると考えます。

　いずれにしても，上記の結論のいかんにかかわらず，財産承継トラスト®では，資産の所有者は合同会社でありますから，特段の問題は生じないよう組成してあります。

(7) 財産承継トラスト®の合理性及び関連事項

(1) 相続税法は、時の政府の課税方針に従って頻繁に改正されるものであることが、むしろ当然と考えられる法律です。

しかし、財産承継トラスト®は、「会社法」の基本的な規定、「一般社団法人及び一般財団法人に関する法律」の**基本的な規定並びに法律上の基本理念である「私的自治の原則」の組み合わせをもって構成**されています。

これらの法律の「基本的な規定」と「私的自治の原則」は、**法律制度の根幹を成すもの**であり、それらの改正・変更は、国の経済活動全般に甚大な影響を及ぼすことになります。したがって、「財産承継トラスト®」による相続税対策を止めることを目的としてそのような改正・変更が行われることは、考えられません。この点が「財産承継トラスト®」が相続税対策として強固である所以です。

(2) 財産承継トラスト®は、被相続人側が設立するA一般社団法人と、「公益に関する法人」側が設立するX一般社団法人とが合同会社を設立し、その合同会社に対象財産の所有権を帰属させる仕組みです。

そのような仕組みを通じて、被相続人側は、「公益に関する法人」の活動を、そのコストを負担して、長期に亘り、継続的かつ安定的に財政的な支援を行います。

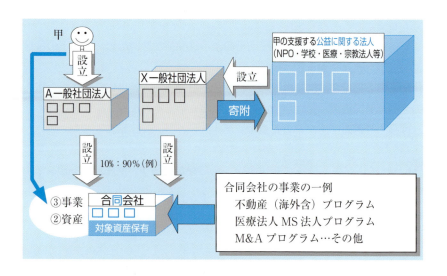

もちろん，被相続人としては，本仕組みに拠ることなく，「公益に関する法人」の活動を支援するための寄附を行うことも可能です。しかし，そのような方法により，長期にわたり，継続的かつ安定的に財政的支援を行うことは，経済上，極めて困難です。

(3)　「公益に関する法人」は，国家制度の中で極めて重要な部分を担っているものであることは，言うまでもありません。その意味で，財産承継トラスト®には，十分な社会的な合理性があるものと言えます。

(4)　資産の所有者が，相続対策のために，その資産を公益財団法人に寄附し，相続人とその後の子々孫々がその財団から役員報酬を得る方策と極めて類似しています。しかし，公益財団法人の場合は，財団が所有する財産の管理・処分に関して当局の極めて厳格な監督に服するのに対し，財産承継トラスト®の場合は，そのような制約は一切ありません。

(5)　推定被相続人側は，相続税対策としてのメリットを受けると同時に公益活動に対する財政的サポートを行うものであります。
　従って，提携する「公益に関する法人」側も独立の経済的利益を有することは明らかです。課税当局が，そのような独立の経済的利益の存在を無視することはできません。

(6)　合同会社が，会社法上の事業法人であることから，その継続的な事業活動を通じて収益を挙げることにより，「公益に関する法人」に対する継続的な財政的サポートのための原資を準備することが可能となります。
　財産承継トラスト®が会社法上の事業会社である合同会社を利用する重要なメリットです。

(7)　財産承継トラスト®では，被相続人・相続人側が，提携相手とする「公益に関する法人」を任意に選択し，必要と認める場合には自由に変更することができるものとします。
　それは，「公益に関する法人」に対する財政的サポートが財産承継トラスト®の前提となっているからです。

そのような前提である以上，被相続人側がサポートする「公益に関する法人」を自由に選択する権限を有することは，むしろ当然です。

(8) 財産承継トラスト®は，しばしば，相続税対策として最も望ましい形と言われている「資産を支配すれども所有せず」の考え方に基づく仕組みです。

相続税対策として最も望ましい形
「資産を支配すれども所有せず」

すなわち，財産承継トラスト®の方法に基づき設立する合同会社に対象資産の所有権を帰属させ，相続人とその後の子々孫々が，財産承継トラスト®の仕組みの下で同資産から生じる経済的利益を役員報酬として享受し続けることができるというものです。

(9) A一般社団法人は，X一般社団法人に対する優先配当金支払い後のすべての剰余金について配当を受けることができます。
　しかし，合同会社に対する相続税の対象となる「営業権」を保有している訳ではありません。その理由は以下の通りです。

㋐　相続税の対象となる営業権は，判例上，以下のとおりに解されています。同判例の趣旨に鑑み，A一般社団法人の剰余金配当請求権にかかる権利がその定義に該当するものとは，到底考えられません。

「一般に営業権とは，企業が有する長年にわたる伝統と社会的信用，名声，立地条件，営業上の秘訣，特殊の技術，特別の取引関係の存在等を総合した，将来にわたり他の企業を上回る企業収益を稼得することが出来る無形の財産価値を有する事実関係と解すべきである。」(東京高裁平成元年5月30日判決：及び拙著『非公開株式譲渡の法務・税務（第5版)』392頁参照 [中央経済社2018]。)

第2章 一般社団法人の法務・税務 245

以下のような無形の財産的価値を有する事実関係で

伝統　　社会的信用　　立地条件

営業権　　特殊な製造技術

特殊な取引関係　　独占性

これらを総合した，他の企業を上回る企業収益を獲得できる力

(イ)　A一般社団法人の権利は，一定額の金額の支払いを受けることができる契約上定められた権利ではなく，また，換金能力ないしは売却価値もありません。

(ウ)　A一般社団法人の権利は，合同会社が組合契約的性格を有する法人であることから生じるものであって，上記判例の言う「営業権」に基づく収益とは全くその性質を異にします。

　　すなわち，同権利は，合同会社の業務執行社員としての労務を履行した結果創出される剰余金を受け取ることができる権利，換言すれば，労務に対する対価を受け取る権利です。

　　上記の点を経済的実体の面から見ると，A一般社団法人と合同会社の関係は，A一般社団法人が合同会社から経営委任を受ける関係と実質的に変わりません。

　　すなわち，合同会社の収益・損失のすべてがA一般社団法人に帰属し，A一般社団法人が合同会社に事業使用料を支払い，それが優先配当金に充てられる，という関係です。

㈢　A一般社団法人が有する配当請求権は，X一般社団法人が有する優先配当請求権に劣後する上，同法人に対する監事報酬の不払い等の事由が発生した場合には，その権利のみならず，業務執行権と議決権のすべてを失う仕組みになっています。

㈣　合同会社は，X一般社団法人がその持分権の大部分を保有している会社です。なるほど，A一般社団法人は，配当等に関する諸権利を保有します。

　しかし，監事報酬の不払い等の事由が発生した場合は，それらの権利を失います。そのような不払いは，結局，業務執行社員として適切な業務執行義務の不完全履行の結果であると言えます。

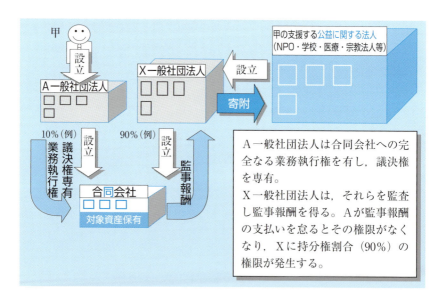

㈤　X一般社団法人の社員（すなわち，構成員）である「公益に関する法人」は，財産承継トラスト®の下でA一般社団法人と提携することを通じて公益活動のための資金を継続的に確保することができます。その意味で，既に述べたとおり，独立の経済的利益を有するものです。

㈥　推定被相続人がその所有財産を合同会社に対して譲渡するプログラムの場合，適正価格による有償譲渡とします。したがって，同譲渡後も相

続対象財産としての価額はイコールであり，譲渡によって税引後の譲渡代金が手許に残ることになります。相続税対象財産の価額が減少する訳ではありません。

　その点において，公益財団法人に対する寄附ないし一般社団法人に対する贈与とは異なります。

　そして，その後の増減は，A一般社団法人による業務執行の結果です。仮にその価額が増加したとしても，合同会社について上記(ア)記載の判例で述べられている無形の財産価値要素がある訳ではありません。

(ク)　合同会社が第三者から財産を取得するプログラムの場合をA一般社団法人の立場から考えてみると，合同会社から成功報酬ベースで当該財産の運用を引き受ける関係であると言えます。

　すなわち，この場合の成功報酬は，優先配当を超える剰余金に対する配当です。

　更に，当該財産は，被相続人が以前に所有していた財産ではなく，また，その無形の財産価値要素によるものではないことも明らかです。

(ケ)　財産承継トラスト®によって，X一般社団法人の社員である「公益に関する法人」側としては，継続的に公益活動資金の収入を得ることができることになり，他方，被相続人側としては，多額の相続税を短期間のうちに支払わなければならないという事態を避けることができます。そのような結果を得るため，当事者の合意による対応を行うことが不当であるとされる理由は一切ありません。

「財産承継トラスト®」はボナウェイ・コンサルティング㈱の登録商標（申請中）です。

　本スキームの組成は，上記の他に重要なノウハウを用いてのみ可能なため同社との提携契約により行われます。

　照会先・ボナウェイ・コンサルティング㈱

　　　〒107-0062　東京都港区南青山2-22-14　フォンテ青山702号

　　　eメール　y.akita@kbh.biglobe.ne.jp

- ㈱マックコンサルタンツ(巻末著者紹介参照)
- 牧口晴一税理士事務所(巻末著者紹介参照)

第Ⅲ編　信　託
第1章　信託税制の全体像

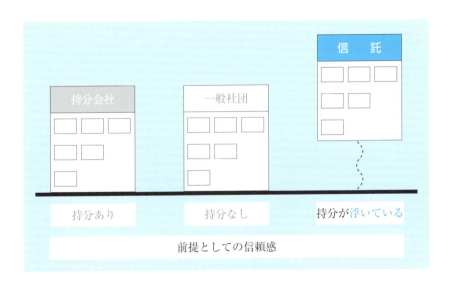

◆　本章の「エッセンス・ストーリー」

　「信託」のイメージは意外に難しい……しかしそこかしこに「信託」はあるのです。それを，家庭の「信頼」として美しく説明していきます。
　信託を「事業承継」に使う場合の位置づけ……それはさらに難しいですが，これに「新しい席」を与え，さらに承継方法との関係を明示しました。
　そして，難関甚だしい「信託税制」を網羅するために，条文順に，必要な概念を織り込みつつ，信託の「設定」→「変更」→「終了」を辿ります。
　最後に，特例となる2つ「受益者連続型信託」と「目的信託」へと進みます。

1 知らぬ間に日常的に"信託"している

信託とは？　一般財団法人の評議員を受託者としたようなもの

「信託」とは「信じて託する」というのは，よく聞くことです。そして正しいのです。私たちは，日常の中で，頻繁に"信託"しているのです。

たとえば，夫が妻に生活費を渡して，食事のための買い物に行ってもらいます。これは，夫が妻を信じて，自分の財産を妻に託しているのです。

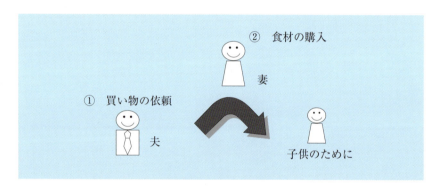

これを，「信託」の法的な枠組みで説明すると……

> 自己の財産を，信頼できる他人に渡すと共に，その財産を処分させることで得られる利益を，他人に与える目的で，取り決めること……

……などとなるでしょう。すると前編で述べた一般財団法人に似ています（163頁参照）。財団法人は，設立者の意思を評議員が守り通してくれます。信託では，その評議員の役割を受託者が担っているのです。そして信託では財団法人のように最低7人必要ということもありません。

この時，信託の用語でいえば，夫は「委託者」，妻は「受託者」，子供は「受益者」ということになります。

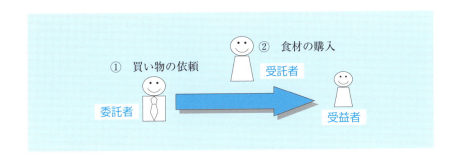

ベクトルは，委託者が意図する，目的である受益者に向いている……そのために，専門的知識や技術を持つ受託者が存在する……という関係です。

本書では，これを度々シンボルとして以下のように表現してまいります。

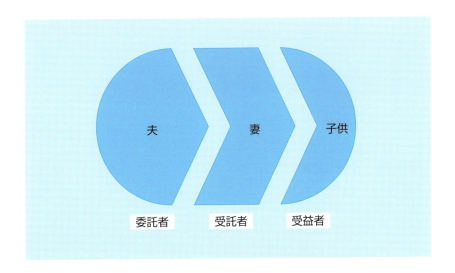

この流れを，通常は「信託」を意識することなく行われているのです。

あるいは逆に，妻が，買い物のために外出する時に，夫に，「それじゃ，

この子を見ておいてね」と，やはり信じて託して出掛けます。
　さらに妻は，夫に信託された目的のために食材を買い，料理します。そして，めでたく家族に夕食を提供（贈与）をし終えます。こうして，受託者としての責任を全うするわけです。

　家庭以外でも，頻繁に行われています。部下に「ちょっと自販機で飲み物買ってきて」とお金を渡すのも，部下を信じて託しているわけです。

　日常の中でも，もし，この信じて託する行為ができなかったとしたら，どうでしょう？　全て自分でしなければならず大変です。

　さて，これらの信託は，数分から数時間，長くても海外旅行の間の「宜しくね」という程度でしょう。
　しかし，これから述べる「信託」は，それを，相続を中心にして，前後数十年にタイムスケールを広げるとイメージしてください。

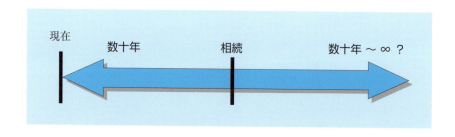

　その間に，生前は認知症の心配やら，死後は，財産の分散などの心配に思い悩むからです。

　そして，長～～くなるからこそ，受託者に所有権を移しておくのです。
　そうしないと，その間，任された受託者が，処分をするなどの法律行為ができないので，不動産では「信託」で「所有権の移転登記」をするのです。

　では具体的に，一番多い信託財産である不動産に信託があった場合を考えてみましょう。登記事項証明書は次頁のように表現されます。「権利部（甲

区)」は，一番重要な権利である「所有権」に付いて登記されている部分です。

　すなわち，ここを見れば，誰の持分か分かるという重要な部分です。売買の交渉はこの所有者としなければなりません。

不動産の登記事項証明書

権利部（甲区）（所有権に関する事項）				
順位番号	登記の目的	受付年月日・受付番号	原因	権利者その他の事項
1	所有権移転	平成＊＊第10	平成＊＊売買	所有者：東京都＊＊牧口晴一
2	所有権移転 信託	平成＊＊第19	平成＊＊信託	受託者：東京都＊＊齋藤孝一 信託目録第101号

　この謄本で，順位が分かる「順位番号」を見ると，当初は「牧口」が「所有者」であったことが分かります。そして「平成＊＊」に売買で所有権を取得したことも分かります。

　次に，「順位番号」2を見ると，「所有者：牧口」は「平成＊＊」にこの不動産を「所有権を移転」させて……ただし，売ったのではなく「信託」という方法で「受託者：齋藤」に"全権"を渡していることが分かります。

　つまり，この不動産を処分する権利は，所有権を持っている「受託者：齋藤」にあることが分かります。最初の「所有権者：牧口」は，所有権がなくなっていますから，牧口はこの不動産を自由に処分できないのです。

　「受託者：齋藤」は，元の「所有権者：牧口」が信じて託したので，所有権を得ていますから…元の「所有権者：牧口」は，確かに，既に，所有権者ではありません。

　そして，「受託者：齋藤」は「所有権移転」によって確かに「受託者」になっていますが，元の「所有者：牧口」のように「所有者：齋藤」とはなっ

ていません。では，「登記の目的」に書いてある「信託」で「所有権移転」の結果，所有権は誰の許にあるのでしょう？

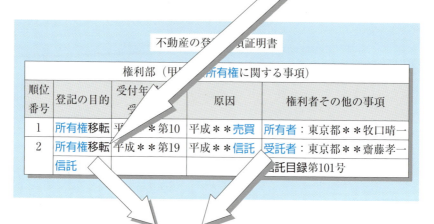

登記事項証明書からは，「受託者：齋藤」がやはり所有権を有していることになります。しかし，そうは表示されていません。「受託者」です。

なぜなら，"実質的な所有者"は，別紙「信託目録」の中の，「受益者」にあるからです。しかし，受益者は，法的な所有権ではないのです。

「受託者：齋藤」は，委託者の，信託の目的である，受益者のために，不動産を運用しなければならないのです。

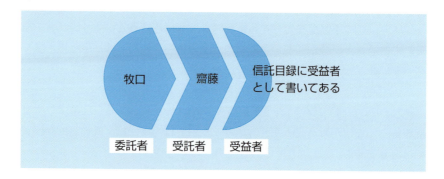

所有権というのは，その不動産を利用して自分が利益を得るために，いかようにも使える権利です。その利用して利益を得るという，一番美味しい所

を，権利……「信託受益権」という"債権"にして，受益者に渡すのです。
　このように，不動産を信託受益権という債権に転ずることで，不動産取得税や登録免許税などのコスト削減もできます。

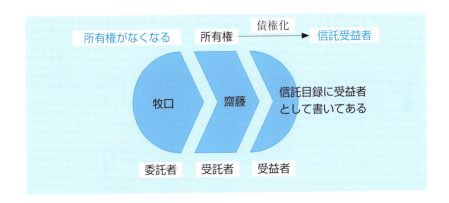

　さて，この不動産は，一体だれの物か，誰の持分なのか？　だんだん分からなくなってきます。これが，「信託財産の nobody's property（誰のものでもない財産）」[1]という特徴です。これを持分のある「持分会社」，持分のない「一般社団法人」と比較すると，持分はあるのです。しかしそれは誰のものでもないのです。これを本書では「持分が浮いている」と表現しました。

1　遠藤英嗣『増補新しい家族信託』（日本加除出版株式会社）の「増補にあたって」より。

2 事業承継の「方法」としての位置づけ

第4の移転の……財産移転の方法。しかも重複する

「相続・事業承継の4つの行き先」は，前編の一般社団法人でも述べたように下図の通りです。そして，「財産移転の方法」は，次頁図のように，「譲渡・贈与・相続」というのが，これまでの「方法」でした。

そこに，新たに「第4の方法」として「信託」という方法が加わったのです。ところが，その「信託」のやり方は，これまた3つあるのです。
❶信託契約　❷遺言で設定する信託　❸信託宣言　です（信法3）。

これが，次頁図の右端に位置しています。すると，「譲渡」と「贈与」は「❶契約」の範疇に入りますから，つながります。「相続」は「❷遺言」に対応しています。対応のない信託独自のものが❸の「自己信託」です。

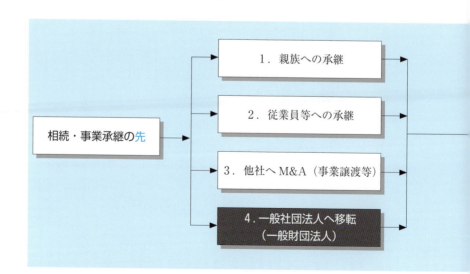

第1章 信託税制の全体像

信託の方法（信法3条）

信託は，次に掲げる方法のいずれかによってする。

一　特定の者との間で，当該特定の者に対し財産の譲渡，担保権の設定その他の財産の処分をする旨並びに当該特定の者が一定の目的に従い財産の管理又は処分及びその他の当該目的の達成のために必要な行為をすべき旨の契約を締結する方法

二　特定の者に対し財産の譲渡，担保権の設定その他の財産の処分をする旨並びに当該特定の者が一定の目的に従い財産の管理又は処分及びその他の当該目的の達成のために必要な行為をすべき旨の遺言をする方法

三　特定の者が一定の目的に従い自己の有する一定の財産の管理又は処分及びその他の当該目的の達成のために必要な行為を自らすべき旨の意思表示を公正証書その他の書面又は電磁的記録で当該目的，当該財産の特定に必要な事項その他の法務省令で定める事項を記載し又は記録したものによってする方法

上記行為をすることを「信託行為」といいます（信法2②）。

したがって，❸の信託宣言（自己信託）を除けば，他はこれまでの「譲渡・贈与・相続」という財産移転の方法と同じですが，実はこれは，従来の方法が，自分自身で行う方法だったのに対して，信託では受託者が存在するという違いです。

その意味では，❸は自分が受託者になるというものです。

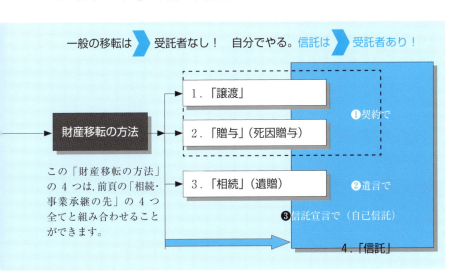

3 信託の種類（受託者による区別）と課税

受託者を立てるのが信託……結果，受託者でなく受益者に課税

(1) 商事信託と民事信託　受託者による区分

信託は，前頁の図のように，これまでの財産承継の方法が本人自身で行うのに対して，信託では受託者を立てて行うことに特徴があります。

これに関連して，信託法では特に定義はされていませんが，通称として「商事信託」と「民事信託」の区分がよく出てきます。論者によって多少の違いがありますが，本書では，受託者による区分とします。

下図のように信託銀行・信託会社が受託者となる信託を「商事信託」とし，それ以外が受託者になる信託を「民事信託」とします。

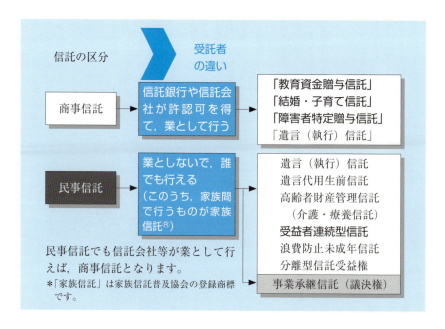

(2) 信託の種類と課税 ▶ 受託者による区別はない

通常の信託は，受託者を立てるときに，自己と異なる者を立てます。信託の基本が，委託者は財産を有するも，それを活用等するのに手腕が足らないために，信じて託するに相応しい他者に頼むものです。

ところが，前項 2 でも述べたように，受託者を自ら行うこともできるわけで，それを「自己信託（信託宣言）」ということも述べました。

一方，信託は，委託者が，受益者のために行うので，文字通り「**他益信託」が基本**です。しかし，自分が自分のために行う，委託者＝受益者である「**自益信託」でも可能**です。この場合，税務は受益者課税ではありますが（相法9の2①），これでは，他者には経済的利益が移転しませんので，自益信託に課税なしです。これをまとめると下表のようになります。

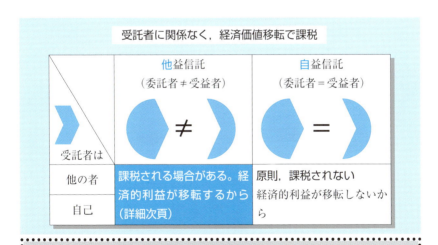

贈与又は遺贈により取得したものとみなす信託に関する権利（相法9条の2①）

信託の効力が生じた場合において，適正な対価を負担せずに当該信託の受益者等となる者があるときは，当該信託の効力が生じた時において，当該信託の**受益者等となる者**は，当該信託に関する権利を当該信託の**委託者から贈与**（当該委託者の死亡に基因して当該信託の効力が生じた場合には，遺贈）により取得したものとみなす。

4 対価の有無による信託の課税の違い

相続税法9条の2第1項。信託設定時の課税「信託マトリックス」

(1) 信託設定時の課税　基本中の基本

前頁で明らかになったように，委託者＝受益者である「自益信託」は，自分が自分に利益を渡すだけですから，経済的価値が他者に移動しませんから，原則として課税が起きません。しかし，委託者≠受益者である「他益信託」は，経済的価値が他者に移動しますから課税される場合があります。

経済的価値が他者に移動しても，適正な対価を受けていれば，通常の売買と同じで，受益者側は一切課税されません。委託者側は，これまた通常の売買と同様の所得課税です。念のために表にすれば…下表のようになります。

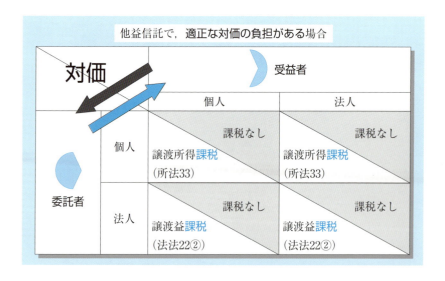

信託は原則「受益者課税」というのは，「適正な対価の負担がない場合」をいうのです。前頁で示した信託課税の原則となる条文を再度，次頁に載せ

ますので，よく確認してください。これを忘れている方が多いので注意です。

> **相法9条の2①**
> **贈与又は遺贈により取得したものとみなす信託に関する権利**
> 　信託の効力が生じた場合において，適正な対価を負担せずに当該信託の受益者等となる者があるときは，当該信託の効力が生じた時において，当該信託の受益者等となる者は，当該信託に関する権利を当該信託の委託者から贈与（当該委託者の死亡に基因して当該信託の効力が生じた場合には，遺贈）により取得したものとみなす。

　上記は相続税法ですから，当然に，個人の委託者から個人の受益者に，経済的価値である信託受益権が移動した場合にのみ課税されるのです。したがって，下表のように，その他の場合は，お馴染みの課税がされるのです。
　以後，相続税法で課税される「負担のない場合」を，上記，相続税法9条の2第1項から，順番に述べて行きます。

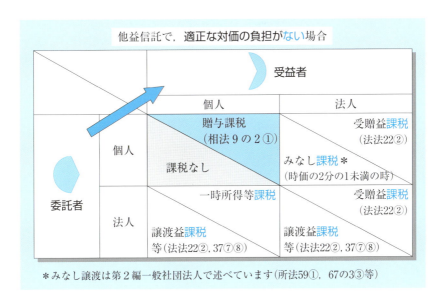

(2) 受益者

ところで，再び，基本条文を掲げますが，今度は，全てのカッコ書きも含めます。この中では，「受益者等」のカッコ書きに注目してください。

「等」については後述しますので，まずは「受益者」を確認します。

受益者とは，「受益者としての権利を現に有する者」です（相法9の2①）。

> **相法9条の2①**
> **贈与又は遺贈により取得したものとみなす信託に関する権利**
> 　信託（退職年金の支給を目的とする信託その他の信託で政令で定めるものを除く。以下同じ。）の効力が生じた場合において，適正な対価を負担せずに当該信託の受益者等（受益者としての権利を現に有する者及び特定委託者をいう。以下この節において同じ。）となる者があるときは，当該信託の効力が生じた時において，当該信託の受益者等となる者は，当該信託に関する権利を当該信託の委託者から贈与（当該委託者の死亡に基因して当該信託の効力が生じた場合には，遺贈）により取得したものとみなす。

念のために，信託法も確認すると以下です。

> **定義（信法2条）**
> 6　この法律において「受益者」とは，受益権を有する者をいう。
>
> 7　この法律において「受益権」とは，信託行為に基づいて受託者が受益者に対し負う債務であって信託財産に属する財産の引渡しその他の信託財産に係る給付をすべきものに係る債権（以下「受益債権」という。）及びこれを確保するためにこの法律の規定に基づいて受託者その他の者に対し一定の行為を求めることができる権利をいう。

(3) 信託受益権の評価

元本と収益との受益者が同一人である場合は，財産評価基本通達に定めるところにより評価した課税時期における信託財産の価額によって評価します（財基通202(1)）。

信託受益権の評価 （財基通202）

信託の利益を受ける権利の評価は，次に掲げる区分に従い，それぞれ次に掲げるところによる。

(1) 元本と収益との受益者が同一人である場合においては，この通達に定めるところにより評価した課税時期における信託財産の価額によって評価する。

(2) 元本と収益との受益者が元本及び収益の一部を受ける場合においては，この通達に定めるところにより評価した課税時期における信託財産の価額にその受益割合を乗じて計算した価額によって評価する。

(3) 元本の受益者と収益の受益者とが異なる場合においては，次に掲げる価額によって評価する。

 イ　元本を受益する場合は，この通達に定めるところにより評価した課税時期における信託財産の価額から，ロにより評価した収益受益者に帰属する信託の利益を受ける権利の価額を控除した価額

 ロ　収益を受益する場合は，課税時期の現況において推算した受益者が将来受けるべき利益の価額ごとに課税時期からそれぞれの受益の時期までの期間に応ずる基準年利率による複利現価率を乗じて計算した金額の合計額

(4) 効力が生じた時……(「遺言代用生前信託」の場合で説明)

信託法で創設された**「委託者の死亡の時に受益権を取得する旨の定めのある信託」**(信法90)は，下図のように，①委託者自身を自己の生存中の受益者として，②受託者に財産を信託で移転し，③委託者の死亡後の受益者を，後継者等にするというものです。

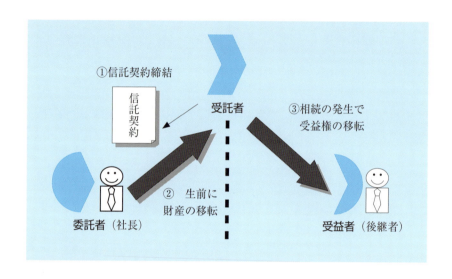

今ここでのテーマである「信託の効力の生じた時」から述べると，3頁前に載せた条文において，遺言による場合は，遺言の効力の発生によって効力を生ずると規定しています。しかし，続きがあります。

信託の効力の発生 (信法4条)
1 前条第1号に掲げる方法によってされる信託は，委託者となるべき者と受託者となるべき者との間の信託契約の締結によってその効力を生ずる。

2 前条第2号に掲げる方法によってされる信託は，当該遺言の効力の発生によってその効力を生ずる。

というのも，遺言の効力は，遺言を書いた時から生じるからです。その遺

言の中身として，信託行為に停止条件や始期が付いている場合には，その停止条件の成就又は始期の到来によって効力が生ずるとされます。

　したがって，その時に，後継者等は受益者となって課税されるわけです。それまでの間は，先の2項により，信託の効力は生じているものの，委託者＝受益者である自益信託ですから課税されません。

> 信託の効力の発生　（信法4条）
> 4　前3項の規定にかかわらず，信託は，信託行為に停止条件又は始期が付されているときは，当該停止条件の成就又は当該始期の到来によってその効力を生ずる。

　これを信託法90条で確認すると以下の1項1号となります。2号については，信託法で既に受益者となっている者が，委託者の死亡の時以降に給付の定めがあるもので，それについては，受益権がなく，課税もありません（法基通14-4-7参照）。

> 委託者の死亡の時に受益権を取得する旨の定めのある信託等の特例　（信法90条）
> 1　次の各号に掲げる信託においては，当該各号の委託者は，受益者を変更する権利を有する。ただし，信託行為に別段の定めがあるときは，その定めるところによる。
> 　一　委託者の死亡の時に受益者となるべき者として指定された者が受益権を取得する旨の定めのある信託
> 　二　委託者の死亡の時以後に受益者が信託財産に係る給付を受ける旨の定めのある信託
> 2　前項第2号の受益者は，同号の委託者が死亡するまでは，受益者としての権利を有しない。ただし，信託行為に別段の定めがあるときは，その定めるところによる。

5 相続前後，数十年の心配に対応する一覧表

第2章の目次のよう……

①の図で，相続を中心に前後数十年に広げる間に，生前は認知症の心配や，死後は，財産分散の心配…と述べました。もう少し詳細に見てみます。

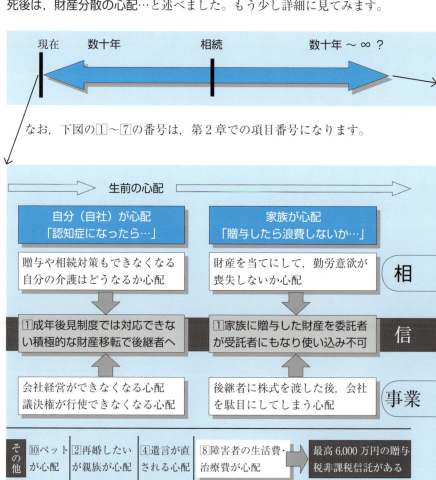

なお，下図の①〜⑦の番号は，第2章での項目番号になります。

第1章　信託税制の全体像　267

妻に買い物を託する等の例で見てきた信託のイメージ。しかし，それは短時間のことです。相続・事業承継で託するのは，超長期間になります。

ここで，初めて「信託」を定義します。信託法2条1項は抽象的なので…。

- **一連**とは生前と死後とが切れ目なく
- **固定的**とは，只の遺言なら守られないが，見守り続ける受託者が居て遺志を実現
- **柔軟**とは未来は不明だから変更が可能

「信託」とは、財産の管理運用・活用・承継のために，受託者に"信じて託する"一連の，長期で，固定的ながらも柔軟な方法

心配は尽きない………………成年後見は死後の手当をしてくれない。

死後の心配　→

	自分の死の直後の，家族（会社）が心配	もっと先の家族（会社）が心配「家系（創業家）は守れるのか…」
相続	家屋敷は残したとしても日々の障害者の生活が心配	次の相続（息子死亡）の時には嫁の方に財産が移転する心配
信託	⑥実行されない負担付遺贈より信託 ④議決権指図権でスムーズに	②息子の次は，孫。孫の次は…と跡継ぎを指定できる
承継	後継者が未定で分割協議でもたつし，決議ができずにいるうちに経営が危なくなる心配	後継者に自社株を遺したいが，その配偶者筋に分散してしまい，創業家の支配ができなくなる心配

③　受託者に一般社団法人を

6　最も中心となる受益者等課税信託

受益者課税とはパススルー課税

(1) 「受益者等課税信託」とは

　税制から信託を区分すると5つ（下の条文ただし書き参照）あります。その中心になるものが、「受益者等課税信託」で、俗に「信託は受益者課税」といわれるものです。「受益者等」は、次頁の「みなし受益者」が含まれます。

　この受益者は、信託財産に属する資産・負債を自己が有するものとみなして、かつ、そこに帰せられる収益・費用は、受益者のものとして所得税・法人税の規定が適用されます（法法12①、所法13①）。だから、受益者は、前頁の信託の運用中は、パススルー課税で毎年普通に確定申告するのです。

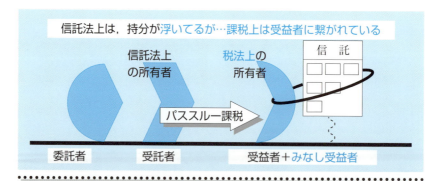

> 信託財産に属する資産及び負債並びに信託財産に帰せられる収益及び費用の帰属
> （法法12条）
> 　信託の受益者（受益者としての権利を現に有するものに限る。）は当該信託の信託財産に属する資産及び負債を有するものとみなし、かつ、当該信託財産に帰せられる収益及び費用は当該受益者の収益及び費用とみなして、この法律の規定を適用する。ただし、集団投資信託、退職年金等信託、特定公益信託等又は法人課税信託の信託財産に属する資産及び負債並びに当該信託財産に帰せられる収益及び費用については、この限りでない。
> 　＊所得税法13条①も、ほとんど同じなので省略

(2) 「みなし受益者」とは……「信託の変更」にも関係

　信託は前項で述べたように極めて長期間になりますから，途中で受託者や受益者が死亡したりして，状況が変わり，**信託内容を途中で変更しなければならないことが発生します。**

　これは，信託を設計する立場からは重要なことです。それは予測し得ないことですから，前項で述べた信託の定義のように，**柔軟に変更できなければ，実際には対応しきれません。**

　「信託の変更をする権限」を有する者は，自分を受益者にだって変更できます。それは，受益者課税を原則とする税務では放置できないことです。したがって，受益者とみなして，課税公平の観点から，課税範囲を拡大するわけです。

　本書のイメージ図の中で，「信託は持分が浮いている…」だから，「信託財産のnobody's property（誰のものでもない財産）」としました。しかし，それは信託法上の話で，税務上は前頁で述べたように，「受益者課税の原則」なのです。そして，みなし受益者を含めて考える「受益者等課税信託」では，下図のように，何と，他の二者も「みなし受益者」（相続税法上は，特定委託者）になる可能性を秘めているのです（次頁の相法9の2①）。

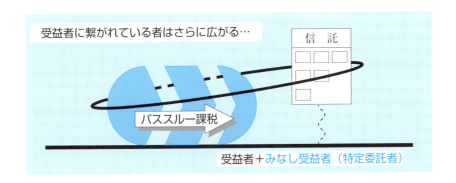

　課税の御縄が伸びているようなものです。
　「みなし課税」は，税務の独特なところで，他の税法でも「みなし」と付

けば重要ですから，次に，再び同じ条文を掲げます。今度はカッコ書きも含め，強調する部分を変えました。

「受益者等」は「受益者として権限を現に有する者及び特定委託者をいう」と規定されています。

受益者等 ＝ 受益者 ＋ 特定委託者

> **相法9条の2①**
> **贈与又は遺贈により取得したものとみなす信託に関する権利**
> 　信託（退職年金の支給を目的とする信託その他の信託で政令で定めるものを除く。以下同じ。）の効力が生じた場合において，適正な対価を負担せずに当該信託の受益者**等（受益者としての権利を現に有する者及び特定委託者をいう。以下この節において同じ。）**となる者があるときは，当該信託の効力が生じた時において，当該信託の受益者**等**となる者は，当該信託に関する権利を当該信託の**委託者から贈与**（当該委託者の死亡に基因して当該信託の効力が生じた場合には，**遺贈**）により取得したものとみなす。

その「特定委託者」を5項でこう定義づけしています。

特定委託者　＝　{ 信託変更権限を現に有し ＋ （かつ） 信託財産の給付を受けることとされている者

> 5　第1項の「特定委託者」とは，信託の変更をする権限（軽微な変更をする権限として政令で定めるものを除く。）を現に有し，かつ，当該信託の信託財産の給付を受けることとされている者（受益者を除く。）をいう。

「信託の変更をする権限」については，以下の条文で，まず除かれるものとして，軽微な変更をする権限で，信託の目的に反しないことが明らかである場合」とし，逆に「他の者との合意により信託の変更をすることができる権限」が含まれます（相令1の7）。

> **信託の変更をする権限**（相令1条の7）
> 1　法第9条の2第5項に規定する政令で定めるものは，信託の目的に反しないことが明らかである場合に限り信託の変更をすることができる権限とする。
>
> 2　法第9条の2第5項に規定する信託の変更をする権限には，他の者との合意により信託の変更をすることができる権限を含むものとする。

つまり「特定委託者」は，「信託の変更をする権限（他の者との合意により信託の変更をすることができる権限を含む）を現に有し，かつ，当該信託の信託財産の給付を受けることとされている者（受益者を除く）」をいうのです。

なお，特定委託者は相続税法上の名称で，法人税法・所得税法では「みなし受益者」といいます（法法12②，所法13②）。

> （法法12条②，所法13条②）
> 2　信託の変更をする権限（軽微な変更をする権限として政令で定めるものを除く。）を現に有し，かつ，当該信託の信託財産の給付を受けることとされている者（受益者を除く。）は，前項に規定する受益者とみなして，同項の規定を適用する。

それでも，上記の規定のように，合意によって信託の変更をすることができる権限を含んでいたにせよ，信託財産の給付を受けることとされない限りは，「特定委託者」になることはありません。

(3)「信託の変更」

前頁でポイントとなった語句は「合意」でした。すなわち，委託者・受託者・受益者の「合意」がないと変更できません。

信託法では，まずは，三者全員の合意があれば変更できると規定しています（信法149①）。

次に，「信託の目的に反しないことが明らかであるとき」は受託者と受益者の合意で足りますが，委託者に変更後の内容を通知しなさい等と，徐々に緩やかになっていきます（同法149②③）。

4項は信託行為に別段の定めがあれば，当然それに従います。
また，5項では，委託者が死亡しているときは1項や3項1号は適用できないとあるので，他の方法を検討しなければならなくなります。

関係当事者の合意等　（信法149条）
1　信託の変更は，委託者，受託者及び受益者の合意によってすることができる。この場合においては，変更後の信託行為の内容を明らかにしてしなければならない。

2　前項の規定にかかわらず，信託の変更は，次の各号に掲げる場合には，当該各号に定めるものによりすることができる。この場合において，受託者は，第1号に掲げるときは委託者に対し，第2号に掲げるときは委託者及び受益者に対し，遅滞なく，変更後の信託行為の内容を通知しなければならない。
　一　信託の目的に反しないことが明らかであるとき　受託者及び受益者の合意
　二　信託の目的に反しないこと及び受益者の利益に適合することが明らかであるとき　受託者の書面又は電磁的記録によってする意思表示

> 3　前2項の規定にかかわらず、信託の変更は、次の各号に掲げる場合には、当該各号に定める者による受託者に対する**意思表示**によってすることができる。この場合において、第2号に掲げるときは、受託者は、委託者に対し、遅滞なく、変更後の信託行為の内容を通知しなければならない。
> 　一　受託者の利益を害しないことが明らかであるとき　委託者及び受益者
> 　二　信託の目的に反しないこと及び受託者の利益を害しないことが明らかであるとき　受益者
>
> 4　前3項の規定にかかわらず、信託行為に別段の定めがあるときは、その定めるところによる。
>
> 5　委託者が現に存しない場合においては、第1項及び第3項第1号の規定は適用せず、第2項中「第1号に掲げるときは委託者に対し、第2号に掲げるときは委託者及び受益者に対し」とあるのは、「第2号に掲げるときは、受益者に対し」とする。

　以上で対応できない場合は、裁判によることになります。

> **特別の事情による信託の変更を命ずる裁判**（信法150条）
> 　信託行為の当時予見することのできなかった特別の事情により、信託事務の処理の方法に係る信託行為の定めが信託の目的及び信託財産の状況その他の事情に照らして受益者の利益に適合しなくなるに至ったときは、裁判所は、委託者、受託者又は受益者の申立てにより、信託の変更を命ずることができる。

　こうして、信託の変更により、受益者等となった場合の課税は次によります。

7 信託期間中に受益者等が変更した場合の課税

相続税税法9条の2　第2項・3項。前の受益者から贈与等により取得とみなす

今度は，信託の最初の設定時の課税ではありません。**受益者等**（受益者と特定委託者〔270頁参照〕）**が既に存在する信託についての課税**になります。

当然，この場合も適正な対価を負担していれば，④の(1)で述べたように，相続税法上の課税はありませんので，省略します。相続税法上の課税が問題になるのは，適正な対価を負担していない場合です。

新たに受益者等が存在することになった場合には，その時において，新たに受益者等となる者は，前の受益者等であった者から贈与等により取得したものとみなされます（相法9の2②）。

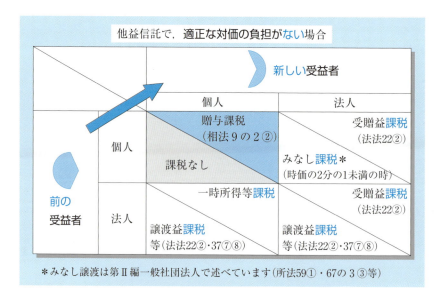

＊みなし譲渡は第Ⅱ編一般社団法人で述べています（所法59①・67の3③等）

> **相法9条の2**
> 贈与又は遺贈により取得したものとみなす信託に関する権利
> 2　受益者等の存する信託について，適正な対価を負担せずに新たに当該信託の受益者等が存するに至つた場合（第4項の規定の適用がある場合を除く。）には，当該受益者等が存するに至つた時において，当該信託の受益者等となる者は，当該信託に関する権利を当該信託の受益者等であつた者から贈与（当該受益者等であつた者の死亡に基因して受益者等が存するに至つた場合には，遺贈）により取得したものとみなす。

　受益者等が複数いて，その一部の受益者等がいなくなった場合に，その分を適正な対価を負担せずに取得すると，同様になります（相法9の2③）。

> **相法9条の2**
> 贈与又は遺贈により取得したものとみなす信託に関する権利
> 3　受益者等の存する信託について，当該信託の一部の受益者等が存しなくなつた場合において，適正な対価を負担せずに既に当該信託の受益者等である者が当該信託に関する権利について新たに利益を受けることとなるときは，当該信託の一部の受益者等が存しなくなつた時において，当該利益を受ける者は，当該利益を当該信託の一部の受益者等であつた者から贈与（当該受益者等であつた者の死亡に基因して当該利益を受けた場合には，遺贈）により取得したものとみなす。

8 信託の終了（清算）時の課税

相続税税法9条の2第4項　残余財産に対する課税

(1) 終了で"誰のものでもない財産"が，着地し課税される

前頁の受益者等がいる信託が終了した場合に，残余財産受益者が受益者等と異なる者で，適正な対価を負担せずに残余財産の給付を受けたりすると，受益者等から贈与等により取得したものとみなされます（相法9の2④）。

したがって，従来の受益者等と同じ者が残余財産の給付を受けたときは，経済的価値が他者に移動していませんので，課税されません

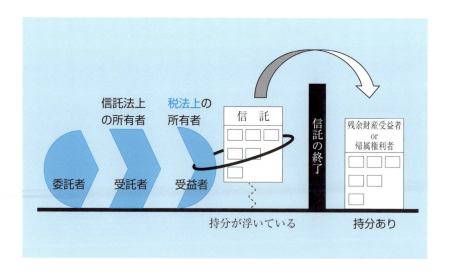

本書の全体のテーマである「持分」の概念からすれば，「信託財産のnobody's property（誰のものでもない財産）」で，「持分が浮いている」状態から，地に足を付けて，誰かの持分になったのです。

その誰かとは「残余財産受益者」又は「帰属権利者」で，次の条文では，「残余財産の給付を受けるべき者」（残余財産受益者）と，「残余財産の帰属すべき者」（残余財産帰属者）とが登場します。

> **相法9条の2**
> **贈与又は遺贈により取得したものとみなす信託に関する権利**
> 4　受益者等の存する信託が終了した場合において，適正な対価を負担せずに当該信託の残余財産の給付を受けるべき，又は帰属すべき者となる者があるときは，当該給付を受けるべき，又は帰属すべき者となつた時において，当該信託の残余財産の給付を受けるべき，又は帰属すべき者となつた者は，当該信託の残余財産（当該信託の終了の直前においてその者が当該信託の受益者等であつた場合には，当該受益者等として有していた当該信託に関する権利に相当するものを除く。）を当該信託の受益者等から贈与（当該受益者等の死亡に基因して当該信託が終了した場合には，遺贈）により取得したものとみなす。

まず，信託の残余財産の帰属について信託法を確認します。

「残余財産受益者」とは，残余財産の給付を内容とする受益債権に係る受益者となるべき者として，信託行為，すなわち信託契約等で指定された者をいいます（信法182①一）。

> **残余財産の帰属（信法182条）**
> 残余財産は，次に掲げる者に帰属する。
> 一　信託行為において残余財産の給付を内容とする受益債権に係る受益者（次項において「残余財産受益者」という。）となるべき者として指定された者

(2) 残余財産受益者と帰属権利者

では，信託行為において，残余財産受益者を指定していなかったらどうなるでしょう？

信託法では，委託者又はその相続人等を「帰属権利者」とみなすとあります（信法182②）。

そして，1項2号に，その「帰属権利者」の規定があります。この者も残余財産を取得すると贈与等により取得したものとみなされるわけですが，「残余財産受益者」とどう異なるのかが，中々複雑です。

残余財産の帰属（信法182条）
1　残余財産は，次に掲げる者に帰属する。
　一　信託行為において残余財産の給付を内容とする受益債権に係る受益者（次項において「残余財産受益者」という。）となるべき者として指定された者

　二　信託行為において残余財産の帰属すべき者（以下この節において「帰属権利者」という。）となるべき者として指定された者

2　信託行為に残余財産受益者若しくは帰属権利者（以下この項において「残余財産受益者等」と総称する。）の指定に関する定めがない場合又は信託行為の定めにより残余財産受益者等として指定を受けた者のすべてがその権利を放棄した場合には，信託行為に委託者又はその相続人その他の一般承継人を帰属権利者として指定する旨の定めがあったものとみなす。

帰属権利者とは，信託行為における受益者ではありません。だから，残余財産受益者のような，「＊＊受益者」のような名称となっていないのです。

それでは，何かといえば，「残余財産の帰属すべき者」として指定された者にすぎません（上記条文1項2号）。

なぜ，このような規定を置いてあるのでしょう？

極めて荒っぽくいえば，それは，信託の終了から，清算が完了するまでの間，信託はなお存在するからです。

そうすると，清算中に生ずる収益等について，受益者が存在しないと，収益等の行き先がないのです。清算受託者（信法177）は，まだ残余財産が確定していないので，信託財産の帰属を明らかにしておかなければ，清算業務が行えないからです。

ですから，帰属権利者は，残余財産の給付をすべき債務に係る債権を当然に取得（信法183①）するのです。そして，信託の清算中は受益者とみなします（同法183⑥）。

ですから，**帰属権利者は，信託の終了事由が発生する前は，信託行為に別段の定めがない限りは，受益者ではありません。**

> 帰属権利者　（信法183条）
> 1　信託行為の定めにより**帰属権利者となるべき者として指定された者は，当然に残余財産の給付をすべき債務に係る債権を取得する**。ただし，信託行為に別段の定めがあるときは，その定めるところによる。
>
> （中略）
> 6　帰属権利者は，信託の清算中は，受益者とみなす。

ところで，信託の終了は，どのような場合になるのでしょう？　次にそれを述べます。

(3) 「信託の終了」の場合

信託は次の場合に終了します。終了すれば清算をしなけばなりません（信法163・164・165①・166①）。

下記条文の内容は，特に解説しませんが，4号については，一言述べます。信託法52条は「**信託財産が費用等の償還等に不足している場合の措置**」です。**発生が懸念される事態の1つでもありますので，詳細は，巻末の条文集を参照してください。**

信託の終了事由（信法163条）

信託は，次条の規定によるほか，次に掲げる場合に終了する。

一　信託の目的を達成したとき，又は信託の目的を達成することができなくなったとき。

二　受託者が受益権の全部を固有財産で有する状態が1年間継続したとき。

三　受託者が欠けた場合であって，新受託者が就任しない状態が1年間継続したとき。

四　受託者が第52条（第53条第2項及び第54条第4項において準用する場合を含む。）の規定により信託を終了させたとき。

五　信託の併合がされたとき。

六　第165条又は第166条の規定により信託の終了を命ずる裁判があったとき。

七　信託財産についての破産手続開始の決定があったとき。

八　委託者が破産手続開始の決定，再生手続開始の決定又は更生手続開始の決定を受けた場合において，破産法第53条第1項，民事再生法第49条第1項又は会社更生法第61条第1項（金融機関等の更生手続の特例等に関する法律第41条第1項及び第206条第1項において準用する場合を含む。）の規定による信託契約の解除がされたとき。

九　信託行為において定めた事由が生じたとき。

その他，以下の3つの条文があります。

委託者及び受益者の合意等による信託の終了（信法164条）
1　委託者及び受益者は，いつでも，その合意により，信託を終了することができる。

2　委託者及び受益者が受託者に不利な時期に信託を終了したときは，委託者及び受益者は，受託者の損害を賠償しなければならない。ただし，やむを得ない事由があったときは，この限りでない。

3　前2項の規定にかかわらず，信託行為に別段の定めがあるときは，その定めるところによる。

4　委託者が現に存しない場合には，第1項及び第2項の規定は，適用しない。

特別の事情による信託の終了を命ずる裁判（信法165条①）
　信託行為の当時予見することのできなかった特別の事情により，信託を終了することが信託の目的及び信託財産の状況その他の事情に照らして受益者の利益に適合するに至ったことが明らかであるときは，裁判所は，委託者，受託者又は受益者の申立てにより，信託の終了を命ずることができる。

公益の確保のための信託の終了を命ずる裁判（信法166条①）
　裁判所は，次に掲げる場合において，公益を確保するため信託の存立を許すことができないと認めるときは，法務大臣又は委託者，受益者，信託債権者その他の利害関係人の申立てにより，信託の終了を命ずることができる。
一　不法な目的に基づいて信託がされたとき。
二　受託者が，法令若しくは信託行為で定めるその権限を逸脱し若しくは濫用する行為又は刑罰法令に触れる行為をした場合において，法務大臣から書面による警告を受けたにもかかわらず，なお継続的に又は反復して当該行為をしたとき。

9 受益者連続型信託の課税

相続税法9条の3は，評価の方法の規定

(1) 受益者連続型信託の範囲（相令1の8）

　受益者連続型信託とは，俗称では「跡継ぎ遺贈型信託」とも呼ばれています。信託受益権も受益者が死亡すると，その相続人に相続されます。
　私有財産の処分は，遺言で次の者までは指定できても，さらにその先には及ばないのが民法の限界でした。
　なぜなら，その相続等により取得した者の私有財産となるから，その者の勝手にしなければならないからです。

　それを，受益者が死亡したら，その受益権を相続する者を信託時点で決めておくことができるようになりました。
　期間は，信託がされた時から30年を経過した時以後，新たに受益者となった者が死亡等する間，効力を有するとしたのです（信法91）。

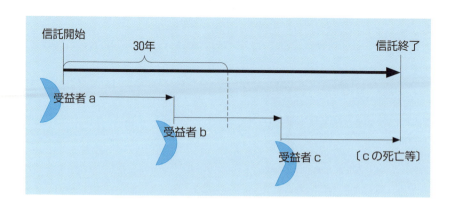

　受益者が長生きすると，100年を超えるような期間も可能です。
　さて，その信託は，次頁のものをいいます。

受益者の死亡により他の者が新たに受益権を取得する旨の定めのある信託の特例（信法91条）

受益者の死亡により，当該受益者の有する受益権が消滅し，他の者が新たな受益権を取得する旨の定め（受益者の死亡により順次他の者が受益権を取得する旨の定めを含む。）のある信託は，当該信託がされた時から30年を経過した時以後に現に存する受益者が当該定めにより受益権を取得した場合であって当該受益者が死亡するまで又は当該受益権が消滅するまでの間，その効力を有する。

受益者指定権等（信法89条）

1　受益者を指定し，又はこれを変更する権利（以下この条において「受益者指定権等」という。）を有する者の定めのある信託においては，受益者指定権等は，受託者に対する意思表示によって行使する。

2　前項の規定にかかわらず，受益者指定権等は，遺言によって行使することができる。

＊相続税法9条の3は次頁参照。

受益者連続型信託（相令1条の8）

法第9条の3第1項に規定する政令で定めるものは，次に掲げる信託とする。

一　受益者等（法第9条の2第1項に規定する受益者等をいう。以下この節において同じ。）の死亡その他の事由により，当該受益者等の有する信託に関する権利が消滅し，他の者が新たな信託に関する権利（当該信託の信託財産を含む。以下この号及び次号において同じ。）を取得する旨の定め（受益者等の死亡その他の事由により順次他の者が信託に関する権利を取得する旨の定めを含む。）のある信託（信託法第91条（受益者の死亡により他の者が新たに受益権を取得する旨の定めのある信託の特例）に規定する信託を除く。）

二　受益者等の死亡その他の事由により，当該受益者等の有する信託に関する権利が他の者に移転する旨の定め（受益者等の死亡その他の事由により順次他の者に信託に関する権利が移転する旨の定めを含む。）のある信託

三　信託法第91条に規定する信託及び同法第89条第1項（受益者指定権等）に規定する受益者指定権等を有する者の定めのある信託並びに前2号に掲げる信託以外の信託でこれらの信託に類するもの

(2) 受益者連続型信託の評価の特例（相法9の3）

　受益者連続型信託の収益に関する受益権の価値は，信託財産の全体で計算するという特例です。すなわち，収益受益権だけを受益者に与えるという場合は，元本受益権は与えないという制約を付けているわけですが，その制限は，ないものとして評価するのです。つまり，元本受益権は0で評価するということにもなります。

　ただし，法人に対しては，元本受益権の評価は0にはならず（同条ただし書き）財産評価基本通達202(3)を準用することになると思われます（拙著『中小企業の事業承継（九訂版）』312頁〔清文社，2018年〕参照）。

> **相法9条の3**
> **受益者連続型信託の特例**
> 1　受益者連続型信託（信託法第91条（受益者の死亡により他の者が新たに受益権を取得する旨の定めのある信託の特例）に規定する信託，同法第89条第1項（受益者指定権等）に規定する受益者指定権等を有する者の定めのある信託その他これらの信託に類するものとして政令で定めるものをいう。以下この項において同じ。）に関する権利を受益者（受益者が存しない場合にあつては，前条第5項に規定する特定委託者）が適正な対価を負担せずに取得した場合において，当該受益者連続型信託に関する権利（異なる受益者が性質の異なる受益者連続型信託に係る権利（当該権利のいずれかに収益に関する権利が含まれるものに限る。）をそれぞれ有している場合にあつては，収益に関する権利が含まれるものに限る。）で当該受益者連続型信託の利益を受ける期間の制限その他の当該受益者連続型信託に関する権利の価値に作用する要因としての制約が付されているものについては，当該制約は，付されていないものとみなす。ただし，当該受益者連続型信託に関する権利を有する者が法人（代表者又は管理者の定めのある人格のない社団又は財団を含む。以下第64条までにおいて同じ。）である場合は，この限りでない。
> 2　前項の「受益者」とは，受益者としての権利を現に有する者をいう。

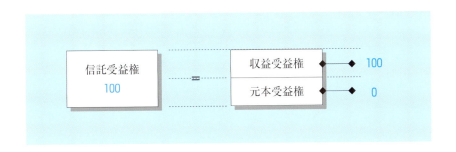

(3) 受益者連続型信託の課税

　前頁の条文は，受益者連続型信託の受益権の価値の評価に関するものでした。つまり，信託に関する相続税法の条文は，9条の2では，贈与等で取得したものとみなすという内容でした。しかし，この9条の3は，受益権の評価の特例です。

　したがって，受益者連続型信託で最初の受益者となった者は，「信託の効力が生じた場合」，すなわち相続税法9条の2第1項を適用して課税をします。

　次以降の受益者に対する課税は，「受益者等の存する信託について新たに信託の受益者等が存するに至った場合」に該当するため，同条2項を適用して課税するのです。

　この場合は，ほとんどの場合，前の受益者等の死亡によって，新たな受益者等になるため，遺贈による取得になるのです。

10 受益者等が存在しない信託等の特例

相続税法9条の4・9条の5は，目的信託。生まれていない孫への信託など

(1) 受益者が存在しない信託とは（信法258～261）

　受益者が存在しない信託は，一例では，**委託者の死後にペットを飼育することを目的とした信託**が挙げられます。この場合，受益者はペットというわけには行きません。なぜなら，ペットは人格がないため受益者になれないため，受益者が存在しない信託になります。

　将来生まれる孫への信託も同様で，信託行為の時点で，まだ受益者となる孫は生まれていません。いずれも，信託をする目的だけはあるので，**目的信託**ともいわれます。

　目的信託を設定する方法には，①信託契約による方法，②遺言による方法の2つがあります。どちらも信託存続期間は20年を超えることはできません（信法258①・259）。

受益者の定めのない信託の要件（信法258条①）
　受益者の定め（受益者を定める方法の定めを含む。以下同じ。）のない信託は，第3条第1号又は第2号に掲げる方法によってすることができる。

受益者の定めのない信託の存続期間（信法259条）
　受益者の定めのない信託の存続期間は，20年を超えることができない。

(2) 受益者等が存在しない信託に対する課税の特例

いずれにしても，受益者が存在しないと，信託税制の原則である，「受益者等課税信託」では，課税ができません。

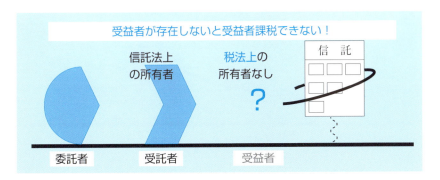

そこで，信託税制の他の方法を適用します。それは，6で述べた「受益者等課税信託」の以下の条文のただし書きにあった法人課税信託を適用します。

> 信託財産に属する資産及び負債並びに信託財産に帰せられる収益及び費用の帰属（法法12条）
> 　信託の受益者（受益者としての権利を現に有するものに限る。）は当該信託の信託財産に属する資産及び負債を有するものとみなし，かつ，当該信託財産に帰せられる収益及び費用は当該受益者の収益及び費用とみなして，この法律の規定を適用する。ただし，集団投資信託，退職年金等信託，特定公益信託等又は法人課税信託の信託財産に属する資産及び負債並びに当該信託財産に帰せられる収益及び費用については，この限りでない。
> ＊所得税法13条①も，ほとんど同じなので省略

> 法人課税信託　（法法2条二十九の二）
> 　次に掲げる信託をいう。
> 　　イ　受益権を表示する証券を発行する旨の定めのある信託
> 　　ロ　第12条第1項に規定する**受益者が存しない信託**

上記条文で，受益者が存在しない信託は，個人であっても，法人課税信託であることは分かりましたが，では法人課税信託では，どのように課税する

のかというと，何と受益者がいないため，受益者に課税するのです。これで，信託法上の所有者と，税法上の所有者が同じになったわけです。

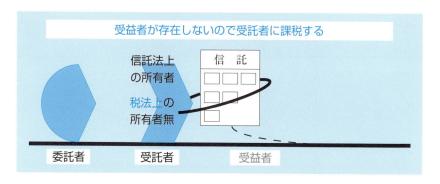

しかし，受託者は，信託財産を受託者の信託財産及び固有財産と区別して管理しなければなりません（信法34）。

分別管理義務 （信法34条）
　受託者は，信託財産に属する財産と固有財産及び他の信託の信託財産に属する財産とを，次の各号に掲げる財産の区分に応じ，当該各号に定める方法により，分別して管理しなければならない。ただし，分別して管理する方法について，信託行為に別段の定めがあるときは，その定めるところによる。（後略）

法人課税信託の受託者に関するこの法律の適用（法法4条の6）
　法人課税信託の受託者は，各法人課税信託の信託資産等（信託財産に属する資産及び負債並びに当該信託財産に帰せられる収益及び費用をいう。以下この章において同じ。）及び固有資産等（法人課税信託の信託資産等以外の資産及び負債並びに収益及び費用をいう。次項において同じ。）ごとに，それぞれ別の者とみなして，この法律（第2条第29号の2（定義），第4条（納税義務者）及び第12条（信託財産に属する資産及び負債並びに信託財産に帰せられる収益及び費用の帰属）並びに第6章（納税地）並びに第5編（罰則）を除く。以下この章において同じ。）の規定を適用する。

第1章　信託税制の全体像　289

　法人課税信託ということは，受託者が個人であっても法人とみなして，法人税法の規定を受けるということになります。

　したがって，受託した段階で，信託財産ごとに受贈益課税を受け，毎年，信託財産ごとに法人としての確定申告等を行うことになります（詳しくは拙書『中小企業の事業承継』〔清文社，初版～九訂版〕を参照してください）。

　やがて，孫等が生まれて，受益者等がいることになって，その受益者等が，委託者の親族（この範囲は，(3)でまとめて述べます）であるときは，新たに受益者に課税するのではなく，これまでの毎年，法人として申告してきた受託者は，委託者から贈与等により取得したものとみなします。
　つまり，贈与税等の納税者が法人になるわけです。

> 相法9条の4
> 受益者等が存しない信託等の特例
> 　受益者等が存しない信託の効力が生ずる場合において，当該信託の受益者等となる者が当該信託の委託者の親族として政令で定める者（以下この条及び次条において「親族」という。）であるとき（当該信託の受益者等となる者が明らかでない場合にあつては，当該信託が終了した場合に当該委託者の親族が当該信託の残余財産の給付を受けることとなるとき）は，当該信託の効力が生ずる時において，当該信託の受託者は，当該委託者から当該信託に関する権利を贈与（当該委託者の死亡に基因して当該信託の効力が生ずる場合にあつては，遺贈）により取得したものとみなす。

　また，親族が受益者等になることが分からないまま，信託が終了してしまう場合は，上記条文のカッコ書きが適用されて，委託者の親族が残余財産の給付を受けることとなるとき，受託者に上記条文が適用されます。

　これらは，最高税率55％の相続税と，それより低い32％程度の法人税率との差を利用した租税回避の防止策なのです（4項で過年度に支払った法人税等は控除されます。相令1の10⑤）。

(3) 受益者等が存在する信託で存在しなくなった場合

続いて2項にまいります。

これは、受益者等が存する信託について、一旦、受益者等が存しないことになったものの、さらに次の受益者等が、委託者か前の受益者等の親族であるときは、一旦、受益者等が存しないこととなった時において、受託者は、前の受益者から信託に関する権利を贈与等で取得したものとみなされます。

> **相法9条の4**
> **受益者等が存しない信託等の特例**
> 2　受益者等の存する信託について、当該信託の受益者等が存しないこととなつた場合（以下この項において「受益者等が不存在となつた場合」という。）において、当該受益者等の次に受益者等となる者が当該信託の効力が生じた時の委託者又は当該次に受益者等となる者の前の受益者等の親族であるとき（当該次に受益者等となる者が明らかでない場合にあつては、当該信託が終了した場合に当該委託者又は当該次に受益者等となる者の前の受益者等の親族が当該信託の残余財産の給付を受けることとなるとき）は、当該受益者等が不存在となつた場合に該当することとなつた時において、当該信託の受託者は、当該次に受益者等となる者の前の受益者等から当該信託に関する権利を贈与（当該次に受益者等となる者の前の受益者等の死亡に基因して当該次に受益者等となる者の前の受益者等が存しないこととなつた場合にあつては、遺贈）により取得したものとみなす。

また、1項と同様、次の受益者等が明らかでないまま、信託が終了した場合は、上記条文のカッコ書きにより、委託者又はその次に受託者等となる者の前の受益者等の親族が、残余財産の給付を受けることとなるときも、同じ課税が適用されます。

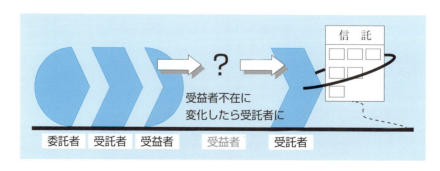

3 前2項の規定の適用がある場合において、これらの信託の受託者が個人以外であるときは、当該受託者を個人とみなして、この法律その他相続税又は贈与税に関する法令の規定を適用する。

4 前3項の規定の適用がある場合において、これらの規定により第1項又は第2項の受託者に課される贈与税又は相続税の額については、政令（相令1条の10⑤）で定めるところにより、当該受託者に課されるべき法人税その他の税の額に相当する額を控除する。

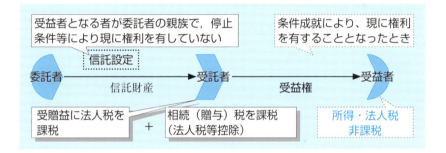

(2)から「親族」が登場していますが、この範囲は以下の通りです。

親族の範囲（相令1条の9）
　法第9条の4第1項に規定する政令で定める者は、次に掲げる者とする。
一　六親等内の血族
二　配偶者
三　三親等内の姻族
四　当該信託の受益者等となる者（法第9条の4第2項又は第2項の信託の残余財産の給付を受けることとなる者及び同項の次に受益者等となる者を含む。）が信託の効力が生じた時（同項に規定する受益者等が不存在となつた場合に該当することとなつた時及び法第9条の5に規定する契約締結時等を含む。次号において同じ。）において存しない場合には、その者が存するものとしたときにおいて前3号に掲げる者に該当する者
五　当該信託の委託者（法第9条の4第2項の次に受益者等となる者の前の受益者等を含む。）が信託の効力が生じた時において存しない場合には、その者が存するものとしたときにおいて第1号から第3号までに掲げる者に該当する者

(4) 受益者等が存しない信託に存在することになった場合

たとえば，信託契約の締結する時点で，生まれていない孫を受益者とする信託をした場合は，(2)で述べたように，受益者等の存しない信託ですから，受託者に対する法人課税信託となります。

しかし，法人課税信託での受贈益課税の1回で済んでしまうと，信託を使わなかった場合との平仄が保てません。

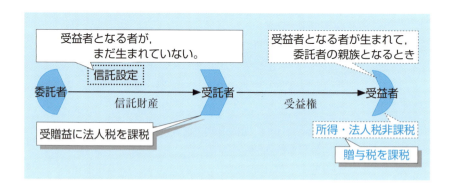

つまり，信託を使わない場合で，孫に財産を承継しようとしたら，生まれていない孫には承継させられませんから，孫の親なりに承継させてからしかできませんので，最低2回の相続などを経なければできないことです（『平成19年版 改正税法のすべて』481頁参照）。

このため，受益者等が存しない信託について，委託者の親族が受益者等として存在する時に，受益者等に対して，当該信託に関する権利を贈与者を特定しない個人からの贈与として課税するのです。

贈与者を特定しない贈与の，この個人の住所は，委託者の住所にあるものとされています（相令1の12②）。

相続税法第9条の5

　受益者等が存しない信託について，当該信託の契約が締結された時その他の時として政令で定める時（以下この条において「契約締結時等」という。）において存しない者が当該信託の受益者等となる場合において，当該信託の受益者等となる者が当該信託の契約締結時等における委託者の親族であるときは，当該存しない者が当該信託の受益者等となる時において，当該信託の受益者等となる者は，当該信託に関する権利を個人から贈与により取得したものとみなす。

　また，上記条文中の「契約締結時等」については，信託法3条1号（信託契約），同2号（遺言による方法），同3号（自己信託）に応じて，次に定める時とされます。

契約締結時等の範囲 （相令1条の11）

　法第9条の5に規定する政令で定める時は，次の各号に掲げる信託の区分に応じ当該各号に定める時とする。

一　信託法第3条第1号（信託の方法）に掲げる方法によつてされる信託　委託者となるべき者と受託者となるべき者との間の信託契約の締結の時

二　信託法第3条第2号に掲げる方法によつてされる信託　遺言者の死亡の時

三　信託法第3条第3号に掲げる方法によつてされる信託　次に掲げる場合の区分に応じそれぞれ次に定める時
　イ　公正証書又は公証人の認証を受けた書面若しくは電磁的記録（イ及びロにおいて「公正証書等」と総称する。）によつてされる場合　当該公正証書等の作成の時

　ロ　公正証書等以外の書面又は電磁的記録によつてされる場合　受益者となるべき者として指定された第三者（当該第三者が2人以上ある場合にあつては，その1人）に対する確定日付のある証書による当該信託がされた旨及びその内容の通知の時

第2章　信託の活用事例

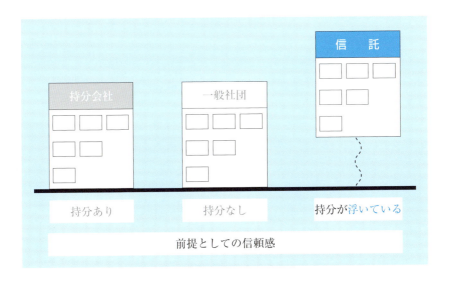

◆　本章の「エッセンス・ストーリー」

「相続」全般に共通する一般的な活用から始まり……

ここに受託者を一般社団法人とする安定的な方法へと進みます。

更に，事業承継に特有の「議決権」の信託へと進展するも，第1章で提示した，承継の方法による相違が立ちはだかってきます。

最後に，数少ない非課税となる信託の紹介と問題点に言及してまいります。

1 名義預金も解消！ 認知症対策も！

信託は，個人でできる。家族信託®
（「家族信託」は家族信託普及協会の登録商標です）

(1) 節税で生前贈与はしたいが，息子に浪費されないか心配

相続税の基礎控除額の縮小・税率のアップにより，資産家への増税は逃げられないものとなりました。反対に，贈与税の税率はダウンし，相続まで財産を持っているよりも，生前に贈与してしまったほうが，税金の負担が少ないという場面が増えていきます。

しかし，いくら節税のためとはいえ，まだ若い息子や孫に財産を渡すのは，「若いうちから浪費癖がついてしまうのではないか」という心配があります。

しかも，親から息子へ通常の贈与を行っただけで，親が引き続きその財産の管理を行っていると，その贈与自体が否認されることもあり得ます。

そこで，①息子（委託者，兼，受益者とします）に贈与した財産を，②信託によって再び親（受託者とします）の所有権に移します。

これで，息子が財産を自由に使ったり，処分はできなくなります。つまり，財産の管理は親のまま，子どもへの財産の贈与を実行することができます。

税金は，息子に贈与した時に贈与税の負担があるのみ（受託者である親への所有権移転時・親の相続時には課税なし）と，非常にシンプルです。

(2) 認知症が心配。財産の管理を信用できる長男に任せたい

「私は元気だから大丈夫！」そう思っていても，認知症は突然やってきて，本人だけではなく，介護をする家族の人生を大きく変えてしまいます。

身の回りのお世話や施設への送り迎えなどの体力的な負担はもちろんですが，施設の一時金や利用料など金銭的な負担も多大なものになります。

しかし，その一時金等を準備するためであっても，子どもの判断で親の財産を処分することはできません。親の預金を払い戻すにしても，本人確認が必要となります。しかし，認知症になっていてはそれも叶いません。

そこで，親（委託者，兼，受益者とします）が元気なうちに，信頼できる親族（たとえば長男）を受託者とする①「遺言代用信託」（信法90条に基づく商品名）を設定します。これで，管理のみを長男に任せることができます。②長男は，親が元気な時に定めた「信託目的（たとえば，自分と配偶者の介護のために信託財産を使うこと）」に従って，財産を管理・処分することができます。

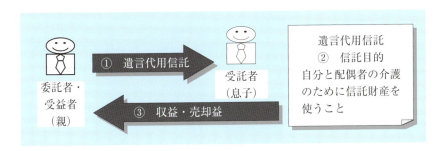

③こうして親は，受託者である息子が財産を運用した収益及び売却した利益は自分（親）のものとして確保できます。

税金は，自益信託（委託者＝受益者）設定時には，課税は行われないため，問題となりません。

また，受益者である親が死亡した時に信託期間を終了するものとしておけば，その後，残余財産を取得した者に対して，相続税が課税されます。つまり，信託をしなかった通常の相続時と同じ課税となります。

2 「息子の嫁にだけは渡さない」が可能に

受益者連続型信託で，息子の次は，嫁を飛ばして孫に！

(1) 受益者連続型信託の活用例

受益者連続型信託とは，Aの死後はBを受益者としBの死後はCを受益者とする旨の定めのある信託をいい，信託から30年を経過した時以後に現にいるその指定された受益者が死亡するまでの間，効力を有します。

① 息子の次は孫に相続させたい

たとえば，「息子の嫁にやりたくないので息子に相続させた財産の次は孫に相続させたい。」という信託契約が可能になりました。

つまり「自分の遺産は相続人である息子にはいく。しかし息子の相続があると，息子の財産の半分は嫁に相続されてしまう。それは防ぎたい。わしの看病もろくにしなかった嫁には絶対渡したくない。孫もその頃には成人しているので，息子の死後は孫に相続させたい。」という旨を信託契約ができるようになりました。ただし，**嫁の遺留分を侵害することはできません。**

② 子供のいない夫婦では，妻の後に甥に相続させたい

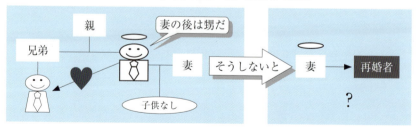

子供のいない夫婦が自分の財産をまず妻に，妻が死亡した後は妻の相続人でない，自分の甥や姪に相続させたい場合に，上図のように，信託を設定し，受益者をまず妻に，妻が死亡した後は自分の意中の人と定めます。そうしないと妻の父母や兄弟，再婚者に相続されてしまったりするのです。

③ 後継者が年少のため、育成を待ってから

後継者が年少のため、まずは妻に事業を承継させて、育成を待ってから妻の死後、子供に継がせる。これも、再婚相手に持っていかれる心配をなくする訳です。これまでは、いったん相続人の財産となった財産については、その人の私有財産ですから、指図はできなかったのです。

(2) 売買（譲渡）で承継させれば、遺留分の対象外で安定的

財産の承継方法は、以下のように5つあります。このうち、②～⑤は非後継者からの「遺留分の減殺請求」の可能性があります。生前に「経営承継円滑化法」を適用して合意を取るにしても、代償資産の贈与が必要だったりして簡単ではありません。仮に代償資産の贈与を少なくする合意ができたにしても、それを家庭裁判所が許可してくれるかは未知数です。

また、そもそも代償資産があれば、「経営承継円滑化法」を用いて事前に合意しなくとも、「遺留分の減殺請求」は任意なのですから、相続開始後に**非後継者が請求を起こしてきてから、代償資産を分割協議によって分割すれば済む話**ともいえます。

5つの財産の承継方法

No.	承継方法	いつ、どのように名義が変わるか	「遺留分」の対象か否か	承継の安定性
①	売買	生前に名義が変わる	「遺留分」対象外	安定
②	生前贈与			
③	遺言	生前に準備し、死後に名義が変わる	「遺留分」対象	
④	死因贈与			
⑤	遺産分割	死後に分割協議後、名義が変わる		不安定

上記5つの方法のうち、「売買（譲渡）」が唯一遺留分の対象外となり、承継方法としては最も安定した方法となります。しかし譲渡には対価が必要ですから、後継者がみなし相続財産を活用した長期的な事業承継計画が欠かせません（拙著『中小企業の事業承継（九訂版）』404頁〔清文社、2018年〕）。

3 信託は,受託者が肝！ 一般社団法人に死なない,個人の暴走を防止できる

(1) 横領続発した成年後見制度と同じ心配が……

　信託の定義は「信託とは,財産の管理運用・活用・承継のために受託者に信じて託する一連の,長期で,固定的ながらも柔軟な方法」でした。

　これまでお話してきたことからも明確なように,信託は信ずるべき「受託者」があってこそ成立する方法なのです。しかし,この点についてはいささか懐疑的です。成年後見人制度でも,後見人を任された親族が使い込みをすることがよく起こりました。それでは…と専門職である弁護士に任せても,業務上横領が何件も発覚し…と一体誰を信じていいのやら。

　信託は,まだ普及が進んでいないため,これらの事件は報告されていないようですが,恐らくは同じような結果になるのではと危惧しています。
　商事信託も,これまた金融庁によるお取り潰しが何社かありました。大手信託銀行は,確かに信じるに足りるけれども,信託財産の規模及び家族信託のようなオーダーメイドに対する手数料の高さから一般の方には手がでない。
　仮に信ずるに足りる親族でも,受託者の経済状況が悪化した時に,目の前に自分が自由にできる財産がある…その時,人の心は弱いものです。

(2) 委託者自ら，一般社団法人を設立し受託者とする

結論として，最適なのは第2編で述べた一般社団法人を受託者とすることです。下図のように，個人では死亡リスクがあります。信託は何世代にも及ぶ長期の資産運用ですから法人がベストです。

さらに，個人では，前記のような使い込みや横領などの暴走のリスクがあります。

複数の社員の構成による法人ならば，相互に監視ができ，最高意思決定機関である社員総会での多数決があります。

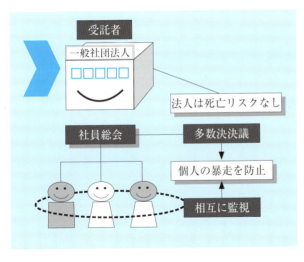

ただし，これとて完全ではないことはいうまでもありません。内部統制が働く前提です。また，一般社団法人にすることで，受託者の責任が限定される限定責任信託（信法216）と同じ効果を得ることもできます。

また，信託や一般社団法人のスキーム設計は，完全にオーダーメイドですから，専門家を入れる必要があります。

このため，信頼のおける税理士法人等があれば，直接に受託者にすることも，それを業務としない場合は可能です（平成18年1月26日，金融審議会金融分科会第二部会29回・信託WG合同会合16回）。

ただし，営利法人であるため，受託者としての報酬を得ない代わりに，**法人社員としての報酬などで対応**することが必要でしょう。また，信託監督人に就任することも一考で，これらが上記の内部統制上でも寄与する可能性もあります。

4 議決権を一般社団法人に

分割協議等に影響されず，死亡と同時に経営権が後継者に

(1) 遺言代用信託スキームで後継者にスムーズかつ確実に

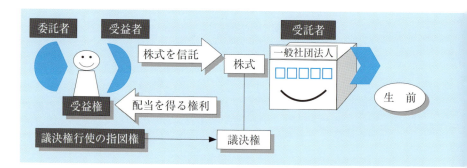

　これまで述べてきたことは事業承継としても使えますが，事業承継で信託を使うという特異な点は，議決権に関することといえます。

　上図のように生前は，オーナーが，自社株式を一般社団法人に信託し，配当受領権である受益権を得ますから自益信託です（受益者課税）。オーナーは議決権行使の指図権があるので，信託する前と実質は変わりません。

　一般社団法人も，贈与を受けた訳でもないので課税されません。ここが，第Ⅱ編と異なるところです。その代わり，一般社団法人の財産ではないので，株式はオーナーの遺産であり続け，節税にはなりません。

　信託契約時に，委託者兼受益者のオーナー死亡時に，受益者は後継者に変わるとし，それを委託者は変更できないと定めれば，後継者はオーナー死亡後に確実に受益権を取得することができるので地位が安定します。遺言で後継者に自社株を相続させると書いてもらっても，遺言撤回や遺言の複数存在の可能性があるので，後継者の地位は不安定です。これに比べると信託は格

段の違いがあります。上記の信託契約で，後継者を変更する場合には，関係者間の同意があれば可能です。

オーナーが死亡すると，次の図のように，株式はオーナーの相続財産であり，受益者にみなし遺贈され，通常の株式と同じように相続税が課税されます。議決権行使の指図権も受けますから，受益者たる後継者は確実に経営権を取得できます。また，受託者が株式を有していますから，後継者が勝手に自社株を処分するリスクも防止（財産の隔離機能）します。

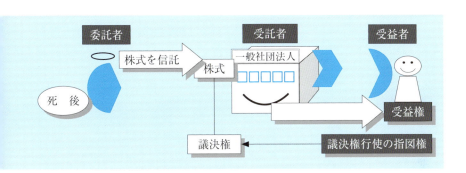

(2) 議決権と配当受領権を区分するのは，種類株式と信託しかない

前頁のように株主権を議決権と配当受領権とに区分できる方法は，「種類株式」と「信託」の2つしかありません。

どちらの方法が良いかは，概ね小さい会社は，株主間の権利関係が複雑ではない親族に限定されていることもあることと，株主総会決議などの手続きが簡単にできるので，種類株式がやり易いでしょう。大きめの会社は，上記の原因から種類株式が使いづらいことが多くて，信託が便利かもしれません（306頁～316頁の事例参照）。

5 議決権の評価額はいくらか？

相続・贈与の時と，譲渡では議決権の価値は違う

　下図のような一般的スキームが信託の活用でよく見られます。前の項目の「生前」と比べて見てください。受益者であるオーナーに「議決権行使の指図権」がないのです。つまり，信託契約時に，受託者が議決権を行使できるスキームです。

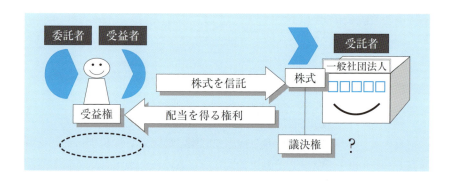

　このスキームの良いところは，オーナーが認知症になった場合でも，議決権は受託者が有しているので，経営がストップすることがないということです。受託者たる一般社団法人の社員の1人に委託者もなっておき，自分が意思決定できない場合に他の社員の多数決決議によるわけです。

　しかし，問題は，このスキームで株式を信託する場合に，確かに受益者課税ですから，受益者＝委託者で，経済的利益の移転がないから贈与税課税が起きないとしていることです。果たしてそうでしょうか？　議決権が受託者に渡っているのです。

　このスキームの考えの元になっているのは，「議決権に経済的価値はない」とする平成19年3月9日の課税庁の「種類株式の評価について（情報）」で

す（国税庁課税部資産評価企画官資産課税課審理室）。

　この「情報」は，議決権をどう付加するかによって無限の種類の株式を設計できる種類株式の評価を如何にするかを巡って，中小企業庁からの問い合わせに対して出されたものです。

　その結果，株式の価値を財産権と議決権に分けると，議決権の価値は0としました。したがって，下図のいずれの種類株式も財産権は同じなのです。

　議決権は，信託受益権を構成しないので，前頁のように，受益者が保有せず，受託者が議決権行使を指図できる状態も問題ないとしているのです。

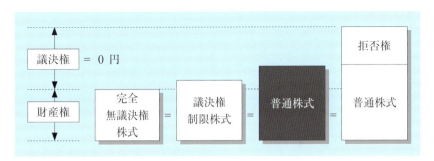

　しかし，注意すべきは，この「情報」は，財産の移転の方法として「相続，遺贈又は贈与」としていて，「譲渡」や「信託」は入っていないのです（233頁参照）。

　「譲渡」の時に議決権の有無は，その株式の価値に関係しないでしょうか？　たとえば，50％の議決権を有する株主が，後1つの議決権を得るために議決権のある株式を1株取得する時に，無議決権株式に比べて，議決権のある株式は相当な高額な価値を有するはずです。

　先の「情報」を受けて中小企業庁は「信託を活用した中小企業の事業承継円滑化に関する研究会」を設け，本研究会の中間整理として，既存の法体系に抵触することのない信託スキームについての1つの考え方を提示しました（次頁参照）。

　同中間整理でも，相続等による移動スキームしか提示していません。先の「情報」が「相続等」に限定されていることと，議決権の実際上の価値から「信託」でも慎重に対処すべきでしょう。

信託を活用した
事業承継の想定事例とその特徴

『中間整理』〜信託を活用した中小企業の事業承継の円滑化に向けて〜
平成20年9月　信託を活用した中小企業の事業承継円滑化に関する研究会より
　http://www.chusho.meti.go.jp/zaimu/shoukei/2008/080901sintaku.htm

---

　事業承継の場面で，信託を使うのはこれまでの，総まとめのように高度なものとなります。
　横浜国立大学大学院（当時：現・明治大学法科大学院）の岩﨑政明教授が座長を務められた『中間整理』は秀逸ですので，引用させて頂きました。折々に加筆し，図解については，信託の三者のトレードマークなどで著者が描き直しております。

　平成19年に施行された改正信託法により，中小企業の事業承継円滑化に活用可能な信託の類型が創設又は明確化されました。

　しかしながら，多くの中小企業経営者にとって信託を活用した事業承継への取組に馴染みがないこと，**会社法や民法等との関係が十分に整理されていない**ため，リーガルリスクを懸念して，信託銀行が商品展開に慎重であることから，実際には，事業承継に活用された事例は多くないのが実情です。

　このため，中小企業庁財務課長の私的研究会として平成20年6月に「信託を活用した中小企業の事業承継円滑化に関する研究会」を設置し，事業承継の円滑化のために活用可能な信託スキームについて，そのメリット及び活用ニーズを具体的に整理するとともに，会社法及び民法等との関係について検討を行ってきました。
　今般，検討結果の中間整理として，**既存の法体系に抵触することのない信託スキーム**について，その一つの考え方を提示することといたしました。

1．遺言代用信託（自益信託）

(1) 想定事例

遺言代用信託を利用した事業承継スキームとは，経営者（委託者）がその生前に，自社株式を対象に信託を設定し，信託契約において，自らを当初受益者とし，経営者死亡時に後継者が受益権を取得する旨を定めるものである[2]。

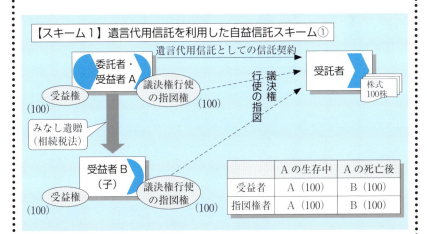

(2) 特 徴

① 経営者は，その生存中，引き続き経営権を維持しつつ，あらかじめ，経営者の死亡時に後継者たる子が受益権を取得する旨を定めることにより，後継者が確実に経営権を取得できるようにする。

② 自社株式を対象に信託を設定することにより，受託者が株主として当該自社株式を管理することになるため，その後経営者が第三者に当該自社株式を処分してしまうリスクを防止することができ（財産の隔離），後継者への事業承継を安定的かつ確実に行うことができる。

③ 後継者（死亡後受益者）は，経営者の相続開始と同時に「受益者」となることから，経営上の空白期間が生じないなど，遺言と比較してメリットがある。

2　遺言代用信託には，委託者が受益者変更権を有する場合（狭義の遺言代用信託）と受益者変更権を有さない場合がある。

	遺言	遺言代用信託
後継者地位の安定性	後継者に自社株式を相続させる旨の遺言を作成していたとしても、いつでも撤回することができるので、後継者の地位が安定しない。	信託契約において、経営者たる委託者が受益者変更権を有しない旨を定めれば、後継者が確実に受益権を取得することができ、その地位が安定する。 （注）後継者を変更する場合には、関係者の同意が必要になることに注意が必要。
事業承継の確実性・円滑性	後継者に自社株式を相続させる旨の遺言があっても、当該遺言に矛盾する遺言が存在するなどのリスクがあるため、遺言の執行（株主名簿の名義書換等）には、ある程度の期間が必要であり、経営の空白期間が生じるおそれがある。	経営者の死亡により、信託契約の定めに基づいて当然に後継者が受益権を取得するため、経営の空白期間が生じることなく、事業承継を行うことができる。 ＊信託を設定すると、自社株式の所有権及び管理権が信託銀行等に移転することから、仮に受益者の変更等を行う場合については、常に受託者である信託銀行等による一元的管理が可能（遺言のように同一財産を複数の者に相続させる等の矛盾した遺言はあり得なくなる）。

④ 上記【スキーム１】の応用型として、下記【スキーム２】のように、受益権を分割して非後継者（受益者Ｂ）の遺留分に配慮しつつ、議決権行使の指図権を後継者（受益者Ｃ）のみに付与することで、議決権の分散を防止し、後継者への安定的な事業承継を図ることも可能である[3]。

信託要項のイメージ	
信託目的	（円滑な事業承継による企業価値の維持・向上を目的とする）株式の管理
委託者兼当初受益者	中小企業経営者Ａ
受益者	中小企業の後継者Ｂ
議決権の行使	委託者相続発生前：委託者兼当初受益者の指図に従い、受託者が行使 委託者相続発生後：後継者の指図に従い、受益者が行使
信託財産	自社株式
信託の変更	原則不可
受益権の譲渡・担保提出	原則不可とするが、一定の事由に該当する場合で受託者が承諾した場合は可。
信託の終了事由	後継者（受益者）の死亡等

---

[3] 遺留分の算定に当たっては、議決権行使の指図権は、独立して取引の対象となる財産ではないため、財産的価値はなく、遺留分算定基礎財産に算入されないと考えられる。

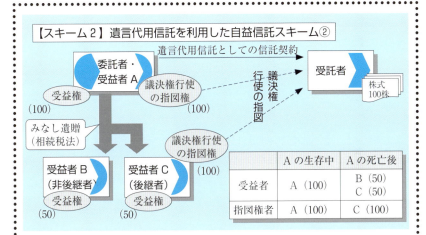

上記【スキーム2】のように，自社株式を対象に信託（遺言代用信託に限らない。）を設定し，複数の受益者のうち特定の者に議決権行使の指図権を付与することは，遺言や遺産分割によって株式それ自体を相続する場合と比較して，議決権の分散化の防止に資するということができる。

	株式それ自体の相続	遺言代用信託などの信託
議決権の分散化	遺留分を考慮すると，一般的に分散化が進展する可能性が高い。	【スキーム2】の場合，信託契約において各相続人を受益者と定めて遺留分に配慮しつつ，後継者のみを議決権行使の指図権者と指定することで，議決権の分散化を回避することができ，スムーズな事業承継を図ることができる。

（なお，後述する【スキーム5】のように，受益権と議決権行使の指図権の割合を変えることも可能と考えられます。）
＊＊＊＊＊＊＊＊＊＊＊＊＊＊＊＊＊＊＊＊＊＊＊＊＊＊＊＊＊＊＊＊
論点整理より
1．会社法との関係
　【スキーム1】について：受益者と議決権行使の指図権者が同一人であるから，公開会社・非公開会社を問わず，会社法上の問題は生じないと考えられる。なお，応用型として，受益者が複数で，各受益者が受益権割合に応じた議決権行使の指図権を有するスキームについても同様と考えられる。

2．他益信託
(1) 想定事例

他益信託を利用した事業承継スキームとは，経営者（委託者）がその生前に，自社株式を対象に信託を設定し，信託契約において，後継者を受益者と定めるものである。

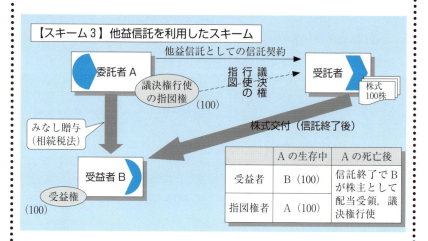

【スキーム3】他益信託を利用したスキーム

(2) 特 徴

① 経営者が議決権行使の指図権を保持することで，経営者は，引き続き経営権を維持しつつ，自社株式の財産的部分のみを後継者に取得させることができる。

② 信託契約において，信託終了時に後継者が自社株式の交付を受ける旨を定めておくことで，後継者の地位を確立することができ，後継者は，安心して経営に当たることができる。

③ 信託終了時について，信託設定から数年経過時，あるいは，経営者（委託者）の死亡時など，経営者の意向に応じた柔軟なスキームを構築することができる。

④ 種類株式の発行により，信託スキームを活用した場合と同様の効果が得られるとの考えもある。確かに，拒否権付株式（いわゆる黄金株）を発行して，経営者が拒否権付株式を保持したまま，その余の自社株式を後継者に生前贈与する，あるいは，株主ごとの属人的定めをすることによって，ある程度同様の効果を発生させることができる。しかしながら，これら会社法上の制度

の利用については，次のような問題がある。
ア　種類株式を発行するためには，株主総会の招集，特別決議が必要であるなど手続が煩雑。
イ　拒否権付株式は，後継者の意思で行った株主総会の決議を拒否することができるにとどまり，積極的に会社の意思決定をすることができない，という制度上の限界がある。

	信託スキーム	種類株式の発行
手続面	契約当事者間の契約手続きのみ。	株式会社での特別決議・特殊決議，登記（種類株式の内容等）等が必要。既存株式の種類を変更するには，全株主の同意が必要。
意思決定	積極的に会社の意思決定をすることができる。	拒否権付株式を発行すると，積極的に会社の意思決定をすることができない（＝デッドロック）に陥るおそれ。
相続発生時	委託者が死亡しても信託契約は継続可能。	遺言による後継者への拒否権付株式を後継者以外の者が取得することのないような手当が不可欠（遺言の作成や経営者の生前に消却するなど）。

信託要項のイメージ

信託目的	（円滑な事業承継による企業価値の維持・向上を目的とする）株式の管理
委託者兼当初受益者	中小企業経営者A
受益者	中小企業の後継者B
議決権の行使	委託者の指図に従い，受託者が行使
信託財産	自社株式
信託の変更	原則不可
受益権の譲渡・担保提出	原則不可とするが，一定の事由に該当する場合で受託者が承諾した場合は可。
信託の終了事由	委託者の死亡等

＊＊＊＊＊＊＊＊＊＊＊＊＊＊＊＊＊＊＊＊＊＊＊＊＊＊＊＊＊＊＊＊＊

論点整理より

1．会社法との関係

　【スキーム2】～【スキーム4】について：非公開会社においては，議決権について株主ごとの異なる取扱い（いわゆる属人的定め）を定めることが認められており（会社法第109条第2項），剰余金配当請求権等の経済的権利と議決権を分離することも許容されているため，複数の受益者のうちの特定の者に議決権行使の指図権を集中させても，会社法上の問題は生じないと考えられる。

3．後継ぎ遺贈型受益者連続信託

(1) 想定事例

　後継ぎ遺贈型受益者連続信託を利用した事業承継スキームとは，経営者（委託者）が自社株式を対象に信託を設定し，信託契約において，後継者を受益者と定めつつ，当該受益者たる後継者の死亡により，その受益権が消滅し，次の後継者が新たな受益権を取得する旨を定めるものである。

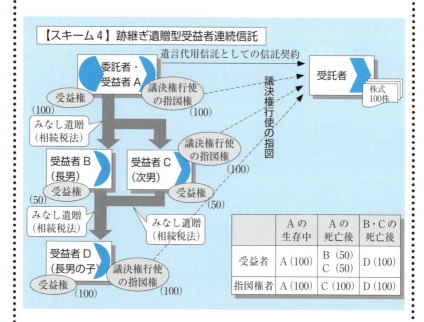

(2) 特　徴

① 経営者の中には，子の世代だけではなく，孫の世代の後継者についても，自分の意思で決定したいというニーズがある。

② また，次男を後継者とするが，次男の子には会社経営の資質のある者がいないので，長男の子に事業を承継させたいというニーズもある。

③ 【スキーム４】のように，議決権行使の指図権は後継者たる次男に取得させつつ，受益権を分割して非後継者たる長男に取得させることで，遺留分にも配慮し，B及びCの死亡後は，Bの子（経営者の孫）が完全な受益権を取得する，というスキームも想定される。

信託要項のイメージ

信託目的	（円滑な事業承継による企業価値の維持・向上を目的とする）株式の管理
委託者兼当初受益者	中小企業経営者A
受益者	第2受益者：長男B及び次男C 第3受益者：長男の子D
議決権の行使	委託者相続発生前：委託者兼当初受益者の指図に従い，受託者が行使 委託者相続発生後：後継者Cの指図に従い，受託者が行使 後継者C相続発生後：次の後継者Dの指図に従い，受託者が行使
信託財産	自社株式
信託の変更	原則不可
受益権の譲渡・担保提出	原則不可とするが，一定の事由に該当する場合で受託者が承諾した場合は可。
信託の終了事由	信託契約期間の満了（30年間）等
第2受益者以降の死亡時	委託者死亡時前の第2受益者の死亡，第2受益者死亡前の第3受益者の死亡，受益の放棄があった場合の受益者の繰上げ等については，委託者のニーズを踏まえて信託契約に明記。

＊＊＊＊＊＊＊＊＊＊＊＊＊＊＊＊＊＊＊＊＊＊＊＊＊＊＊＊＊＊＊

論点整理より

　なお，下記【スキーム5】のように，受益権と議決権行使の指図権の割合を変えることも可能と考えられる。

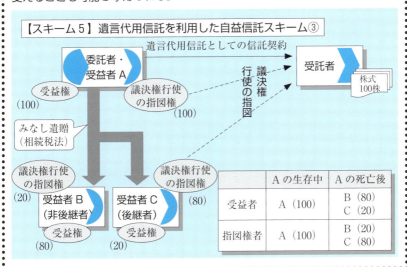

論点整理より

2．議決権行使の指図の内容と信託目的（事業承継の円滑化）及び受託者の善管注意義務等

　本研究会の検討対象であるスキームは事業承継の円滑化を目的とする信託であり，また，受託者は受益者に対して善管注意義務及び忠実義務を負っている。

　このため議決権行使の指図権者の指図の内容が，会社の解散議案について賛成するといったものであるなど，円滑な事業承継の遂行のために不適切な場合であっても，受託者が当該指図に従って議決権を行使するというのは適切でない。

　そこで，信託契約において，次のような規定を設けることも一例として考えられる[4]。

> ①議決権行使の指図の内容が円滑な事業承継の遂行のために不適切と判断される場合には，受託者と受益者（指図権者）は，信託財産たる株式に係る議決権の行使につき協議するものとする。
> ②受託者は，受益者（指図権者）との協議の結果に従って，議決権を行使するものとする。
> ③議決権の行使につき協議が整わないときは，受託者，委託者又は受益者（指図権者）は，信託契約を解除することができる。

3．銀行法・独占禁止法との関係

　事業承継の円滑化を目的とする信託においては，信託財産たる株式に係る議決権の行使について指図をする者を定め，受託者は，当該者の指図に従って議決権を行使するものであり，基本的に受託者独自の判断に基づく議決権の行使（又は不行使）がなされることはない。

　また，議決権行使の指図権者の指図の内容が事業承継の円滑化という信託の目的に照らして不適切なものであるときに，受託者が議決権の行使について受益者（指図権者）と協議をする旨の条項を設け，受託者が協議に参加したとしても，最終的には指図権者の意思を踏まえた協議の結果に基づいて議決権の行使がなされることになる。

　したがって，受託者が信託銀行である場合であっても，金融会社による事業会社の支配を防止するという銀行法及び独占禁止法上のいわゆる「5％ルール」[5]の趣旨に反せず，これらの法律上の問題はないと考えられる。

4　本文中に記載した協議条項は必須とは言えないものの，如何なる指図であれば「円滑な事業承継の遂行のために不適切」であるかについて民事上のトラブルが生じる可能性があるため，協議条項を設けることも一例として考えられる。

5　銀行法及び独占禁止法は，銀行が他の国内の会社の議決権をその総株主の議決権の5％を超えて取得することを禁止している（銀行法第16条の3第1項，独占禁止法第11条第1項）が，信託財産として取得する株式に係る議決権について委託者又は受益者が指図を行うことができるものは除かれている（銀行法第2条第11項，独占禁止法第11条第2項）。

第3 信託を利用したスキームにおける民法に関する論点整理

下記のスキームを前提として,民法に関する論点を整理する。

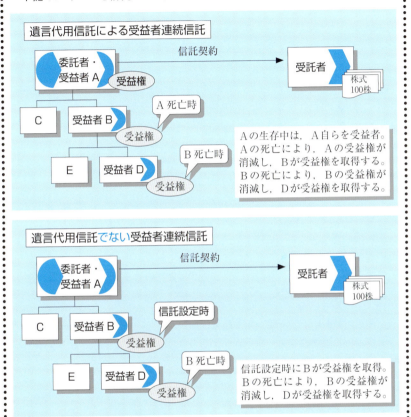

1. 相続財産・遺留分算定基礎財産

(1) Aの死亡時

B及びDが取得する受益権は,Aからの遺贈又は贈与に準じて,民法第903条(同法第1044条において準用する場合を含む。)を類推適用し,Aの相続財産及び遺留分算定基礎財産に算入されると解される。

受益権の取得の法的性質が,遺贈,死因贈与,生前贈与のいずれであるか[6]については,遺言代用信託か否か,委託者が受益者変更権を有するか否かとい

---

6 遺贈,死因贈与,贈与の法的性質の違いは,遺留分の減殺請求の順序に影響を及ぼす(民法第1033条。死因贈与の減殺の順序につき東京高判平成12年3月8日高民集53巻1号93頁)。

う観点から，以下のように整理することができると考えられる。

　ア　遺言代用信託による受益者連続信託の場合

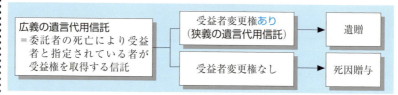

　イ　遺言代用信託でない受益者連続信託の場合[7]

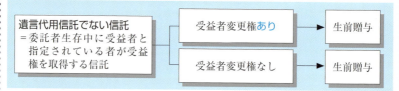

(2)　Bの死亡時

　Bの受益権は，その死亡により消滅する。また，Dの受益権の取得は，Bからの遺贈又は贈与に類すると評価することはできない。

　このため，B及びDの受益権は，Bの相続財産・遺留分算定基礎財産に算入されないと考えられる。

2．遺留分減殺請求の対象，相手方及び効果

　遺留分減殺請求の対象，相手方及び効果については，下表のとおり整理するのが適当であると考えられる。

対象	信託行為①受託者への財産権の移転②受益者による受益権の取得
相手方	受託者・受益者の双方
効果	受託者を相手方とする場合 ・・・信託財産たる株式の全部又は一部（共有持分）が減殺請求者に移転し，受託者は当該株式の全部又は一部の現物返還義務を負う。ただし，受託者は，価額弁償を選択することにより，現物返還義務を免れることができる。 受益者を相手方とする場合 ・・・受益権の全部又は一部（共有持分）が減殺請求者に移転し，受益者は原則として当該受益権の全部又は一部の現物返還義務を負う。ただし，受益者は，価額弁償を選択することにより，現物返還義務を免れることができる。

---

[7]　「受益者変更権あり」の場合は，委託者がいつでも受益者を変更することができるという点において，解約権が留保された生前贈与と整理することができる。

【補足説明】
(1) 対象
　遺留分減殺請求の対象は，法律行為としての信託行為であるが，「受託者への財産権の移転」と「受益者による受益権の取得」の両面を捉える必要がある。

(2) 相手方
　① 受託者について
　受託者は，法律行為としての信託の相手方であり，信託財産の所有権を取得し，その管理処分権を有することから，相続財産の管理処分権を有する遺言執行者に類似する地位にあると考えることができる。
　また，例えば，信託行為により指定された受益者が不特定又は未存在である場合には，受益者を遺留分減殺請求の相手方とすることができない。
　さらに，受益者のみを相手方として遺留分減殺請求がなされると，その後の信託事務処理に支障を来すおそれがある。
　以上のことから，受託者を遺留分減殺請求の相手方とする必要があると考えられる。
　② 受益者について
　受益者は，信託行為により直接利益を享受する者であるから，信託行為の「受益権の取得」という面を捉え，受益者も遺留分減殺請求の相手方とすることができると考えられる。

(3) 効　果
　民法の規定のとおり，原則として現物（受託者が相手方の場合は信託財産たる株式，受益者が相手方の場合は受益権）の返還である。ただし，信託財産たる株式や受益権の現物返還をすると，株式の分散を防止して事業承継を円滑化するという信託契約の目的に適合しなくなるおそれがあるため，受託者・受益者は，現物返還に代えて価額弁償を選択することも考えられる。

6 家督相続が可能な"永久事業承継信託®"

現在法には，何と！　事業承継を直接支える法律はない

(1) 民法と税法は「株式所有権と事業支配権」を一体承継できない

心血注いで磨き上げ築き上げた会社を，「未来永劫に自分の子々孫々に事業承継させたい」とか「愛する地域や従業員のために何としても会社を承継しなければならない」とするニーズは少なからずあります。

しかし，現在の民法（親族編・相続編）はそれを認めていないという恐るべき事実があります。これだけ世の中が事業承継を巡って右往左往しているのに…です。考えてみると，現行法では，何と事業を直接伝えるための法律がないのです。あるのは「株式の所有権」を伝える方法だけなのです。「株式の所有権」を伝えようとすると，相続の都度，事業支配権は必然的に分散していってしまうのです。

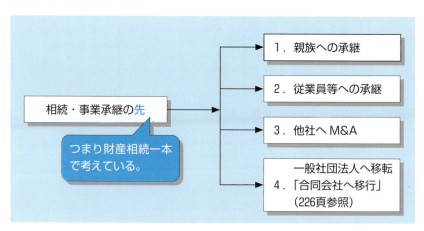

政府は，「親族でなくとも良い」とばかりに，親族外承継を勧めます。しかしそこにも民法が立ちはだかり遺留分の減殺請求などで夢破れます。それを回避するためには，次項のような特別な手立てが必要です。

しかし，これらは潤沢な資金や財産があれば，それらも可能でしょうが，いわゆる中小企業では，法律の制度に保障された事業承継制度はないのが実態なのです。
　最近やっと事業承継**税制**が整備されたに過ぎませんが，それは**納税**の話であって，事業そのものの承継のための制度ではありません。

　昔の「家督相続」のように「お前に身代を譲る。俺は隠居する。」とすると，事業承継はすべからく上手く行くという包括的な制度は廃止されて久しく，現行民法は「財産相続」一本です。その財産の中に自社株も含められ，相続人（配偶者・子）は等しく法定相続分や遺留分が認められています。
　このため，後継者といえども，全員の合意がなければ，すんなりと身代（事業）を受け継ぐことは不可能なのです。

　「それならばM&Aで」となる。確かにお金にはなって悠々自適かもしれませんが，冒頭の「自分の子孫に伝えたい」とか「愛する地域や従業員のために承継しなければ」とする希望からは一機に離れて，途絶えることになります。

> 　小説やTVドラマにもなった『陸王』では，役所広司演ずる社長が事業承継のために奮闘する姿が描かれていました。松岡修造演ずるM&Aをしてくる大手企業の社長に反する台詞は耳に残るものでした。
>
> 　私の記憶の限りで意訳を記せば……
> 　「確かに合併直後は良いでしょう。しかし長い月日の中で，やがて我が社の陸王が売れなくなったとき，私達の事業は資本の論理の中で，不採算事業として，あっさりと切捨てられることでしょう。現に，貴方が買収してきた数ある企業の何社が残っていますか？」
> 　「私達だけならば，私達だけしかいませんから，私達だけで何とか生き残っていかねばならないと必死にもがきます。だからこそ，今まで長く老舗として生き残ってきました。そうして**私達の愛すべき会社と従業員とお客様を守ってこられました。**」

　一般社団法人等への財産移転も，財産移転一本で，それだけでは事業が承継されるわけではありません。

(2) 現行の法制度はどうなっているのか？

この病根ともいうべき法制度は，前頁のように，そもそもは民法にその原因があります。前頁で述べたように現行民法は「財産相続」一本です。

そんな中，貴方が，もし，大切に育て上げ，魂をつぎ込んだ愛すべき地域に根差した家業を子々孫々に伝えたいとしたら，どうするでしょう？

① 遺言状を作成する

まず考えるのは「遺言」です。確かに遺言は特定の財産，つまり自社の株式を特定の者，つまり後継者の子供にのみ遺贈するという「特定承継」という方法があります。

遺言しなければ相続人全員の遺産分割協議で相続されますから，自社株式が後継者に相続されるとは限りません。これを「一般承継」といいます。

```
遺言がないと，相続人全員の合意による遺産分割協議（一般承継）

遺言で特定の財産を特定    ←    上記のような全員合意がない
者に遺贈する（特定承継）         ので遺留分減殺請求可能性
```

その点，「特定承継」たる「特定遺贈」は自社株を後継者に承継させることができます。しかし，その「特定遺贈」が他の相続人の遺留分を侵害すると勝てません。

遺留分は，減殺請求するだけで，それ以外を覆せる強力な権利です。

しかし，この「遺留分の減殺請求」により親族間に拭い難い害毒である不信感が巻き散らかされて，二度と親戚付き合いができなくなってしまうのです。

② 生命保険金で代償分割

死後にそれを避けるための1つの方法は，生命保険金による代償分割資金の手当てです。現金で渡せば文句は言われないという訳ですね。もちろん，

その為には，相当な保険金が支払われる契約をする別途資金が必要です。

③　生前なら「遺留分の放棄」

では生前なら対応が可能だろうか？　多少は可能です。それは「遺留分の放棄」です。相続人の内，非後継者が，家庭裁判所に赴き手続きをすれば可能で，司法統計によれば，毎年結構な件数がなされています。

しかし以下のような難点もあります。

> (ⅰ)　遺留分を放棄するという不利益を被る非後継者自身が，平日に家庭裁判所に自ら行って手続きしなければならないこと。
> (ⅱ)　遺留分の放棄は一方的にはできず，必ず裁判所の許可が必要で，その許可の降りる基準は，その放棄する者が，社長の生前に，その相続人の遺留分に相当する程の財産を贈与して，遺留分権者の財産権が不当に侵害されていないこと。つまりは，事前に相当の贈与をしていないと認められないのです。
> (ⅲ)　いったん家庭裁判所が認めても，遺留分の放棄をした者が，事情の変更があったとの理由で，「放棄の取消し」が認められることがあるのです。

④　民法特例の「除外合意」

それならば！と平成20年にできたのが，民法特例の「経営承継円滑化法」によるもので，自社株式を遺留分の計算上から「除外する合意」を生前にしておく方法です。

これによれば，先の「遺留分放棄」と異なり，後継者が手続きをすれば良いのですが，これもやはり以下のデメリットがあります。

> (ⅰ)　遺留分権利者にそれ相当の生前贈与が行われていないとやはり家庭裁判所が許可しません。
> (ⅱ)　推定相続人全員の同意が不可欠です。

このように，なんとまぁ～，がんじがらめの中で必死にもがいて事業を承継しようとしているのが現状なのです。

(3) 死は所有を破る

民法は「夫婦別産制」をとっていますから（民法762），結婚前から夫婦それぞれが持っていた財産は，結婚後も，それぞれの財産として守られ続け，贈与等をしない限り決して共有にはなりません。

それどころか，結婚後もそれぞれが稼いだ所得・財産もまた，それぞれの財産となり，決して共有とはなりません。

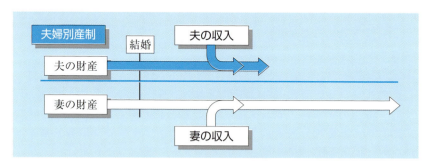

生活費の例外（民法761）はありますが，それは相互扶助義務（民法752）の日常生活のことで，本件のような財産とは別次元のことです。

ですから，ご主人の給与を勝手に妻名義の預金とすれば，ご主人が亡くなった時の相続税申告でいの一番に問題となる名義預金となってしまうのです。

このように生前は夫婦別産制が堅持されますが，**一たびご主人に相続が発生すると**，その名義預金も含めご主人の遺産とされ，正式に遺産分割協議がなされると，その名義預金ばかりか，**結婚前のご主人の財産までもが相続により妻など後継者でない相続人等に引き継がれてしまうのです。**

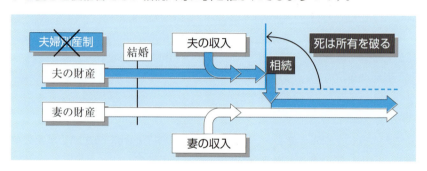

そして，妻に渡った自社株は，いきなり不安定になります。
姻族の家系に流れて行く可能性が高まります。

昨今では「**姻族関係終了届**」でいとも簡単に亡き夫の家系から外れることも増えています。

幕末に，徳川家に嫁いだ島津の篤姫のように，「徳川家の者」との決意は遠い昔を懐かしむかのようです。

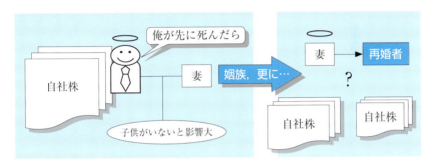

妻が**再婚**すればその傾向に拍車がかかります。

この様に，相続というものは非常に強力で，何らの手続きを踏むことなくご主人の一切の財産に，例外なく，包括的に相続権が及ぶのです。

仮に契約自由の原則に基づき「株式除外条件付き婚姻契約」を結んだとしても，その契約は無効になってしまうのです。

何とか，**特定の財産を相続から完全に切り離してしまう方法はないだろうか？** 現行民法では，事業を守り切れないのです。

これを防ぐには，いささか荒唐無稽な話ですが，**婚姻をせず事実婚のまま，後継者の子供を一人だけ生んで，これに相続させるしかありません……でした**。

(4) 「永久事業承継信託®」の概要

前頁で「……でした」と書いたのは，これを超えるスキームが開発されたからです。それが，第Ⅱ編の「一般社団法人」と本編の「信託」を組み合わせた方法なのです。それは，相続対策の理想形ともいわれる「支配すれども所有せず」の応用です。

ただし，節税はできません。贈与税や相続税などは，家業である事業を未来永劫に，直系血族の内の後継者として適任たる者へ，確実に事業承継し続けるためのコストと割り切ってください。

したがって，課税当局と問題となることがありません。

「永久事業承継トラスト®」では，事業承継の要，すなわち連結環を「株主総会議決権指図権」こそが株式による事業承継の核心と捉えています。

そして，現行民法が事業承継の障害になっているならば，その民法つまり「相続」から切り離してしまうのです。

そんな事ができるのか？！　できます！　第Ⅱ編の「一般社団法人」と本編の「信託」を使えば可能です。「信託」では株式にかかわる権利を，自由に分けることが可能です。株主の基本的な権利は以下のように区分されます。

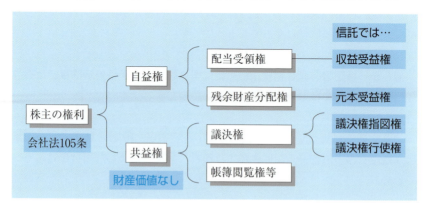

さらに，これらの権利を，信託契約により上図のように名付け，「議決権行使権利」を「甲一般社団法人」を受託者にし，2つの「受益権」は，それを誰に指定・選定させるかの意思決定を「乙一般社団法人」を受託者にして

担わせるのです。

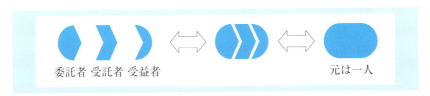

　いずれの権利も相続されるのではなく，信託契約により権限を与えられた者が，契約でそのように指定されたから，権限をもつだけです。
　さらに，その権限を個人の持分がない一般社団法人が持ちますから，相続から完全に切り離されています。

　「甲一般社団法人」に信託されるのは「議決権」だけで，これは前頁図のように単独で存する場合には，相続税法上，財産価値がないから課税されません。
　もちろん，「乙一般社団法人」に担わせた「受益権者を指定・選定する権利」も財産価値がありませんので，課税されません。

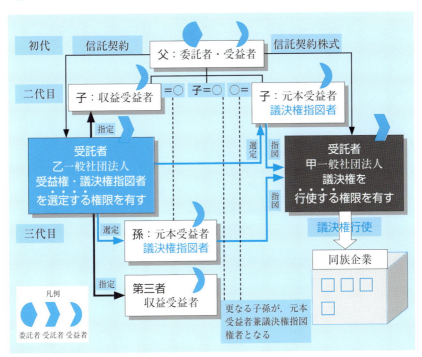

では，受益権に課税されるではないか？　もちろん，課税されます。しかし，この項の冒頭で述べたように，節税や租税回避を狙っていません。
　それでも，気になる部分ですので，ここで同時に述べておきます。
　財産価値のある，**受益権を前頁の図のように収益受益権と元本受益権とに**分けて，284頁で述べたように，**元本受益権は０円**となるようにし，収益受益権だけ課税されるようにします。

　収益受益権は，推定被相続人の生前は自身が保有する，委託者＝受益者の自益信託ですから課税されません。
　しかし，**通常は相続開始と同時に，その受益権が相続人に相続等されるから**（当然に課税され），遺留分の問題が発生してしまいます。
　ですから，**死亡と同時に受益権が消滅するようにします。こうすることによって被相続人の相続から切り離すことができます**（相続税も課税なし）。

　では，被相続人の手元で消えた収益受益権は誰の元に行き課税されるのか？　相続時点では，受益者が不在ですから，**法人課税信託になります**（法法２条二十九の二，287頁参照）。つまり受託者課税で，**株式を信託上有する甲一般社団法人に課税されます**。

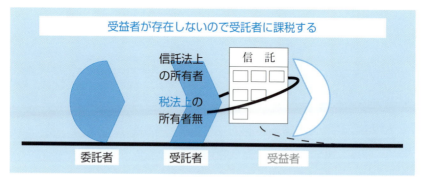

　この不在である**受益権者を存在させるために，受益者を指定・選定するのが，もう一方の一般社団法人である乙です**。これが次頁図中の二代目の子です。

先述した甲一般社団法人も乙一般社団法人も特定一般社団法人にならないように常に同族理事は相続税法施行令33条3項の規定する3分の1以下になるようにします。

収益受益者となった子は，その時点で「みなし贈与税」の課税を受けることになります（相法9の2①）。このため，納税額が高くなる可能性がありますが，遺留分減殺請求を排除するためにやむを得ません。これは事業承継の核心である「株主総会議決指図権」を維持するためのコストとして割り切らなければなりません。

元本受益権と議決権指図権とは常にペアになって移動します。新たにこの権利者となった子は，元本受益権に価値があれば，その時点で「みなし贈与税」の課税を収益受益者となった子と同様に課税を受けます。議決権指図権については財産的価値がないため課税されません。

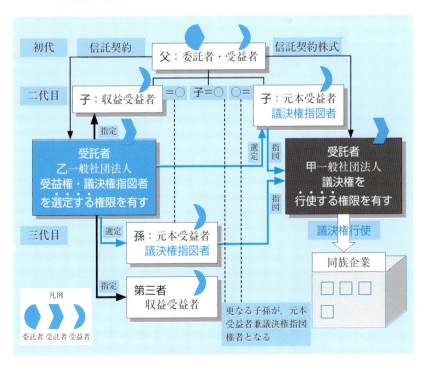

次に三代目の解説に移ります。図では三代目において，第三者として収益受益者が登場しますが，二代目で登場しても構いません。

収益受益者が誰であるかは事業承継とは直接には関係がないため，適切な者であれば，誰でも構いません。すなわち，父の直系でなく傍系の子孫でも構いませんし，同族企業の取締役はおろか，まったくの第三者でも結構です。

一方，元本受益権等については，二代目の議決権指図者である子が**死亡したことにより，元本受益権と議決権指図権が自動的に消滅するように信託が組成されています**。

したがって，次の元本受益権と議決権指図権を有する者を乙一般社団法人において選定します。図中では四代目の子孫が選定を受けたことになっています。

このように，五代目・六代目と選定が繰り返されて行きますが，相続と切り離されて，事業承継の核心である「株主総会議決権指図権」の承継がなされてゆくのです。

もちろん，「永久事業承継信託®」を組成するには，当初にある程度の手数料が掛かりますし，運用コストもかかります（収益受益権のみなし贈与税は現金ですから比較的担税力があります。）。

その意味では，これまでの対策と変わりがないかもしれませんが，恐らくは，コストは格段に安くなるでしょう。特に納税猶予の適用もないような相当規模の会社であれば，これまでの対策よりも遥かにコストパフォーマンスは良くなります。少なくとも，相続の都度，事業承継を巡って紛糾することは，相当程度避けられると考えます。何しろ，半自動的に事業が承継されてゆくシステムなのですから。

この「永久事業承継信託®」の取扱いについては，筆者（牧口）が所属する法務大臣認証「事業承継 ADR」並びに後藤孝典弁護士が代表を務める弁護士法人虎ノ門国際法律事務所（〒105-0003東京都港区西新橋1-5-11第11東洋海事ビル9階，TEL03-3591-7377）で組成しています。

第2章 信託の活用事例　329

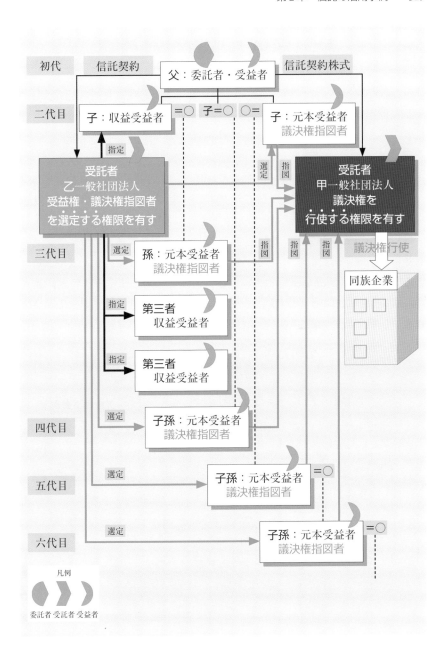

7 知られていない障害者等へ非課税信託

障害者の生活費・医療費資金は，最高6,000万円まで非課税

「信託は節税にならない」といわれています。しかし，「教育資金贈与」や「結婚・子育て資金贈与」と「特定贈与信託」はズバリ！　贈与税が非課税になります。特定贈与信託は，特定障害者の方の生活の安定を図ることを目的に，その親族等が金銭等の財産を信託銀行等に信託するものです。信託銀行等は，信託された財産を管理・運用し，特定障害者の方の生活費や医療費として定期的に金銭を交付します。この信託を利用しますと，**特別障害者（重度の心身障がい者）の方については6,000万円，特別障害者以外の特定障害者（中軽度の知的障がい者および障害等級2級または3級の精神障がい者等）の方については3,000万円を限度として贈与税が非課税となります**（相法21の4）。しかも前3年加算の対象となりません（相法19）。

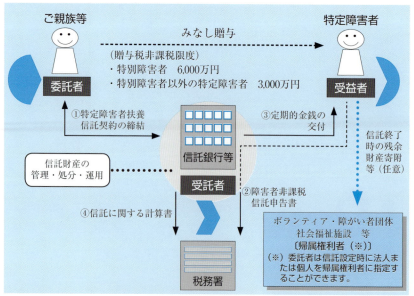

（一般社団法人　信託協会「特定贈与信託」リーフレットより引用）

1．対象となる障害者の範囲
(1) 特別障害者
特別障害者の範囲は，法令により次のとおりとされています（所令10②）。
① 精神上の障がいにより事理を弁識する能力を欠く常況にある者または児童相談所，知的障害者更生相談所，精神保健福祉センターもしくは精神保健指定医の判定により重度の知的障がい者とされた者
② 精神障害者保健福祉手帳に障害等級が1級である者として記載されている精神障がい者
③ 1級または2級の身体障害者手帳保有者
④ 特別項症から第3項症までの戦傷病者手帳所有者
⑤ 原子爆弾被爆者として厚生労働大臣の認定を受けている者
⑥ 常に就床を要し，複雑な介護を要する者のうち精神または身体の障がいの程度が上記①または③に準ずるものとして市町村長等の認定を受けている者
⑦ 精神または身体に障がいのある年齢65歳以上の者で，その障がいの程度が上記①または③に準ずる者として市町村長等の認定を受けている者

(2) 特別障害者以外の特定障害者（相令4の8）
特別障害者以外で次のいずれかに該当する方
① 児童相談所，知的障害者更生相談所，精神保健福祉センターまたは精神保健指定医の判定により中軽度の知的障がい者とされた者
② 精神障害者保健福祉手帳に障害等級が2級または3級である者として記載されている精神障がい者
③ 精神または身体に障がいのある年齢65歳以上の者で，その障がいの程度が上記①に準ずる者として市町村長等の認定を受けている者

なお，障がい者の行為能力の程度により，成年後見人，保佐人，補助人または任意後見人（以下「後見人等」という）が必要となる場合があります。

2．費　用
個々の信託契約により，信託報酬や租税公課，振込手数料，その他事務処理費用等があり，当該費用は，信託財産から支払われます。

3．運用収益に対する税金
受益者である特定障害者の所得となります。

8 結婚・出産・子育て資金の非課税贈与

危険が一杯！　裏ワザで使うのは良い

　この制度は，親・祖父母（贈与者）が，金融機関に子・孫（20歳～49歳。受贈者）名義の口座を開設し，結婚・出産・子育て資金を一括して拠出すると，子・孫ごとに1,000万円（結婚関係は300万円）まで贈与税を非課税とするものです。教育費の非課税によく似ています（措法70の2の3）。

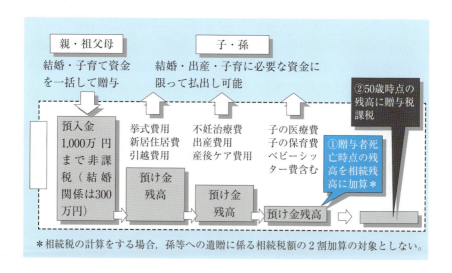

＊相続税の計算をする場合，孫等への遺贈に係る相続税額の2割加算の対象としない。

　ただし，①贈与者死亡時の残高を相続財産に加算します。また②受贈者が50歳に達する日に口座は終了し，使い残しに対して贈与税が課税されます（平成27年4月1日～平成31年3月31日までの贈与を対象）。

　教育費の贈与と同様，「結婚・出産・子育て」の資金の贈与は，元々非課税です（相法21の3，民法877）。それでも教育費非課税制度がブームになったのは，1,500万円がただちに相続財産の「前3年加算」（相法19）の対象と

ならないからだともいえます。

しかし，「結婚・子育て資金贈与」の制度は，贈与者の死亡時の使い残しは相続財産に加算されます。たとえ，それが相続開始3年超に贈与されたものであっても加算されるのです。

そんなことなら，結婚等の支出の都度（非課税），合計300万円負担してやり，その他に暦年贈与が110万円×4年＝440万円すれば，合計740万円全て贈与税も相続税も非課税

通常，孫に遺言で遺贈すると相続税額の計算の上では，被相続人の1親等の血族（直系卑属である代襲相続人を含みます）及び配偶者以外の者である場合，いわゆる2割加算の対象とされるのですが（相法18），この制度の贈与税の非課税を使えば2割加算の対象外となります。

元気な内に「死期が近づいたら結婚・出産子育て資金非課税贈与を孫に対して設定してください。」という内容の家族信託（296頁参照）をすることで，孫が遺贈で取得したとみなされても2割加算を受けずに済みます。

通常，遺言で孫に遺贈すると2割加算の対象となるのに比較して非常に有利です。

9 信託で「争族」頻発を政府が助長？

「贈与税の申告内容の開示」の立法手当上の問題も

(1) 贈与には7つの種類がある

平成27年度税制改正により非課税贈与が増えたことによって，通常の贈与は以下の7つになりました。このうち，5，6，7が非課税信託です。

	贈与の名称	特典贈与枠	加算
1	暦年贈与	年間110万円	3年加算
2	相続時精算課税贈与	2,500万円	全加算
3	住宅資金非課税贈与	変化する	なし
4	贈与税の配偶者控除	2,000万円	なし
5	結婚子育て資金非課税贈与	1,000万円	残高加算
6	教育資金非課税贈与	1,500万円	なし
7	特定障害者特定贈与信託	6,000万円	なし

上記の贈与のうち，非課税となる贈与額は，5を除き，相続税の計算の上で加算されることがありません。しかし，税法とは別に，特別受益を考慮しなければならない遺産分割協議のための資料・遺留分減殺請求のために，生前の贈与の実態を調べることは重要です。

(2) 「贈与税の申告内容の開示」に立法の漏れ

そこで相続税申告書作成のために，他の共同相続人の受けた生前贈与の資料が必要になるための**「贈与税の申告内容の開示制度」**（相法49①）を利用します。税務署に申請すると2か月以内に開示されるようになっています。

多くの税理士がこの制度を知らないために利用していないようですが，正しい申告と，自身の安全のために積極的に利用すべきでしょう。なぜなら，

相続人らにその実績を聞いても中々分からないことや虚偽の説明があるからです。しかしながら，この開示制度では，相続税の計算に関係のない上記の非課税の贈与額は開示されません。**開示されるのは，上記の１と２で，１についえは相続開始前３年以内の贈与です。**

そして，その非課税贈与が近年，暦年贈与の10倍程増えています。非課税贈与は，**極端な話，受贈者が黙っていれば分かりません。**しかし，税理士が申告のために，あるいは税務署が調査で過去の預金の動きを辿ると少なからず炙り出されます。その結果，相続財産でないことを立証するために，非課税贈与であることを明らかにする結果，遺産分割の上での特別受益や遺留分の計算に影響を及ぼし，争族に発展しかねません。**政治の人気取りの結果，将来の争族の種がばら撒かれているのです。**しかも，表の３により自宅を持った子は，実家の相続で小規模宅地の８割減の適用も受けられないのです。

平成27年度税制改正で創設された「結婚・子育て資金の一括贈与制度」は，契約期間中に贈与をした親・祖父母・曾祖父母が死亡した場合，贈与を受けた金額から，**結婚・子育て資金に使わなかった残額は，贈与者から相続又は遺贈により取得したとみなされるとされましたので，その残額を相続税の申告の上でも知る必要があります。**

しかしながら，平成27年度の税制改正で相続税法49条の改正が連動して行われずに，**開示請求の対象に「結婚・子育て資金の一括贈与」を含めるという立法手当てが，なされませんでした。**そこで，現在，筆者は国税庁に対して，通達（相基通49－１）で手当することを検討されたいと要望を出しております[8]。それに加えて，**信託銀行等は死亡の事実を知らなければ，その残額を税務署長に知らせることもできません。**

8　事業承継税制において，譲渡制限株式のままで，担保提供を認めること，株券不発行が原則であるので，株券提供ではなく質権設定承諾書の提供に替えること，持分会社は人頭主義での議決権であるので，法律文言からは事業承継税制が使えないので，持分会社の定款変更をして出資金額主義での議決権要件とすべきであることを，筆者は中小企業庁経由で財務省に要望してきた経緯があります。

信託受託者が委託者に代わって借入ができる？

1．借入の当事者は誰？

　老朽化が進み，大規模な修繕ないしは立替えが必要な状況にあるアパートとその底地を所有している地主さんが，高齢で意思能力に不安が残るために家族信託を活用する，というケースはよくあります。このような場合には，受託者が主体となって修繕や建替えの計画や手続きを進めますが，修繕や建替えにあたり，その資金を借入で調達する必要がある場合があります。

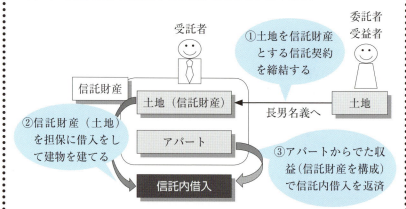

　この場合，借入の当事者は誰になるのでしょうか？　不動産の名義を有する受託者か？　それとも実質的な財産権を有する受益者か？　はたまた，委託者か？　結論から申し上げますと，**受託者が借入の当事者となります**。

　名義を有し，外形上の所有者である受託者が借入の当事者となることに違和感を覚える方はあまりいないと思いますが，受託者の立場からすれば，託された財産の運用のための借入を自ら背負わなければならないというプレッシャーもあることを理解しておく必要があります。

　そして，このような借入をして不動産を修繕・建替えするパターンの信託の場合には，相談段階のうちから受託者に借入の当事者となるという事実を理解しておいてもらうことが肝要です。

2．借入の法的性質

　受託者が借入を行うことが想定される信託では，受託者に対してもう1点理解しておいてもらうべき重要なポイントがあります。

それは，原則，【受託者は当該借入について無限責任を負う】ということです。すなわち，借入の返済が信託財産のすべてを処分しても賄いきれない場合には，その残額については受託者が自らの財産から工面する必要があります。

この結論は信託法21条2項の反対解釈として導き出されるものです。信託法21条2項には，限定責任信託の登記をした場合，債権者との間で受託者の個人資産に責任が及ばないことを合意した債権などについては受託者の個人資産に債権が及ばないことが定められています。

したがって，上記の条件を満たすことで受託者に直接信託に関する債務が及ばないようにすることはできますが，この条件を満たしたうえで借入を起こせるかは，あらかじめ金融機関に確認しておく必要があります。

ただし，受託者には信託財産を承継する親族がついていることが多く，この場合にはいずれにしろ自らが負担する債務になることから，上記が大きな障害になることは実務上はあまりありません。（どちらかといえば適正な受託者がいないことのほうが問題になりやすいです。）

3．借入と税金の関係

借入の当事者が受託者であり，受託者は原則無限責任を負うとなると，信託財産と借入の関係が課税上どうなるのか疑問に思われた先生方もいらっしゃると思います。まず，信託財産の課税に関する大前提ですが，自益信託（委託者＝受益者）による信託契約を締結し，その後受益者の死亡によって第2受益者に信託財産が移転した際には，その移転を遺贈とみなして，その信託財産に対して相続税が課税されます（相法9②）（上記のアパート立替えのケースではこのような流れになることがほとんどです。）。

そして，その信託財産とは「資産及び負債」である，と相続税法9条6項にあります。上記の「負債」に受託者が借り入れをした負債が含まれるかについては，それを明記する規定や通達はありませんが，信託法の施行と入れ替わりで廃止された通達の中に，「信託財産に帰属する債務」が債務控除可能な債務であることが明記されていたため，現在もその流れを踏襲している，と理解することが一般的となっています。

ただし，この点については疑問を呈する専門家もおり，明確な結論が出ているとまでは言えないのでご留意ください（353頁に詳細論文があります。）。

無限責任社員の法的責任と相続税法上の債務控除
―会社法と相続税法との交錯―

齋藤孝一

はじめに

　国税庁は,「合名会社等の無限責任社員の会社債務についての債務控除の適用」という質疑応答事例を情報として発遣し[1],「合名会社,合資会社の会社財産をもって会社の債務を完済することができない状態にあるときにおいて,無限責任社員が死亡した場合,その死亡した無限責任社員の負担すべき持分に応ずる会社の債務超過額は,相続税の計算上,被相続人の債務として相続税法13条の規定により相続財産から控除することができる」とし,その

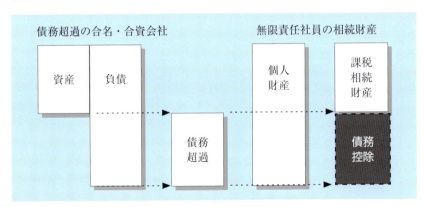

理由は,「合名会社の財産だけでは,会社の債務を完済できないときは,社員各々連帯して会社の債務を弁済する責任を負う(会社法580条)とされ,退社員は,本店所在地の登記所で退社の登記をする以前に生じた会社の債務については,責任を負わなくてはならない(会社法612条1項)とされている」からであるとしつつ,注記において,「納税者が行う具体的な取引等に適用する場合においては,上記の内容と異なる課税関係が生ずることがある」と結んでいる。

1　http://www.nta.go.jp/shiraberu/zeihokaishaku/shitsugi/sozoku/05/03.htm（平成30年8月6日最終確認）。

そこで，本稿は上記情報が，納税者の予測可能性・法的安定性について不確実な情報となっていることを踏まえ[2]，会社法580条と相続税法13条（債務控除），同法14条（控除すべき債務）との関係において，被相続人が無限責任社員であった場合（会社法607条1項3号，612条）の持分会社の債務につき，相続税法上の債務控除を適用し得ることの理論的根拠を明らかにすることを目的としている。

第1　相続税法における債務控除の趣旨

　相続税法13条1項は，相続又は遺贈（包括受遺者及び被相続人からの相続人に対する遺贈に限る。以下本条において同じ。）により財産を取得した者が無制限納税義務者である場合においては，当該相続又は遺贈により取得した財産については，課税価格に算入すべき価額は，当該財産の価額から被相続人の債務で相続開始の際に現に存するもの（公租公課を含む）及び被相続人に係る葬式費用を控除した金額によると規定し，相続税法22条は，控除すべき債務の金額は，その時の現況によると規定している。ここでいう債務とは，ある者が他の特定の者に対して一定の行為（給付）をすることを内容とする義務をいい，債務は契約，法律に基づいて発生し，その態様は一様ではないが，「被相続人の債務」とは，被相続人について発生している債務をい

---

[2]　品川芳宣＝緑川正博『徹底討論／相続税財産評価の論点』240頁～243頁（ぎょうせい，1997年）によれば，「平成7年12月11日の『週刊税務通信』におきまして『無限責任社員の債務控除は，基本通達14-5（現14-3）に準じ判定』という見出しで『相続時点の会社債務は，個人が無限の責任を負うとしても，あくまでも会社の債務とみなされる。要は，保証債務の一種として相続税法基本通達14-5（保証債務及び連帯債務）に照らして判定する』という記事が出たんです」〔緑川発言〕「東京国税局の税務相談事例集によると，その者の負担に属する部分については債務として控除するとしています。また名古屋国税局の出している本では，相続税の課税価格の計算上債務を負担した相続人の負担に属する部分については，その『債務を負担した』という言い方をしているわけです。さらに同じ東京国税局でも税務相談室の回答と資産評価官の回答ではニュアンスが違うわけで，前者では『負担に属する』と言い，後者は『負担した』ということで使い分けているわけですね。先ほどの『週刊税務通信』のように，その辺を考慮して疑問視する言い方がでてくるということは，相続税法14条の解釈からいって，いろいろ疑義があることを指摘しているのかと思いますね。各国税局が出している事例集における回答の『負担した』とか『負担に属する』とかという言葉の意味が，いま一つ理解しがたいのですが，書いている人達も余り自信がないのではないですか。文脈からいくと，何となくマイナスになったら控除してもよいように読めるのですが，その辺で，何となく言葉を濁して逃げているようにも思えます」〔品川発言〕という状況にある。

い，また，債務控除することのできる債務は，相続開始の際に現に存するものに限られており，相続によって相続人等に承継されない債務は債務控除の対象とならない[3]。

また，相続税法14条１項は，債務控除すべき「債務は確実」と認められるものに限ると規定し，相続税法基本通達14-1において，債務が確実であるか否かについては，必ずしも書面による証拠があることを必要としないが，債務の金額が確定していなくても当該債務の存在が確実と認められるものについては，相続開始時の現況によって確実と認められる範囲の金額だけを控除するとされている。

ところで，実定法上，「債務の確定」に関する定義規定はなく，債務の確定の意味，範囲，趣旨について必ずしも共通の理解はなく，見解の対立や紛争が生じている[4]。相続税法14条「確実な債務」の解釈についても同様である[5]。そこで，「債務の確定」について所得税法，法人税法，相続税法の各規定の相互関連性について若干の検討を行う。

所得税法37条は，必要経費に算入すべき金額は，別段の定めのあるものを除き，売上原価・直接に要した費用の額・販売費，一般管理費その他業務について生じた費用（償却費以外の費用でその年において債務の確定しないものを除く）の額と規定し，販売費，一般管理費等については，「債務の確定」を必要経費の要件（債務確定基準）としている。

法人税法22条３項は，損金の額に算入すべき額は売上原価等・販売費，一般管理その他の費用（償却費以外の費用で当該事業年度終了の日までに債務の確定しないものを除く）の額，損失の額で資本等取引以外の取引に係るものと規定しており，法人税法においても「債務の確定」という債務確定基準が明らかにされている。所得税法，法人税法ともに，「債務確定」の基準は同様であると解される。なんとなれば，法人税法22条４項は，「公正妥当と認められる会計処理の基準に従って計算されるものとする」として公正会計処理基準を明らかにしているが，会社法431条は，「株式会社の会計は，一般

---

[3] 武田昌輔監修『コンメンタール相続税法第１巻』1257頁（第一法規）。
[4] 田中治「必要経費判定における債務の確定の意義」税務事例研究148号14頁（2015年）。
[5] 品川＝緑川・前掲注（２）245頁。持分会社も出資の評価を規定している財産評価通達「194自体が，若干，言葉足らずかも知れませんし，……その辺の問題をこの『週刊税務通信』が問題提起しているようにも考えられますので，結論的には，やはり相続税法14条の解釈の問題になると思います」〔品川発言〕。

に公正妥当と認められる企業会計の慣行に従うものとする」と規定し、個人商人においては、商法19条で「商人の会計は、一般に公正妥当と認められる会計の慣行に従うものとする」と規定し、これらの強行法規はいずれも公正会計処理基準を明らかにしていることから、所得税法及び法人税法の債務の確定基準に差異はないと解される。

さらに、所得税法は、確定申告をすべき納税者が死亡した場合には、相続人が相続の開始があったことを知った日の翌日から4か月以内に準確定申告書を提出しなければならないと規定し、（所得税法124条・125条）、準確定申告においては、青色申告を行っている場合には、貸借対照表において、被相続人の債権及び債務の確定が必要となり、準確定申告で確定した債権債務は、ストレートに相続税申告書に反映されるので、債務の確定は相続税法においても債務確定基準によるものと解される。

第2　会社法580条（社員の責任）の解釈

会社法580条（社員の責任）1項柱書は、「（無限責任）社員は、次に掲げる場合には、連帯して、持分会社の債務を弁済する責任を負う。」とし、同項1号で、「当該持分会社の財産をもってその債務を完済することができない場合」、同項2号で、「当該持分会社の財産に対する強制執行がその効を奏しなかった場合（社員が、当該持分会社に弁済をする資力があり、かつ、強制執行が容易であることを証明した場合を除く。）」と規定している。

合名会社は、社員全員が会社債務につき、連帯・無限の責任を負う会社と定義され、このことが合名会社の本質をなす[6]。

1．債務の完済不能の意味

「当該持分会社の財産をもってその債務を完済することができない場合」とは、会社が債務超過（破産法16条1項）であることを意味し[7]、債務超過の事実が存在することにより、会社債務に対する無限責任社員の直接連帯責任が当然に発生し（大審院大正13年3月22日判決民集3巻5号185頁、以下

6　上柳克郎＝鴻常夫＝竹内昭夫編集代表『新版注釈会社法(1)』273頁〔大塚龍児〕（有斐閣、1985年）。
7　江頭憲治郎＝中村直人『論点体系会社法4』376頁〔井上健一〕（第一法規、2012年）。

「大正13年判決」という），債務超過の判定は，ゴーイング・コンサーンを前提にした営業価額（帳簿価額）で評価するか，清算価額で評価するかについては，学説上の対立があるが[8]，ゴーイング・コンサーンで評価するという考え方が，会社法学の多数説となっている[9]。

多数説の根拠は，社員の責任が会社の存続を前提としてその維持を目的としていること，会社が清算状態になく，社員の責任追及の条件を定めるための財産評価であることを根拠としている。というのは，会社法580条1項2号で「当該持分会社の財産に対する強制執行がその効を奏しなかった場合」に社員が連帯責任を負うとあることから，会社法580条1項1号に基づき社員が連帯責任を負う場面は，強制執行又は破産宣告等が行われて債務完済不能が確定したことを要しないと解されるからである[10]。

2．無限責任社員が負担する会社債務の範囲

無限責任社員が負担する会社の債務の範囲は，社員の責任は，担保責任であり，会社財産から債権者が弁済を受けなかった残額に限るという残額説と会社の債務の全額を負担する全額説との学説上の対立がある。通説は全額説であり，債務超過の事実は社員の責任発生の条件であって，限度を定めるものではないという理由である[11]。まさに，人的会社の特質は，無限責任社員の信用が基礎になっていることにあり，組合と同様の特質に照らして，法が

8　上柳・前掲(6)276頁。
9　江頭憲治郎編集代表『会社法大系』339頁（青林書院，2008年）。
10　奥島孝康＝落合誠一＝浜田道代編『新基本法コンメンタール会社法3』10頁〔今泉邦子〕（日本評論社，第2版，2015年）。
11　国税徴収法33条（合名会社等の社員の第二次納税義務）に「合名会社若しくは合資会社又は税理士法人，弁護士法人，外国法事務弁護士法人，監査法人，特許業務法人，司法書士法人，行政書士法人，社会保険労務士法人若しくは土地家屋調査士法人が国税を滞納した場合において，その財産につき滞納処分を執行してもなおその徴収すべき額に不足すると認められるときは，その社員（合資会社及び監査法人にあつては，無限責任社員）は，その滞納に係る国税の第二次納税義務を負う。この場合において，その社員は，連帯してその責めに任ずる。」とあり，係る不足額につき，国税徴収基本通達33条関係（無限責任社員の第二次納税義務）8は，「無限責任社員から徴収することができる金額は，合名会社等から滞納処分により徴収することができる滞納に係る国税（退社又は持分の全部を譲渡した無限責任社員及び合資会社又は監査法人の無限責任社員から有限責任社員となった者にあっては，本店の所在地において退社の登記又は責任変更の登記をする前に納税義務が成立した合名会社等の国税に限る。）の全額であって，合名会社等の財産が徴収すべき国税の額に不足すると認められる場合のその不足する額に限られない。」とし，課税当局も全額説に立っているものと認められる。

無限責任社員に会社債務の弁済に責任を特に負わせているのであるから，無限責任社員は会社の債務と同一内容及び同一範囲の債務を負担するのが相当であるという理由による（大正13年判決，大審院昭和9年12月12日判決法律新聞37790号15頁）。

3．連帯債務の法的性質—民法・商法上の連帯債務概念の確認—

　民法427条（分割債権及び分割債務）は，数人の債権者又は債務者がある場合において，別段の意思表示がないときは，各債権者又は各債務者は，それぞれ等しい割合で権利を有し，又は義務を負うと規定している。これは，多数当事者の債権関係については，各債権あるいは各債務は，それぞれ平等の割合で分割されるという原則を定めたものである。多数当事者の債権関係として民法には，①分割債権・債務，②不可分債権・債務，③連帯債務，④保証債務の4種類の規定が置かれている。①から③は人の結合（広い意味で団体）が当事者となる場合であり，④は担保のために債務者の数を増やす場合の制度である[12]。

　それに対して，商法511条（多数当事者間の債務の連帯）は，民法の特則として，数人の者がその一人又は全員のために商行為となる行為によって債務を負担したときは，その債務は，各自が連帯して負担すると規定し（同条1項），保証人がある場合において，債務者が主たる債務者の商行為によって生じたものであるとき，又は保証が商行為であるときは，主たる債務者及び保証人が各別の行為によって債務を負担したときであっても，その債務は，各自が連帯して負担する（同条2項）と規定している。すなわち，商行為による場合は，多数当事者間においては連帯債務となることを規定している。

　連帯債務については，民法432条（履行の請求）において，数人が連帯債務を負担するときは，債権者は，その連帯債務者の一人に対し，又は同時に若しくは順次にすべての連帯債務者に対し，全部又は一部の履行を請求することができると規定し，連帯債務者の一人に対する履行の請求は，他の連帯債務者に対しても，その効力を生ずる（民法434条）としている。

　連帯債務の法的性質は，①各債務者の債務は全部の給付を目的とする，②債務者のうちだれか一人の給付があれば，全部の債務は消滅する，③各債務

---

[12] 内田貴『民法Ⅲ 債権総論・担保物件』337頁（東京大学出版会，第3版，2015年）。

者の債務は主観的にも共同の目的を持って関連しており，そのため，一人について生じた事由は，他の債務者に影響を及ぼす，④連帯債務は債務者の数に応じた数個の債務である，とされている[13]。

　すなわち，連帯債務とは，数人の債務者が同一内容の給付について各々の独立に全部の履行をなすべき債務を負担し，その中の一人が弁済すると，他の債務者の債務も消滅する多数当事者の債務ということができ，分割債務に比べて債権の効力が強化されているといえよう。したがって，債務超過額につき，無限責任社員はその出資額の評価額にかかわらず均分に負担することになり，その限度において債務控除額の負担が確定するといえよう。

第3　合名会社等の無限責任社員の会社債務についての債務控除が問題となった裁決事例の検討（東裁〔諸〕平26第44号　平成26年11月18日裁決 TAINS　コード F0-3-398）

　本事案は，「合名会社等の無限責任社員の会社債務についての債務控除」という国税庁情報を基に納税者が相続税申告をしたところ，債務控除は認められないとした課税処分庁の更正処分等に対する審査請求事案である。

　本事案を取り上げた理由は，課税庁が債務控除を認めないとした会社法580条の解釈をめぐる課税庁の主張がいかなるものであるか，また，審判所がいかなる理由付記をすれば，本事案の更正処分が適法になるのかを例示していることを検討することにあり，更正の理由付記が違法であるとした裁決結果を論評するものではない。

1．事案の概要

　本事案は，審査請求人らが，被相続人には会社の無限責任社員として負っている会社法580条1項に規定する「債務を弁済する責任」があるとして，相続税の課税価格の計算上，「債務を弁済する責任」を債務として控除して相続税の申告をしたところ，課税処分庁が被相続人は「債務を弁済する責任」を負っていたとは認められないから，「債務を弁済する責任」を債務として控除することはできないなどとして，相続税の更正処分等をしたことに

---

[13]　高梨全之外『実例民法 全訂版』186頁（自由国民社，2007年）。

対し，請求人らが原処分の取消しを求めたところ，審判所は，更正等通知書に記載された債務弁済責任に係る債務控除に係る部分は，行政手続法14条1項に規定する要件を満たさない違法な処分（更正の理由付記の不備）であるとして，更正処分等の全部を取り消した事案である。

2．争点
① 更正の理由付記が不利益処分の理由として十分な記載といえるか否か
② 債務弁済責任は，「相続開始の際現に存するもの」に該当し，かつ「確実と認められるもの」に該当するか否か
③ 本件各賦課決定処分について各更正処分が，従来の公的見解（国税庁情報）を変更してなされたものとして，「正当な理由があると認められるものがある場合」に該当するか否か

以上の3点が争点であるが，本稿においては，争点②を中心に検討を加える。

3．課税庁の主張
　会社法580条1項は，持分会社の財産をもってその債務を完済することができない場合又は持分会社の財産に対する強制執行がその効を奏しなかった場合，持分会社の社員は連帯して持分会社の債務を弁済する責任を負う旨規定しているとおり，持分会社に対する債務弁済責任の追及は，会社財産による完済不能，会社財産に対する強制執行の不奏功の場合のみできるのであり，その範囲で，持分会社の社員の責任は，会社債務及び責任に対して補充性ないし第二次性を有しているといえる。そして，債務を含む会社財産の評価時期は，会社債権者の請求の時であり，会社の債務超過の立証責任は，会社債権者にあるとされている。
　このような持分会社の社員が負う債務弁済責任は，保証債務に類似するものと解されており，会社債権者が会社の債務超過を立証し，社員に対して会社債務の弁済を請求しなければ，社員が現実に負担すべき債務として確定するものではなく，その負担すべき金額も不明であるので，会社債権者から請求のない時点においては，社員が持分会社の債務弁済責任を負担することはあり得ない。

また，債務と責任の分離ができることからすれば，持分会社の社員の責任は，「債務なき責任」と解するのが，私法の体系的理解の上から適当であり，その解釈は，社員の責任は持分会社が社員の人的信用を基礎とすること，すなわち，会社信用の強化という会社法580条の規定の趣旨目的からも適当であるとされている。

　そうすると，会社債権者から持分会社の債務超過を立証することにより，社員が会社債務の弁済を請求されなければ，社員は債務弁済責任に基づく債務を何ら負担することはあり得ないので，死亡した社員の債務弁済責任それ自体は相続税法13条1項1号に規定する「被相続人の債務で相続開始の際現に存するもの」には該当しない。

　加えて，会社が弁済不能の状態であるか否かは，一般に債務者が破産，和議（当時：著者），会社更生あるいは強制執行等の手続開始を受け，又は事業閉鎖，行方不明，刑の執行等により債務超過の状態が相当期間継続しながら，他からの融資を受ける見込みもなく，再起の目途が立たないなどの事情により事実上の債権の回収ができない状況にあることが客観的に認められるか否かで決せられるべきであるところ，本件持分会社は，①破産，会社更生あるいは強制執行等の手続開始を受けた事実はないこと，②本件相続開始日の後も営業を継続していることからすれば，本件持分会社が弁済不能の状態にあったとは認められない。

　そうすると，本件被相続人が無限責任社員として負っている会社法580条1項に規定する「債務を弁済する責任」が仮に存したとしても，同債務は，相続税法14条1項に規定する「確実と認められるもの」には該当しない。

4．請求人の主張

　会社法580条1項に規定する「当該持分会社の財産をもってその債務を完済することができない場合」とは，持分会社の債務超過をさすものであり，この事実が存在する以上，会社債務に対する社員の連帯無限の責任は当然に発生し，「現に存するもの」に該当する。そして，持分会社は根本的に組合であり，法人格を付与された組合と理解されている。この組合の法理はそのまま持分会社の無限責任にもあてはめられ，持分会社の財産は全て無限責任社員の共有財産であり，持分会社の債務は全て無限責任社員の連帯債務となる。

会社法580条１項は，上記の組合の法理を前提として，債務超過の場合には，会社所有の財産からの弁済を優先させるべきとし，債務超過の場合には，無限責任社員の個人所有の財産を引き当てにした請求が可能となるように規定したものであり，持分会社の債務全部につき，無限責任社員に弁済責任があることを前提としているのである。

　また，会社法612条１項の規定においても，退社した無限責任社員は，退社の登記をする前に生じた持分会社の債務について，会社法580条の責任の範囲内でこれを弁済する責任を負うとされており，無限責任社員が社員を辞めた時点で持分会社が債務超過の時は，債務超過部分を補填する義務を課している。

　課税処分庁は，会社債権者の請求の有無によって無限責任社員の債務弁済責任に基づく債務の発生が左右される旨主張するが，そうであれば，無限責任社員が会社債権者から請求を受ける前に死亡した場合には，その社員の相続人は債務を負担しなくてもよいことになる。すなわち，持分会社の無限責任社員は死亡によって当然に退社する（会社法607条１項３号）ところ，無限責任社員が死亡時点において会社債権者からの請求がないことにより債務を負担していなければ，その社員の相続人が債務を相続することもなく，会社債権者も相続人に請求することができなくなり，不当である。

　以上からすれば，本件被相続人が無限責任社員として負っている会社法580条１項に規定する「債務を弁済する責任」ないしこれに基づく債務は，相続税法13条１項１号に規定する「被相続人の債務で相続開始の際現に存するもの」に該当し，当然に相続税法14条１項に規定する「確実と認められるもの」にも該当する。

5．審判所の判断

　本件更正等通知書の「被相続人は債務を弁済する責任を負っていたとは認められないから債務を弁済する責任を債務として控除することはできない」とする「処分の理由」欄の記載からは，本件相続開始日における本件債務弁済責任に基づく債務が現に存在しない理由につき，例えば，①本件合資会社に1,401,816,220円の債務超過額が存しない，②本件被相続人が無限責任社員ではない，③本件合資会社の債務超過額はおよそ無限責任社員である本件被相続人の債務ではない，④本件合資会社の債務超過額は無限責任社員の債務

ではあるものの本件においては，会社法581条《社員の抗弁》1項に該当する社員の抗弁の事実があり，無限責任社員の債務として認められるための要件を満たしていない，⑤そもそも会社法580条1項は，債務を弁済する責任を規定しているにすぎないという法解釈を前提として，会社債権者からの弁済請求責任を受けていない以上，本件被相続人は，本件債務弁済責任に基づく債務を何ら負っていない，などの様々な可能性が考えられ，原処分庁による処分の実際の理由が，これらのどれに当たるのか，あるいはこれら以外の理由なのか，不明である。

したがって，本件更正等理由通知書に記載された債務控除に係る処分理由は，行政手続法14条1項に規定する要件を満たさない違法な処分であるといわざるを得ない。

6．審判所の判断の検討

裁決の結論は妥当な判断である。本件は，行政手続法14条の趣旨を踏まえた課税処分における理由付記の在り方に一石を投じたという意味で参考になる裁決であると評価し得る。

しかしながら，会社法580条の解釈において，争いがあるといいつつも，「そもそも会社法580条1項は，債務を弁済する責任を規定しているにすぎない」という法解釈を前提として，「会社債権者からの弁済請求責任を受けていない以上，本件被相続人は，本件債務弁済責任に基づく債務を何ら負っていない」という処分理由を記述すれば適法な処分理由であることを示唆するなど，今後の同様な争訟に対する影響を及ぼすおそれがある本裁決には反対であると言わざるを得ない。

重要な争点である会社法580条の法解釈及び相続税法14条の法解釈に基づく債務の確定の実質的判断を正面からすべきであったと思われる。

第4　債務超過の評価方法

国税庁情報に対しては，幾つかの論点がある。持分会社の資産・負債の評価とその差額概念としての債務超過額の評価方法及び債務控除すべき金額の妥当性について，継続企業が前提となっている会社法580条1項1号の考え方との調整を図る必要があるからである。

債務超過状態の評価は会社法上の通説は，ゴーイング・コンサーンを前提にした営業価額，すなわち継続企業を前提にした，一般に公正妥当な企業会計の慣行に従って作成（会社法614条）された貸借対照表で債務超過状態にあるか否かを判断するとされている。

　会社法580条1項1号は，債務超過の状態にある場合には，無限責任社員は持分会社の債務を弁済する責任を負うとされているので，債務の全額について負担を負うというのが会社法学の多数説である。債務超過という会社の危機的状態を認識した場合には，債権者保護の観点から，会社債権者は無限責任社員に対して，債務の返済の履行を請求し得るからである。そして，当該返済に応じた無限責任社員は弁済につき正当の利益を有する第三者として，その範囲内で当然に債権者に代位する（民法500条）。

　したがって，相続税法の視座からは，債務超過額を債務控除するのではなく，会社債務の全額を控除しつつ，同時に係る会社の有する資産の実質的回収可能性を評価して，財産に計上するという構成が正しいといえよう。そして，その評価方法としては，簿価純資産説や時価純資産説によって債務超過額を計算するのではなく，課税の公平という観点から，相続税法上の清算価額計算としての意義を有するところの財産評価基本通達に基づいて債権債務を評価するのが妥当であろう。

おわりに

　平成26年11月18日裁決は，会社が債務超過の状態にあるという「事実カ存在スル以上，会社債務ニ対スル社員ノ連帯無限ノ責任ハ当然発生シ而カモソハ債務ノ全額ニ対スルモノニシテ，会社財産ヨリ弁済ヲ受クル能ハサル部分ニ付テノミ責任ヲ負フモノニ非ス」（大正13年判決）という会社法580条の合名会社の社員の責任を明らかにしたリーディングケースと位置付けられる判決を考慮していない裁決内容であるといえよう。

　会社債務の完済不能とは，会社財産と債務との比較対照による計算上の問題であり，計算上負債が資産を超過する場合をいい，会社の破産宣告を待つまでもなく[14]，会社の清算・解散前でもよく[15]，若しくは強制執行の結果と

14　東京控判明治39年6月7日法律新聞368号11頁。

して，実際に完済不能が確定することを要しない[16]。会社が債務超過に陥っていれば，社員も会社債権者に対して，そのときどきの会社債務を弁済すべき責任を負うのである[17]。確かに，合名会社も法人であり，社員とは別人格だから，会社が債務を履行しないときでも社員が直ちに責任を追及されるわけではないが[18]，合名会社には，資本充実・維持のための制度がなく，社員の人的信用を基礎とする特殊な会社形態であることから，会社債権者保護のために，債務超過の場合には，社員も責任を追及される旨が規定されているのである[19]。言い換えると，債務超過という事実があれば，無限責任社員の責任が発生するというのが，学説・判例の通説である[20]。

ところで，相続申告の実務上の処理としては，無限責任社員が一人の場合には，会社財産を資産として，会社債務を負債として，財産評価基本通達に基づいて評価した金額をそれぞれ両建て計上し，無限責任社員が二人いれば，それぞれの半額が計上されることとなろう。いずれにせよ，相続税申告においては，課税当局が債務超過額を検証可能な内容で行うべきことは言うまでもない。

『事業承継に活かす持分会社・一般社団・信託の法務・税務』（中央経済社，2015年10月）を上梓したが，紙面の都合上，民法・商法・破産法に触れることが出来なかったので，本稿において，その補足ができていれば幸いである。

---

15 大阪地判明治43年2月10日法律新聞636号12頁。
16 加藤徹「判批」倉澤康一郎・奥島孝康・森淳二朗編『判例講義会社法』225頁（悠々社2007年）。
17 三浦治「判批」宮島司・丸山秀平編『基本判例7 会社法』124頁（法学書院，1998年）。
18 完済不能すなわち会社の債務超過の立証責任は会社債権者にあるとされている（大阪地判大正13年9月15日法律新聞2320号5頁）。しかし，計算書類の債権者に対する開示の保障を欠く合名会社にあっては，債務超過の立証は困難であると思われる。
19 三浦・前掲注(17)124頁。
20 加藤・前掲注(16)226頁。

民事信託における信託内借入に対する
相続税法上の取扱いについて

齋藤孝一

はじめに

　65歳以上の高齢者の認知症患者数と有病率の将来推計についてみると，2012（平成24）年は認知症患者数が462万人と，65歳以上の高齢者の7人に1人（有病率15.0％）であったが，2025年には約700万人，5人に1人になると見込まれている[1]。親が認知症になりこれが進行すると，意思能力を欠く常況となることから法律行為ができなくなり，それに加えて親の介護費用や財産の維持管理のための費用を子ども世代が負担しなければならないことも懸念される。

　そこで，平成19年に施行された新信託法[2]に基づく民事信託の活用が注目されている。さらに，信託の意思凍結機能[3]を利用し，親の意思を引き継いで，その財産を不動産投資などの積極運用に充てることもできる[4]。そのようなニーズに対応するため，一部の信託銀行，地方銀行，信用金庫において[5]，「信託口」と呼ばれる信託専用の受託者名義の「信託口座」（倒産隔離機能預金口座）の開設が行われはじめた[6]。特に，城南信用金庫では，信託財産として不動産を受託者に移転させた後，受託者に対して行う融資のほか，既存ローンを信託財産への融資に承継させることもできるとしている[7]。不動産

1 　内閣府平成28年版高齢者社会白書（概要版）第1章第2節3「高齢者の健康・福祉」。
2 　信託法　平成18年12月15日法律第108号。
3 　「信託設定当時における委託者の意思を，委託者の意思能力の喪失や死亡という主観的事情の変化に抗して，長期間にわたって維持するという機能」新井　誠『信託法4版』86頁（有斐閣，2014）。
4 　認知症等により事理を弁識する能力を欠く常況にある者については，成年後見人制度（民法7条）を利用することもできるが，成年後見制度の目的は「成年被後見人の財産の保護」にあり，成年被後見人の利益になることしかできないので，建築請負契約の締結等はできない。
5 　三井住友信託銀行，広島銀行，琉球銀行，常陽銀行，西武信用金庫，城南信用金庫，横浜信用金庫等が民事信託向けのサービスを行っている。
6 　有価証券の信託口座については，共和証券，日産証券に続いて最近，野村證券も信託口を開設した。従来有価証券の信託は，一旦売却して信託口座預金にするしかない現状であった。

である信託財産を管理運用するためには「信託内借入」（受託者としての借入で「信託財産責任負担債務[8]」に該当する債務をいう。以下同じ）が必要となる場合が多い[9]。

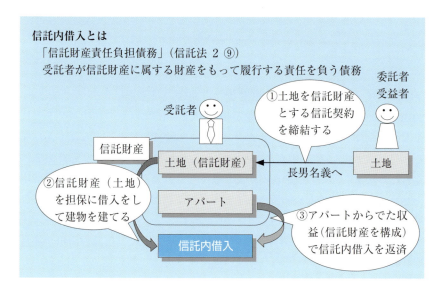

ところで、信託内借入の債務控除について、「被相続人の債務で相続開始の際現に存するもの」（相続税法13①一）や「確実と認められる債務」（同法14①）でないとして相続税法13条及び14条の債務控除ができない場合があるとの実務書の指摘が散見される[10]。そこで、信託内借入について、信託法と相続税法との関連を明確にし、そのような指摘の論拠を示しつつ債務控除の可能性を明らかにすることが本稿の目的である。

---

[7] 新井誠 編『信託フォーラム Vol.7』17頁（日本加除出版, 2017）。
[8] 受託者が信託財産に属する財産をもって履行する責任を負う債務をいう（信託法2⑨）。
[9] 新信託法26条は、受託者が借入権限を有することを明確にした条文である（能見善久＝垣内弘人編『信託法セミナー(4)』76頁〔沖野眞己発言〕（有斐閣, 2016）。
[10] 笹島修平『3訂版 信託を活用した新しい相続・贈与のすすめ』292頁（大蔵財務協会, 2015）。そこには、「信託財産をもって弁済することができないと見込まれる時、弁済できないことになった借入金を新たに受益者になった者が負担することが明確になっていないと債務控除することが認められないリスクがあります。」と記述されている。

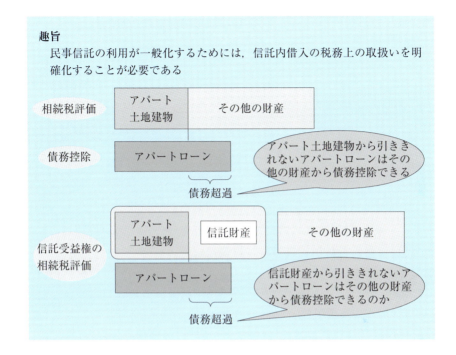

第1　信託法上の信託内借入の位置づけ

1．事例の紹介

　高齢な親の財産管理を目的とする場合には，いわゆる後見代用信託（契約）が利用される。後見代用信託は，高齢な親が元気なうちに，親を委託者兼受益者とし，例えば長男を受託者とする自益信託契約を結ぶ。信託契約に事前に明記しておけば，親が判断力を失っても，長男が親の土地にアパートを新築することも，古いアパートを改築することも可能である。この場合に想定される信託内借入は，以下の2種類に大別される。

＜事例1＞（従前の債務を信託財産責任負担債務とした場合）

　委託者兼受益者（親）が，土地及び従前に借入により取得したアパートを受託者（長男）に信託し，その借入を信託財産責任負担債務と定め，受託者が当該債務の債務引受けをした場合

　この事例においては，債務引受けの手続は，債権者の同意があれば，免責

的債務引受け[11]の効果が生じ，債権者の同意が無ければ，併存的債務引受け[12]の効果が生ずる[13]。

　なお，委託者兼受益者が，従前に借入れにより取得した収益不動産を信託し，借入を「信託財産責任負担債務」とは定めず，受益権に基づき給付された利益から委託者兼受益者が自ら返済する場合は，信託内借入には該当しない。

＜事例２＞（受託者が信託財産責任負担債務となる債務を新たに借入した場合）

　委託者兼受益者（親）が土地を受託者（長男）に信託し，受託者（長男）がその土地を担保に供したうえで新たに受託者（長男）として借入を行い，アパートを建設する場合

　この事例においては，受託者（長男）の借入債務は，「信託財産のためにした行為であって受託者の権限に属するものによって生じた権利」（信託法21①五）にかかる債務であって「信託財産責任負担債務」とされ，原則として受託者が信託財産に属する財産をもって履行する責任を負うことになる。

２．信託財産責任負担債務

　平成19年信託法改正により，「受託者が信託財産に属する財産をもって履行する責任を負う債務をいう」として新たに「信託財産責任負担債務」が定められ（信託法２⑨），信託法21条に信託財産責任負担債務の範囲が，以下のように定められた。

- 受益債権に係る債務（同法21①一）
- 信託財産に属する財産について信託前の原因によって生じた権利に係る債務（同二）
- 信託前に生じた委託者に対する債権であって，当該債権に係る債務を信託財産責任負担債務とする旨の信託行為の定めがあるものに係る債務

---

[11] 債務者が免責され引受人のみが債務を負うもの。法務省『民法（債権関係）の改正に関する論点の検討⑽』2頁。

[12] 債務者と引受人とが併存して債務を負うもので「重畳的債務引受け」ともいう。法務省・前掲注⑾2頁。

[13] 新井誠『コンメンタール信託法』79頁（ぎょうせい，2008）。

（同三）
- 受益権取得請求権に係る債務（同四）
- 信託財産のためにした行為であって受託者の権限に属するものによって生じた権利に係る債務（同五）
- 受託者が信託財産のためにした権限違反行為のうち取り消すことのできないものによって生じた権利（行為の相手方が，その行為が信託財産のためになされたものであることを知らなかった一定の場合を除く）及び受託者が信託財産のためにした権限違反行為のうち取り消すことのできるものであって取り消されていないものによって生じた権利に係る債務（同六）
- 利益相反行為の制限の規定に違反した受託者と第三者との間の行為によって生じた権利に係る債務（同七）
- 受託者が信託事務を処理するについてした不法行為によって生じた権利に係る債務（同八）
- 上記五号から八号のほか信託事務の処理について生じた権利の係る債務（同九）

　したがって，＜事例１＞に係る信託内借入は上記三号債務に該当し，＜事例２＞に係る信託内借入は上記五号債務に該当する。

3．受託者の履行責任

　信託法21条２項では，信託財産責任負担債務のうち次に掲げる権利に係る債務について，受託者は，信託財産に属する財産のみをもってその履行責任を負うとされ，以下のように定められた。
- 受益債権（信託法２⑦）に係る債務（同法同項一）
- 限定責任信託[14]における信託債権（受益債権を除く）に係る債務（同二）
- 上記１号及び２号のほか，信託法の規定（75⑥・76②・83②）により信託財産に属する財産のみをもってその履行の責任を負うものとされる場合における信託債権に係る債務（同三）

14　受託者が当該信託のすべての信託財産責任負担債務について信託財産に属する財産のみをもってその履行の責任を負う信託を「限定責任信託」という（信託法２②）。財産に属する財産のみをもってその履行の責任を負う信託をいう（信託法２⑫）。

- 信託債権を有する者との間で信託財産のみをもってその履行の責任を負う旨の合意がある場合における信託債権に係る債務（同四）

したがって，受託者が信託目的に従い信託内借入を行ったことによる債務は，上記信託財産に属する財産のみをもってその履行責任を負う債務に該当しないので，信託財産だけでなく受託者の固有財産も責任財産となる[15]。

4．受託者の補償請求権

新信託法における論点　① 受託者の補償請求権

旧信託法
受託者は，信託事務の処理に関する費用について，受益者に対し補償を請求することができる（旧信託法36②）

新信託法
受託者が信託目的に従い信託内借入を行ったことによる債務 → 信託財産だけでなく受託者の固有財産も責任財産となる

受託者は，信託事務を処理するのに必要と認められる費用を固有財産から支出した場合には，信託財産から当該費用等の償還を受けることができる（信託法48①）

ただし… 償還を請求できる対象を信託財産に限定し受益者への補償の請求を認めていない

受託者が個別に受益者と合意をした場合に限り，当該受益者に対して費用等を請求できる（信託法48⑤）

旧信託法36条2項は，「受託者ハ受益者ニ対シ前項（筆者注：受託者が負担した費用）ノ費用又ハ損害ニ付其ノ補償ヲ請求シ又ハ相当ノ担保ヲ供セシムルコトヲ得」として受託者は，信託事務の処理に関する費用について，受益者に対し補償を請求することができるとしていた[16]。しかし，新信託法では，「受託者は，信託事務を処理するのに必要と認められる費用を固有財産から支出した場合には，信託財産から当該費用等の償還を受けることができる」（信託法48①）と規定し，償還を請求できる対象を信託財産に限定し受

益者への補償の請求を認めていない。これは，受益者は必ずしも信託行為の当事者であるとは限らないことから，信託行為の責任を受益者に負わすことは不合理であるからである。ただし，民法650条1項の規定[17]に準じ，受託者が個別に受益者と合意をした場合に限り，当該受益者に対して費用等を請求できることとした[18,19]（信託法48⑤）。

5．信託の終了時における信託財産及び信託内借入の信託法上の取扱い

信託行為において定めた事由が生じたとき（信託法163⑨）等の理由により，信託の終了事由が発生した場合に信託は終了する（信託法163〜166）。そして，信託は当該信託が終了した場合には，清算の開始原因となり清算手続に入る（信託法175）も，清算手続が結了するまではなお信託は存続するものとみなすとされている（信託法176）。

清算受託者は，信託に係る債権債務を清算し，清算が結了した時は，残余財産を残余財産受益者又は帰属権利者（以下，「残余財産受益者等」という）に対して給付する（信託法182）。さらに，清算受託者は債務を弁済した後でなければ，残余財産を残余財産受益者等に給付することはできないと規定されている（信託法181）。

清算受託者は，信託の清算のために必要な一切の権限を有すると規定されているが，信託行為に別段の定めがあるときは，その定めによるとされている（信託法178①）。かかる信託法178条1項の規定は，「まさに残余財産の給付に関して現物での交付を定めている場合と考えられ[20]」る。したがって，

---

15 「信託に関して受託者と取引を行った第三者に対する受託者の責任は，限定責任信託を除いて解釈論としては，受託者が無限責任を負うこととなると解されている。すなわち負債が信託財産を引き当てにするのみでは返済が不可能であるときには，第三者は受託者の固有財産に対しても執行することができると考えられる。」（新井・前掲注(3)321頁）。
16 「旧信託法が受託者に対して補償請求権を付与した背景には旧信託法が同時に受託者に対しての対外的な無限責任を認めていた事実が存在する」新井・前掲注(3)322頁。なお，旧信託法19条・新信託法100条に規定する受託者の有限責任の規定は，受託者と受益者との関係であって，「受託者と信託外第三者との関係には効力は及ばない」（新井・前掲注(3)321頁）とされている。
17 受任者の委任者に対する費用償還請求権（民法650①）。
18 新井・前掲注(3)327頁。
19 「受益者に対する償還請求権は，個別の受益者との合意によってのみ発生するものである」（寺本振透編集代表『解説 新信託法』106頁〔弘文堂，2007〕）。
20 能見＝垣内・前掲注(9)75頁〔沖野眞已発言〕。

「清算受託者は、清算結了に当たり信託財産と信託内借入を相殺することなく、当該財産及び当該債務を残余財産受益者等に給付する」という別段の定めを信託行為に定めれば、相殺することなく残余財産受益者等に債権債務を引き継ぐことが可能であるとする解釈が成り立ちうる。

第2　相続税法における信託税制と信託内借入の取扱い

1．信託に関する権利に対する相続税法の取扱い—相続税法9条の2—

　相続税法9条の2（贈与又は遺贈により取得したとみなす信託に関する権利）は、適正な対価を負担せずに信託に関する権利を取得した受益者等（「受益者及び特定委託者[21]」をいう。以下同じ）となる者に対する課税関係を規定している。

　相続税法9条の2は以下のような構成となっている。

- 新たに信託の効力が発生した場合（同条①）
- 受益者等の存する信託について新たな受益者等が存するに至った場合（同②）
- 受益者等の存する信託について当該信託の一部の受益者等が存しなくなった場合において残存受益者に権利の移転があった場合（同③）
- 受益者等の存する信託が終了した場合（同④）
- 特定委託者（同⑤）
- 第1項から第3項に該当する場合に限り、信託に関する権利又は利益を取得した者は、当該信託の信託財産に属する資産及び負債を取得し、又は承継したものとみなして相続税の規定を適用する（同⑥）

　ここで問題となるのは、相続税法9条の2第4項の信託終了時については、同6項の「当該信託の信託財産に属する資産及び負債を取得し、又は承継したものとみなし」という規定が適用されないということである。

---

[21] 特定委託者とは、信託の変更をする権限を現に有し、かつ、当該信託の信託財産の給付を受けることとされている者（受益者を除く）をいう（相続税法9条の2⑤）。

2．問題の所在―相続税法9条の2第4項の解釈を巡って―

問題の整理

◆信託内借入＝受託者（長男）の債務

◆信託内借入を父親（受益者）で債務控除
　→　相続税法9条の2第6項の規定の適用が必要

◆相続税法9条の2第4項　　残余財産受益者等が残余財産を遺贈等により取得したものとみなしている
　＝信託の清算を前提
　　受益者が受託者に資産・負債をそのまま現物で承継することを予定していない

◆相続税法9条の2第6項（資産・負債の承継）は，上記理由により，同条第4項を範疇としていない

　問題の所在は，相続税法9条の2第4項の信託の「受益者等の存する信託が終了した場合において，適正な対価を負担せずに当該信託の残余財産の給付を受けるべき，又は帰属すべき者となる者があるときは，当該給付を受けるべき，又は帰属すべき者となった時において，当該信託の残余財産の給付を受けるべき，又は帰属すべき者となった者は，当該信託の残余財産（当該信託の終了の直前においてその者が当該信託の受益者等であった場合には，当該受益者等として有していた当該信託に関する権利に相当するものを除く。）を当該信託の受益者等から贈与（当該受益者等の死亡に基因して当該信託が終了した場合には，遺贈）により取得したものとみなす」という規定ぶりにある。

　文言どおり解釈すると，信託内借入は清算手続により返済され，その残余財産が帰属権利者に交付される。したがって，財産と債務の両建てによる信託内借入の債務控除ができないという問題，又は，信託財産を財産評価基本通達により評価することによって，信託財産≦信託内借入の場合はゼロ評価になるという問題，すなわち，土地は貸家建付地評価，賃貸建物評価は貸家，信託内借入は債務控除ができないという問題が惹起されることとなる。

　相続税法9条の2第4項は，信託の終了を定めた信託法163条1項「信託

の目的を達成したとき，又は信託の目的を達成できなくなったとき」又は9項「信託行為において定めた事由が生じたとき」の規定，委託者及び受益者の合意等（信託法164）の規定等により信託が終了した場合には，清算しなければならず（信託法175），信託が終了した時以後の受託者（清算受託者）は，①現務の結了，②信託財産に属する債権の取立て及び信託債権に係る債務の弁済，③受益債権に係る債務の弁済，④残余財産の給付の職務を行う（信託法177各号）。また清算受託者は債務を弁済した後でなければ，残余財産を残余財産受益者等に給付することはできない（信託法181）との信託法の原則的規定を継受して，立法化されたのであろう[22]。したがって信託内借入が弁済された後の残余財産を想定しているものと言えよう。

> **新信託法における論点　② 信託の終了**
> 清算受託者は債務を弁済した後でなければ，
> 　残余財産を残余財産受益者等に給付することはできない（信託法181）
> ただし
>
> > 清算受託者は，信託の清算のために必要な一切の権限を有する
> >
> > 信託行為に別段の定めがあるときは，その定めによるとされている（信託法178①）
>
> 別段の定めを信託行為に定めれば…
>
> > 相殺することなく残余財産受益者等に
> > 　　　　　債権債務を引き継ぐことが可能
> >
> > 　　　　　　　　　　　　解釈が成り立ちうる。

しかしながら，「信託の終了にあたり，当該財産及び当該債務を残余財産受益者等に給付する」という別段の定めを信託行為に定めれば，清算することなく終了時の信託財産・債務を現物のまま交付できるのであり，最終段階

---

22 「清算では，信託財産と信託の債務との差し引きが最低ゼロで，通常はプラスが残ることが想定されている。そうでないとすれば，清算ではなく破産のほうにいくべきである」〔藤田友敬発言〕（能見＝垣内・前掲注(9)64頁）。

民事信託における信託内借入に対する相続税法上の取扱いについて　363

での換価の問題は出てこない[23]のであり，相続税法9条の2第4項の規定は，現実の信託実務に対応ができていないと言わざるを得ない[24]。

ところで，昭和61年7月9日，国税庁より「土地信託に関する所得税，法人税並びに相続税及び贈与税の取扱いについて」という通達が発遣された[25]。この通達により，土地信託に係る信託財産に帰属する債務がある場合には，信託受益権を取得した者の相続税の課税価格の計算上，相続税法13条及び14条の規定を適用するとされ，信託財産に帰属する債務とは，その信託財産の

23　能見＝垣内・前掲注(9)65頁〔道垣内弘人発言〕。
24　「清算することなく終了時の信託財産・債務を現物のまま交付する」ということは，当該交付を受ける帰属権利者等は負担付遺贈としての相続税課税になる（相続税法基本通達11の2－7）。
　　一方において「帰属権利者等に対して，資産負債の無償譲渡として時価課税が行われる」という見解もある〔筆者が本論文を報告した平成30年4月14日日本税法学会中部地区研究会における加藤義幸会員発言〕。これは，相続人又は包括受遺者に係る限定承認における「みなし譲渡課税」（所得税法59条1項1号）と同様の考え方であろう。
25　この取扱通達は，当時の信託銀行において商品化されていた土地信託を対象として当面の課税の取扱いを定めたものであった。国税庁「土地信託に関する所得税，法人税並びに相続税及び贈与税の取扱いについて」https://www.nta.go.jp/law/tsutatsu/kobetsu/shotoku/shinkoku/860709/00.htm。

取得，管理，運用又は処分に関して受託者が負担した債務及び受益者が支払うべき一定の信託報酬をいうこととし，信託財産に帰属する債務が同法14条1項の「確実と認められるもの」であるかどうかは，その信託受益権を相続又は遺贈により取得した時の現況によって判定するとされていた。

なお，平成19年税制改正により，相続税法9条の2第6項が新設されたことによってこの土地信託に対する取扱いが土地以外の資産にも拡充されることとなり，信託に関する権利又は利益と信託財産との関係の明確化が図られた[26]とされ，この通達は新信託法の施行の日をもって廃止されたが，前述のとおり，この通達が適用されていた当時の旧信託法36条2項においては，受託者は受益者に対する補償請求が認められており，それにより受益者には旧信託法36条を介した無限責任[27]があり，信託財産に帰属する債務を債務控除することについて特段の疑義はなかったのであり，単なる確認的通達であったと言えよう。

おわりに

新信託法は，商事信託も民事信託も包含する形で施行された。ここで問題とした受益者等課税信託についても非常に多様な信託設計が推測される。高齢な親の財産管理のための民事信託は，親が認知症による意思能力が喪失された際にも，子どもがその親の意思を引き継ぎ，親が健在の時と同様に財産を維持管理することが目的である。親が認知症になったがために，財産の管理に支障がでることや，子どもの税負担が重くなることは，避けなくてはならない。すなわち，委託者兼受益者である親がその財産を固有の財産として所有していた時と，同様の税負担であることが望まれる。

債務控除をめぐる納税者の法的安定性と予測可能性を確保するために，信託法48条5項の受託者と受益者との個別の補償合意があればその合意に基づく受託者の受益者に対する求償権に基づく債務は，被相続人の確実な債務として債務控除を受けることができる旨，また，信託の終了の際に清算手続をすることなく，「信託財産を現状有姿で帰属権利者に交付をし，帰属権利者

---

[26] 青木孝徳ほか編『改正税法のすべて』477頁（財団法人大蔵財務協会，2007）。
[27] 能見善久『現代信託法』196頁（有斐閣，2004）。

おわりに　信託内借入における相続税法への提言

◆法的安定性と予測可能性の確保
◆新信託法の理解，民事信託の利用状況等を反映した法律整備が必要
◆委託者兼受益者が，その財産（信託財産）を固有の財産として所有していた時と，同様の税負担であること

↓

相続税法の明文化　受託者と受益者との個別の補償合意（信託法48⑤）
　⇒　求償権に基づく債務
　　　＝被相続人の確実な債務として債務控除

相続税法の整備　信託財産と信託内借入をそのまま現物で帰属権利者に承継した場合（信託法178但書）

は債務の引き受けをする」という信託行為の別段の定めをしておく（信託法178但書）ことにより，信託財産と信託内借入をそのまま帰属権利者に承継することが可能である旨の旧信託法と新信託法の差異を踏まえたところの相続税法の整備が求められている[28]。

28　事業承継税制創設時に，担保提供に株券の提出や株式の譲渡制限を外すことを求めたり，持分会社に議決権の3分2規定を求めたりし，新会社法と不整合であったが（現在は是正済み），新信託税制も信託法の原則的取扱いにのみ対応していると言えよう。新信託法は，信託行為に会社法と同様に「別段の定め」を許容していることから，信託実務では「別段の定め」を如何に活用するかが問われている。特に信託終了時の債務の引継ぎ（債務控除）については，納税者の予測可能性を著しく害する状況になっているのが現状である。そこで，税制も実務に対応した信託税制の法整備を行っていくことが求められる。

合名会社の戦略的モデル定款

第1章　総則

（商号）

第1条　当会社は，合名会社_____と称する[1]。

（目的）

第2条　当会社は，次の事業を営むことを目的とする[2]。

　　　　1. _____
　　　　2. _____
　　　　3. その他，前各号の事業に関連する有益な事業。

（本店の所在地）

第3条　当会社は，本店を_____に置く[3]。

（公告の方法）

第4条　当会社の公告は，電子公告の方法により行う[4]。ただし，事故その他やむを得ない事由によって，電子公告による公告をすることができない場合の公告方法は官報公告とする[5]。

1　商号のほか，目的（本定款第2条），本店の所在地（本定款第3条），設立に際して出資される財産の価額又はその最低額（本定款附則第1），発起人の氏名又は名称及び住所（本定款附則第4），発行可能株式総数（本定款第5条）の以上6項目を，定款の絶対的記載事項といいます（27・37Ⅰ・113Ⅰ）。したがって，このうち1つでも欠けている定款は無効となります。なお，会社法では，旧商法19（類似商号規制）に対応する規定がありませんので，同一市町村内で同一事業目的であっても，住所が同一でない限り同一商号での登記可能となりました（商業登記法27）。したがって，8（不正目的誤認商号の使用禁止規定）及び不正競争防止法により適時適切に自社の商号を防衛する必要があります。

2　旧商法の下では，事業目的につき登記が可能かどうか所轄法務局に事前に照会する必要がありました。会社法では，類似商号規制が撤廃されましたので，会社の事業目的の記載方法について，平成18年1月5日付で法務省民事局商事課は，「定款記載事項である会社の目的の具体性を問わない」との見解を公表しました。

3　発起人の過半数により，○丁目○番○号まで含んだ本店の所在地を決定すれば，定款に記載する本店所在地は，最小行政区画まででも構いません。これは，本店の移転に配慮された規定であるといえましょう。

第2章 社員及び出資

（社員及び出資）

第5条 社員[6]の氏名又は名称及び住所並びに出資の目的[7]及びその価額又は評価の標準[8]並びに社員の責任は，次のとおりである。

---

4 公告方法は，官報公告，時事に関する日刊新聞紙公告，電子公告の3つから選びます。定款において何も定めておかないと，官報公告になります（939）。また，公告方法はどの方法を選ぼうとも登記事項です（913①～⑫）。決算公告を行う必要がない持分会社においては，電子公告をお勧めします。例えば，任意清算を行う場合の手続において，電子公告に加えて官報公告を行えば，債権者保護手続における個別催告が不要となります（670Ⅰ～Ⅲ）。なお，会社法670条Ⅰ項に規定する「持分会社」は，同法668条Ⅰ項括弧書により「合名会社及び合資会社」に限られています。また定款に電子公告による方法と定めた場合には，公告方法を登記する際にURLを記載する必要があります（220Ⅰ）。

5 939条3項後段の規定により，電子公告を選んだ場合には，事故その他やむを得ない事由によって電子公告による公告をすることができない場合の公告方法として官報公告又は日刊新聞紙公告のいずれかを定めることができますから（939Ⅲ），この手当もしておくべきでしょう。この場合には，官報公告とするのがコスト面からお勧めします。したがって，本モデル定款では，電子公告による公告をすることができない場合の公告方法として，官報公告を選んでいます。なお，この定めも登記事項です（913⑪ロ）。

6 合名会社の場合は，社員の全員が無限責任社員である旨を定款に記載しなければなりません（576Ⅰ⑤・Ⅱ）。社員の人数は1人でも何人でも差支えありません。旧商法94条4号では，社員が1人になった時は解散すると規定されていましたので，合名会社は最低2人の社員が必要でした。しかし，会社法641条4号で社員が欠けたときは解散すると規定されましたので，持分会社のうち合名会社と合同会社の社員は1人でも可能となりました。しかし，その1人が欠けると解散事由となりますので，本モデル定款11条のように，欠けたる場合に備えて，予め持分の承継者を定めておくことができます（608Ⅰ）。合名会社の1人無限責任社員に相続が発生した場合に，相続開始時に当該合名会社が債務超過である場合には，当該債務超過額を相続財産の計算上債務控除ができます。合名会社は定款を変更して，有限責任社員を加入させると合資会社に，社員の全部を有限責任社員にすると合同会社に変身します。これを会社の種類の変更といいます（638）。ただし，持分会社の種類の変更は効力が生じた日から2週間以内に登記しなければなりません（919）。

7 出資の目的物とは，対象物のことをいいます。無限責任社員にあっては，信用や労務の出資も認められています（576Ⅰ⑥括弧書にお反対解釈）。持分会社への現物出資については，株式会社の場合（33Ⅰ）と異なり検査役の検査は義務付けられてはいません。また，合同会社を除く持分会社は，設立登記の時までに出資に係る金銭の全額の払込み又はその出資に係る金銭以外の財産の全部の給付は要しません（578の反対解釈）。

8 出資の価額とは，金銭以外の出資に関して見積もった評価額のことをいいます。評価の基準とは，信用又は労務の出資の価格算出の方法のことをいいます。株式会社と違い，出資額の多寡によって議決権に社員間の差別はなく，法人としての意思は定款に別段の定めがなければ，人頭主義で決定します。評価額は，社員の出資の払戻し，損益の分配（622），残余財産の分配，会社債権者に対する負担割合を定める際に必要となるだけです。ところで，持分会社は損益の分配の割合を各社員にどう分配するかを定款で定めます。これを損益の分配といい，定款に定めがないときは，各社員の出資額に応じて定めます（622Ⅰ）。分配された剰余金を配当として社外流出することを利益の配当といいます（621）。

1．金銭出資：＿＿＿＿＿＿＿＿＿円
住　　所：＿＿＿＿＿＿＿＿＿＿＿＿＿＿＿＿＿
無限責任社員名称：株式会社[9]〇〇〇〇
2．信用及び労務出資[10]：この評価の標準1か年＿＿＿円とする。
住　　所：＿＿＿＿＿＿＿＿＿＿＿＿＿＿＿＿＿
無限責任社員氏名＿＿＿＿＿＿＿＿＿＿＿

（持分の譲渡制限）
第6条　当会社の社員は，その持分の全部又は一部を他人に譲渡するには，代表社員の承諾を得なければならない[11]。

第3章　業務執行権及び代表権
（業務執行の権利義務）
第7条　当会社の業務は，業務執行社員がこれを執行するものとする[12]。
　Ⅱ　業務執行社員は＿＿人とし，総社員の同意により選任する[13]。
　Ⅲ　業務執行社員の任期は，これを定めない[14]。
　Ⅳ　業務執行社員は，正当な事由が無ければ辞任することができない[15]。
　Ⅴ　業務執行社員は，正当な事由がある場合に限り，他の社員の一致に

9　法人でも社員になることができます（576Ⅰ④）。旧商法では，法人は無限責任社員になれず，有限責任社員にしかなりませんでした（旧商法55）。この規定が会社法では削除されましたので，法人でも無限責任社員になることができます。

10　信用出資とは，無限責任社員は会社に自分の信用を利用させることによってなす出資をいいます。労務出資とは，無限責任社員が会社のために労務提供をすることによってなす出資をいいます。両者ともに「評価の標準は，1カ年金〇〇万円也」というように記述をします。労務出資も信用出資の評価も他の出資者との合意があれば，いくらでも構いません。

11　他の社員全員の同意がなければ，持分の譲渡はできませんが（585Ⅰ），定款に別段の定めができますので（585Ⅳ），本モデル定款では，代表社員がこれを決定するとしました。なお，持分会社は，自己株式に相当する自己持分の取得は禁止されていますので（587Ⅰ），持分会社が持分を取得した時に，その持分は消滅します（587Ⅱ）。

12　持分会社における社員間の内部規律は組合に準じますので，各社員は持分会社の業務を執行するのが原則ですが，定款において社員のうち業務執行社員と業務を執行しない社員を定めることができます（590Ⅰ・591Ⅰ）。法人が業務執行社員になる場合には，当該法人は，当該業務を執行する社員の職務を執行する者を選任し，その者の氏名及び住所を他の社員に通知しなければなりません（598Ⅰ）。ところで，法590条Ⅱ項には，持分会社の「常務」すなわち会社の日常業務は，各社員が単独で行うことができるとして単独社員権を認めていますが（590Ⅲ），「常務」であっても，その常務完了前に異議を述べることができるとし（590Ⅲ但書），組織内規律の維持を担保しています。

よって解任することができるものとする[16]。
  （代表社員）
  第8条　業務執行社員の中から互選により，当会社を代表する社員1人を定める[17]。
　　　Ⅱ　代表社員は当会社を代表する[18]。
　　　Ⅲ　当会社の業務は，代表社員が決定する[19]。

  第4章　業務の執行
  （業務執行についての調査・報告義務）
  第9条　当会社の業務を執行する権利を有しない社員は，当会社の業務及び財産の状況を調査することができる。ただし，事業年度の終了時又は重要な事由があるときを除き，代表社員が必要ないと認めた場合には，この限りでない[20]。

---

[13]　業務執行社員は複数人でも1人でもかまいません。業務執行社員とは，株式会社の株主である取締役のことと同じです。本モデル定款のように，「総社員の同意により選任する」としないで，定款に直接，「業務執行社員は○○○○とする」というように，業務執行社員の氏名又は名称を記載してもかまいません。法人が業務執行社員になった場合には，当該法人は，当該業務を執行する社員の職務を行うべき者を選任し，その者の氏名及び住所を他の社員に通知しなければなりません（598）。

[14]　会社法上，持分会社の業務執行社員の任期についての規定は存在しませんが，定款に定めることは可能です。

[15]　業務執行社員は責任が重いが故に，正当な事由がなければ，自ら辞任することはできません（591Ⅳ）。

[16]　業務執行社員の解任も正当な事由があり，かつ他の社員の一致によってしか解任できないとされていますが（591Ⅴ），定款で別段の定めをすることができますので（591Ⅵ），例えば，業務執行社員が複数人いる場合には，「代表社員が業務執行社員の辞任の承認権，解任権を有する」と定めることもできます。

[17]　定款又は定款の定めに基づく社員の互選によって，業務執行社員の中から持分会社を代表する社員を定めることができます（599Ⅲ）。この場合，会社を代表する社員が法人であるときは，当該法人名を登記するだけなく（912⑤・⑥），当該社員の職務を行うべき者の住所及び氏名も登記します（912⑦）。

[18]　代表社員を設けない場合には，業務執行社員が複数ある場合には，各自が持分会社を代表することになりますので（599Ⅱ）代表社員を定めた場合にはこの限りでないとされています（599Ⅰ）。なお，旧商法77条の代表権濫用防止を
　　目的とした共同代表制は廃止されています。代表社員は，持分会社の業務に関する一切の裁判上又は裁判外の行為をする権限を有します（599Ⅳ）。

[19]　業務執行社員が2人以上いる場合には，持分会社の「業務」は業務執行社員の過半数で決定しますが，定款において別段の定めをすることができますので（591Ⅰ），本モデル定款では，代表社員が決定すると定めました。

Ⅱ　業務を執行する社員は，事業年度の終了時又は重要な事由がある場合において，他の社員の請求があるときは，職務の執行の状況，経過及び結果を報告しなければならない[21]。

Ⅲ　当会社では，業務を執行する社員について，会社法第594条（競業の禁止）及び会社法第595条（利益相反取引の制限）の適用はないものとする[22]。

第5章　社員の加入及び退社

（入社）

第10条　新たな社員の加入は，その社員にかかる定款の変更をした時にその効力を生ずるものとする[23]。

（退社）

第11条　各社員は，やむを得ない事由により退社をする場合には，原則として，6か月前までに会社に対して会社所定の書面をもって申し出なくてはならない[24]。

Ⅱ　当会社は，当会社の社員が死亡した場合又は合併により消滅した場合[25]は，その社員の相続人その他の一般承継人がその社員の持分を承継し，当該持分を有する社員となる[26]。この場合には，退社に伴う持分の払戻しは行わない[27]。

Ⅲ　社員が退社する場合に，代表社員は，退社する者の持分につき，会

---

[20]　監視権といわれるものです（592Ⅰ）。定款で別段の定めをすることができますので（592Ⅱ），本モデル定款では，592条2項の法定事由を除き，代表社員の裁量に委ねました。

[21]　業務執行社員は，持分会社又は他の社員の請求があるときは，いつでも職務執行の状況報告，結果報告をしなければなりませんが（593Ⅲ），定款で別段の定めができますので（593Ⅴ），本モデル定款では，報告義務を事業年度の終了時と重要な事由がある場合に限定しました。

[22]　定款に定めることにより，競業や利益相反に関する手続規定（594・595）の適用を排除することができます。

[23]　新たな社員の加入は，定款の変更をした時となります（604Ⅰ）。なお，定款の変更は，本モデル定款17条において，代表社員の権限で行うとしましたので，代表社員の承認により，新たな社員の加入が可能となっています。

[24]　「各社員は，やむを得ない事由があるときは，いつでも退社することができる」（606Ⅲ）と規定されていますが，本モデル定款においては，6箇月前に「書面」にて申し出ることを明らかにしました。

[25]　法人が社員となることが認められたため，相続に類するものとして法人社員の合併による退社（合併消滅法人となる場合に限る）も併せて規定されました（607Ⅰ④・608Ⅰ）。

社法第611条が定める持分の払戻しに代えて，それと同一の条件により持分を譲り受ける者を指定することができる。代表社員がこの指定を行うときは，会社法第611条にかかわらず，退社する社員又は前項の一般承継人は，当該持分を被指定者に譲渡しなければならない[28]。

第6章　計算

（事業年度）

第12条　当会社の事業年度は，1期当たり1年以内とし，代表社員がこれを定める[29]。

（計算書類）

第13条　当会社は，各事業年度毎に次に掲げる計算書類[30]を作成しなければならない。

---

[26] 本規定は，定款に定めることによって有効になります。相続により持分を承継した者2人以上ある場合には，各相続人は，承継した持分についての権利を行使する者1人を定めなければ，当該持分についての権利を行使することができませんので（608Ⅴ），将来相続争いが懸念される場合には，当該持分について，定款に予め相続人を定めて置くか（608Ⅰ）又は遺言で相続人を指定しておくことが肝要です。ところで，旧商法161条においては，有限責任社員の持分の相続においてのみ，相続人が社員の地位を相続できるとされており，無限責任社員の相続人はその地位を相続することができませんでした。会社法では，定款に定めることにより，財産の出資の有無及び他の社員の同意の有無を問わず，定款に定めることを条件の相続人その他の一般承継人に社員の地位の相続を認めることとしました。

[27] 相続及び合併の場合の特則です（611Ⅰ但書）。

[28] 持分会社は，全株式譲渡制限株式会社よりも組合的色彩が強いので，社員の退社に伴う持分の払戻し又は死亡に伴う一般承継に代えて，代表社員が退社した社員の持分について譲渡先を指定し得るとする定款の定めは有効です。

ただし，その譲渡の条件は，退社社員等の持分の払戻しを受ける権利として法611条が保障している内容に見合う対価の支払いが必要です。なお，株式会社と異なり，持分会社の場合は社員の退社に伴って持分会社が持分を譲り受けることはできないとする自己持分取得禁止規定が置かれています（587Ⅰ）。なお，譲渡以外の方法で持分会社が自己の持分を取得した場合（合併による承継等の場合）には，当該持分は消滅することとなります（587Ⅱ）。

[29] 事業年度の定めは，定款記載事項ではありませし（576），登記事項でもありません（912）。実務上は法人税法13条に，定款に定めのない法人は事業年度を定めて，新設法人は設立の日から2月以内に所轄税務署長に届け出なければならないと規定され，同法15条において，事業年度を変更し又は定款に新たに事業年度を定めた場合には，遅滞なく所轄税務署長に届け出なければならないと規定されていますので，それ に従って処理されています。本モデル定款では，柔軟に事業年度を変更できるように代表社員に権限を付与しています。会社計算規則71条Ⅱ項参照。

[30] 法617条Ⅱ項。なお，合名会社及び合資会社にあっては，定款に定めない限り，貸借対照表を除いて作成義務が強制されていません（計規71Ⅰ①）。なお，持分会社には準備金という疑念はありません（計規76Ⅲ）。

　　　　1．貸借対照表
　　　　2．損益計算書
　　　　3．社員資本等変動計算書
　　　　4．個別注記表[31]

(計算書類の閲覧等)
第14条　当会社の社員は，代表社員が認めた場合に限り，会社所定の書面をもって計算書類の閲覧又は謄写の請求をすることができる。ただし，事業年度の終了時にはこの限りでない[32]。

(損益分配及び利益の配当)
第15条　当会社における各社員への損益の分配割合は，各事業年度末における損益に基づき，代表社員がこれを定める[33]。

　　Ⅱ　社員は，当会社に対し利益の配当を請求することができる[34]。ただし，利益の配当により社員に交付する金銭等の帳簿価額は，当該利益の配当をする日における利益剰余金の額を超えることはできないものとする[35]。

　　Ⅲ　当会社は，利益の配当を請求する方法その他の利益の配当に関する

---

[31] 会社計算規則98条Ⅱ項5号に注記項目が規定されている。

[32] 社員は単独社員権として，計算書類の閲覧・謄写の請求は，持分会社の営業時間内は，いつでもできるとされていますが（618Ⅰ），定款の定めにより，事業年度終了時における請求を除き，それを制限できます（618Ⅱ）。

[33] 社員の損益分配の割合について定款の定めがないときは，その割合は各社員の出資の価額に応じて定めます（622Ⅰ）が，定款自治が認められていますので，本モデル定款では，代表社員の決定に委ねました。「損益の分配」とは，民法上の組合における損益の分配（民674）と同様の考え方によるものです。旧商法68条では「会社ノ内部ノ関係ニ付テハ定款又ハ本法ニ別段ノ定ナキトキハ組合ニ関スル民法ノ規定ヲ準用ス」と規定されていました。会社法では，持分会社の期間損益を各社員にどのように分配するのかについては，法622の規定により，自己に分配された利益に相当する財産を現実に払戻しすることについては「利益の配当」として法621の規定するところによるとしています。損益の分配額のうち，利益の配当額を利益の配当額とするのが一般的ですが，「損益の分配」は，出資額に応じなくてもよいので，各人の持分の増減を決算の都度「社員持分増減表」にて記録し，配当の都度「社員持分増減表」に記録する必要があります。損益の分配の都度それを全額配当に充てれば，その必要はありませんが，利益剰余金として内部留保する場合には，損益の分配を出資額に応じて行わない限り，事業年度毎に「社員持分増減表」の継続的記録が必須です。

[34] 株式会社では，会社が剰余金の配当をすることができると規定されていますが（453），持分会社では，社員が持分会社に対して利益の配当を請求することができるという規定になっています（621）。すなわち，配当割合を一律ではなく社員サイドで属人的に配当を請求するというのが原則です。

事項は，代表社員がこれを定める[36]。

（出資の払戻し）
第16条　社員は当会社に対し，会社所定の書面をもって出資の払戻しを請求することができる[37]。

（残余財産の分配）
第17条　残余財産の分配割合は，代表社員がこれを定める[38]。

第7章　雑則

（定款の変更）
第18条　定款の変更は代表社員がこれを行う。ただし，代表社員に事故あるときは，他の業務執行社員がこれを行う[39]。

（組織変更・組織再編の手続）
第19条　当会社が組織変更・組織再編（吸収合併・新設合併・吸収分割・新設分割）をする場合には，当該手続に関して，当該持分会社の業務執行社員の全員の同意を得なければならない[40]。

（雑則）
第20条　この定款に定めのない事項は，法令の定めるところによる。

---

[35] 合名会社にあっては，社員が会社債権者に対して無限の責任を負っていますので，会社財産の充実・維持を図る重要度は低いので利益剰余金を超える配当も違法ではありませんが，利益の配当の請求方法その他の利益の配当に関する事項を定款で定めることができるとしていますので（621Ⅱ），本モデル定款では，敢えて合同会社の利益の配当の制限（628）の規定を準用しました。「利益の配当」という規定は，旧商法にはなく，株式会社における配当概念の変容に伴い，会社法で創設された規定です。

[36] 定款自治によることとしました。

[37] 社員は出資の払戻しを請求することができるとされていますが（624Ⅰ），出資の払戻しに関する規定を定款で定めることができますので（624Ⅱ），「代表社員が出資の払戻しの関する事項を決定する」という定款の定めも可能です。本モデル定款では，会社所定の「書面」をもって請求すると規定しました。なお，出資の払戻しとは，既に出資として払込み又は給付をした金銭等の払戻しのことであり，退社に伴う持分の払戻し（611）とは異なります。なお，合同会社の社員は出資の払戻しの請求はできません（623Ⅰ）。

[38] 清算に伴う残余財産の分配はの割合は，定款にその定めがないときは，各社員の出資額に応じて定めますが，定款にて代表社員が定めると規定することもできますし，残余財産の分配割合を属人的に定款に定めることも可能ですが（666）。

[39] 持分会社は，総社員の同意によって，定款の変更を行うのが原則ですが，定款で別段の定めをすることができますので（637），本モデル定款では「代表社員が定款の変更をする」と定めました。「定款の変更は，代表社員又は代表社員が遺言で指定した者とする」と定めることも，「定款の変更は，業務執行社員の過半数をもって決定する」と定めることも可能です。

40 組織変更（781Ⅰ），吸収合併（793Ⅰ①，802Ⅰ①），吸収分割（802Ⅰ②），新設合併（813Ⅰ①）をする合名会社・合資会社は，効力発生日の前日までに，組織変更計画等について総社員の同意を得なければなりませんが，定款に別段の定めがある場合にはこの限りではないとされていますので，本モデル定款では，業務執行社員全員の同意を得なければならないと規定しました。「代表社員がこれを決定する」と定めることも可能です。なお，持分会社を株式会社に組織変更をする際も常に債権者保護手続は必要です（781）。この場合において，合同会社は「官報＋日刊新聞紙公告」又は「官報＋電子公告」で個別催告は不要ですが，合名・合資会社は個別催告を省略することはできません（781Ⅱ→779Ⅲ）。

合資会社の戦略的モデル定款

第1章　総則

（商号）
第1条　当会社は，合資会社＿＿＿＿＿＿＿と称する[41]。

（目的）
第2条　当会社は，次の事業を営むことを目的とする[42]。
　　　　1．＿＿＿＿＿＿＿＿＿＿＿＿＿＿＿＿＿
　　　　2．＿＿＿＿＿＿＿＿＿＿＿＿＿＿＿＿＿
　　　　3．その他，前各号の事業に関連する有益な事業。

（本店の所在地）
第3条　当会社は，本店を＿＿＿＿＿＿＿＿＿＿＿＿＿に置く[43]。

（公告の方法）
第4条　当会社の公告は，電子公告の方法により行う[44]。ただし，事故その他やむを得ない事由によって，電子公告による公告をすることができない場合の公告方法は官報公告とする[45]。

第2章　社員及び出資

（社員及び出資）
第5条　社員[46]の氏名又は名称及び住所並びに出資の目的[47]及びその価額又は評価の標準[48]並びに社員の責任は，次のとおりである。
　　　　1．金銭出資：＿＿＿＿＿＿＿円
　　　　　　住　　所：＿＿＿＿＿＿＿＿＿＿＿＿＿＿＿
　　　　　　有限責任社員名称：＿＿＿＿＿＿＿＿＿＿＿
　　　　2．信用及び労務出資[49]：この評価の標準1か年＿＿＿＿円とする。

41　合名会社の定款注1に同じ。
42　同注2に同じ。
43　同注3に同じ。
44　同注4に同じ。
45　同注5に同じ。

住　　所：＿＿＿＿＿＿＿＿＿＿＿＿＿＿＿＿＿＿＿

無限責任社員氏名　株式会社[50]○○○○

（持分の譲渡制限）
第6条　当会社の社員は，その持分の全部又は一部を他人に譲渡するには，他の社員全員の承諾を得なければならない[51]。

第3章　業務執行権及び代表権

（業務執行の権利義務）
第7条　当会社の業務は，業務執行社員がこれを執行するものとする[52]。
　Ⅱ　業務執行社員は　　　人とし，総社員の同意により選任する[53]。
　Ⅲ　業務執行社員の任期は，これを定めない[54]。
　Ⅳ　業務執行社員は，正当な事由が無ければ辞任することができない[55]。

46　合資会社の場合は，社員は無限責任社員と有限責任社員の双方を定款に記載します（576Ⅰ⑤・Ⅲ）。したがって，社員の人数は，最低2人は必要です。また無限責任社員が欠けると合同会社に，有限責任社員が欠けると合名会社に，会社の種類を変更する定款の変更がされたものとみなされます（639）。なお，合資会社はその社員の全部を無限責任社員とする定款の変更をすると合名会社に，その社員の全部を有限責任社員とする定款の変更をすると合同会社に会社の種類の変更をすることができます。持分会社では，定款変更の問題として，会社の種類の変更を規律しました（638）。ただし，持分会社の種類の変更は効力の生じた日から2週間以内に登記しなければなりません（919）。

47　出資の目的物とは，対象物のことをいいます。有限責任社員にあっては，信用や労務の出資は認められず，金銭又は金銭以外の財産（現物）に限ります。一方，無限責任社員は金銭等のみならず，信用や労務の出資も可能です（576Ⅰ⑥括弧書）。持分会社への現物出資については，株式会社の場合（33Ⅰ）と異なり検査役の検査義務付けられていません。また，合同会社を除く持分会社は，設立登記の時までに出資に係る金銭の全額の払込み又はその出資に係る金銭以外の財産の全部の給付は要しません（578の反対解釈）。

48　合名会社注8に同じ。

49　旧商法では，法人は無限責任社員になれず，有限責任社員にしかなれませんでした（旧商法55）。この規定が会社法　では削除されましたので，法人でも無限責任社員になることができます（576Ⅰ④，598Ⅰ）。法人が業務執行社員になる場合には，当該法人は，当該業務を執行する社員の職務を執行する者を選任し，その者の氏名及び住所を他の社員に通知しなければなりません（598Ⅰ）。この場合，合資会社を代表する社員が法人であるときは，当該法人名を登記するだけでなく（913⑤・⑧），当該社員の職務を行うべき者の住所及び氏名も登記します（913⑨）。

50　合名会社注10に同じ。

51　同注11に同じ。

52　同注12に同じ。

53　同注13に同じ。

54　同注14に同じ。

55　同注15に同じ。

Ⅴ　業務執行社員は，正当な事由がある場合に限り，他の社員の一致によって解任することができるものとする[56]。

（代表社員）
第8条　業務執行社員の中から互選により，当会社を代表する社員1人を定める[57]。
　　Ⅱ　代表社員は当会社を代表する[58]。
　　Ⅲ　当会社の業務は，代表社員が決定する[59]。

第4章　業務の執行
（業務執行についての調査・報告義務等）
第9条　当会社の業務を執行する権利を有しない社員は，当会社の業務及び財産の状況を調査することができる。ただし，事業年度の終了時又は重要な事由があるときを除き，代表社員が必要ないと認めた場合には，この限りでない[60]。
　　Ⅱ　業務を執行する社員は，事業年度の終了時又は重要な事由がある場合において，他の社員の請求があるときは，職務の執行の状況，経過及び結果を報告しなければならない[61]。
　　Ⅲ　当会社では，業務を執行する社員について，会社法第594条（競業の禁止）及び会社法第595条（利益相反取引の制限）の適用はないものとする[62]。

第5章　社員の加入及び退社
（入社）
第10条　新たな社員の加入は，その社員にかかる定款の変更をした時にその効力を生ずるものとする[63]。

56　同注16に同じ。
57　同注17に同じ。
58　同注18に同じ。
59　同注19に同じ。
60　同注20に同じ。
61　同注21に同じ。
62　同注22に同じ。
63　同注23に同じ。

（退社）

第11条　各社員は，やむを得ない理由により退社をする場合には，6か月前までに会社に対して会社所定の書面をもって申し出なくてはならない[64]。

　Ⅱ　当会社は，当会社の社員が死亡した場合又は合併により消滅した場合[65]は，その社員の相続人その他の一般承継人がその社員の持分を承継し，当該持分を有する社員となる[66]。この場合には，退社に伴う持分の払戻しは行わない[67]。

　Ⅲ　社員が退社する場合に，代表社員は，退社する者の持分につき，会社法第611条が定める持分の払戻しに代えて，それと同一の条件により持分を譲り受ける者を指定することができる。代表社員がこの指定を行うときは，会社法第611条にかかわらず，退社する社員又は本条前項の一般承継人は，当該持分を被指定者に譲渡しなければならない[68]。

第6章　計算

（事業年度）

第12条　当会社の事業年度は，1期当たり1年以内とし，代表社員がこれを定める[69]。

（計算書類）

第13条　当会社は，各事業年度毎に次に掲げる計算書類[70]を作成しなければならない。

　　　　1．貸借対照表
　　　　2．損益計算書
　　　　3．社員資本等変動計算書
　　　　4．個別注記表[71]

64　同注24に同じ。
65　同注25に同じ。
66　同注26に同じ。
67　同注27に同じ。
68　同注28に同じ。
69　同注29に同じ。
70　同注30に同じ。
71　同注31に同じ。

(計算書類の閲覧等)
第14条　当会社の社員は，書面をもって計算書類の閲覧又は謄写の請求をすることができる[72]。

(損益分配及び利益の配当)
第15条　当会社における各社員への損益の分配割合は，各事業年度末における損益に基づき，代表社員がこれを定める[73]。

Ⅱ　社員は，当会社に対し利益の配当を請求することができる[74]。ただし，利益の配当により社員に交付する金銭等の帳簿価額は，当該利益の配当をする日における利益剰余金の額を超えることはできないものとする[75]。

Ⅱ　当会社は，利益の配当を請求する方法その他の利益の配当に関する事項は，代表社員がこれを定める[76]。

(出資の払戻し)
第16条　社員は当会社に対し，書面をもって出資の払戻しを請求することができる[77]。

(残余財産の分配)
第17条　残余財産の分配割合は，代表社員がこれを定める[78]。

72　同注32に同じ。
73　同注33に同じ。
74　持分会社の社員は会社に対し，利益の配当を請求することができます（621）。合資会社の場合，無限責任社員は会社債権者に対して無限の責任を負っていますので，利益剰余金を超える利益の配当を請求し得ると解されますが，有限責任社員は利益剰余金を超える利益の配当を請求することはできません（623）。同注34に同じ。
75　合資会社にあっては，無限責任社員が会社債権者に対して無限の責任を負っていますので，会社財産の充実・維持を図る重要度は低いので利益剰余金を超える配当も違法ではありませんが，利益の配当の請求方法その他の利益の配当に関する事項を定款で定めることができるとしていますので（621Ⅱ），本モデル定款では，敢えて合同会社の利益の配当の制限（628）の規定を準用しました。「利益の配当」という規定は，旧商法にはなく，株式会社における配当概念の変容に伴い，会社法で創設された規定です。
76　合名会社注36に同じ。
77　同注37に同じ。
78　同注39に同じ。

第 7 章　雑則

（定款の変更）

第18条　定款の変更は代表社員がこれを行う。ただし，代表社員に事故あるときは，他の業務執行社員がこれを行う[79]。

（組織変更・組織再編の手続）

第19条　当会社が組織変更・組織再編（吸収合併・新設合併・吸収分割・新設分割）をする場合には，当該手続に関して，当該持分会社の業務執行社員の全員の同意を得なければならない[80]。

（雑則）

第20条　この定款に定めのない事項は，法令の定めるところによる。

79　同注39に同じ。
80　同注40に同じ。

一般社団法人及び一般財団法人に関する法律　条文
(平成20年12月1日施行)
(第3章の「一般財団法人」の章を除く)

一般社団法人及び一般財団法人に関する法律
(平成18年6月2日法律第48号)
最終改正：平成29年6月2日法律第45号
第1章　総則
　第1節　通則（1条—4条）
　第2節　法人の名称（5条—8条）
　第3節　商法の規定の不適用（9条）
第2章　一般社団法人
　第1節　設立
　　第1款　定款の作成（10条—14条）
　　第2款　設立時役員等の選任及び解任（15条—19条）
　　第3款　設立時理事等による調査（20条）
　　第4款　設立時代表理事の選定等（21条）
　　第5款　一般社団法人の成立（22条）
　　第6款　設立時社員等の責任（23条—26条）
　第2節　社員
　　第1款　総則（27条—30条）
　　第2款　社員名簿等（31条—34条）
　第3節　機関
　　第1款　社員総会（35条—59条）
　　第2款　社員総会以外の機関の設置（61条—62条）
　　第3款　役員等の選任及び解任（63条—75条）
　　第4款　理事（76条—89条）
　　第5款　理事会（90条—98条）
　　第6款　監事（99条—106条）
　　第7款　会計監査人（107条—110条）
　　第8款　役員等の損害賠償責任（111条—118条）
　第4節　計算
　　第1款　会計の原則（119条）
　　第2款　会計帳簿（120条—122条）
　　第3款　計算書類等（123条—130条）
　第5節　基金
　　第1款　基金を引き受ける者の募集（131条—140条）
　　第2款　基金の返還（141条—145条）
　第6節　定款の変更（146条）
　第7節　事業の譲渡（147条）
　第8節　解散（148条—151条）

第3章　一般財団法人　⎫
　第1節　設立　　　　　｜
　第2節　機関　　　　　｜
　第3節　計算　　　　　⎬　（省略）
　第4節　定款の変更　　｜
　第5節　事業の譲渡　　｜
　第6節　解散　　　　　⎭
第4章　清算
　第1節　清算の開始（206条・207条）
　第2節　清算法人の機関
　　第1款　清算法人における機関の設置（208条）
　　第2款　清算人の就任及び解任並びに監事の退任等（209条—211条）
　　第3款　清算人の職務（212条—219条）
　　第4款　清算人会（220条—223条）
　　第5款　理事等に関する規定の適用（224条）
　第3節　財産目録等（225条—232条）
　第4節　債務の弁済（233条—238条）
　第5節　残余財産の帰属（239条）
　第6節　清算事務の終了等（240条・241条）
第5章　合併
　第1節　通則（242条・243条）
　第2節　吸収合併
　　第1款　吸収合併契約等（244条・245条）
　　第2款　吸収合併消滅法人の手続（246条—249条）
　　第3款　吸収合併存続法人の手続（250条—253条）
　第3節　新設合併
　　第1款　新設合併契約等（254条・255条）
　　第2款　新設合併消滅法人の手続（256条—258条）
　　第3款　新設合併設立法人の手続（259条・260条）
第6章　雑則
　第1節　解散命令（261条—263条）
　第2節　訴訟
　　第1款　一般社団法人等の組織に関する訴え（264条—277条）

第2款　一般社団法人における責任追及の訴え（278条—283条）
　　　第3款　一般社団法人等の役員等の解任の訴え（284条—286条）
　　第3節　非訟
　　　第1款　総則（287条—295条）
　　　第2款　解散命令の手続に関する特則（296条—298条）
　　第4節　登記
　　　第1款　総則（299条・300条）
　　　第2款　主たる事務所の所在地における登記（301条—311条）
　　　第3款　従たる事務所の所在地における登記（312条—314条）
　　　第4款　登記の嘱託（315条）
　　　第5款　登記の手続等（316条—330条）
　　第5節　公告（331条—333条）
　第7章　罰則（第334条—344条）

第1章　総則
　第1節　通則
（趣旨）
第1条　一般社団法人及び一般財団法人の設立、組織、運営及び管理については、他の法律に特別の定めがある場合を除くほか、この法律の定めるところによる。
（定義）
第2条　この法律において、次の各号に掲げる用語の意義は、当該各号に定めるところによる。
　一　一般社団法人等　一般社団法人又は一般財団法人をいう。
　二　大規模一般社団法人　最終事業年度（各事業年度に係る第123条第2項に規定する計算書類につき第126条第2項の承認（第127条前段に規定する場合にあっては、第124条第3項の承認）を受けた場合における当該各事業年度のうち最も遅いものをいう。）に係る貸借対照表（第127条前段に規定する場合にあっては、同条の規定により定時社員総会に報告された貸借対照表をいい、一般社団法人の成立後最初の定時社員総会までの間においては、第123条第1項の貸借対照表をいう。）の負債の部に計上した額の合計額が200億円以上である一般社団法人をいう。
　三　大規模一般財団法人　最終事業年度（各事業年度に係る第199条において準用する第123条第2項に規定する計算書類につき第199条において準用する第126条第2項の承認（第199条において準用する第127条前段に規定する場合にあっては、第199条において準用する第124条第3項の承認）を受けた場合における当該各事業年度のうち最も遅いものをいう。）に係る貸借対照表（第199条において準用する第127条前段に規定する場合にあっては、同条の規定により定時評議員会に報告された貸借対照表をいい、一般財団法人の成立後最初の定時評議員会までの間においては、第199条において準用する第123条第1項の貸借対照表をいう。）の負債の部に計上した額の合計額が200億円以上である一般財団法人をいう。
　四　子法人　一般社団法人又は一般財団法人がその経営を支配している法人として法務省令で定めるものをいう。
　五　吸収合併　一般社団法人又は一般財団法人が他の一般社団法人又は一般財団法人とする合併であって、合併により消滅する法人の権利義務の全部を合併後存続する法人に承継させるものをいう。
　六　新設合併　二以上の一般社団法人又は一般財団法人がする合併であって、合併により消滅する法人の権利義務の全部を合併により設立する法人に承継させるものをいう。
　七　公告方法　一般社団法人又は一般財団法人が公告（この法律又は他の法律の規定により官報に掲載する方法によりしなければならないものとされているものを除く。）をする方法をいう。
（法人格）
第3条　一般社団法人及び一般財団法人は、法人とする。
（住所）
第4条　一般社団法人及び一般財団法人の住所は、その主たる事務所の所在地にあるものとする。
　第2節　法人の名称
（名称）
第5条　一般社団法人又は一般財団法人は、そ

の種類に従い、その名称中に一般社団法人又は一般財団法人という文字を用いなければならない。
2 一般社団法人は、その名称中に、一般財団法人であると誤認されるおそれのある文字を用いてはならない。
3 一般財団法人は、その名称中に、一般社団法人であると誤認されるおそれのある文字を用いてはならない。

（一般社団法人又は一般財団法人と誤認させる名称等の使用の禁止）
第6条 一般社団法人又は一般財団法人でない者は、その名称又は商号中に、一般社団法人又は一般財団法人であると誤認されるおそれのある文字を用いてはならない。
第7条 何人も、不正の目的をもって、他の一般社団法人又は一般財団法人であると誤認されるおそれのある名称又は商号を使用してはならない。
2 前項の規定に違反する名称又は商号の使用によって事業に係る利益を侵害され、又は侵害されるおそれがある一般社団法人又は一般財団法人は、その利益を侵害する者又は侵害するおそれがある者に対し、その侵害の停止又は予防を請求することができる。

（自己の名称の使用を他人に許諾した一般社団法人又は一般財団法人の責任）
第8条 自己の名称を使用して事業又は営業を行うことを他人に許諾した一般社団法人又は一般財団法人は、当該一般社団法人又は一般財団法人が当該事業を行うものと誤認して当該他人と取引をした者に対し、当該他人と連帯して、当該取引によって生じた債務を弁済する責任を負う。

第3節 商法の規定の不適用
第9条 商法（明治32年法律第48号）第11条から第15条まで及び第19条から第24条までの規定は、一般社団法人及び一般財団法人については、適用しない。

第2章 一般社団法人
第1節 設立
第1款 定款の作成
（定款の作成）
第10条 一般社団法人を設立するには、その社員になろうとする者（以下「設立時社員」という。）が、共同して定款を作成し、その全員がこれに署名し、又は記名押印しなければならない。
2 前項の定款は、電磁的記録（電子的方式、磁気的方式その他人の知覚によっては認識することができない方式で作られる記録であって、電子計算機による情報処理の用に供されるものとして法務省令で定めるものをいう。以下同じ。）をもって作成することができる。この場合において、当該電磁的記録に記録された情報については、法務省令で定める署名又は記名押印に代わる措置をとらなければならない。

（定款の記載又は記録事項）
第11条 一般社団法人の定款には、次に掲げる事項を記載し、又は記録しなければならない。
一 目的
二 名称
三 主たる事務所の所在地
四 設立時社員の氏名又は名称及び住所
五 社員の資格の得喪に関する規定
六 公告方法
七 事業年度
2 社員に剰余金又は残余財産の分配を受ける権利を与える旨の定款の定めは、その効力を有しない。
第12条 前条第1項各号に掲げる事項のほか、一般社団法人の定款には、この法律の規定により定款の定めがなければその効力を生じない事項及びその他の事項でこの法律の規定に違反しないものを記載し、又は記録することができる。

（定款の認証）
第13条 第10条第1項の定款は、公証人の認証を受けなければ、その効力を生じない。

（定款の備置き及び閲覧等）
第14条 設立時社員（一般社団法人の成立後にあっては、当該一般社団法人）は、定款を設立時社員が定めた場所（一般社団法人の成立後にあっては、その主たる事務所及び従たる事務所）に備え置かなければならない。
2 設立時社員（一般社団法人の成立後にあっては、その社員及び債権者）は、設立時社員が定めた時間（一般社団法人の成立後にあっては、その業務時間）内は、いつでも、次に掲げる請求をすることができる。ただし、第

2号又は第4号に掲げる請求をするには，設立時社員（一般社団法人の成立後にあっては，当該一般社団法人）の定めた費用を支払わなければならない。
一　定款が書面をもって作成されているときは，当該書面の閲覧の請求
二　前号の書面の謄本又は抄本の交付の請求
三　定款が電磁的記録をもって作成されているときは，当該電磁的記録に記録された事項を法務省令で定める方法により表示したものの閲覧の請求
四　前号の電磁的記録に記録された事項を電磁的方法（電子情報処理組織を使用する方法その他の情報通信の技術を利用する方法であって法務省令で定めるものをいう。以下同じ。）であって設立時社員（一般社団法人の成立後にあっては，当該一般社団法人）の定めたものにより提供することの請求又はその事項を記載した書面の交付の請求

3　定款が電磁的記録をもって作成されている場合であって，従たる事務所における前項第3号及び第4号に掲げる請求に応じることを可能とするための措置として法務省令で定めるものをとっている一般社団法人についての第1項の規定の適用については，同項中「主たる事務所及び従たる事務所」とあるのは，「主たる事務所」とする。

第2款　設立時役員等の選任及び解任

(設立時役員等の選任)

第15条　定款で設立時理事（一般社団法人の設立に際して理事となる者をいう。以下この章，第278条及び第318条第2項において同じ。）を定めなかったときは，設立時社員は，第13条の公証人の認証の後遅滞なく，設立時理事を選任しなければならない。

2　設立しようとする一般社団法人が次の各号に掲げるものである場合において，定款で当該各号に定める者を定めなかったときは，設立時社員は，第13条の公証人の認証の後遅滞なく，これらの者を選任しなければならない。
一　監事設置一般社団法人（監事を置く一般社団法人又はこの法律の規定により監事を置かなければならない一般社団法人をいう。以下同じ。）　設立時監事（一般社団法人の設立に際して監事となる者をいう。以下この章，第254条第6号及び第318条第2項第3号において同じ。）
二　会計監査人設置一般社団法人（会計監査人を置く一般社団法人又はこの法律の規定により会計監査人を置かなければならない一般社団法人をいう。以下同じ。）　設立時会計監査人（一般社団法人の設立に際して会計監査人となる者をいう。次条第2項及び第318条第2項第4号において同じ。）

第16条　設立しようとする一般社団法人が理事会設置一般社団法人（理事会を置く一般社団法人をいう。以下同じ。）である場合には，設立時理事は，3人以上でなければならない。

2　第65条第1項又は第68条第1項若しくは第3項の規定により成立後の一般社団法人の理事，監事又は会計監査人となることができない者は，それぞれ設立時理事，設立時監事又は設立時会計監査人（以下この款において「設立時役員等」という。）となることができない。

(設立時役員等の選任の方法)

第17条　設立時役員等の選任は，設立時社員の議決権の過半数をもって決定する。

2　前項の場合には，設立時社員は，各一個の議決権を有する。ただし，定款で別段の定めをすることを妨げない。

(設立時役員等の解任)

第18条　設立時社員は，一般社団法人の成立の時までの間，設立時役員等を解任することができる。

(設立時役員等の解任の方法)

第19条　設立時役員等の解任は，設立時社員の議決権の過半数（設立時監事を解任する場合にあっては，3分の2以上に当たる多数）をもって決定する。

2　第17条第2項の規定は，前項の場合について準用する。

第3款　設立時理事等による調査

第20条　設立時理事（設立しようとする一般社団法人が監事設置一般社団法人である場合にあっては，設立時理事及び設立時監事。次項において同じ。）は，その選任後遅滞なく，一般社団法人の設立の手続が法令又は定款に違反していないことを調査しなければならない。

2　設立時理事は，前項の規定による調査によ

り，一般社団法人の設立の手続が法令若しくは定款に違反し，又は不当な事項があると認めるときは，設立時社員にその旨を通知しなければならない。

第4款 設立時代表理事の選定等

第21条 設立時理事は，設立しようとする一般社団法人が理事会設置一般社団法人である場合には，設立時理事の中から一般社団法人の設立に際して代表理事（一般社団法人を代表する理事をいう。以下この章及び第301条第2項第6号において同じ。）となる者（以下この条及び第318条第2項において「設立時代表理事」という。）を選定しなければならない。

2 設立時理事は，一般社団法人の成立の時までの間，設立時代表理事を解職することができる。

3 前2項の規定による設立時代表理事の選定及び解職は，設立時理事の過半数をもって決定する。

第5款 一般社団法人の成立

第22条 一般社団法人は，その主たる事務所の所在地において設立の登記をすることによって成立する。

第6款 設立時社員等の責任

(設立時社員等の損害賠償責任)

第23条 設立時社員，設立時理事又は設立時監事は，一般社団法人の設立についてその任務を怠ったときは，当該一般社団法人に対し，これによって生じた損害を賠償する責任を負う。

2 設立時社員，設立時理事又は設立時監事がその職務を行うについて悪意又は重大な過失があったときは，当該設立時社員，設立時理事又は設立時監事は，これによって第三者に生じた損害を賠償する責任を負う。

(設立時社員等の連帯責任)

第24条 設立時社員，設立時理事又は設立時監事が一般社団法人又は第三者に生じた損害を賠償する責任を負う場合において，他の設立時社員，設立時理事又は設立時監事も当該損害を賠償する責任を負うときは，これらの者は，連帯債務者とする。

(責任の免除)

第25条 第23条第1項の規定により設立時社員，設立時理事又は設立時監事の負う責任は，総社員の同意がなければ，免除することができない。

(一般社団法人不成立の場合の責任)

第26条 一般社団法人が成立しなかったときは，設立時社員は，連帯して，一般社団法人の設立に関してした行為についてその責任を負い，一般社団法人の設立に関して支出した費用を負担する。

第2節 社員

第1款 総則

(経費の負担)

第27条 社員は，定款で定めるところにより，一般社団法人に対し，経費を支払う義務を負う。

(任意退社)

第28条 社員は，いつでも退社することができる。ただし，定款で別段の定めをすることを妨げない。

2 前項ただし書の規定による定款の定めがある場合であっても，やむを得ない事由があるときは，社員は，いつでも退社することができる。

(法定退社)

第29条 前条の場合のほか，社員は，次に掲げる事由によって退社する。

一 定款で定めた事由の発生
二 総社員の同意
三 死亡又は解散
四 除名

(除名)

第30条 社員の除名は，正当な事由があるときに限り，社員総会の決議によってすることができる。この場合において，一般社団法人は，当該社員に対し，当該社員総会の日から1週間前までにその旨を通知し，かつ，社員総会において弁明する機会を与えなければならない。

2 除名は，除名した社員にその旨を通知しなければ，これをもって当該社員に対抗することができない。

第2款 社員名簿等

(社員名簿)

第31条 一般社団法人は，社員の氏名又は名称及び住所を記載し，又は記録した名簿（以下「社員名簿」という。）を作成しなければならない。

(社員名簿の備置き及び閲覧等)
第32条　一般社団法人は，社員名簿をその主たる事務所に備え置かなければならない。
2　社員は，一般社団法人の業務時間内は，いつでも，次に掲げる請求をすることができる。この場合においては，当該請求の理由を明らかにしてしなければならない。
　一　社員名簿が書面をもって作成されているときは，当該書面の閲覧又は謄写の請求
　二　社員名簿が電磁的記録をもって作成されているときは，当該電磁的記録に記録された事項を法務省令で定める方法により表示したものの閲覧又は謄写の請求
3　一般社団法人は，前項の請求があったときは，次のいずれかに該当する場合を除き，これを拒むことができない。
　一　当該請求を行う社員（以下この項において「請求者」という。）がその権利の確保又は行使に関する調査以外の目的で請求を行ったとき。
　二　請求者が当該一般社団法人の業務の遂行を妨げ，又は社員の共同の利益を害する目的で請求を行ったとき。
　三　請求者が当該一般社団法人の業務と実質的に競争関係にある事業を営み，又はこれに従事するものであるとき。
　四　請求者が社員名簿の閲覧又は謄写によって知り得た事実を利益を得て第三者に通報するため請求を行ったとき。
　五　請求者が，過去2年以内において，社員名簿の閲覧又は謄写によって知り得た事実を利益を得て第三者に通報したことがあるものであるとき。

(社員に対する通知等)
第33条　一般社団法人が社員に対してする通知又は催告は，社員名簿に記載し，又は記録した当該社員の住所（当該社員が別に通知又は催告を受ける場所又は連絡先を当該一般社団法人に通知した場合にあっては，その場所又は連絡先）にあてて発すれば足りる。
2　前項の通知又は催告は，その通知又は催告が通常到達すべきであった時に，到達したものとみなす。
3　前2項の規定は，第39条第1項の通知に際して社員に書面を交付し，又は当該書面に記載すべき事項を電磁的方法により提供する場合について準用する。この場合において，前項中「到達したもの」とあるのは，「当該書面の交付又は当該事項の電磁的方法による提供があったもの」と読み替えるものとする。

(社員に対する通知の省略)
第34条　一般社団法人が社員に対してする通知又は催告が5年以上継続して到達しない場合には，一般社団法人は，当該社員に対する通知又は催告をすることを要しない。
2　前項の場合には，同項の社員に対する一般社団法人の義務の履行を行う場所は，一般社団法人の住所地とする。

第3節　機関
第1款　社員総会

(社員総会の権限)
第35条　社員総会は，この法律に規定する事項及び一般社団法人の組織，運営，管理その他一般社団法人に関する一切の事項について決議をすることができる。
2　前項の規定にかかわらず，理事会設置一般社団法人においては，社員総会は，この法律に規定する事項及び定款で定めた事項に限り，決議をすることができる。
3　前2項の規定にかかわらず，社員総会は，社員に剰余金を分配する旨の決議をすることができない。
4　この法律の規定により社員総会の決議を必要とする事項について，理事，理事会その他の社員総会以外の機関が決定することができることを内容とする定款の定めは，その効力を有しない。

(社員総会の招集)
第36条　定時社員総会は，毎事業年度の終了後一定の時期に招集しなければならない。
2　社員総会は，必要がある場合には，いつでも，招集することができる。
3　社員総会は，次条第2項の規定により招集する場合を除き，理事が招集する。

(社員による招集の請求)
第37条　総社員の議決権の10分の1（5分の1以下の割合を定款で定めた場合にあっては，その割合）以上の議決権を有する社員は，理事に対し，社員総会の目的である事項及び招集の理由を示して，社員総会の招集を請求することができる。
2　次に掲げる場合には，前項の規定による請

求をした社員は，裁判所の許可を得て，社員総会を招集することができる。
一　前項の規定による請求の後遅滞なく招集の手続が行われない場合
二　前項の規定による請求があった日から6週間（これを下回る期間を定款で定めた場合にあっては，その期間）以内の日を社員総会の日とする社員総会の招集の通知が発せられない場合

（社員総会の招集の決定）
第38条　理事（前条第2項の規定により社員が社員総会を招集する場合にあっては，当該社員。次条から第42条までにおいて同じ。）は，社員総会を招集する場合には，次に掲げる事項を定めなければならない。
一　社員総会の日時及び場所
二　社員総会の目的である事項があるときは，当該事項
三　社員総会に出席しない社員が書面によって議決権を行使することができることとするときは，その旨
四　社員総会に出席しない社員が電磁的方法によって議決権を行使することができることとするときは，その旨
五　前各号に掲げるもののほか，法務省令で定める事項
2　理事会設置一般社団法人においては，前条第2項の規定により社員が社員総会を招集するときを除き，前項各号に掲げる事項の決定は，理事会の決議によらなければならない。

（社員総会の招集の通知）
第39条　社員総会を招集するには，理事は，社員総会の日の1週間（理事会設置一般社団法人以外の一般社団法人において，これを下回る期間を定款で定めた場合にあっては，その期間）前までに，社員に対してその通知を発しなければならない。ただし，前条第1項第3号又は第4号に掲げる事項を定めた場合には，社員総会の日の2週間前までにその通知を発しなければならない。
2　次に掲げる場合には，前項の通知は，書面でしなければならない。
一　前条第1項第3号又は第4号に掲げる事項を定めた場合
二　一般社団法人が理事会設置一般社団法人である場合

3　理事は，前項の書面による通知の発出に代えて，政令で定めるところにより，社員の承諾を得て，電磁的方法により通知を発することができる。この場合において，当該理事は，同項の書面による通知を発したものとみなす。
4　前2項の通知には，前条第1項各号に掲げる事項を記載し，又は記録しなければならない。

（招集手続の省略）
第40条　前条の規定にかかわらず，社員総会は，社員の全員の同意があるときは，招集の手続を経ることなく開催することができる。ただし，第38条第1項第3号又は第4号に掲げる事項を定めた場合は，この限りでない。

（社員総会参考書類及び議決権行使書面の交付等）
第41条　理事は，第38条第1項第3号に掲げる事項を定めた場合には，第39条第1項の通知に際して，法務省令で定めるところにより，社員に対し，議決権の行使について参考となるべき事項を記載した書類（以下この款において「社員総会参考書類」という。）及び社員が議決権を行使するための書面（以下この款において「議決権行使書面」という。）を交付しなければならない。
2　理事は，第39条第3項の承諾をした社員に対し同項の電磁的方法による通知を発するときは，前項の規定による社員総会参考書類及び議決権行使書面の交付に代えて，これらの書類に記載すべき事項を電磁的方法により提供することができる。ただし，社員の請求があったときは，これらの書類を当該社員に交付しなければならない。

第42条　理事は，第38条第1項第4号に掲げる事項を定めた場合には，第39条第1項の通知に際して，法務省令で定めるところにより，社員に対し，社員総会参考書類を交付しなければならない。
2　理事は，第39条第3項の承諾をした社員に対し同項の電磁的方法による通知を発するときは，前項の規定による社員総会参考書類の交付に代えて，当該社員総会参考書類に記載すべき事項を電磁的方法により提供することができる。ただし，社員の請求があったときは，社員総会参考書類を当該社員に交付しなければならない。

3　理事は，第1項に規定する場合には，第39条第3項の承諾をした社員に対する同項の電磁的方法による通知に際して，法務省令で定めるところにより，社員に対し，議決権行使書面に記載すべき事項を当該電磁的方法により提供しなければならない。

4　理事は，第1項に規定する場合において，第39条第3項の承諾をしていない社員から社員総会の日の1週間前までに議決権行使書面に記載すべき事項の電磁的方法による提供の請求があったときは，法務省令で定めるところにより，直ちに，当該社員に対し，当該事項を電磁的方法により提供しなければならない。

（社員提案権）
第43条　社員は，理事に対し，一定の事項を社員総会の目的とすることを請求することができる。

2　前項の規定にかかわらず，理事会設置一般社団法人においては，総社員の議決権の30分の1（これを下回る割合を定款で定めた場合にあっては，その割合）以上の議決権を有する社員に限り，理事に対し，一定の事項を社員総会の目的とすることを請求することができる。この場合において，その請求は，社員総会の日の6週間（これを下回る期間を定款で定めた場合にあっては，その期間）前までにしなければならない。

第44条　社員は，社員総会において，社員総会の目的である事項につき議案を提出することができる。ただし，当該議案が法令若しくは定款に違反する場合又は実質的に同一の議案につき社員総会において総社員の議決権の10分の1（これを下回る割合を定款で定めた場合にあっては，その割合）以上の賛成を得られなかった日から3年を経過していない場合は，この限りでない。

第45条　社員は，理事に対し，社員総会の日の6週間（これを下回る期間を定款で定めた場合にあっては，その期間）前までに，社員総会の目的である事項につき当該社員が提出しようとする議案の要領を社員に通知すること（第39条第2項又は第3項の通知をする場合にあっては，その通知に記載し，又は記録すること）を請求することができる。ただし，理事会設置一般社団法人においては，総社員の議決権の30分の1（これを下回る割合を定款で定めた場合にあっては，その割合）以上の議決権を有する社員に限り，当該請求をすることができる。

2　前項の規定は，同項の議案が法令若しくは定款に違反する場合又は実質的に同一の議案につき社員総会において総社員の議決権の10分の1（これを下回る割合を定款で定めた場合にあっては，その割合）以上の賛成を得られなかった日から3年を経過していない場合には，適用しない。

（社員総会の招集手続等に関する検査役の選任）
第46条　一般社団法人又は総社員の議決権の30分の1（これを下回る割合を定款で定めた場合にあっては，その割合）以上の議決権を有する社員は，社員総会に係る招集の手続及び決議の方法を調査させるため，当該社員総会に先立ち，裁判所に対し，検査役の選任の申立てをすることができる。

2　前項の規定による検査役の選任の申立てがあった場合には，裁判所は，これを不適法として却下する場合を除き，検査役を選任しなければならない。

3　裁判所は，前項の検査役を選任した場合には，一般社団法人が当該検査役に対して支払う報酬の額を定めることができる。

4　第2項の検査役は，必要な調査を行い，当該調査の結果を記載し，又は記録した書面又は電磁的記録（法務省令で定めるものに限る。）を裁判所に提供して報告をしなければならない。

5　裁判所は，前項の報告について，その内容を明瞭にし，又はその根拠を確認するため必要があると認めるときは，第2項の検査役に対し，更に前項の報告を求めることができる。

6　第2項の検査役は，第4項の報告をしたときは，一般社団法人（検査役の選任の申立てをした者が当該一般社団法人でない場合にあっては，当該一般社団法人及びその者）に対し，同項の書面の写しを交付し，又は同項の電磁的記録に記録された事項を法務省令で定める方法により提供しなければならない。

（裁判所による社員総会招集等の決定）
第47条　裁判所は，前条第4項の報告があった場合において，必要があると認めるときは，理事に対し，次に掲げる措置の全部又は一部

を命じなければならない。
一　一定の期間内に社員総会を招集すること。
二　前条第4項の調査の結果を社員に通知すること。
2　裁判所が前項第1号に掲げる措置を命じた場合には、理事は、前条第4項の報告の内容を同号の社員総会において開示しなければならない。
3　前項に規定する場合には、理事（監事設置一般社団法人にあっては、理事及び監事）は、前条第4項の報告の内容を調査し、その結果を第1項第1号の社員総会に報告しなければならない。
（議決権の数）
第48条　社員は、各一個の議決権を有する。ただし、定款で別段の定めをすることを妨げない。
2　前項ただし書の規定にかかわらず、社員総会において決議をする事項の全部につき社員が議決権を行使することができない旨の定款の定めは、その効力を有しない。
（社員総会の決議）
第49条　社員総会の決議は、定款に別段の定めがある場合を除き、総社員の議決権の過半数を有する社員が出席し、出席した当該社員の議決権の過半数をもって行う。
2　前項の規定にかかわらず、次に掲げる社員総会の決議は、総社員の半数以上であって、総社員の議決権の3分の2（これを上回る割合を定款で定めた場合にあっては、その割合）以上に当たる多数をもって行わなければならない。
一　第30条第1項の社員総会
二　第70条第1項の社員総会（監事を解任する場合に限る。）
三　第113条第1項の社員総会
四　第146条の社員総会
五　第147条の社員総会
六　第148条第3号及び第150条の社員総会
七　第247条、第251条第1項及び第257条の社員総会
3　理事会設置一般社団法人においては、社員総会は、第38条第1項第2号に掲げる事項以外の事項については、決議をすることができない。ただし、第55条第1項若しくは第2項に規定する者の選任又は第109条第2項の会

計監査人の出席を求めることについては、この限りでない。
（議決権の代理行使）
第50条　社員は、代理人によってその議決権を行使することができる。この場合においては、当該社員又は代理人は、代理権を証明する書面を一般社団法人に提出しなければならない。
2　前項の代理権の授与は、社員総会ごとにしなければならない。
3　第1項の社員又は代理人は、代理権を証明する書面の提出に代えて、政令で定めるところにより、一般社団法人の承諾を得て、当該書面に記載すべき事項を電磁的方法により提供することができる。この場合において、当該社員又は代理人は、当該書面を提出したものとみなす。
4　社員が第39条第3項の承諾をした者である場合には、一般社団法人は、正当な理由がなければ、前項の承諾をすることを拒んではならない。
5　一般社団法人は、社員総会の日から3箇月間、代理権を証明する書面及び第3項の電磁的方法により提供された事項が記録された電磁的記録をその主たる事務所に備え置かなければならない。
6　社員は、一般社団法人の業務時間内は、いつでも、次に掲げる請求をすることができる。
一　代理権を証明する書面の閲覧又は謄写の請求
二　前項の電磁的記録に記録された事項を法務省令で定める方法により表示したものの閲覧又は謄写の請求
（書面による議決権の行使）
第51条　書面による議決権の行使は、議決権行使書面に必要な事項を記載し、法務省令で定める時までに当該記載をした議決権行使書面を一般社団法人に提出して行う。
2　前項の規定により書面によって行使した議決権の数は、出席した社員の議決権の数に算入する。
3　一般社団法人は、社員総会の日から3箇月間、第1項の規定により提出された議決権行使書面をその主たる事務所に備え置かなければならない。
4　社員は、一般社団法人の業務時間内は、いつでも、第1項の規定により提出された議決

権行使書面の閲覧又は謄写の請求をすることができる。

（電磁的方法による議決権の行使）
第52条　電磁的方法による議決権の行使は，政令で定めるところにより，一般社団法人の承諾を得て，法務省令で定める時までに議決権行使書面に記載すべき事項を，電磁的方法により当該一般社団法人に提供して行う。
2　社員が第39条第3項の承諾をした者である場合には，一般社団法人は，正当な理由がなければ，前項の承諾をすることを拒んではならない。
3　第1項の規定により電磁的方法によって行使した議決権の数は，出席した社員の議決権の数に算入する。
4　一般社団法人は，社員総会の日から3箇月間，第1項の規定により提供された事項を記録した電磁的記録をその主たる事務所に備え置かなければならない。
5　社員は，一般社団法人の業務時間内は，いつでも，前項の電磁的記録に記録された事項を法務省令で定める方法により表示したものの閲覧又は謄写の請求をすることができる。

（理事等の説明義務）
第53条　理事（監事設置一般社団法人にあっては，理事及び監事）は，社員総会において，社員から特定の事項について説明を求められた場合には，当該事項について必要な説明をしなければならない。ただし，当該事項が社員総会の目的である事項に関しないものである場合，その説明をすることにより社員の共同の利益を著しく害する場合その他正当な理由がある場合として法務省令で定める場合は，この限りでない。

（議長の権限）
第54条　社員総会の議長は，当該社員総会の秩序を維持し，議事を整理する。
2　社員総会の議長は，その命令に従わない者その他当該社員総会の秩序を乱す者を退場させることができる。

（社員総会に提出された資料等の調査）
第55条　社員総会においては，その決議によって，理事，監事及び会計監査人が当該社員総会に提出し，又は提供した資料を調査する者を選任することができる。
2　第37条の規定により招集された社員総会においては，その決議によって，一般社団法人の業務及び財産の状況を調査する者を選任することができる。

（延期又は続行の決議）
第56条　社員総会においてその延期又は続行について決議があった場合には，第38条及び第39条の規定は，適用しない。

（議事録）
第57条　社員総会の議事については，法務省令で定めるところにより，議事録を作成しなければならない。
2　一般社団法人は，社員総会の日から10年間，前項の議事録をその主たる事務所に備え置かなければならない。
3　一般社団法人は，社員総会の日から5年間，第1項の議事録の写しをその従たる事務所に備え置かなければならない。ただし，当該議事録が電磁的記録をもって作成されている場合であって，従たる事務所における次項第2号に掲げる請求に応じることを可能とするための措置として法務省令で定めるものをとっているときは，この限りでない。
4　社員及び債権者は，一般社団法人の業務時間内は，いつでも，次に掲げる請求をすることができる。
一　第1項の議事録が書面をもって作成されているときは，当該書面又は当該書面の写しの閲覧又は謄写の請求
二　第1項の議事録が電磁的記録をもって作成されているときは，当該電磁的記録に記録された事項を法務省令で定める方法により表示したものの閲覧又は謄写の請求

（社員総会の決議の省略）
第58条　理事又は社員が社員総会の目的である事項について提案をした場合において，当該提案につき社員の全員が書面又は電磁的記録により同意の意思表示をしたときは，当該提案を可決する旨の社員総会の決議があったものとみなす。
2　一般社団法人は，前項の規定により社員総会の決議があったものとみなされた日から10年間，同項の書面又は電磁的記録をその主たる事務所に備え置かなければならない。
3　社員及び債権者は，一般社団法人の業務時間内は，いつでも，次に掲げる請求をすることができる。

一　前項の書面の閲覧又は謄写の請求
二　前項の電磁的記録に記録された事項を法務省令で定める方法により表示したものの閲覧又は謄写の請求
4　第1項の規定により定時社員総会の目的である事項のすべてについての提案を可決する旨の社員総会の決議があったものとみなされた場合には，その時に当該定時社員総会が終結したものとみなす。

(社員総会への報告の省略)
第59条　理事が社員の全員に対して社員総会に報告すべき事項を通知した場合において，当該事項を社員総会に報告することを要しないことにつき社員の全員が書面又は電磁的記録により同意の意思表示をしたときは，当該事項の社員総会への報告があったものとみなす。

第2款　社員総会以外の機関の設置

(社員総会以外の機関の設置)
第60条　一般社団法人には，1人又は2人以上の理事を置かなければならない。
2　一般社団法人は，定款の定めによって，理事会，監事又は会計監査人を置くことができる。

(監事の設置義務)
第61条　理事会設置一般社団法人及び会計監査人設置一般社団法人は，監事を置かなければならない。

(会計監査人の設置義務)
第62条　大規模一般社団法人は，会計監査人を置かなければならない。

第3款　役員等の選任及び解任

(選任)
第63条　役員(理事及び監事をいう。以下この款において同じ。)及び会計監査人は，社員総会の決議によって選任する。
2　前項の決議をする場合には，法務省令で定めるところにより，役員が欠けた場合又はこの法律若しくは定款で定めた役員の員数を欠くこととなるときに備えて補欠の役員を選任することができる。

(一般社団法人と役員等との関係)
第64条　一般社団法人と役員及び会計監査人との関係は，委任に関する規定に従う。

(役員の資格等)
第65条　次に掲げる者は，役員となることができない。

一　法人
二　成年被後見人若しくは被保佐人又は外国の法令上これらと同様に取り扱われている者
三　この法律若しくは会社法(平成17年法律第86号)の規定に違反し，又は民事再生法(平成11年法律第225号)第255条，第256条，第258条から第260条まで若しくは第262条の罪，外国倒産処理手続の承認援助に関する法律(平成12年法律第129号)第65条，第66条，第68条若しくは第69条の罪，会社更生法(平成14年法律第154号)第266条，第267条，第269条から第271条まで若しくは第273条の罪若しくは破産法(平成16年法律第75号)第265条，第266条，第268条から第272条まで若しくは第274条の罪を犯し，刑に処せられ，その執行を終わり，又はその執行を受けることがなくなった日から2年を経過しない者
四　前号に規定する法律の規定以外の法令の規定に違反し，禁錮以上の刑に処せられ，その執行を終わるまで又はその執行を受けることがなくなるまでの者(刑の執行猶予中の者を除く。)
2　監事は，一般社団法人又はその子法人の理事又は使用人を兼ねることができない。
3　理事会設置一般社団法人においては，理事は，3人以上でなければならない。

(理事の任期)
第66条　理事の任期は，選任後2年以内に終了する事業年度のうち最終のものに関する定時社員総会の終結の時までとする。ただし，定款又は社員総会の決議によって，その任期を短縮することを妨げない。

(監事の任期)
第67条　監事の任期は，選任後4年以内に終了する事業年度のうち最終のものに関する定時社員総会の終結の時までとする。ただし，定款によって，その任期を選任後2年以内に終了する事業年度のうち最終のものに関する定時社員総会の終結の時までとすることを限度として短縮することを妨げない。
2　前項の規定は，定款によって，任期の満了前に退任した監事の補欠として選任された監事の任期を退任した監事の任期の満了する時までとすることを妨げない。

3　前2項の規定にかかわらず，監事を置く旨の定款の定めを廃止する定款の変更をした場合には，監事の任期は，当該定款の変更の効力が生じた時に満了する。

（会計監査人の資格等）
第68条　会計監査人は，公認会計士（外国公認会計士（公認会計士法（昭和23年法律第103号）第16条の2第5項に規定する外国公認会計士をいう。）を含む。以下同じ。）又は監査法人でなければならない。
2　会計監査人に選任された監査法人は，その社員の中から会計監査人の職務を行うべき者を選定し，これを一般社団法人に通知しなければならない。この場合においては，次項第2号に掲げる者を選定することはできない。
3　次に掲げる者は，会計監査人となることができない。
　一　公認会計士法の規定により，第123条第2項に規定する計算書類について監査をすることができない者
　二　一般社団法人の子法人若しくはその理事若しくは監事から公認会計士若しくは監査法人の業務以外の業務により継続的な報酬を受けている者又はその配偶者
　三　監査法人でその社員の半数以上が前号に掲げる者であるもの

（会計監査人の任期）
第69条　会計監査人の任期は，選任後1年以内に終了する事業年度のうち最終のものに関する定時社員総会の終結の時までとする。
2　会計監査人は，前項の定時社員総会において別段の決議がされなかったときは，当該定時社員総会において再任されたものとみなす。
3　前2項の規定にかかわらず，会計監査人設置一般社団法人が会計監査人を置く旨の定款の定めを廃止する定款の変更をした場合には，会計監査人の任期は，当該定款の変更の効力が生じた時に満了する。

（解任）
第70条　役員及び会計監査人は，いつでも，社員総会の決議によって解任することができる。
2　前項の規定により解任された者は，その解任について正当な理由がある場合を除き，一般社団法人に対し，解任によって生じた損害の賠償を請求することができる。

（監事による会計監査人の解任）
第71条　監事は，会計監査人が次のいずれかに該当するときは，その会計監査人を解任することができる。
　一　職務上の義務に違反し，又は職務を怠ったとき。
　二　会計監査人としてふさわしくない非行があったとき。
　三　心身の故障のため，職務の執行に支障があり，又はこれに堪えないとき。
2　前項の規定による解任は，監事が2人以上ある場合には，監事の全員の同意によって行わなければならない。
3　第1項の規定により会計監査人を解任したときは，監事（監事が2人以上ある場合にあっては，監事の互選によって定めた監事）は，その旨及び解任の理由を解任後最初に招集される社員総会に報告しなければならない。

（監事の選任に関する監事の同意等）
第72条　理事は，監事がある場合において，監事の選任に関する議案を社員総会に提出するには，監事（監事が2人以上ある場合にあっては，その過半数）の同意を得なければならない。
2　監事は，理事に対し，監事の選任を社員総会の目的とすること又は監事の選任に関する議案を社員総会に提出することを請求することができる。

（会計監査人の選任に関する監事の同意等）
第73条　監事設置一般社団法人においては，理事は，次に掲げる行為をするには，監事（監事が2人以上ある場合にあっては，その過半数）の同意を得なければならない。
　一　会計監査人の選任に関する議案を社員総会に提出すること。
　二　会計監査人の解任を社員総会の目的とすること。
　三　会計監査人を再任しないことを社員総会の目的とすること。
2　監事は，理事に対し，次に掲げる行為をすることを請求することができる。
　一　会計監査人の選任に関する議案を社員総会に提出すること。
　二　会計監査人の選任又は解任を社員総会の目的とすること。
　三　会計監査人を再任しないことを社員総会の目的とすること。

(監事等の選任等についての意見の陳述)
第74条 監事は，社員総会において，監事の選任若しくは解任又は辞任について意見を述べることができる。
2 監事を辞任した者は，辞任後最初に招集される社員総会に出席して，辞任した旨及びその理由を述べることができる。
3 理事は，前項の者に対し，同項の社員総会を招集する旨及び第38条第1項第1号に掲げる事項を通知しなければならない。
4 第1項の規定は会計監査人について，前2項の規定は会計監査人を辞任した者及び第71条第1項の規定により会計監査人を解任された者について，それぞれ準用する。この場合において，第1項中「社員総会において，監事の選任若しくは解任又は辞任について」とあるのは「会計監査人の選任，解任若しくは不再任又は辞任について，社員総会に出席して」と，第2項中「辞任後」とあるのは「解任後又は辞任後」と，「辞任した旨及びその理由」とあるのは「辞任した旨及びその理由又は解任についての意見」と読み替えるものとする。

(役員等に欠員を生じた場合の措置)
第75条 役員が欠けた場合又はこの法律若しくは定款で定めた役員の員数が欠けた場合には，任期の満了又は辞任により退任した役員は，新たに選任された役員(次項の一時役員の職務を行うべき者を含む。)が就任するまで，なお役員としての権利義務を有する。
2 前項に規定する場合において，裁判所は，必要があると認めるときは，利害関係人の申立てにより，一時役員の職務を行うべき者を選任することができる。
3 裁判所は，前項の一時役員の職務を行うべき者を選任した場合には，一般社団法人がその者に対して支払う報酬の額を定めることができる。
4 会計監査人が欠けた場合又は定款で定めた会計監査人の員数が欠けた場合において，遅滞なく会計監査人が選任されないときは，監事は，一時会計監査人の職務を行うべき者を選任しなければならない。
5 第68条及び第71条の規定は，前項の一時会計監査人の職務を行うべき者について準用する。

第4款 理事
(業務の執行)
第76条 理事は，定款に別段の定めがある場合を除き，一般社団法人(理事会設置一般社団法人を除く。以下この条において同じ。)の業務を執行する。
2 理事が2人以上ある場合には，一般社団法人の業務は，定款に別段の定めがある場合を除き，理事の過半数をもって決定する。
3 前項の場合には，理事は，次に掲げる事項についての決定を各理事に委任することができない。
 一 従たる事務所の設置，移転及び廃止
 二 第38条第1項各号に掲げる事項
 三 理事の職務の執行が法令及び定款に適合することを確保するための体制その他一般社団法人の業務の適正を確保するために必要なものとして法務省令で定める体制の整備
 四 第114条第1項の規定による定款の定めに基づく第111条第1項の責任の免除
4 大規模一般社団法人においては，理事は，前項第3号に掲げる事項を決定しなければならない。

(一般社団法人の代表)
第77条 理事は，一般社団法人を代表する。ただし，他に代表理事その他一般社団法人を代表する者を定めた場合は，この限りでない。
2 前項本文の理事が2人以上ある場合には，理事は，各自，一般社団法人を代表する。
3 一般社団法人(理事会設置一般社団法人を除く。)は，定款，定款の定めに基づく理事の互選又は社員総会の決議によって，理事の中から代表理事を定めることができる。
4 代表理事は，一般社団法人の業務に関する一切の裁判上又は裁判外の行為をする権限を有する。
5 前項の権限に加えた制限は，善意の第三者に対抗することができない。

(代表者の行為についての損害賠償責任)
第78条 一般社団法人は，代表理事その他の代表者がその職務を行うについて第三者に加えた損害を賠償する責任を負う。

(代表理事に欠員を生じた場合の措置)
第79条 代表理事が欠けた場合又は定款で定めた代表理事の員数が欠けた場合には，任期の

満了又は辞任により退任した代表理事は，新たに選定された代表理事（次項の一時代表理事の職務を行うべき者を含む。）が就任するまで，なお代表理事としての権利義務を有する。
2　前項に規定する場合において，裁判所は，必要があると認めるときは，利害関係人の申立てにより，一時代表理事の職務を行うべき者を選任することができる。
3　裁判所は，前項の一時代表理事の職務を行うべき者を選任した場合には，一般社団法人がその者に対して支払う報酬の額を定めることができる。

（理事の職務を代行する者の権限）
第80条　民事保全法（平成元年法律第91号）第56条に規定する仮処分命令により選任された理事又は代表理事の職務を代行する者は，仮処分命令に別段の定めがある場合を除き，一般社団法人の常務に属しない行為をするには，裁判所の許可を得なければならない。
2　前項の規定に違反して行った理事又は代表理事の職務を代行する者の行為は，無効とする。ただし，一般社団法人は，これをもって善意の第三者に対抗することができない。

（一般社団法人と理事との間の訴えにおける法人の代表）
第81条　第77条第4項の規定にかかわらず，一般社団法人が理事（理事であった者を含む。以下この条において同じ。）に対し，又は理事が一般社団法人に対して訴えを提起する場合には，社員総会は，当該訴えについて一般社団法人を代表する者を定めることができる。

（表見代表理事）
第82条　一般社団法人は，代表理事以外の理事に理事長その他一般社団法人を代表する権限を有するものと認められる名称を付した場合には，当該理事がした行為について，善意の第三者に対してその責任を負う。

（忠実義務）
第83条　理事は，法令及び定款並びに社員総会の決議を遵守し，一般社団法人のため忠実にその職務を行わなければならない。

（競業及び利益相反取引の制限）
第84条　理事は，次に掲げる場合には，社員総会において，当該取引につき重要な事実を開示し，その承認を受けなければならない。

一　理事が自己又は第三者のために一般社団法人の事業の部類に属する取引をしようとするとき。
二　理事が自己又は第三者のために一般社団法人と取引をしようとするとき。
三　一般社団法人が理事の債務を保証することその他理事以外の者との間において一般社団法人と当該理事との利益が相反する取引をしようとするとき。
2　民法（明治29年法律第89号）第108条の規定は，前項の承認を受けた同項第2号の取引については，適用しない。

> 2　民法（明治29年法律第89号）第108条の規定は，前項の承認を受けた同項第2号又は第3号の取引については，適用しない。
> 〔施行日：民法の一部を改正する法律（平成29年6月2日法律第44号）施行の日＝平成32年4月1日〕

（理事の報告義務）
第85条　理事は，一般社団法人に著しい損害を及ぼすおそれのある事実があることを発見したときは，直ちに，当該事実を社員（監事設置一般社団法人にあっては，監事）に報告しなければならない。

（業務の執行に関する検査役の選任）
第86条　一般社団法人の業務の執行に関し，不正の行為又は法令若しくは定款に違反する重大な事実があることを疑うに足りる事由があるときは，総社員の議決権の10分の1（これを下回る割合を定款で定めた場合にあっては，その割合）以上の議決権を有する社員は，当該一般社団法人の業務及び財産の状況を調査させるため，裁判所に対し，検査役の選任の申立てをすることができる。
2　前項の申立てがあった場合には，裁判所は，これを不適法として却下する場合を除き，検査役を選任しなければならない。
3　裁判所は，前項の検査役を選任した場合には，一般社団法人が当該検査役に対して支払う報酬の額を定めることができる。
4　第2項の検査役は，その職務を行うため必要があるときは，一般社団法人の子法人の業務及び財産の状況を調査することができる。
5　第2項の検査役は，必要な調査を行い，当該調査の結果を記載し，又は記録した書面又

は電磁的記録（法務省令で定めるものに限る。）を裁判所に提供して報告をしなければならない。
6 裁判所は，前項の報告について，その内容を明瞭にし，又はその根拠を確認するため必要があると認めるときは，第２項の検査役に対し，更に前項の報告を求めることができる。
7 第２項の検査役は，第５項の報告をしたときは，一般社団法人及び検査役の選任の申立てをした社員に対し，同項の書面の写しを交付し，又は同項の電磁的記録に記録された事項を法務省令で定める方法により提供しなければならない。

（裁判所による社員総会招集等の決定）
第87条 裁判所は，前条第５項の報告があった場合において，必要があると認めるときは，理事に対し，次に掲げる措置の全部又は一部を命じなければならない。
一 一定の期間内に社員総会を招集すること。
二 前条第５項の調査の結果を社員に通知すること。
2 裁判所が前項第１号に掲げる措置を命じた場合には，理事は，前条第５項の報告の内容を同号の社員総会において開示しなければならない。
3 前項に規定する場合には，理事（監事設置一般社団法人にあっては，理事及び監事）は，前条第５項の報告の内容を調査し，その結果を第１項第１号の社員総会に報告しなければならない。

（社員による理事の行為の差止め）
第88条 社員は，理事が一般社団法人の目的の範囲外の行為その他法令若しくは定款に違反する行為をし，又はこれらの行為をするおそれがある場合において，当該行為によって当該一般社団法人に著しい損害が生ずるおそれがあるときは，当該理事に対し，当該行為をやめることを請求することができる。
2 監事設置一般社団法人における前項の規定の適用については，同項中「著しい損害」とあるのは，「回復することができない損害」とする。

（理事の報酬等）
第89条 理事の報酬等（報酬，賞与その他の職務執行の対価として一般社団法人等から受ける財産上の利益をいう。以下同じ。）は，定款にその額を定めていないときは，社員総会の決議によって定める。

第５款 理事会
（理事会の権限等）
第90条 理事会は，すべての理事で組織する。
2 理事会は，次に掲げる職務を行う。
一 理事会設置一般社団法人の業務執行の決定
二 理事の職務の執行の監督
三 代表理事の選定及び解職
3 理事会は，理事の中から代表理事を選定しなければならない。
4 理事会は，次に掲げる事項その他の重要な業務執行の決定を理事に委任することができない。
一 重要な財産の処分及び譲受け
二 多額の借財
三 重要な使用人の選任及び解任
四 従たる事務所その他の重要な組織の設置，変更及び廃止
五 理事の職務の執行が法令及び定款に適合することを確保するための体制その他一般社団法人の業務の適正を確保するために必要なものとして法務省令で定める体制の整備
六 第114条第１項の規定による定款の定めに基づく第111条第１項の責任の免除
5 大規模一般社団法人である理事会設置一般社団法人においては，理事会は，前項第５号に掲げる事項を決定しなければならない。

（理事会設置一般社団法人の理事の権限）
第91条 次に掲げる理事は，理事会設置一般社団法人の業務を執行する。
一 代表理事
二 代表理事以外の理事であって，理事会の決議によって理事会設置一般社団法人の業務を執行する理事として選定されたもの
2 前項各号に掲げる理事は，３箇月に１回以上，自己の職務の執行の状況を理事会に報告しなければならない。ただし，定款で毎事業年度に４箇月を超える間隔で２回以上その報告をしなければならない旨を定めた場合は，この限りでない。

（競業及び理事会設置一般社団法人との取引等の制限）
第92条 理事会設置一般社団法人における第84

条の規定の適用については，同条第1項中「社員総会」とあるのは，「理事会」とする。
2　理事会設置一般社団法人においては，第84条第1項各号の取引をした理事は，当該取引後，遅滞なく，当該取引についての重要な事実を理事会に報告しなければならない。

(招集権者)
第93条　理事会は，各理事が招集する。ただし，理事会を招集する理事を定款又は理事会で定めたときは，その理事が招集する。
2　前項ただし書に規定する場合には，同項ただし書の規定により定められた理事（以下この項及び第101条第2項において「招集権者」という。）以外の理事は，招集権者に対し，理事会の目的である事項を示して，理事会の招集を請求することができる。
3　前項の規定による請求があった日から5日以内に，その請求があった日から2週間以内の日を理事会の日とする理事会の招集の通知が発せられない場合には，その請求をした理事は，理事会を招集することができる。

(招集手続)
第94条　理事会を招集する者は，理事会の日の1週間（これを下回る期間を定款で定めた場合にあっては，その期間）前までに，各理事及び各監事に対してその通知を発しなければならない。
2　前項の規定にかかわらず，理事会は，理事及び監事の全員の同意があるときは，招集の手続を経ることなく開催することができる。

(理事会の決議)
第95条　理事会の決議は，議決に加わることができる理事の過半数（これを上回る割合を定款で定めた場合にあっては，その割合以上）が出席し，その過半数（これを上回る割合を定款で定めた場合にあっては，その割合以上）をもって行う。
2　前項の決議について特別の利害関係を有する理事は，議決に加わることができない。
3　理事会の議事については，法務省令で定めるところにより，議事録を作成し，議事録が書面をもって作成されているときは，出席した理事（定款で議事録に署名し，又は記名押印しなければならない者を当該理事会に出席した代表理事とする旨の定めがある場合にあっては，当該代表理事）及び監事は，これに署名し，又は記名押印しなければならない。
4　前項の議事録が電磁的記録をもって作成されている場合における当該電磁的記録に記録された事項については，法務省令で定める署名又は記名押印に代わる措置をとらなければならない。
5　理事会の決議に参加した理事であって第3項の議事録に異議をとどめないものは，その決議に賛成したものと推定する。

(理事会の決議の省略)
第96条　理事会設置一般社団法人は，理事が理事会の決議の目的である事項について提案をした場合において，当該提案につき理事（当該事項について議決に加わることができるものに限る。）の全員が書面又は電磁的記録により同意の意思表示をしたとき（監事が当該提案について異議を述べたときを除く。）は，当該提案を可決する旨の理事会の決議があったものとみなす旨を定款で定めることができる。

(議事録等)
第97条　理事会設置一般社団法人は，理事会の日（前条の規定により理事会の決議があったものとみなされた日を含む。）から10年間，第95条第3項の議事録又は前条の意思表示を記載し，若しくは記録した書面若しくは電磁的記録（以下この条において「議事録等」という。）をその主たる事務所に備え置かなければならない。
2　社員は，その権利を行使するため必要があるときは，裁判所の許可を得て，次に掲げる請求をすることができる。
　一　前項の議事録等が書面をもって作成されているときは，当該書面の閲覧又は謄写の請求
　二　前項の議事録等が電磁的記録をもって作成されているときは，当該電磁的記録に記録された事項を法務省令で定める方法により表示したものの閲覧又は謄写の請求
3　債権者は，理事又は監事の責任を追及するため必要があるときは，裁判所の許可を得て，第1項の議事録等について前項各号に掲げる請求をすることができる。
4　裁判所は，前2項の請求に係る閲覧又は謄写をすることにより，当該理事会設置一般社団法人に著しい損害を及ぼすおそれがあると

認めるときは，前2項の許可をすることができない。

(理事会への報告の省略)
第98条　理事，監事又は会計監査人が理事及び監事の全員に対して理事会に報告すべき事項を通知したときは，当該事項を理事会へ報告することを要しない。
2　前項の規定は，第91条第2項の規定による報告については，適用しない。

第6款　監事

(監事の権限)
第99条　監事は，理事の職務の執行を監査する。この場合において，監事は，法務省令で定めるところにより，監査報告を作成しなければならない。
2　監事は，いつでも，理事及び使用人に対して事業の報告を求め，又は監事設置一般社団法人の業務及び財産の状況の調査をすることができる。
3　監事は，その職務を行うため必要があるときは，監事設置一般社団法人の子法人に対して事業の報告を求め，又はその子法人の業務及び財産の状況の調査をすることができる。
4　前項の子法人は，正当な理由があるときは，同項の報告又は調査を拒むことができる。

(理事への報告義務)
第100条　監事は，理事が不正の行為をし，若しくは当該行為をするおそれがあると認めるとき，又は法令若しくは定款に違反する事実若しくは著しく不当な事実があると認めるときは，遅滞なく，その旨を理事（理事会設置一般社団法人にあっては，理事会）に報告しなければならない。

(理事会への出席義務等)
第101条　監事は，理事会に出席し，必要があると認めるときは，意見を述べなければならない。
2　監事は，前条に規定する場合において，必要があると認めるときは，理事（第93条第1項ただし書に規定する場合にあっては，招集権者）に対し，理事会の招集を請求することができる。
3　前項の規定による請求があった日から5日以内に，その請求があった日から2週間以内の日を理事会の日とする理事会の招集の通知が発せられない場合は，その請求をした監事は，理事会を招集することができる。

(社員総会に対する報告義務)
第102条　監事は，理事が社員総会に提出しようとする議案，書類その他法務省令で定めるものを調査しなければならない。この場合において，法令若しくは定款に違反し，又は著しく不当な事項があると認めるときは，その調査の結果を社員総会に報告しなければならない。

(監事による理事の行為の差止め)
第103条　監事は，理事が監事設置一般社団法人の目的の範囲外の行為その他法令若しくは定款に違反する行為をし，又はこれらの行為をするおそれがある場合において，当該行為によって当該監事設置一般社団法人に著しい損害が生ずるおそれがあるときは，当該理事に対し，当該行為をやめることを請求することができる。
2　前項の場合において，裁判所が仮処分をもって同項の理事に対し，その行為をやめることを命ずるときは，担保を立てさせないものとする。

(監事設置一般社団法人と理事との間の訴えにおける法人の代表)
第104条　第77条第4項及び第81条の規定にかかわらず，監事設置一般社団法人が理事（理事であった者を含む。以下この条において同じ。）に対し，又は理事が監事設置一般社団法人に対して訴えを提起する場合には，当該訴えについては，監事が監事設置一般社団法人を代表する。
2　第77条第4項の規定にかかわらず，次に掲げる場合には，監事が監事設置一般社団法人を代表する。
一　監事設置一般社団法人が第278条第1項の訴えの提起の請求（理事の責任を追及する訴えの提起の請求に限る。）を受ける場合
二　監事設置一般社団法人が第280条第3項の訴訟告知（理事の責任を追及する訴えに係るものに限る。）並びに第281条第2項の規定による通知及び催告（理事の責任を追及する訴えに係る訴訟における和解に関するものに限る。）を受ける場合

(監事の報酬等)
第105条　監事の報酬等は，定款にその額を定

めていないときは，社員総会の決議によって定める．
2　監事が2人以上ある場合において，各監事の報酬等について定款の定め又は社員総会の決議がないときは，当該報酬等は，前項の報酬等の範囲内において，監事の協議によって定める．
3　監事は，社員総会において，監事の報酬等について意見を述べることができる．

（費用等の請求）
第106条　監事がその職務の執行について監事設置一般社団法人に対して次に掲げる請求をしたときは，当該監事設置一般社団法人は，当該請求に係る費用又は債務が当該監事の職務の執行に必要でないことを証明した場合を除き，これを拒むことができない．
一　費用の前払の請求
二　支出した費用及び支出の日以後におけるその利息の償還の請求
三　負担した債務の債権者に対する弁済（当該債務が弁済期にない場合にあっては，相当の担保の提供）の請求

第7款　会計監査人

（会計監査人の権限等）
第107条　会計監査人は，次節の定めるところにより，一般社団法人の計算書類（第123条第2項に規定する計算書類をいう．第117条第2項第1号イにおいて同じ．）及びその附属明細書を監査する．この場合において，会計監査人は，法務省令で定めるところにより，会計監査報告を作成しなければならない．
2　会計監査人は，いつでも，次に掲げるものの閲覧及び謄写をし，又は理事及び使用人に対し，会計に関する報告を求めることができる．
一　会計帳簿又はこれに関する資料が書面をもって作成されているときは，当該書面
二　会計帳簿又はこれに関する資料が電磁的記録をもって作成されているときは，当該電磁的記録に記録された事項を法務省令で定める方法により表示したもの
3　会計監査人は，その職務を行うため必要があるときは，会計監査人設置一般社団法人の子法人に対して会計に関する報告を求め，又は会計監査人設置一般社団法人若しくはその子法人の業務及び財産の状況の調査をすることができる．
4　前項の子法人は，正当な理由があるときは，同項の報告又は調査を拒むことができる．
5　会計監査人は，その職務を行うに当たっては，次のいずれかに該当する者を使用してはならない．
一　第68条第3項第1号又は第2号に掲げる者
二　会計監査人設置一般社団法人又はその子法人の理事，監事又は使用人である者
三　会計監査人設置一般社団法人又はその子法人から公認会計士又は監査法人の業務以外の業務により継続的な報酬を受けている者

（監事に対する報告）
第108条　会計監査人は，その職務を行うに際して理事の職務の執行に関し不正の行為又は法令若しくは定款に違反する重大な事実があることを発見したときは，遅滞なく，これを監事に報告しなければならない．
2　監事は，その職務を行うため必要があるときは，会計監査人に対し，その監査に関する報告を求めることができる．

（定時社員総会における会計監査人の意見の陳述）
第109条　第107条第1項に規定する書類が法令又は定款に適合するかどうかについて会計監査人が監事と意見を異にするときは，会計監査人（会計監査人が監査法人である場合にあっては，その職務を行うべき社員．次項において同じ．）は，定時社員総会に出席して意見を述べることができる．
2　定時社員総会において会計監査人の出席を求める決議があったときは，会計監査人は，定時社員総会に出席して意見を述べなければならない．

（会計監査人の報酬等の決定に関する監事の関与）
第110条　理事は，会計監査人又は一時会計監査人の職務を行うべき者の報酬等を定める場合には，監事（監事が2人以上ある場合にあっては，その過半数）の同意を得なければならない．

第8款　役員等の損害賠償責任

（役員等の一般社団法人に対する損害賠償責任）
第111条　理事，監事又は会計監査人（以下こ

の款及び第301条第2項第11号において「役員等」という。）は，その任務を怠ったときは，一般社団法人に対し，これによって生じた損害を賠償する責任を負う。
2　理事が第84条第1項の規定に違反して同項第1号の取引をしたときは，当該取引によって理事又は第三者が得た利益の額は，前項の損害の額と推定する。
3　第84条第1項第2号又は第3号の取引によって一般社団法人に損害が生じたときは，次に掲げる理事は，その任務を怠ったものと推定する。
　一　第84条第1項の理事
　二　一般社団法人が当該取引をすることを決定した理事
　三　当該取引に関する理事会の承認の決議に賛成した理事

（一般社団法人に対する損害賠償責任の免除）
第112条　前条第1項の責任は，総社員の同意がなければ，免除することができない。

（責任の一部免除）
第113条　前条の規定にかかわらず，役員等の第111条第1項の責任は，当該役員等が職務を行うにつき善意でかつ重大な過失がないときは，第1号に掲げる額から第2号に掲げる額（第115条第1項において「最低責任限度額」という。）を控除して得た額を限度として，社員総会の決議によって免除することができる。
　一　賠償の責任を負う額
　二　当該役員等がその在職中に一般社団法人から職務執行の対価として受け，又は受けるべき財産上の利益の1年間当たりの額に相当する額として法務省令で定める方法により算定される額に，次のイからハまでに掲げる役員等の区分に応じ，当該イからハまでに定める数を乗じて得た額
　　イ　代表理事　6
　　ロ　代表理事以外の理事であって外部理事（一般社団法人の理事であって，当該一般社団法人又はその子法人の業務執行理事（代表理事，代表理事以外の理事であって理事会の決議によって一般社団法人の業務を執行する理事として選定されたもの及び当該一般社団法人の業務を執行したその他の理事をいう。以下この章

において同じ。）又は使用人でなく，かつ，過去に当該一般社団法人又はその子法人の業務執行理事又は使用人となったことがないものをいう。以下この款及び第301条第2項第13号において同じ。）でないもの　4
　　ハ　外部理事，監事又は会計監査人　2
2　前項の場合には，理事は，同項の社員総会において次に掲げる事項を開示しなければならない。
　一　責任の原因となった事実及び賠償の責任を負う額
　二　前項の規定により免除することができる額の限度及びその算定の根拠
　三　責任を免除すべき理由及び免除額
3　監事設置一般社団法人においては，理事は，第111条第1項の責任の免除（理事の責任の免除に限る。）に関する議案を社員総会に提出するには，監事（監事が2人以上ある場合にあっては，各監事）の同意を得なければならない。
4　第1項の決議があった場合において，一般社団法人が当該決議後に同項の役員等に対し退職慰労金その他の法務省令で定める財産上の利益を与えるときは，社員総会の承認を受けなければならない。

（理事等による免除に関する定款の定め）
第114条　第112条の規定にかかわらず，監事設置一般社団法人（理事が2人以上ある場合に限る。）は，第111条第1項の責任について，役員等が職務を行うにつき善意でかつ重大な過失がない場合において，責任の原因となった事実の内容，当該役員等の職務の執行の状況その他の事情を勘案して特に必要と認めるときは，前条第1項の規定により免除することができる額を限度として理事（当該責任を負う理事を除く。）の過半数の同意（理事会設置一般社団法人にあっては，理事会の決議）によって免除することができる旨を定款で定めることができる。
2　前条第3項の規定は，定款を変更して前項の規定による定款の定め（理事の責任を免除することができる旨の定めに限る。）を設ける議案を社員総会に提出する場合，同項の規定による定款の定めに基づく責任の免除（理事の責任の免除に限る。）についての理事の

同意を得る場合及び当該責任の免除に関する議案を理事会に提出する場合について準用する。

3　第1項の規定による定款の定めに基づいて役員等の責任を免除する旨の同意（理事会設置一般社団法人にあっては，理事会の決議）を行ったときは，理事は，遅滞なく，前条第2項各号に掲げる事項及び責任を免除することに異議がある場合には一定の期間内に当該異議を述べるべき旨を社員に通知しなければならない。ただし，当該期間は，1箇月を下ることができない。

4　総社員（前項の責任を負う役員等であるものを除く。）の議決権の10分の1（これを下回る割合を定款で定めた場合にあっては，その割合）以上の議決権を有する社員が同項の期間内に同項の異議を述べたときは，一般社団法人は，第1項の規定による定款の定めに基づく免除をしてはならない。

5　前条第4項の規定は，第1項の規定による定款の定めに基づき責任を免除した場合について準用する。

（責任限定契約）

第115条　第112条の規定にかかわらず，一般社団法人は，外部役員等（外部理事，外部監事（一般社団法人の監事であって，過去に当該一般社団法人又はその子法人の理事又は使用人となったことがないものをいう。第301条第2項第14号において同じ。）又は会計監査人をいう。以下この条及び同項第12号において同じ。）の第111条第1項の責任について，当該外部役員等が職務を行うにつき善意でかつ重大な過失がないときは，定款で定めた額の範囲内であらかじめ一般社団法人が定めた額と最低責任限度額とのいずれか高い額を限度とする旨の契約を外部役員等と締結することができる旨を定款で定めることができる。

2　前項の契約を締結した外部役員等が当該一般社団法人又はその子法人の業務執行理事又は使用人に就任したときは，当該契約は，将来に向かってその効力を失う。

3　第113条第3項の規定は，定款を変更して第1項の規定による定款の定め（外部理事と契約を締結することができる旨の定めに限る。）を設ける議案を社員総会に提出する場合について準用する。

4　第1項の契約を締結した一般社団法人が，当該契約の相手方である外部役員等が任務を怠ったことにより損害を受けたことを知ったときは，その後最初に招集される社員総会において次に掲げる事項を開示しなければならない。

一　第113条第2項第1号及び第2号に掲げる事項

二　当該契約の内容及び当該契約を締結した理由

三　第111条第1項の損害のうち，当該外部役員等が賠償する責任を負わないとされた額

5　第113条第4項の規定は，外部役員等が第1項の契約によって同項に規定する限度を超える部分について損害を賠償する責任を負わないとされた場合について準用する。

（理事が自己のためにした取引に関する特則）

第116条　第84条第1項第2号の取引（自己のためにした取引に限る。）をした理事の第111条第1項の責任は，任務を怠ったことが当該理事の責めに帰することができない事由によるものであることをもって免れることができない。

2　前3条の規定は，前項の責任については，適用しない。

（役員等の第三者に対する損害賠償責任）

第117条　役員等がその職務を行うについて悪意又は重大な過失があったときは，当該役員等は，これによって第三者に生じた損害を賠償する責任を負う。

2　次の各号に掲げる者が，当該各号に定める行為をしたときも，前項と同様とする。ただし，その者が当該行為をすることについて注意を怠らなかったことを証明したときは，この限りでない。

一　理事　次に掲げる行為

イ　計算書類及び事業報告並びにこれらの附属明細書に記載し，又は記録すべき重要な事項についての虚偽の記載又は記録

ロ　基金（第131条に規定する基金をいう。）を引き受ける者の募集をする際に通知しなければならない重要な事項についての虚偽の通知又は当該募集のための当該一般社団法人の事業その他の事項に関する説明に用いた資料についての虚偽の記載

若しくは記録
ハ 虚偽の登記
ニ 虚偽の公告（第128条第3項に規定する措置を含む。）
二 監事 監査報告に記載し，又は記録すべき重要な事項についての虚偽の記載又は記録
三 会計監査人 会計監査報告に記載し，又は記録すべき重要な事項についての虚偽の記載又は記録

（役員等の連帯責任）
第118条 役員等が一般社団法人又は第三者に生じた損害を賠償する責任を負う場合において，他の役員等も当該損害を賠償する責任を負うときは，これらの者は，連帯債務者とする。

第4節 計算
第1款 会計の原則
第119条 一般社団法人の会計は，その行う事業に応じて，一般に公正妥当と認められる会計の慣行に従うものとする。

第2款 会計帳簿
（会計帳簿の作成及び保存）
第120条 一般社団法人は，法務省令で定めるところにより，適時に，正確な会計帳簿を作成しなければならない。
2 一般社団法人は，会計帳簿の閉鎖の時から10年間，その会計帳簿及びその事業に関する重要な資料を保存しなければならない。

（会計帳簿の閲覧等の請求）
第121条 総社員の議決権の10分の1（これを下回る割合を定款で定めた場合にあっては，その割合）以上の議決権を有する社員は，一般社団法人の業務時間内は，いつでも，次に掲げる請求をすることができる。この場合においては，当該請求の理由を明らかにしてしなければならない。
一 会計帳簿又はこれに関する資料が書面をもって作成されているときは，当該書面の閲覧又は謄写の請求
二 会計帳簿又はこれに関する資料が電磁的記録をもって作成されているときは，当該電磁的記録に記録された事項を法務省令で定める方法により表示したものの閲覧又は謄写の請求
2 第32条第3項の規定は，前項の請求について準用する。

（会計帳簿の提出命令）
第122条 裁判所は，申立てにより又は職権で，訴訟の当事者に対し，会計帳簿の全部又は一部の提出を命ずることができる。

第3款 計算書類等
（計算書類等の作成及び保存）
第123条 一般社団法人は，法務省令で定めるところにより，その成立の日における貸借対照表を作成しなければならない。
2 一般社団法人は，法務省令で定めるところにより，各事業年度に係る計算書類（貸借対照表及び損益計算書をいう。以下この款において同じ。）及び事業報告並びにこれらの附属明細書を作成しなければならない。
3 計算書類及び事業報告並びにこれらの附属明細書は，電磁的記録をもって作成することができる。
4 一般社団法人は，計算書類を作成した時から10年間，当該計算書類及びその附属明細書を保存しなければならない。

（計算書類等の監査等）
第124条 監事設置一般社団法人においては，前条第2項の計算書類及び事業報告並びにこれらの附属明細書は，法務省令で定めるところにより，監事の監査を受けなければならない。
2 前項の規定にかかわらず，会計監査人設置一般社団法人においては，次の各号に掲げるものは，法務省令で定めるところにより，当該各号に定める者の監査を受けなければならない。
一 前条第2項の計算書類及びその附属明細書 監事及び会計監査人
二 前条第2項の事業報告及びその附属明細書 監事
3 理事会設置一般社団法人においては，第1項又は前項の監査を受けた計算書類及び事業報告並びにこれらの附属明細書は，理事会の承認を受けなければならない。

（計算書類等の社員への提供）
第125条 理事会設置一般社団法人においては，理事は，定時社員総会の招集の通知に際して，法務省令で定めるところにより，社員に対し，前条第3項の承認を受けた計算書類及び事業報告並びに監査報告（同条第2項の規定の適

用がある場合にあっては，会計監査報告を含む。）を提供しなければならない。

（計算書類等の定時社員総会への提出等）
第126条　次の各号に掲げる一般社団法人においては，理事は，当該各号に定める計算書類及び事業報告を定時社員総会に提出し，又は提供しなければならない。
一　監事設置一般社団法人（理事会設置一般社団法人及び会計監査人設置一般社団法人を除く。）　第124条第1項の監査を受けた計算書類及び事業報告
二　会計監査人設置一般社団法人（理事会設置一般社団法人を除く。）　第124条第2項の監査を受けた計算書類及び事業報告
三　理事会設置一般社団法人　第124条第3項の承認を受けた計算書類及び事業報告
四　前3号に掲げるもの以外の一般社団法人　第123条第2項の計算書類及び事業報告
2　前項の規定により提出され，又は提供された計算書類は，定時社員総会の承認を受けなければならない。
3　理事は，第1項の規定により提出され，又は提供された事業報告の内容を定時社員総会に報告しなければならない。

（会計監査人設置一般社団法人の特則）
第127条　会計監査人設置一般社団法人については，第124条第3項の承認を受けた計算書類が法令及び定款に従い一般社団法人の財産及び損益の状況を正しく表示しているものとして法務省令で定める要件に該当する場合には，前条第2項の規定は，適用しない。この場合においては，理事は，当該計算書類の内容を定時社員総会に報告しなければならない。

（貸借対照表等の公告）
第128条　一般社団法人は，法務省令で定めるところにより，定時社員総会の終結後遅滞なく，貸借対照表（大規模一般社団法人にあっては，貸借対照表及び損益計算書）を公告しなければならない。
2　前項の規定にかかわらず，その公告方法が第331条第1項第1号又は第2号に掲げる方法である一般社団法人は，前項に規定する貸借対照表の要旨を公告することで足りる。
3　前項の一般社団法人は，法務省令で定めるところにより，定時社員総会の終結後遅滞なく，第1項に規定する貸借対照表の内容である情報を，定時社員総会の終結の日後5年を経過する日までの間，継続して電磁的方法により不特定多数の者が提供を受けることができる状態に置く措置をとることができる。この場合においては，前2項の規定は，適用しない。

（計算書類等の備置き及び閲覧等）
第129条　一般社団法人は，計算書類等（各事業年度に係る計算書類及び事業報告並びにこれらの附属明細書（第124条第1項又は第2項の規定の適用がある場合にあっては，監査報告又は会計監査報告を含む。）をいう。以下この条において同じ。）を，定時社員総会の日の1週間（理事会設置一般社団法人にあっては，2週間）前の日（第58条第1項の場合にあっては，同項の提案があった日）から5年間，その主たる事務所に備え置かなければならない。
2　一般社団法人は，計算書類等の写しを，定時社員総会の日の1週間（理事会設置一般社団法人にあっては，2週間）前の日（第58条第1項の場合にあっては，同項の提案があった日）から3年間，その従たる事務所に備え置かなければならない。ただし，計算書類等が電磁的記録で作成されている場合であって，従たる事務所における次項第3号及び第4号に掲げる請求に応じることを可能とするための措置として法務省令で定めるものをとっているときは，この限りでない。
3　社員及び債権者は，一般社団法人の業務時間内は，いつでも，次に掲げる請求をすることができる。ただし，第2号又は第4号に掲げる請求をするには，当該一般社団法人の定めた費用を支払わなければならない。
一　計算書類等が書面をもって作成されているときは，当該書面又は当該書面の写しの閲覧の請求
二　前号の書面の謄本又は抄本の交付の請求
三　計算書類等が電磁的記録をもって作成されているときは，当該電磁的記録に記録された事項を法務省令で定める方法により表示したものの閲覧の請求
四　前号の電磁的記録に記録された事項を電磁的方法であって一般社団法人の定めたものにより提供することの請求又はその事項を記載した書面の交付の請求

(計算書類等の提出命令)
第130条　裁判所は，申立てにより又は職権で，訴訟の当事者に対し，計算書類及びその附属明細書の全部又は一部の提出を命ずることができる。

第5節　基金
第1款　基金を引き受ける者の募集

(基金を引き受ける者の募集等に関する定款の定め)
第131条　一般社団法人（一般社団法人の成立前にあっては，設立時社員。次条から第134条まで（第133条第1項第1号を除く。）及び第136条第1号において同じ。）は，基金（この款の規定により一般社団法人に拠出された金銭その他の財産であって，当該一般社団法人が拠出者に対してこの法律及び当該一般社団法人と当該拠出者との間の合意の定めるところに従い返還義務（金銭以外の財産については，拠出時の当該財産の価額に相当する金銭の返還義務）を負うものをいう。以下同じ。）を引き受ける者の募集をすることができる旨を定款で定めることができる。この場合においては，次に掲げる事項を定款で定めなければならない。
一　基金の拠出者の権利に関する規定
二　基金の返還の手続

(募集事項の決定)
第132条　一般社団法人は，前条の募集をしようとするときは，その都度，次に掲げる事項（以下この款において「募集事項」という。）を定めなければならない。
一　募集に係る基金の総額
二　金銭以外の財産を拠出の目的とするときは，その旨並びに当該財産の内容及びその価額
三　基金の拠出に係る金銭の払込み又は前号の財産の給付の期日又はその期間
2　設立時社員は，募集事項を定めようとするときは，その全員の同意を得なければならない。

(基金の申込み)
第133条　一般社団法人は，第131条の募集に応じて基金の引受けの申込みをしようとする者に対し，次に掲げる事項を通知しなければならない。
一　一般社団法人の名称

二　募集事項
三　金銭の払込みをすべきときは，払込みの取扱いの場所
四　前3号に掲げるもののほか，法務省令で定める事項
2　第131条の募集に応じて基金の引受けの申込みをする者は，次に掲げる事項を記載した書面を一般社団法人に交付しなければならない。
一　申込みをする者の氏名又は名称及び住所
二　引き受けようとする基金の額
3　前項の申込みをする者は，同項の書面の交付に代えて，政令で定めるところにより，一般社団法人の承諾を得て，同項の書面に記載すべき事項を電磁的方法により提供することができる。この場合において，当該申込みをした者は，同項の書面を交付したものとみなす。
4　一般社団法人は，第1項各号に掲げる事項について変更があったときは，直ちに，その旨及び当該変更があった事項を第2項の申込みをした者（以下この款において「申込者」という。）に通知しなければならない。
5　一般社団法人が申込者に対してする通知又は催告は，第2項第1号の住所（当該申込者が別に通知又は催告を受ける場所又は連絡先を当該一般社団法人に通知した場合にあっては，その場所又は連絡先）にあてて発すれば足りる。
6　前項の通知又は催告は，その通知又は催告が通常到達すべきであった時に，到達したものとみなす。

(基金の割当て)
第134条　一般社団法人は，申込者の中から基金の割当てを受ける者を定め，かつ，その者に割り当てる基金の額を定めなければならない。この場合において，一般社団法人は，当該申込者に割り当てる基金の額を，前条第2項第2号の額よりも減額することができる。
2　一般社団法人は，第132条第1項第3号の期日（同号の期間を定めた場合にあっては，その期間の初日）の前日までに，申込者に対し，当該申込者に割り当てる基金の額を通知しなければならない。

(基金の申込み及び割当てに関する特則)
第135条　前2条の規定は，基金を引き受けよ

うとする者がその総額の引受けを行う契約を締結する場合には，適用しない。

(基金の引受け)
第136条 次の各号に掲げる者は，当該各号に定める基金の額について基金の引受人となる。
一 申込者 一般社団法人の割り当てた基金の額
二 前条の契約により基金の総額を引き受けた者 その者が引き受けた基金の額

(金銭以外の財産の拠出)
第137条 一般社団法人（一般社団法人の成立前にあっては，設立時社員。第6項において同じ。）は，第132条第1項第2号に掲げる事項を定めたときは，募集事項の決定の後遅滞なく，同号の財産（以下「現物拠出財産」という。）の価額を調査させるため，裁判所に対し，検査役の選任の申立てをしなければならない。
2 前項の申立てがあった場合には，裁判所は，これを不適法として却下する場合を除き，検査役を選任しなければならない。
3 裁判所は，前項の検査役を選任した場合には，一般社団法人が当該検査役に対して支払う報酬の額を定めることができる。
4 第2項の検査役は，必要な調査を行い，当該調査の結果を記載し，又は記録した書面又は電磁的記録（法務省令で定めるものに限る。）を裁判所に提供して報告をしなければならない。
5 裁判所は，前項の報告について，その内容を明瞭にし，又はその根拠を確認するため必要があると認めるときは，第2項の検査役に対し，更に前項の報告を求めることができる。
6 第2項の検査役は，第4項の報告をしたときは，一般社団法人に対し，同項の書面の写しを交付し，又は同項の電磁的記録に記録された事項を法務省令で定める方法により提供しなければならない。
7 裁判所は，第4項の報告を受けた場合において，現物拠出財産について定められた第132条第1項第2号の価額（第2項の検査役の調査を経ていないものを除く。）を不当と認めたときは，これを変更する決定をしなければならない。
8 基金の引受人（現物拠出財産を給付する者に限る。第10項第2号において同じ。）は，

前項の決定により現物拠出財産の価額の全部又は一部が変更された場合には，当該決定の確定後1週間以内に限り，その基金の引受けの申込み又は第135条の契約に係る意思表示を取り消すことができる。
9 前各項の規定は，次の各号に掲げる場合には，当該各号に定める事項については，適用しない。
一 現物拠出財産について定められた第132条第1項第2号の価額の総額が500万円を超えない場合 当該現物拠出財産の価額
二 現物拠出財産のうち，市場価格のある有価証券（金融商品取引法（昭和23年法律第25号）第2条第1項に規定する有価証券をいい，同条第2項の規定により有価証券とみなされる権利を含む。以下同じ。）について定められた第132条第1項第2号の価額が当該有価証券の市場価格として法務省令で定める方法により算定されるものを超えない場合 当該有価証券についての現物拠出財産の価額
三 現物拠出財産について定められた第132条第1項第2号の価額が相当であることについて弁護士，弁護士法人，公認会計士，監査法人，税理士又は税理士法人の証明（現物拠出財産が不動産である場合にあっては，当該証明及び不動産鑑定士の鑑定評価。以下この号において同じ。）を受けた場合 当該証明を受けた現物拠出財産の価額
四 現物拠出財産が一般社団法人に対する金銭債権（弁済期が到来しているものに限る。）であって，当該金銭債権について定められた第132条第1項第2号の価額が当該金銭債権に係る負債の帳簿価額を超えない場合 当該金銭債権についての現物拠出財産の価額
10 次に掲げる者は，前項第3号に規定する証明をすることができない。
一 理事，監事又は使用人（一般社団法人の成立前にあっては，設立時社員，設立時理事又は設立時監事）
二 基金の引受人
三 業務の停止の処分を受け，その停止の期間を経過しない者
四 弁護士法人，監査法人又は税理士法人で

あって、その社員の半数以上が第1号又は第2号に掲げる者のいずれかに該当するもの

(基金の拠出の履行)
第138条 基金の引受人（現物拠出財産を給付する者を除く。）は、第132条第1項第3号の期日又は同号の期間内に、一般社団法人（一般社団法人の成立前にあっては、設立時社員）が定めた銀行等（銀行（銀行法（昭和56年法律第59号）第2条第1項に規定する銀行をいう。）、信託会社（信託業法（平成16年法律第154号）第2条第2項に規定する信託会社をいう。第248条第5項において同じ。）その他これに準ずるものとして法務省令で定めるものをいう。第157条第2項において同じ。）の払込みの取扱いの場所において、それぞれの基金の払込金額の全額を払い込まなければならない。

2　基金の引受人（現物拠出財産を給付する者に限る。）は、第132条第1項第3号の期日又は同号の期間内に、それぞれの基金の払込金額に相当する現物拠出財産を給付しなければならない。ただし、一般社団法人の成立前に給付すべき場合において、設立時社員全員の同意があるときは、登記、登録その他の権利の設定又は移転を第三者に対抗するために必要な行為は、一般社団法人の成立後にすることを妨げない。

3　基金の引受人は、第1項の規定による払込み又は前項の規定による給付（以下この款において「拠出の履行」という。）をする債務と一般社団法人に対する債権とを相殺することができない。

4　基金の引受人が拠出の履行をしないときは、基金の引受けは、その効力を失う。

(基金の拠出者となる時期)
第139条 基金の引受人は、次の各号に掲げる場合には、当該各号に定める日に、拠出の履行をした基金の拠出者となる。
一　第132条第1項第3号の期日を定めた場合　当該期日
二　第132条第1項第3号の期間を定めた場合　拠出の履行をした日

2　前項の規定にかかわらず、一般社団法人の成立前に基金を引き受ける者の募集をした場合には、一般社団法人の成立の時に、拠出の履行をした基金の拠出者となる。

(引受けの無効又は取消しの制限)
第140条 民法第93条ただし書及び第94条第1項の規定は、基金の引受けの申込み及び割当て並びに第135条の契約に係る意思表示については、適用しない。

2　基金の引受人は、前条の規定により基金の拠出者となった日から1年を経過した後は、錯誤を理由として基金の引受けの無効を主張し、又は詐欺若しくは強迫を理由として基金の引受けの取消しをすることができない。

> **第140条**　民法第93条第1項ただし書及び第94条第1項の規定は、基金の引受けの申込み及び割当て並びに第135条の契約に係る意思表示については、適用しない。
> 2　基金の引受人は、前条の規定により基金の拠出者となった日から1年を経過した後は、錯誤、詐欺又は強迫を理由として基金の引受けの取消しをすることができない。
> 〔施行日：民法の一部を改正する法律（平成29年6月2日法律第44号）施行の日＝平成32年4月1日〕

第2款　基金の返還

(基金の返還)
第141条 基金の返還は、定時社員総会の決議によって行わなければならない。

2　一般社団法人は、ある事業年度に係る貸借対照表上の純資産額が次に掲げる金額の合計額を超える場合においては、当該事業年度の次の事業年度に関する定時社員総会の日の前日までの間に限り、当該超過額を返還の総額の限度として基金の返還をすることができる。
一　基金（第144条第1項の代替基金を含む。）の総額
二　法務省令で定めるところにより資産につき時価を基準として評価を行っている場合において、その時価の総額がその取得価額の総額を超えるときは、時価を基準として評価を行ったことにより増加した貸借対照表上の純資産額

3　前項の規定に違反して一般社団法人が基金の返還をした場合には、当該返還を受けた者及び当該返還に関する職務を行った業務執行者（業務執行理事その他当該業務執行理事の行う業務の執行に職務上関与した者をいう。

次項及び第5項において同じ。）は，当該一般社団法人に対し，連帯して，違法に返還された額を弁済する責任を負う。

4　前項の規定にかかわらず，業務執行者は，その職務を行うについて注意を怠らなかったことを証明したときは，同項の責任を負わない。

5　第3項の業務執行者の責任は，免除することができない。ただし，第2項の超過額を限度として当該責任を免除することについて総社員の同意がある場合は，この限りでない。

6　第2項の規定に違反して基金の返還がされた場合において，一般社団法人の債権者は，当該返還を受けた者に対し，当該返還の額を当該一般社団法人に対して返還することを請求することができる。

（基金の返還に係る債権の取得の禁止）

第142条　一般社団法人は，次に掲げる場合に限り，自己を債務者とする基金の返還に係る債権を取得することができる。

一　合併又は他の法人の事業の全部の譲受けによる場合

二　一般社団法人の権利の実行に当たり，その目的を達成するために必要な場合

三　無償で取得する場合

2　一般社団法人が前項第1号又は第2号に掲げる場合に同項の債権を取得したときは，民法第520条本文の規定にかかわらず，当該債権は消滅しない。この場合において，一般社団法人は，当該債権を相当の時期に他に譲渡しなければならない。

（基金利息の禁止）

第143条　基金の返還に係る債権には，利息を付することができない。

（代替基金）

第144条　基金の返還をする場合には，返還をする基金に相当する金額を代替基金として計上しなければならない。

2　前項の代替基金は，取り崩すことができない。

3　合併により消滅する一般社団法人が代替基金を計上している場合において，合併後存続する一般社団法人又は合併により設立する一般社団法人が当該合併に際して代替基金として計上すべき額については，法務省令で定める。

（破産法の適用の特例）

第145条　一般社団法人が破産手続開始の決定を受けた場合においては，基金の返還に係る債権は，破産法第99条第1項に規定する劣後的破産債権及び同条第2項に規定する約定劣後破産債権に後れる。

第6節　定款の変更

第146条　一般社団法人は，その成立後，社員総会の決議によって，定款を変更することができる。

第7節　事業の譲渡

第147条　一般社団法人が事業の全部の譲渡をするには，社員総会の決議によらなければならない。

第8節　解散

（解散の事由）

第148条　一般社団法人は，次に掲げる事由によって解散する。

一　定款で定めた存続期間の満了

二　定款で定めた解散の事由の発生

三　社員総会の決議

四　社員が欠けたこと。

五　合併（合併により当該一般社団法人が消滅する場合に限る。）

六　破産手続開始の決定

七　第261条第1項又は第268条の規定による解散を命ずる裁判

（休眠一般社団法人のみなし解散）

第149条　休眠一般社団法人（一般社団法人であって，当該一般社団法人に関する登記が最後にあった日から5年を経過したものをいう。以下この条において同じ。）は，法務大臣が休眠一般社団法人に対し2箇月以内に法務省令で定めるところによりその主たる事務所の所在地を管轄する登記所に事業を廃止していない旨の届出をすべき旨を官報に公告した場合において，その届出をしないときは，その2箇月の期間の満了の時に，解散したものとみなす。ただし，当該期間内に当該休眠一般社団法人に関する登記がされたときは，この限りでない。

2　登記所は，前項の規定による公告があったときは，休眠一般社団法人に対し，その旨の通知を発しなければならない。

（一般社団法人の継続）

第150条　一般社団法人は，第148条第1号から

第3号までに掲げる事由によって解散した場合（前条第1項の規定により解散したものとみなされた場合を含む。）には，第4章の規定による清算が結了するまで（同項の規定により解散したものとみなされた場合にあっては，解散したものとみなされた後3年以内に限る。），社員総会の決議によって，一般社団法人を継続することができる。

（解散した一般社団法人の合併の制限）
第151条　一般社団法人が解散した場合には，当該一般社団法人は，当該一般社団法人が合併後存続する一般社団法人となる合併をすることができない。

（第3章152条〜205条（一般財団法人）省略）

第4章　清算
第1節　清算の開始

（清算の開始原因）
第206条　一般社団法人又は一般財団法人は，次に掲げる場合には，この章の定めるところにより，清算をしなければならない。
一　解散した場合（第148条第5号又は第202条第1項第4号に掲げる事由によって解散した場合及び破産手続開始の決定により解散した場合であって当該破産手続が終了していない場合を除く。）
二　設立の無効の訴えに係る請求を認容する判決が確定した場合
三　設立の取消しの訴えに係る請求を認容する判決が確定した場合

（清算法人の能力）
第207条　前条の規定により清算をする一般社団法人又は一般財団法人（以下「清算法人」という。）は，清算の目的の範囲内において，清算が結了するまではなお存続するものとみなす。

第2節　清算法人の機関
第1款　清算法人における機関の設置

第208条　清算法人には，1人又は2人以上の清算人を置かなければならない。
2　清算法人は，定款の定めによって，清算人会又は監事を置くことができる。
3　第206条各号に掲げる場合に該当することとなった時において大規模一般社団法人又は大規模一般財団法人であった清算法人は，監事を置かなければならない。

4　第2章第3節第2款及び前章第2節第1款（評議員及び評議員会に係る部分を除く。）の規定は，清算法人については，適用しない。

第2款　清算人の就任及び解任並びに監事の退任等

（清算人の就任）
第209条　次に掲げる者は，清算法人の清算人となる。
一　理事（次号又は第3号に掲げる者がある場合を除く。）
二　定款で定める者
三　社員総会又は評議員会の決議によって選任された者
2　前項の規定により清算人となる者がないときは，裁判所は，利害関係人の申立てにより，清算人を選任する。
3　前2項の規定にかかわらず，第148条第7号又は第202条第1項第6号に掲げる事由によって解散した清算法人については，裁判所は，利害関係人若しくは法務大臣の申立てにより又は職権で，清算人を選任する。
4　第1項及び第2項の規定にかかわらず，第206条第2号又は第3号に掲げる場合に該当することとなった清算法人については，裁判所は，利害関係人の申立てにより，清算人を選任する。
5　第64条及び第65条第1項の規定は清算人について，同条第3項の規定は清算人会設置法人（清算人会を置く清算法人をいう。以下同じ。）について，それぞれ準用する。この場合において，同項中「理事は」とあるのは，「清算人は」と読み替えるものとする。

（清算人の解任）
第210条　清算一般社団法人（一般社団法人である清算法人をいう。以下同じ。）の清算人（前条第2項から第4項までの規定により裁判所が選任したものを除く。）は，いつでも，社員総会の決議によって解任することができる。
2　清算一般財団法人（一般財団法人である清算法人をいう。以下同じ。）の清算人（前条第2項から第4項までの規定により裁判所が選任したものを除く。）が次のいずれかに該当するときは，評議員会の決議によって，その清算人を解任することができる。
一　職務上の義務に違反し，又は職務を怠っ

たとき．
二　心身の故障のため，職務の執行に支障があり，又はこれに堪えないとき．
3　重要な事由があるときは，裁判所は，利害関係人の申立てにより，清算人を解任することができる．
4　第75条第1項から第3項までの規定は，清算人について準用する．

(監事の退任等)
第211条　清算法人の監事は，当該清算法人が監事を置く旨の定款の定めを廃止する定款の変更をした場合には，当該定款の変更の効力が生じた時に退任する．
2　次の各号に掲げる規定は，当該各号に定める清算法人については，適用しない．
一　第67条（第177条において準用する場合を含む．）　清算法人
二　第174条　清算一般財団法人

第3款　清算人の職務等

(清算人の職務)
第212条　清算人は，次に掲げる職務を行う．
一　現務の結了
二　債権の取立て及び債務の弁済
三　残余財産の引渡し

(業務の執行)
第213条　清算人は，清算法人（清算人会設置法人を除く．次項において同じ．）の業務を執行する．
2　清算人が2人以上ある場合には，清算法人の業務は，定款に別段の定めがある場合を除き，清算人の過半数をもって決定する．
3　前項の場合には，清算人は，次に掲げる事項についての決定を各清算人に委任することができない．
一　従たる事務所の設置，移転及び廃止
二　第38条第1項各号に掲げる事項
三　第181条第1項各号に掲げる事項
四　清算人の職務の執行が法令及び定款に適合することを確保するための体制その他清算法人の業務の適正を確保するために必要なものとして法務省令で定める体制の整備
4　第81条から第85条まで，第88条及び第89条の規定は，清算人（同条の規定については，第209条第2項から第4項までの規定により裁判所が選任したものを除く．）について準用する．この場合において，第81条中「第77条第4項」とあるのは「第214条第7項において準用する第77条第4項」と，同条，第84条第1項及び第89条中「社員総会」とあるのは「社員総会又は評議員会」と，第82条中「代表理事」とあるのは「代表清算人（第214条第1項に規定する代表清算人をいう．）」と，第83条中「並びに社員総会の決議」とあるのは「（清算一般社団法人にあっては，法令及び定款並びに社員総会の決議）」と，第85条及び第88条第1項中「社員」とあるのは「社員又は評議員」と，第85条及び第88条第2項中「監事設置一般社団法人」とあるのは「監事設置清算法人（第214条第6項に規定する監事設置清算法人をいう．）」と読み替えるものとする．

(清算法人の代表)
第214条　清算人は，清算法人を代表する．ただし，他に代表清算人（清算法人を代表する清算人をいう．以下同じ．）その他清算法人を代表する者を定めた場合は，この限りでない．
2　前項本文の清算人が2人以上ある場合には，清算人は，各自，清算法人を代表する．
3　清算法人（清算人会設置法人を除く．）は，定款，定款の定めに基づく清算人（第209条第2項から第4項までの規定により裁判所が選任したものを除く．以下この項において同じ．）の互選又は社員総会若しくは評議員会の決議によって，清算人の中から代表清算人を定めることができる．
4　第209条第1項第1号の規定により理事が清算人となる場合において，代表理事（一般社団法人等を代表する理事をいう．以下この項，第261条第1項第3号，第289条第2号，第293条第1号，第305条，第315条第1項第2号イ及び第320条第1項において同じ．）を定めていたときは，当該代表理事が代表清算人となる．
5　裁判所は，第209条第2項から第4項までの規定により清算人を選任する場合には，その清算人の中から代表清算人を定めることができる．
6　前条第4項において準用する第81条の規定，次項において準用する第77条第4項の規定及び第220条第8項の規定にかかわらず，監事設置清算法人（監事を置く清算法人又はこの

法律の規定により監事を置かなければならない清算法人をいう。以下同じ。）が清算人（清算人であった者を含む。以下この項において同じ。）に対し，又は清算人が監事設置清算法人に対して訴えを提起する場合には，当該訴えについては，監事が監事設置清算法人を代表する。

7 第77条第4項及び第5項並びに第79条の規定は代表清算人について，第80条の規定は民事保全法第56条に規定する仮処分命令により選任された清算人又は代表清算人の職務を代行する者について，それぞれ準用する。

（清算法人についての破産手続の開始）

第215条 清算法人の財産がその債務を完済するのに足りないことが明らかになったときは，清算人は，直ちに破産手続開始の申立てをしなければならない。

2 清算人は，清算法人が破産手続開始の決定を受けた場合において，破産管財人にその事務を引き継いだときは，その任務を終了したものとする。

3 前項に規定する場合において，清算法人が既に債権者に支払い，又は残余財産の帰属すべき者に引き渡したものがあるときは，破産管財人は，これを取り戻すことができる。

（裁判所の選任する清算人の報酬）

第216条 裁判所は，第209条第2項から第4項までの規定により清算人を選任した場合には，清算法人が当該清算人に対して支払う報酬の額を定めることができる。

（清算人の清算法人に対する損害賠償責任）

第217条 清算人は，その任務を怠ったときは，清算法人に対し，これによって生じた損害を賠償する責任を負う。

2 清算人が第213条第4項において準用する第84条第1項の規定に違反して同項第1号の取引をしたときは，当該取引により清算人又は第三者が得た利益の額は，前項の損害の額と推定する。

3 第213条第4項において準用する第84条第1項第2号又は第3号の取引によって清算法人に損害が生じたときは，次に掲げる清算人は，その任務を怠ったものと推定する。

一 第213条第4項において準用する第84条第1項の清算人

二 清算法人が当該取引をすることを決定した清算人

三 当該取引に関する清算人会の承認の決議に賛成した清算人

4 第112条及び第116条第1項の規定は，清算人の第1項の責任について準用する。この場合において，第112条中「総社員」とあるのは「総社員又は総評議員」と，第116条第1項中「第84条第1項第2号」とあるのは「第213条第4項において準用する第84条第1項第2号」と読み替えるものとする。

（清算人の第三者に対する損害賠償責任）

第218条 清算人がその職務を行うについて悪意又は重大な過失があったときは，当該清算人は，これによって第三者に生じた損害を賠償する責任を負う。

2 清算人が，次に掲げる行為をしたときも，前項と同様とする。ただし，当該清算人が当該行為をすることについて注意を怠らなかったことを証明したときは，この限りでない。

一 第225条第1項に規定する財産目録等並びに第227条第1項の貸借対照表及び事務報告並びにこれらの附属明細書に記載し，又は記録すべき重要な事項についての虚偽の記載又は記録

二 虚偽の登記

三 虚偽の公告

四 基金を引き受ける者の募集をする際に通知しなければならない重要な事項についての虚偽の通知又は当該募集のための当該清算一般社団法人の事業その他の事項に関する説明に用いた資料についての虚偽の記載若しくは記録

（清算人等の連帯責任）

第219条 清算人，監事又は評議員が清算法人又は第三者に生じた損害を賠償する責任を負う場合において，他の清算人，監事又は評議員も当該損害を賠償する責任を負うときは，これらの者は，連帯債務者とする。

2 前項の場合には，第118条（第198条において準用する場合を含む。）の規定は，適用しない。

第4款 清算人会

（清算人会の権限等）

第220条 清算人会は，すべての清算人で組織する。

2 清算人会は，次に掲げる職務を行う。

一　清算人会設置法人の業務執行の決定
　　二　清算人の職務の執行の監督
　　三　代表清算人の選定及び解職
3　清算人会は，清算人の中から代表清算人を選定しなければならない。ただし，他に代表清算人があるときは，この限りでない。
4　清算人会は，その選定した代表清算人及び第214条第4項の規定により代表清算人となった者を解職することができる。
5　第214条第5項の規定により裁判所が代表清算人を定めたときは，清算人会は，代表清算人を選定し，又は解職することができない。
6　清算人会は，次に掲げる事項その他の重要な業務執行の決定を清算人に委任することができない。
　　一　重要な財産の処分及び譲受け
　　二　多額の借財
　　三　重要な使用人の選任及び解任
　　四　従たる事務所その他の重要な組織の設置，変更及び廃止
　　五　清算人の職務の執行が法令及び定款に適合することを確保するための体制その他清算法人の業務の適正を確保するために必要なものとして法務省令で定める体制の整備
7　次に掲げる清算人は，清算人会設置法人の業務を執行する。
　　一　代表清算人
　　二　代表清算人以外の清算人であって，清算人会の決議によって清算人会設置法人の業務を執行する清算人として選定されたもの
8　第213条第4項において読み替えて準用する第81条に規定する場合には，清算人会は，同条の規定による社員総会又は評議員会の定めがある場合を除き，同条の訴えについて清算人会設置法人を代表する者を定めることができる。
9　第7項各号に掲げる清算人は，3箇月に1回以上，自己の職務の執行の状況を清算人会に報告しなければならない。ただし，定款で毎事業年度に4箇月を超える間隔で2回以上その報告をしなければならない旨を定めた場合には，この限りでない。
10　第92条の規定は，清算人会設置法人について準用する。この場合において，同条第1項中「第84条」とあるのは「第213条第4項において読み替えて準用する第84条」と，「社員総会」とあるのは「社員総会又は評議員会」と，「「理事会」とあるのは「「清算人会」と，同条第2項中「第84条第1項各号」とあるのは「第213条第4項において準用する第84条第1項各号」と，「理事は」とあるのは「清算人は」と，「理事会に」とあるのは「清算人会に」と読み替えるものとする。

(清算人会の運営)
第221条　清算人会は，各清算人が招集する。ただし，清算人会を招集する清算人を定款又は清算人会で定めたときは，その清算人が招集する。
2　前項ただし書に規定する場合には，同項ただし書の規定により定められた清算人(以下この項及び次条第2項において「招集権者」という。)以外の清算人は，招集権者に対し，清算人会の目的である事項を示して，清算人会の招集を請求することができる。
3　前項の規定による請求があった日から5日以内に，その請求があった日から2週間以内の日を清算人会の日とする清算人会の招集の通知が発せられない場合には，その請求をした清算人は，清算人会を招集することができる。
4　第94条の規定は，清算人会設置法人における清算人会の招集について準用する。この場合において，同条第1項中「各理事及び各監事」とあるのは「各清算人（監事設置清算法人（第214条第6項に規定する監事設置清算法人をいう。次項において同じ。）にあっては，各清算人及び各監事）」と，同条第2項中「理事及び監事」とあるのは「清算人（監事設置清算法人にあっては，清算人及び監事）」と読み替えるものとする。
5　第95条及び第96条の規定は，清算人会設置法人における清算人会の決議について準用する。この場合において，第95条第1項中「理事の」とあるのは「清算人の」と，同条第2項中「理事」とあるのは「清算人」と，同条第3項中「理事（」とあるのは「清算人（」と，「代表理事」とあるのは「代表清算人」と，同条第5項中「理事であって」とあるのは「清算人であって」と，第96条中「理事が」とあるのは「清算人が」と，「理事」とあるのは「清算人（」と読み替えるものとする。

6　第98条の規定は，清算人会設置法人における清算人会への報告について準用する。この場合において，同条第1項中「理事，監事又は会計監査人」とあるのは「清算人又は監事」と，「理事及び監事」とあるのは「清算人（監事設置清算法人（第214条第6項に規定する監事設置清算法人をいう。）にあっては，清算人及び監事）」と，同条第2項中「第91条第2項」とあるのは「第220条第9項」と読み替えるものとする。

（社員又は評議員による招集の請求）
第222条　清算人会設置法人（監事設置清算法人を除く。）の社員又は評議員は，清算人が清算人会設置法人の目的の範囲外の行為その他法令若しくは定款に違反する行為をし，又はこれらの行為をするおそれがあると認めるときは，清算人会の招集を請求することができる。
2　前項の規定による請求は，清算人（前条第1項ただし書に規定する場合にあっては，招集権者）に対し，清算人会の目的である事項を示して行わなければならない。
3　前条第3項の規定は，第1項の規定による請求があった場合について準用する。
4　第1項の規定による請求を行った社員又は評議員は，当該請求に基づき招集され，又は前項において準用する前条第3項の規定により招集した清算人会に出席し，意見を述べることができる。

（議事録等）
第223条　清算人会設置法人は，清算人会の日（第221条第5項において準用する第96条の規定により清算人会の決議があったものとみなされた日を含む。）から10年間，同項において準用する第95条第3項の議事録又は第221条第5項において準用する第96条の意思表示を記載し，若しくは記録した書面若しくは電磁的記録（以下この条において「議事録等」という。）をその主たる事務所に備え置かなければならない。
2　社員又は評議員は，清算法人の業務時間内は，いつでも，次に掲げる請求をすることができる。ただし，社員については，その権利を行使するため必要があるときに限る。
　一　前項の議事録等が書面をもって作成されているときは，当該書面の閲覧又は謄写の請求
　二　前項の議事録等が電磁的記録をもって作成されているときは，当該電磁的記録に記録された事項を法務省令で定める方法により表示したものの閲覧又は謄写の請求
3　監事設置清算法人である清算一般社団法人における前項の規定の適用については，同項中「清算法人の業務時間内は，いつでも」とあるのは，「裁判所の許可を得て」とする。
4　債権者は，清算人又は監事の責任を追及するため必要があるときは，裁判所の許可を得て，第1項の議事録等について第2項各号に掲げる請求をすることができる。
5　裁判所は，第3項の規定により読み替えて適用する第2項各号に掲げる請求又は前項の請求に係る閲覧又は謄写をすることにより，当該清算人会設置法人に著しい損害を及ぼすおそれがあると認めるときは，第3項の規定により読み替えて適用する第2項の許可又は前項の許可をすることができない。

第5款　理事等に関する規定の適用
第224条　清算法人については，第65条第2項，第72条及び第74条第3項（これらの規定を第177条において準用する場合を含む。）並びに第87条及び第2章第3節第6款（第104条第1項を除き，これらの規定を第197条において準用する場合を含む。）の規定中理事，理事会又は理事会設置一般社団法人に関する規定は，それぞれ清算人，清算人会又は清算人会設置法人に関する規定として清算人，清算人会又は清算人会設置法人に適用があるものとする。
2　清算一般社団法人については，第2章第3節第1款及び第137条第10項の規定中理事，理事会又は理事会設置一般社団法人に関する規定は，それぞれ清算人，清算人会又は清算人会を置く清算一般社団法人に関する規定として清算人，清算人会又は清算人会を置く清算一般社団法人に適用があるものとする。
3　清算一般財団法人については，第153条第3項第1号，第173条第2項及び前章第2節第3款の規定中理事又は理事会に関する規定は，それぞれ清算人又は清算人会に関する規定として清算人又は清算人会に適用があるものとする。この場合において，第181条第1項中「理事会の決議によって」とあるのは

「清算人は」と,「定めなければならない」とあるのは「定めなければならない。ただし,清算人会を置く清算一般財団法人（第210条第2項に規定する清算一般財団法人をいう。）においては,当該事項の決定は,清算人会の決議によらなければならない」とする。

第3節 財産目録等

（財産目録等の作成等）
第225条 清算人（清算人会設置法人にあっては,第220条第7項第4号に掲げる清算人）は,その就任後遅滞なく,清算法人の財産の現況を調査し,法務省令で定めるところにより,第206条各号に掲げる場合に該当することとなった日における財産目録及び貸借対照表（以下この条及び次条において「財産目録等」という。）を作成しなければならない。
2 清算人会設置法人においては,財産目録等は,清算人会の承認を受けなければならない。
3 清算人は,財産目録等（前項の規定の適用がある場合にあっては,同項の承認を受けたもの）を社員総会又は評議員会に提出し,又は提供し,その承認を受けなければならない。
4 清算法人は,財産目録等を作成した時からその主たる事務所の所在地における清算結了の登記の時までの間,当該財産目録等を保存しなければならない。

（財産目録等の提出命令）
第226条 裁判所は,申立てにより又は職権で,訴訟の当事者に対し,財産目録等の全部又は一部の提出を命ずることができる。

（貸借対照表等の作成及び保存）
第227条 清算法人は,法務省令で定めるところにより,各清算事務年度（第206条各号に掲げる場合に該当することとなった日の翌日又はその後毎年その日に応当する日（応当する日がない場合にあっては,その前日）から始まる各1年の期間をいう。）に係る貸借対照表及び事務報告並びにこれらの附属明細書を作成しなければならない。
2 前項の貸借対照表及び事務報告並びにこれらの附属明細書は,電磁的記録をもって作成することができる。
3 清算法人は,第1項の貸借対照表を作成した時からその主たる事務所の所在地における清算結了の登記の時までの間,当該貸借対照表及びその附属明細書を保存しなければならない。

（貸借対照表等の監査等）
第228条 監事設置清算法人においては,前条第1項の貸借対照表及び事務報告並びにこれらの附属明細書は,法務省令で定めるところにより,監事の監査を受けなければならない。
2 清算人会設置法人においては,前条第1項の貸借対照表及び事務報告並びにこれらの附属明細書（前項の規定の適用がある場合にあっては,同項の監査を受けたもの）は,清算人会の承認を受けなければならない。

（貸借対照表等の備置き及び閲覧等）
第229条 次の各号に掲げる清算法人は,第227条第1項に規定する各清算事務年度に係る貸借対照表及び事務報告並びにこれらの附属明細書（前条第1項の規定の適用がある場合にあっては,監査報告を含む。以下この条において「貸借対照表等」という。）を,当該各号に定める日からその主たる事務所の所在地における清算結了の登記の時までの間,その主たる事務所に備え置かなければならない。
一 清算一般社団法人 定時社員総会の日の1週間前の日（第58条第1項の場合にあっては,同項の提案があった日）
二 清算一般財団法人 定時評議員会の日の1週間前の日（第194条第1項の場合にあっては,同項の提案があった日）
2 社員,評議員及び債権者は,清算法人の業務時間内は,いつでも,次に掲げる請求をすることができる。ただし,社員及び債権者が第2号又は第4号に掲げる請求をするには,当該清算法人の定めた費用を支払わなければならない。
一 貸借対照表等が書面をもって作成されているときは,当該書面の閲覧の請求
二 前号の書面の謄本又は抄本の交付の請求
三 貸借対照表等が電磁的記録をもって作成されているときは,当該電磁的記録に記録された事項を法務省令で定める方法により表示したものの閲覧の請求
四 前号の電磁的記録に記録された事項を電磁的方法であって清算法人の定めたものにより提供することの請求又はその事項を記載した書面の交付の請求

（貸借対照表等の提出等）
第230条 次の各号に掲げる清算法人において

は，清算人は，当該各号に定める貸借対照表及び事務報告を定時社員総会又は定時評議員会に提出し，又は提供しなければならない。
一　監事設置清算法人（清算人会設置法人を除く。）　第228条第1項の監査を受けた貸借対照表及び事務報告
二　清算人会設置法人　第228条第2項の承認を受けた貸借対照表及び事務報告
三　前2号に掲げるもの以外の清算法人　第227条第1項の貸借対照表及び事務報告
2　前項の規定により提出され，又は提供された貸借対照表は，定時社員総会又は定時評議員会の承認を受けなければならない。
3　清算人は，第1項の規定により提出され，又は提供された事務報告の内容を定時社員総会又は定時評議員会に報告しなければならない。

（貸借対照表等の提出命令）
第231条　裁判所は，申立てにより又は職権で，訴訟の当事者に対し，第227条第1項の貸借対照表及びその附属明細書の全部又は一部の提出を命ずることができる。

（適用除外）
第232条　第2章第4節第3款（第123条第4項，第128条第3項，第129条及び第130条を除き，第199条において準用する場合を含む。）の規定は，清算法人については，適用しない。

第4節　債務の弁済等

（債権者に対する公告等）
第233条　清算法人は，第206条各号に掲げる場合に該当することとなった後，遅滞なく，当該清算法人の債権者に対し，一定の期間内にその債権を申し出るべき旨を官報に公告し，かつ，知れている債権者には，各別にこれを催告しなければならない。ただし，当該期間は，2箇月を下ることができない。
2　前項の規定による公告には，当該債権者が当該期間内に申出をしないときは清算から除斥される旨を付記しなければならない。

（債務の弁済の制限）
第234条　清算法人は，前条第1項の期間内は，債務の弁済をすることができない。この場合において，清算法人は，その債務の不履行によって生じた責任を免れることができない。
2　前項の規定にかかわらず，清算法人は，前条第1項の期間内であっても，裁判所の許可を得て，少額の債権，清算法人の財産につき存する担保権によって担保される債権その他これを弁済しても他の債権者を害するおそれがない債権に係る債務について，その弁済をすることができる。この場合において，当該許可の申立ては，清算人が2人以上あるときは，その全員の同意によってしなければならない。

（条件付債権等に係る債務の弁済）
第235条　清算法人は，条件付債権，存続期間が不確定な債権その他その額が不確定な債権に係る債務を弁済することができる。この場合においては，これらの債権を評価させるため，裁判所に対し，鑑定人の選任の申立てをしなければならない。
2　前項の場合には，清算法人は，同項の鑑定人の評価に従い同項の債権に係る債務を弁済しなければならない。
3　第1項の鑑定人の選任の手続に関する費用は，清算法人の負担とする。当該鑑定人による鑑定のための呼出し及び質問に関する費用についても，同様とする。

（基金の返還の制限）
第236条　基金の返還に係る債務の弁済は，その余の清算一般社団法人の債務の弁済がされた後でなければ，することができない。

（債務の弁済前における残余財産の引渡しの制限）
第237条　清算法人は，当該清算法人の債務を弁済した後でなければ，その財産の引渡しをすることができない。ただし，その存否又は額について争いのある債権に係る債務についてその弁済をするために必要と認められる財産を留保した場合は，この限りでない。

（清算からの除斥）
第238条　清算法人の債権者（知れている債権者を除く。）であって第233条第1項の期間内にその債権の申出をしなかったものは，清算から除斥される。
2　前項の規定により清算から除斥された債権者は，引渡しがされていない残余財産に対してのみ，弁済を請求することができる。

第5節　残余財産の帰属

第239条　残余財産の帰属は，定款で定めるところによる。
2　前項の規定により残余財産の帰属が定まら

ないときは，その帰属は，清算法人の社員総会又は評議員会の決議によって定める。

3　前2項の規定により帰属が定まらない残余財産は，国庫に帰属する。

第6節　清算事務の終了等
(清算事務の終了等)

第240条　清算法人は，清算事務が終了したときは，遅滞なく，法務省令で定めるところにより，決算報告を作成しなければならない。

2　清算人会設置法人においては，決算報告は，清算人会の承認を受けなければならない。

3　清算人は，決算報告（前項の規定の適用がある場合にあっては，同項の承認を受けたもの）を社員総会又は評議員会に提出し，又は提供し，その承認を受けなければならない。

4　前項の承認があったときは，任務を怠ったことによる清算人の損害賠償の責任は，免除されたものとみなす。ただし，清算人の職務の執行に関し不正の行為があったときは，この限りでない。

(帳簿資料の保存)

第241条　清算人（清算人会設置法人にあっては，第220条第7項各号に掲げる清算人）は，清算法人の主たる事務所の所在地における清算結了の登記の時から10年間，清算法人の帳簿並びにその事業及び清算に関する重要な資料（以下この条において「帳簿資料」という。）を保存しなければならない。

2　裁判所は，利害関係人の申立てにより，前項の清算人に代わって帳簿資料を保存する者を選任することができる。この場合において，同項の規定は，適用しない。

3　前項の規定により選任された者は，清算法人の主たる事務所の所在地における清算結了の登記の時から10年間，帳簿資料を保存しなければならない。

4　第2項の規定による選任の手続に関する費用は，清算法人の負担とする。

第5章　合併
第1節　通則
(合併契約の締結)

第242条　一般社団法人又は一般財団法人は，他の一般社団法人又は一般財団法人と合併をすることができる。この場合においては，合併をする法人は，合併契約を締結しなければ

ならない。

(合併の制限)

第243条　次の各号に掲げる場合には，合併後存続する一般社団法人若しくは一般財団法人又は合併により設立する一般社団法人若しくは一般財団法人は，それぞれ当該各号に定める種類の法人でなければならない。

一　合併をする法人が一般社団法人のみである場合　一般社団法人

二　合併をする法人が一般財団法人のみである場合　一般財団法人

2　前項各号に掲げる場合以外の場合において，合併をする一般社団法人が合併契約の締結の日までに基金の全額を返還していないときは，合併後存続する法人又は合併により設立する法人は，一般社団法人でなければならない。

第2節　吸収合併
第1款　吸収合併契約等
(吸収合併契約)

第244条　一般社団法人又は一般財団法人が吸収合併をする場合には，吸収合併契約において，次に掲げる事項を定めなければならない。

一　吸収合併後存続する一般社団法人又は一般財団法人（以下「吸収合併存続法人」という。）及び吸収合併により消滅する一般社団法人又は一般財団法人（以下「吸収合併消滅法人」という。）の名称及び住所

二　吸収合併がその効力を生ずる日（以下この節において「効力発生日」という。）

(吸収合併の効力の発生等)

第245条　吸収合併存続法人は，効力発生日に，吸収合併消滅法人の権利義務を承継する。

2　吸収合併消滅法人の吸収合併による解散は，吸収合併の登記の後でなければ，これをもって第三者に対抗することができない。

3　前2項の規定は，第248条若しくは第252条の規定による手続が終了していない場合又は吸収合併を中止した場合には，適用しない。

第2款　吸収合併消滅法人の手続
(吸収合併契約に関する書面等の備置き及び閲覧等)

第246条　吸収合併消滅法人は，吸収合併契約備置開始日から効力発生日までの間，吸収合併契約の内容その他法務省令で定める事項を記載し，又は記録した書面又は電磁的記録をその主たる事務所に備え置かなければならな

い。
2　前項に規定する「吸収合併契約備置開始日」とは，次に掲げる日のいずれか早い日をいう。
　一　一般社団法人である吸収合併消滅法人にあっては，次条の社員総会の日の２週間前の日（第58条第１項の場合にあっては，同項の提案があった日）
　二　一般財団法人である吸収合併消滅法人にあっては，次条の評議員会の日の２週間前の日（第194条第１項の場合にあっては，同項の提案があった日）
　三　第248条第２項の規定による公告の日又は同項の規定による催告の日のいずれか早い日
3　吸収合併消滅法人の社員，評議員及び債権者は，吸収合併消滅法人に対して，その業務時間内は，いつでも，次に掲げる請求をすることができる。ただし，社員及び債権者が第２号又は第４号に掲げる請求をするには，当該吸収合併消滅法人の定めた費用を支払わなければならない。
　一　第１項の書面の閲覧の請求
　二　第１項の書面の謄本又は抄本の交付の請求
　三　第１項の電磁的記録に記録された事項を法務省令で定める方法により表示したものの閲覧の請求
　四　第１項の電磁的記録に記録された事項を電磁的方法であって吸収合併消滅法人の定めたものにより提供することの請求又はその事項を記載した書面の交付の請求

（吸収合併契約の承認）
第247条　吸収合併消滅法人は，効力発生日の前日までに，社員総会又は評議員会の決議によって，吸収合併契約の承認を受けなければならない。

（債権者の異議）
第248条　吸収合併消滅法人の債権者は，吸収合併消滅法人に対し，吸収合併について異議を述べることができる。
2　吸収合併消滅法人は，次に掲げる事項を官報に公告し，かつ，知れている債権者には，各別にこれを催告しなければならない。ただし，第４号の期間は，１箇月を下ることができない。
　一　吸収合併をする旨
　二　吸収合併存続法人の名称及び住所
　三　吸収合併消滅法人及び吸収合併存続法人の計算書類（第123条第２項（第199条において準用する場合を含む。）に規定する計算書類をいう。以下同じ。）に関する事項として法務省令で定めるもの
　四　債権者が一定の期間内に異議を述べることができる旨
3　前項の規定にかかわらず，吸収合併消滅法人が同項の規定による公告を，官報のほか，第331条第１項の規定による定めに従い，同項第２号又は第３号に掲げる方法によりするときは，前項の規定による各別の催告は，することを要しない。
4　債権者が第２項第４号の期間内に異議を述べなかったときは，当該債権者は，当該吸収合併について承認をしたものとみなす。
5　債権者が第２項第４号の期間内に異議を述べたときは，吸収合併消滅法人は，当該債権者に対し，弁済し，若しくは相当の担保を提供し，又は当該債権者に弁済を受けさせることを目的として信託会社等（信託会社及び信託業務を営む金融機関（金融機関の信託業務の兼営等に関する法律（昭和18年法律第43号）第１条第１項の認可を受けた金融機関をいう。）をいう。以下同じ。）に相当の財産を信託しなければならない。ただし，当該吸収合併をしても当該債権者を害するおそれがないときは，この限りでない。
6　前各項の規定は，基金の返還に係る債権の債権者については，適用しない。

（吸収合併の効力発生日の変更）
第249条　吸収合併消滅法人は，吸収合併存続法人との合意により，効力発生日を変更することができる。
2　前項の場合には，吸収合併消滅法人は，変更前の効力発生日（変更後の効力発生日が変更前の効力発生日前の日である場合にあっては，当該変更後の効力発生日）の前日までに，変更後の効力発生日を公告しなければならない。
3　第１項の規定により効力発生日を変更したときは，変更後の効力発生日を効力発生日とみなして，第245条及びこの款の規定を適用する。

第3款　吸収合併存続法人の手続

（吸収合併契約に関する書面等の備置き及び閲覧等）

第250条　吸収合併存続法人は，吸収合併契約備置開始日から効力発生日後6箇月を経過する日までの間，吸収合併契約の内容その他法務省令で定める事項を記載し，又は記録した書面又は電磁的記録をその主たる事務所に備え置かなければならない。

2　前項に規定する「吸収合併契約備置開始日」とは，次に掲げる日のいずれか早い日をいう。

一　一般社団法人である吸収合併存続法人にあっては，次条第1項の社員総会の日の2週間前の日（第58条第1項の場合にあっては，同項の提案があった日）

二　一般財団法人である吸収合併存続法人にあっては，次条第1項の評議員会の日の2週間前の日（第194条第1項の場合にあっては，同項の提案があった日）

三　第252条第2項の規定による公告の日又は同項の規定による催告の日のいずれか早い日

3　吸収合併存続法人の社員，評議員及び債権者は，吸収合併存続法人に対して，その業務時間内は，いつでも，次に掲げる請求をすることができる。ただし，社員及び債権者が第2号又は第4号に掲げる請求をするには，当該吸収合併存続法人の定めた費用を支払わなければならない。

一　第1項の書面の閲覧の請求

二　第1項の書面の謄本又は抄本の交付の請求

三　第1項の電磁的記録に記録された事項を法務省令で定める方法により表示したものの閲覧の請求

四　第1項の電磁的記録に記録された事項を電磁的方法であって吸収合併存続法人の定めたものにより提供することの請求又はその事項を記載した書面の交付の請求

（吸収合併契約の承認）

第251条　吸収合併存続法人は，効力発生日の前日までに，社員総会又は評議員会の決議によって，吸収合併契約の承認を受けなければならない。

2　吸収合併存続法人が承継する吸収合併消滅法人の債務の額として法務省令で定める額が吸収合併存続法人が承継する吸収合併消滅法人の資産の額として法務省令で定める額を超える場合には，理事は，前項の社員総会又は評議員会において，その旨を説明しなければならない。

（債権者の異議）

第252条　吸収合併存続法人の債権者は，吸収合併存続法人に対し，吸収合併について異議を述べることができる。

2　吸収合併存続法人は，次に掲げる事項を官報に公告し，かつ，知れている債権者には，各別にこれを催告しなければならない。ただし，第4号の期間は，1箇月を下ることができない。

一　吸収合併をする旨

二　吸収合併消滅法人の名称及び住所

三　吸収合併存続法人及び吸収合併消滅法人の計算書類に関する事項として法務省令で定めるもの

四　債権者が一定の期間内に異議を述べることができる旨

3　前項の規定にかかわらず，吸収合併存続法人が同項の規定による公告を，官報のほか，第331条第1項の規定による定めに従い，同項第2号又は第3号に掲げる方法によりするときは，前項の規定による各別の催告は，することを要しない。

4　債権者が第2項第4号の期間内に異議を述べなかったときは，当該債権者は，当該吸収合併について承認をしたものとみなす。

5　債権者が第2項第4号の期間内に異議を述べたときは，吸収合併存続法人は，当該債権者に対し，弁済し，若しくは相当の担保を提供し，又は当該債権者に弁済を受けさせることを目的として信託会社等に相当の財産を信託しなければならない。ただし，当該吸収合併をしても当該債権者を害するおそれがないときは，この限りでない。

6　前各項の規定は，基金の返還に係る債権の債権者については，適用しない。

（吸収合併に関する書面等の備置き及び閲覧等）

第253条　吸収合併存続法人は，効力発生日後遅滞なく，吸収合併により吸収合併存続法人が承継した吸収合併消滅法人の権利義務その他の吸収合併に関する事項として法務省令で

定める事項を記載し，又は記録した書面又は電磁的記録を作成しなければならない。
2　吸収合併存続法人は，効力発生日から6箇月間，前項の書面又は電磁的記録をその主たる事務所に備え置かなければならない。
3　吸収合併存続法人の社員，評議員及び債権者は，吸収合併存続法人に対して，その業務時間内は，いつでも，次に掲げる請求をすることができる。ただし，社員及び債権者が第2号又は第4号に掲げる請求をするには，当該吸収合併存続法人の定めた費用を支払わなければならない。
　一　第1項の書面の閲覧の請求
　二　第1項の書面の謄本又は抄本の交付の請求
　三　第1項の電磁的記録に記録された事項を法務省令で定める方法により表示したものの閲覧の請求
　四　第1項の電磁的記録に記録された事項を電磁的方法であって吸収合併存続法人の定めたものにより提供することの請求又はその事項を記載した書面の交付の請求

第3節　新設合併
第1款　新設合併契約等
（新設合併契約）
第254条　二以上の一般社団法人又は一般財団法人が新設合併をする場合には，新設合併契約において，次に掲げる事項を定めなければならない。
　一　新設合併により消滅する一般社団法人又は一般財団法人（以下「新設合併消滅法人」という。）の名称及び住所
　二　新設合併により設立する一般社団法人又は一般財団法人（以下「新設合併設立法人」という。）の目的，名称及び主たる事務所の所在地
　三　前号に掲げるもののほか，新設合併設立法人の定款で定める事項
　四　新設合併設立法人の設立に際して理事となる者の氏名
　五　新設合併設立法人が会計監査人設置一般社団法人又は会計監査人設置一般財団法人であるときは，その設立に際して会計監査人となる者の氏名又は名称
　六　新設合併設立法人が監事設置一般社団法人であるときは，設立時監事の氏名
　七　新設合併設立法人が一般財団法人であるときは，設立時評議員及び設立時監事の氏名

（新設合併の効力の発生）
第255条　新設合併設立法人は，その成立の日に，新設合併消滅法人の権利義務を承継する。

第2款　新設合併消滅法人の手続
（新設合併契約に関する書面等の備置き及び閲覧等）
第256条　新設合併消滅法人は，新設合併契約備置開始日から新設合併設立法人の成立の日までの間，新設合併契約の内容その他法務省令で定める事項を記載し，又は記録した書面又は電磁的記録をその主たる事務所に備え置かなければならない。
2　前項に規定する「新設合併契約備置開始日」とは，次に掲げる日のいずれか早い日をいう。
　一　一般社団法人である新設合併消滅法人にあっては，次条の社員総会の日の2週間前の日（第58条第1項の場合にあっては，同項の提案があった日）
　二　一般財団法人である新設合併消滅法人にあっては，次条の評議員会の日の2週間前の日（第194条第1項の場合にあっては，同項の提案があった日）
　三　第258条第2項の規定による公告の日又は同項の規定による催告の日のいずれか早い日
3　新設合併消滅法人の社員，評議員及び債権者は，新設合併消滅法人に対して，その業務時間内は，いつでも，次に掲げる請求をすることができる。ただし，社員及び債権者が第2号又は第4号に掲げる請求をするには，当該新設合併消滅法人の定めた費用を支払わなければならない。
　一　第1項の書面の閲覧の請求
　二　第1項の書面の謄本又は抄本の交付の請求
　三　第1項の電磁的記録に記録された事項を法務省令で定める方法により表示したものの閲覧の請求
　四　第1項の電磁的記録に記録された事項を電磁的方法であって新設合併消滅法人の定めたものにより提供することの請求又はその事項を記載した書面の交付の請求

（新設合併契約の承認）
第257条　新設合併消滅法人は，社員総会又は評議員会の決議によって，新設合併契約の承認を受けなければならない。

（債権者の異議）
第258条　新設合併消滅法人の債権者は，新設合併消滅法人に対し，新設合併について異議を述べることができる。
2　新設合併消滅法人は，次に掲げる事項を官報に公告し，かつ，知れている債権者には，各別にこれを催告しなければならない。ただし，第4号の期間は，1箇月を下ることができない。
一　新設合併をする旨
二　他の新設合併消滅法人及び新設合併設立法人の名称及び住所
三　新設合併消滅法人の計算書類に関する事項として法務省令で定めるもの
四　債権者が一定の期間内に異議を述べることができる旨
3　前項の規定にかかわらず，新設合併消滅法人が同項の規定による公告を，官報のほか，第331条第1項の規定による定めに従い，同項第2号又は第3号に掲げる方法によりするときは，前項の規定による各別の催告は，することを要しない。
4　債権者が第2項第4号の期間内に異議を述べなかったときは，当該債権者は，当該新設合併について承認をしたものとみなす。
5　債権者が第2項第4号の期間内に異議を述べたときは，新設合併消滅法人は，当該債権者に対し，弁済し，若しくは相当の担保を提供し，又は当該債権者に弁済を受けさせることを目的として信託会社等に相当の財産を信託しなければならない。ただし，当該新設合併をしても当該債権者を害するおそれがないときは，この限りでない。
6　前各項の規定は，基金の返還に係る債権の債権者については，適用しない。

第3款　新設合併設立法人の手続

（設立の特則）
第259条　第2章第1節（第11条（第1項第4号を除く。），第12条，第14条，第16条，第4款及び第5款を除く。）の規定は，一般社団法人である新設合併設立法人の設立については，適用しない。
2　第3章第1節（第153条第1項第1号から第3号まで及び第8号から第10号まで並びに第3項，第154条，第156条，第160条，第5款並びに第163条を除く。）の規定は，一般財団法人である新設合併設立法人の設立については，適用しない。
3　新設合併設立法人の定款は，新設合併消滅法人が作成する。

（新設合併に関する書面等の備置き及び閲覧等）
第260条　新設合併設立法人は，その成立の日後遅滞なく，新設合併により新設合併設立法人が承継した新設合併消滅法人の権利義務その他の新設合併に関する事項として法務省令で定める事項を記載し，又は記録した書面又は電磁的記録を作成しなければならない。
2　新設合併設立法人は，その成立の日から6箇月間，前項の書面又は電磁的記録及び新設合併契約の内容その他法務省令で定める事項を記載し，又は記録した書面又は電磁的記録をその主たる事務所に備え置かなければならない。
3　新設合併設立法人の社員，評議員及び債権者は，新設合併設立法人に対して，その業務時間内は，いつでも，次に掲げる請求をすることができる。ただし，社員及び債権者が第2号又は第4号に掲げる請求をするには，当該新設合併設立法人の定めた費用を支払わなければならない。
一　前項の書面の閲覧の請求
二　前項の書面の謄本又は抄本の交付の請求
三　前項の電磁的記録に記録された事項を法務省令で定める方法により表示したものの閲覧の請求
四　前項の電磁的記録に記録された事項を電磁的方法であって新設合併設立法人の定めたものにより提供することの請求又はその事項を記載した書面の交付の請求

第6章　雑則

第1節　解散命令

（解散命令）
第261条　裁判所は，次に掲げる場合において，公益を確保するため一般社団法人等の存立を許すことができないと認めるときは，法務大臣又は社員，評議員，債権者その他の利害関係人の申立てにより，一般社団法人等の解散

を命ずることができる。
一　一般社団法人等の設立が不法な目的に基づいてされたとき。
二　一般社団法人等が正当な理由がないのにその成立の日から１年以内にその事業を開始せず、又は引き続き１年以上その事業を休止したとき。
三　業務執行理事（代表理事、代表理事以外の理事であって理事会の決議によって一般社団法人等の業務を執行する理事として選定されたもの及び当該一般社団法人等の業務を執行したその他の理事をいう。）が、法令若しくは定款で定める一般社団法人等の権限を逸脱し若しくは濫用する行為又は刑罰法令に触れる行為をした場合において、法務大臣から書面による警告を受けたにもかかわらず、なお継続的に又は反復して当該行為をしたとき。
2　社員、評議員、債権者その他の利害関係人が前項の申立てをしたときは、裁判所は、一般社団法人等の申立てにより、同項の申立てをした者に対し、相当の担保を立てるべきことを命ずることができる。
3　一般社団法人等は、前項の規定による申立てをするには、第１項の申立てが悪意によるものであることを疎明しなければならない。
4　民事訴訟法（平成８年法律第109号）第75条第５項及び第７項並びに第76条から第80条までの規定は、第２項の規定により第１項の申立てについて立てるべき担保について準用する。

（一般社団法人等の財産に関する保全処分）
第262条　裁判所は、前条第１項の申立てがあった場合には、法務大臣若しくは社員、評議員、債権者その他の利害関係人の申立てにより又は職権で、同項の申立てにつき決定があるまでの間、一般社団法人等の財産に関し、管理人による管理を命ずる処分（次項において「管理命令」という。）その他の必要な保全処分を命ずることができる。
2　裁判所は、管理命令をする場合には、当該管理命令において、管理人を選任しなければならない。
3　裁判所は、法務大臣若しくは社員、評議員、債権者その他の利害関係人の申立てにより又は職権で、前項の管理人を解任することができる。

4　裁判所は、第２項の管理人を選任した場合には、一般社団法人等が当該管理人に対して支払う報酬の額を定めることができる。
5　第２項の管理人は、裁判所が監督する。
6　裁判所は、第２項の管理人に対し、一般社団法人等の財産の状況の報告をし、かつ、その管理の計算をすることを命ずることができる。
7　民法第644条、第646条、第647条及び第650条の規定は、第２項の管理人について準用する。この場合において、同法第646条、第647条及び第650条中「委任者」とあるのは、「一般社団法人又は一般財団法人」と読み替えるものとする。

（官庁等の法務大臣に対する通知義務）
第263条　裁判所その他の官庁、検察官又は吏員は、その職務上第261条第１項の申立て又は同項第３号の警告をすべき事由があることを知ったときは、法務大臣にその旨を通知しなければならない。

第２節　訴訟
第１款　一般社団法人等の組織に関する訴え

（一般社団法人等の組織に関する行為の無効の訴え）
第264条　次の各号に掲げる行為の無効は、当該各号に定める期間に、訴えをもってのみ主張することができる。
一　一般社団法人等の設立　一般社団法人等の成立の日から２年以内
二　一般社団法人等の吸収合併　吸収合併の効力が生じた日から６箇月以内
三　一般社団法人等の新設合併　新設合併の効力が生じた日から６箇月以内
2　次の各号に掲げる行為の無効の訴えは、当該各号に定める者に限り、提起することができる。
一　前項第１号に掲げる行為　設立する一般社団法人等の社員等（社員、評議員、理事、監事又は清算人をいう。以下この款において同じ。）
二　前項第２号に掲げる行為　当該行為の効力が生じた日において吸収合併をする一般社団法人等の社員等であった者又は吸収合併存続法人の社員等、破産管財人若しくは

三　前項第3号に掲げる行為　当該行為の効力が生じた日において新設合併をする一般社団法人等の社員等であった者又は新設合併設立法人の社員等，破産管財人若しくは新設合併について承認をしなかった債権者

（社員総会等の決議の不存在又は無効の確認の訴え）

第265条　社員総会又は評議員会（以下この款及び第315条第1項第1号ロにおいて「社員総会等」という。）の決議については，決議が存在しないことの確認を，訴えをもって請求することができる。

2　社員総会等の決議については，決議の内容が法令に違反することを理由として，決議が無効であることの確認を，訴えをもって請求することができる。

（社員総会等の決議の取消しの訴え）

第266条　次に掲げる場合には，社員等は，社員総会等の決議の日から3箇月以内に，訴えをもって当該決議の取消しを請求することができる。当該決議の取消しにより理事，監事，清算人又は評議員（第75条第1項（第177条及び第210条第4項において準用する場合を含む。）又は第175条第1項の規定により理事，監事，清算人又は評議員としての権利義務を有する者を含む。）となる者も，同様とする。

一　社員総会等の招集の手続又は決議の方法が法令若しくは定款に違反し，又は著しく不公正なとき。

二　社員総会等の決議の内容が定款に違反するとき。

三　社員総会の決議について特別の利害関係を有する社員が議決権を行使したことによって，著しく不当な決議がされたとき。

2　前項の訴えの提起があった場合において，社員総会等の招集の手続又は決議の方法が法令又は定款に違反するときであっても，裁判所は，その違反する事実が重大でなく，かつ，決議に影響を及ぼさないものであると認めるときは，同項の規定による請求を棄却することができる。

（一般社団法人等の設立の取消しの訴え）

第267条　次の各号に掲げる場合には，当該各号に定める者は，一般社団法人等の成立の日から2年以内に，訴えをもって一般社団法人等の設立の取消しを請求することができる。

一　社員又は設立者が民法その他の法律の規定により設立に係る意思表示を取り消すことができるとき　当該社員又は設立者

二　設立者がその債権者を害することを知って一般財団法人を設立したとき　当該債権者

（一般社団法人等の解散の訴え）

第268条　次に掲げる場合において，やむを得ない事由があるときは，総社員の議決権の10分の1（これを下回る割合を定款で定めた場合にあっては，その割合）以上の議決権を有する社員又は評議員は，訴えをもって一般社団法人等の解散を請求することができる。

一　一般社団法人等が業務の執行において著しく困難な状況に至り，当該一般社団法人等に回復することができない損害が生じ，又は生ずるおそれがあるとき。

二　一般社団法人等の財産の管理又は処分が著しく失当で，当該一般社団法人等の存立を危うくするとき。

（被告）

第269条　次の各号に掲げる訴え（以下この節において「一般社団法人等の組織に関する訴え」と総称する。）については，当該各号に定める者を被告とする。

一　一般社団法人等の設立の無効の訴え　設立する一般社団法人等

二　一般社団法人等の吸収合併の無効の訴え　吸収合併存続法人

三　一般社団法人等の新設合併の無効の訴え　新設合併設立法人

四　社員総会等の決議が存在しないこと又は社員総会等の決議の内容が法令に違反することを理由として当該決議が無効であることの確認の訴え　当該一般社団法人等

五　社員総会等の決議の取消しの訴え　当該一般社団法人等

六　第267条第1号の規定による一般社団法人等の設立の取消しの訴え　当該一般社団法人等

七　第267条第2号の規定による一般財団法人の設立の取消しの訴え　当該一般財団法人及び同号の設立者

八　一般社団法人等の解散の訴え　当該一般社団法人等

（訴えの管轄）
第270条　一般社団法人等の組織に関する訴えは，被告となる一般社団法人等の主たる事務所の所在地を管轄する地方裁判所の管轄に専属する。

（担保提供命令）
第271条　一般社団法人等の組織に関する訴えであって，社員が提起することができるものについては，裁判所は，被告の申立てにより，当該一般社団法人等の組織に関する訴えを提起した社員に対し，相当の担保を立てるべきことを命ずることができる。ただし，当該社員が理事，監事又は清算人であるときは，この限りでない。
2　前項の規定は，一般社団法人等の組織に関する訴えであって，債権者が提起することができるものについて準用する。
3　被告は，第1項（前項において準用する場合を含む。）の申立てをするには，原告の訴えの提起が悪意によるものであることを疎明しなければならない。

（弁論等の必要的併合）
第272条　同一の請求を目的とする一般社団法人等の組織に関する訴えに係る二以上の訴訟が同時に係属するときは，その弁論及び裁判は，併合してしなければならない。

（認容判決の効力が及ぶ者の範囲）
第273条　一般社団法人等の組織に関する訴えに係る請求を認容する確定判決は，第三者に対してもその効力を有する。

（無効又は取消しの判決の効力）
第274条　一般社団法人等の組織に関する訴え（第269条第1号から第3号まで，第6号及び第7号に掲げる訴えに限る。）に係る請求を認容する判決が確定したときは，当該判決において無効とされ，又は取り消された行為（当該行為によって一般社団法人等が設立された場合にあっては，当該設立を含む。）は，将来に向かってその効力を失う。

（合併の無効判決の効力）
第275条　次の各号に掲げる行為の無効の訴えに係る請求を認容する判決が確定したときは，当該行為をした一般社団法人等は，当該行為の効力が生じた日後に当該各号に定める一般社団法人等が負担した債務について，連帯して弁済する責任を負う。

一　一般社団法人等の吸収合併　吸収合併存続法人
二　一般社団法人等の新設合併　新設合併設立法人

2　前項に規定する場合には，同項各号に掲げる行為の効力が生じた日後に当該各号に定める一般社団法人等が取得した財産は，当該行為をした一般社団法人等の共有に属する。
3　前2項に規定する場合には，各一般社団法人等の第1項の債務の負担部分及び前項の財産の共有持分は，各一般社団法人等の協議によって定める。
4　各一般社団法人等の第1項の債務の負担部分又は第2項の財産の共有持分について，前項の協議が調わないときは，裁判所は，各一般社団法人等の申立てにより，第1項各号に掲げる行為の効力が生じた時における各一般社団法人等の財産の額その他一切の事情を考慮して，これを定める。

（設立の無効又は取消しの判決の効力）
第276条　一般社団法人の設立の無効又は取消しの訴えに係る請求を認容する判決が確定した場合において，その無効又は取消しの原因が一部の社員のみにあるときは，他の社員の全員の同意によって，当該一般社団法人を継続することができる。この場合においては，当該原因がある社員は，退社したものとみなす。
2　前項前段の規定は，一般財団法人の設立の無効又は取消しの訴えに係る請求を認容する判決が確定した場合について準用する。この場合において，同項中「社員」とあるのは，「設立者」と読み替えるものとする。

（原告が敗訴した場合の損害賠償責任）
第277条　一般社団法人等の組織に関する訴えを提起した原告が敗訴した場合において，原告に悪意又は重大な過失があったときは，原告は，被告に対し，連帯して損害を賠償する責任を負う。

　　　第2款　一般社団法人における責任追及の訴え

（責任追及の訴え）
第278条　社員は，一般社団法人に対し，書面その他の法務省令で定める方法により，設立時社員，設立時理事，役員等（第111条第1項に規定する役員等をいう。第3項において

同じ。）又は清算人の責任を追及する訴え（以下この款において「責任追及の訴え」という。）の提起を請求することができる。ただし，責任追及の訴えが当該社員若しくは第三者の不正な利益を図り又は当該一般社団法人に損害を加えることを目的とする場合は，この限りでない。

2 　一般社団法人が前項の規定による請求の日から60日以内に責任追及の訴えを提起しないときは，当該請求をした社員は，一般社団法人のために，責任追及の訴えを提起することができる。

3 　一般社団法人は，第1項の規定による請求の日から60日以内に責任追及の訴えを提起しない場合において，当該請求をした社員又は同項の設立時社員，設立時理事，役員等若しくは清算人から請求を受けたときは，当該請求をした者に対し，遅滞なく，責任追及の訴えを提起しない理由を書面その他の法務省令で定める方法により通知しなければならない。

4 　第1項及び第2項の規定にかかわらず，同項の期間の経過により一般社団法人に回復することができない損害が生ずるおそれがある場合には，第1項の社員は，一般社団法人のために，直ちに責任追及の訴えを提起することができる。ただし，同項ただし書に規定する場合は，この限りでない。

5 　第2項又は前項の責任追及の訴えは，訴訟の目的の価額の算定については，財産権上の請求でない請求に係る訴えとみなす。

6 　社員が責任追及の訴えを提起したときは，裁判所は，被告の申立てにより，当該社員に対し，相当の担保を立てるべきことを命ずることができる。

7 　被告が前項の申立てをするには，責任追及の訴えの提起が悪意によるものであることを疎明しなければならない。

（訴えの管轄）
第279条 　責任追及の訴えは，一般社団法人の主たる事務所の所在地を管轄する地方裁判所の管轄に専属する。

（訴訟参加）
第280条 　社員又は一般社団法人は，共同訴訟人として，又は当事者の一方を補助するため，責任追及の訴えに係る訴訟に参加することができる。ただし，不当に訴訟手続を遅延させ

ることとなるとき，又は裁判所に対し過大な事務負担を及ぼすこととなるときは，この限りでない。

2 　監事設置一般社団法人が，理事及び清算人並びにこれらの者であった者を補助するため，責任追及の訴えに係る訴訟に参加するには，監事（監事が2人以上ある場合にあっては，各監事）の同意を得なければならない。

3 　社員は，責任追及の訴えを提起したときは，遅滞なく，一般社団法人に対し，訴訟告知をしなければならない。

4 　一般社団法人は，責任追及の訴えを提起したとき，又は前項の訴訟告知を受けたときは，遅滞なく，その旨を社員に通知しなければならない。

（和解）
第281条 　民事訴訟法第267条の規定は，一般社団法人が責任追及の訴えに係る訴訟における和解の当事者でない場合には，当該訴訟における訴訟の目的については，適用しない。ただし，当該一般社団法人の承認がある場合は，この限りでない。

2 　前項に規定する場合において，裁判所は，一般社団法人に対し，和解の内容を通知し，かつ，当該和解に異議があるときは2週間以内に異議を述べるべき旨を催告しなければならない。

3 　一般社団法人が前項の期間内に書面により異議を述べなかったときは，同項の規定による通知の内容で社員が和解をすることを承認したものとみなす。

4 　第25条，第112条（第217条第4項において準用する場合を含む。）及び第141条第5項（同項ただし書に規定する超過額を超えない部分について負う責任に係る部分に限る。）の規定は，責任追及の訴えに係る訴訟における和解をする場合には，適用しない。

（費用等の請求）
第282条 　責任追及の訴えを提起した社員が勝訴（一部勝訴を含む。）した場合において，当該責任追及の訴えに係る訴訟に関し，必要な費用（訴訟費用を除く。）を支出したとき又は弁護士若しくは弁護士法人に報酬を支払うべきときは，当該一般社団法人に対し，その費用の額の範囲内又はその報酬額の範囲内で相当と認められる額の支払を請求すること

ができる。
2 責任追及の訴えを提起した社員が敗訴した場合であっても、悪意があったときを除き、当該社員は、当該一般社団法人に対し、これによって生じた損害を賠償する義務を負わない。
3 前2項の規定は、第280条第1項の規定により同項の訴訟に参加した社員について準用する。

(再審の訴え)
第283条 責任追及の訴えが提起された場合において、原告及び被告が共謀して責任追及の訴えに係る訴訟の目的である一般社団法人の権利を害する目的をもって判決をさせたときは、一般社団法人又は社員は、確定した終局判決に対し、再審の訴えをもって、不服を申し立てることができる。
2 前条の規定は、前項の再審の訴えについて準用する。

第3款 一般社団法人等の役員等の解任の訴え

(一般社団法人等の役員等の解任の訴え)
第284条 理事、監事又は評議員(以下この款において「役員等」という。)の職務の執行に関し不正の行為又は法令若しくは定款に違反する重大な事実があったにもかかわらず、当該役員等を解任する旨の議案が社員総会又は評議員会において否決されたときは、次に掲げる者は、当該社員総会又は評議員会の日から30日以内に、訴えをもって当該役員等の解任を請求することができる。
一 総社員(当該請求に係る理事又は監事である社員を除く。)の議決権の10分の1(これを下回る割合を定款で定めた場合にあっては、その割合)以上の議決権を有する社員(当該請求に係る理事又は監事である社員を除く。)
二 評議員

(被告)
第285条 前条の訴え(次条及び第315条第1項第1号ニにおいて「一般社団法人等の役員等の解任の訴え」という。)については、当該一般社団法人等及び前条の役員等を被告とする。

(訴えの管轄)
第286条 一般社団法人等の役員等の解任の訴えは、当該一般社団法人等の主たる事務所の所在地を管轄する地方裁判所の管轄に専属する。

第3節 非訟
第1款 総則

(非訟事件の管轄)
第287条 この法律の規定による非訟事件(次項に規定する事件を除く。)は、一般社団法人等の主たる事務所の所在地を管轄する地方裁判所の管轄に属する。
2 第275条第4項の申立てに係る事件は、同条第1項各号に掲げる行為の無効の訴えの第一審の受訴裁判所の管轄に属する。

(疎明)
第288条 この法律の規定による許可の申立てをする場合には、その原因となる事実を疎明しなければならない。

(陳述の聴取)
第289条 裁判所は、この法律の規定による非訟事件についての裁判のうち、次の各号に掲げる裁判をする場合には、当該各号に定める者の陳述を聴かなければならない。ただし、不適法又は理由がないことが明らかであるとして申立てを却下する裁判をするときは、この限りでない。
一 この法律の規定により一般社団法人等が作成し、又は備え置いた書面又は電磁的記録についての閲覧又は謄写の許可の申立てについての裁判 当該一般社団法人等
二 第75条第2項(第177条において準用する場合を含む。)、第79条第2項(第197条において準用する場合を含む。)若しくは第175条第2項の規定により選任された一時理事、監事、代表理事若しくは評議員の職務を行うべき者、清算人、第210条第4項において準用する第75条第2項若しくは第214条第7項において準用する第79条第2項の規定により選任された一時清算人若しくは代表清算人の職務を行うべき者、検査役又は第262条第2項の管理人の報酬の額の決定 当該一般社団法人等(報酬を受ける者が監事を置く一般社団法人等を代表する者である場合において、他に当該一般社団法人等を代表する者が存しないときは、監事)及び報酬を受ける者
三 第137条第7項の規定による裁判 当該

一般社団法人（一般社団法人の成立前にあっては，設立時社員）及び現物拠出財産を給付する者
四　清算人の解任についての裁判　当該清算人
五　第261条第1項の規定による裁判　当該一般社団法人等
六　第275条第4項の申立てについての裁判　同項に規定する行為をした一般社団法人等

（理由の付記）
第290条　この法律の規定による非訟事件についての裁判には，理由を付さなければならない。ただし，次に掲げる裁判については，この限りでない。
一　前条第2号に掲げる裁判
二　第293条各号に掲げる裁判

（即時抗告）
第291条　次の各号に掲げる裁判に対しては，当該各号に定める者に限り，即時抗告をすることができる。
一　第262条第1項の規定による保全処分についての裁判　利害関係人
二　第289条各号に掲げる裁判　申立人及び当該各号に定める者（同条第2号及び第3号に掲げる裁判にあっては，当該各号に定める者）

（原裁判の執行停止）
第292条　前条の即時抗告は，執行停止の効力を有する。ただし，第289条第2号から第4号までに掲げる裁判に対するものについては，この限りでない。

（不服申立ての制限）
第293条　次に掲げる裁判に対しては，不服を申し立てることができない。
一　第289条第2号に規定する一時理事，監事，代表理事若しくは評議員の職務を行うべき者，清算人，代表清算人，同号に規定する一時清算人若しくは代表清算人の職務を行うべき者，検査役，第235条第1項の鑑定人又は第241条第2項の帳簿資料の保存をする者の選任又は選定の裁判
二　第262条第2項の管理人の選任又は解任についての裁判
三　第262条第6項の規定による裁判
四　この法律の規定による許可の申立てを認容する裁判（第289条第1号に掲げる裁判を除く。）

（非訟事件手続法の規定の適用除外）
第294条　この法律の規定による非訟事件については，非訟事件手続法（平成23年法律第51号）第40条及び第57条第2項第2号の規定は，適用しない。

（最高裁判所規則）
第295条　この法律に定めるもののほか，この法律の規定による非訟事件の手続に関し必要な事項は，最高裁判所規則で定める。

第2款　解散命令の手続に関する特則
（法務大臣の関与）
第296条　裁判所は，第261条第1項の申立てについての裁判をする場合には，法務大臣に対し，意見を求めなければならない。
2　法務大臣は，裁判所が前項の申立てに係る事件について審問をするときは，当該審問に立ち会うことができる。
3　裁判所は，法務大臣に対し，第1項の申立てに係る事件が係属したこと及び前項の審問の期日を通知しなければならない。
4　第1項の申立てを却下する裁判に対しては，第291条第2号に定める者のほか，法務大臣も，即時抗告をすることができる。

（一般社団法人等の財産に関する保全処分についての特則）
第297条　裁判所が第262条第1項の保全処分をした場合には，非訟事件の手続の費用は，一般社団法人等の負担とする。当該保全処分について必要な費用も，同様とする。
2　前項の保全処分又は第262条第1項の規定による申立てを却下する裁判に対して即時抗告があった場合において，抗告裁判所が当該即時抗告を理由があると認めて原裁判を取り消したときは，その抗告審における手続に要する裁判費用及び抗告人が負担した前審における手続に要する裁判費用は，一般社団法人等の負担とする。

第298条　利害関係人は，裁判所書記官に対し，第262条第6項の報告又は計算に関する資料の閲覧を請求することができる。
2　利害関係人は，裁判所書記官に対し，前項の資料の謄写又はその正本，謄本若しくは抄本の交付を請求することができる。
3　前項の規定は，第1項の資料のうち録音

テープ又はビデオテープ（これらに準ずる方法により一定の事項を記録した物を含む。）に関しては，適用しない。この場合において，これらの物について利害関係人の請求があるときは，裁判所書記官は，その複製を許さなければならない。
4 法務大臣は，裁判所書記官に対し，第1項の資料の閲覧を請求することができる。
5 民事訴訟法第91条第5項の規定は，第1項の資料について準用する。

第4節　登記
第1款　総則
(登記の効力)
第299条 この法律の規定により登記すべき事項は，登記の後でなければ，これをもって善意の第三者に対抗することができない。登記の後であっても，第三者が正当な事由によってその登記があることを知らなかったときは，同様とする。
2 故意又は過失によって不実の事項を登記した者は，その事項が不実であることをもって善意の第三者に対抗することができない。

(登記の期間)
第300条 この法律の規定により登記すべき事項のうち官庁の許可を要するものの登記の期間については，その許可書の到達した日から起算する。

第2款　主たる事務所の所在地における登記
(一般社団法人の設立の登記)
第301条 一般社団法人の設立の登記は，その主たる事務所の所在地において，次に掲げる日のいずれか遅い日から2週間以内にしなければならない。
一　第20条第1項の規定による調査が終了した日
二　設立時社員が定めた日
2 前項の登記においては，次に掲げる事項を登記しなければならない。
一　目的
二　名称
三　主たる事務所及び従たる事務所の所在場所
四　一般社団法人の存続期間又は解散の事由についての定款の定めがあるときは，その定め
五　理事の氏名
六　代表理事の氏名及び住所
七　理事会設置一般社団法人であるときは，その旨
八　監事設置一般社団法人であるときは，その旨及び監事の氏名
九　会計監査人設置一般社団法人であるときは，その旨及び会計監査人の氏名又は名称
十　第75条第4項の規定により選任された一時会計監査人の職務を行うべき者を置いたときは，その氏名又は名称
十一　第114条第1項の規定による役員等の責任の免除についての定款の定めがあるときは，その定め
十二　第115条第1項の規定による外部役員等が負う責任の限度に関する契約の締結についての定款の定めがあるときは，その定め
十三　前号の定款の定めが外部理事に関するものであるときは，理事のうち外部理事であるものについて，外部理事である旨
十四　第12号の定款の定めが外部監事に関するものであるときは，監事のうち外部監事であるものについて，外部監事である旨
十五　第128条第3項の規定による措置をとることとするときは，同条第1項に規定する貸借対照表の内容である情報について不特定多数の者がその提供を受けるために必要な事項であって法務省令で定めるもの
十六　公告方法
十七　前号の公告方法が電子公告（第331条第1項第3号に規定する電子公告をいう。以下この号及び次条第2項第15号において同じ。）であるときは，次に掲げる事項
　イ　電子公告により公告すべき内容である情報について不特定多数の者がその提供を受けるために必要な事項であって法務省令で定めるもの
　ロ　第331条第2項後段の規定による定款の定めがあるときは，その定め

(一般財団法人の設立の登記)
第302条 一般財団法人の設立の登記は，その主たる事務所の所在地において，次に掲げる日のいずれか遅い日から2週間以内にしなければならない。
一　第161条第1項の規定による調査が終了

した日
二　設立者が定めた日
2　前項の登記においては、次に掲げる事項を登記しなければならない。
一　目的
二　名称
三　主たる事務所及び従たる事務所の所在場所
四　一般財団法人の存続期間又は解散の事由についての定款の定めがあるときは、その定め
五　評議員、理事及び監事の氏名
六　代表理事の氏名及び住所
七　会計監査人設置一般財団法人であるときは、その旨及び会計監査人の氏名又は名称
八　第177条において準用する第75条第4項の規定により選任された一時会計監査人の職務を行うべき者を置いたときは、その氏名又は名称
九　第198条において準用する第114条第1項の規定による役員等の責任の免除についての定款の定めがあるときは、その定め
十　第198条において準用する第115条第1項の規定による外部役員等が負う責任の限度に関する契約の締結についての定款の定めがあるときは、その定め
十一　前号の定款の定めが外部理事に関するものであるときは、理事のうち外部理事であるものについて、外部理事である旨
十二　第10号の定款の定めが外部監事に関するものであるときは、監事のうち外部監事であるものについて、外部監事である旨
十三　第199条において準用する第128条第3項の規定による措置をとることとするときは、同条第1項に規定する貸借対照表の内容である情報について不特定多数の者がその提供を受けるために必要な事項であって法務省令で定めるもの
十四　公告方法
十五　前号の公告方法が電子公告であるときは、次に掲げる事項
　イ　電子公告により公告すべき内容である情報について不特定多数の者がその提供を受けるために必要な事項であって法務省令で定めるもの
　ロ　第331条第2項後段の規定による定款の定めがあるときは、その定め

(変更の登記)
第303条　一般社団法人等において第301条第2項各号又は前条第2項各号に掲げる事項に変更が生じたときは、2週間以内に、その主たる事務所の所在地において、変更の登記をしなければならない。

(他の登記所の管轄区域内への主たる事務所の移転の登記)
第304条　一般社団法人等がその主たる事務所を他の登記所の管轄区域内に移転したときは、2週間以内に、旧所在地においては移転の登記をし、新所在地においては次の各号に掲げる法人の区分に応じ当該各号に定める事項を登記しなければならない。
一　一般社団法人　第301条第2項各号に掲げる事項
二　一般財団法人　第302条第2項各号に掲げる事項
2　新所在地における登記においては、一般社団法人等の成立の年月日並びに主たる事務所を移転した旨及びその年月日をも登記しなければならない。

(職務執行停止の仮処分等の登記)
第305条　一般社団法人等の理事、監事、代表理事若しくは評議員の職務の執行を停止し、若しくはその職務を代行する者を選任する仮処分命令又はその仮処分命令を変更し、若しくは取り消す決定がされたときは、その主たる事務所の所在地において、その登記をしなければならない。

(吸収合併の登記)
第306条　一般社団法人等が吸収合併をしたときは、その効力が生じた日から2週間以内に、その主たる事務所の所在地において、吸収合併消滅法人については解散の登記をし、吸収合併存続法人については変更の登記をしなければならない。
2　吸収合併による変更の登記においては、吸収合併をした旨並びに吸収合併消滅法人の名称及び主たる事務所をも登記しなければならない。

(新設合併の登記)
第307条　二以上の一般社団法人等が新設合併をするときは、次に掲げる日のいずれか遅い日から2週間以内に、その主たる事務所の所

在地において、新設合併消滅法人については解散の登記をし、新設合併設立法人については設立の登記をしなければならない。
　一　第257条の社員総会又は評議員会の決議の日
　二　第258条の規定による手続が終了した日
　三　新設合併消滅法人が合意により定めた日
2　新設合併による設立の登記においては、新設合併をした旨並びに新設合併消滅法人の名称及び主たる事務所をも登記しなければならない。

(解散の登記)
第308条　第148条第1号から第4号まで又は第202条第1項第1号から第3号まで、第2項若しくは第3項の規定により一般社団法人等が解散したときは、2週間以内に、その主たる事務所の所在地において、解散の登記をしなければならない。
2　解散の登記においては、解散の旨並びにその事由及び年月日を登記しなければならない。

(継続の登記)
第309条　第150条、第204条又は第276条の規定により一般社団法人等が継続したときは、2週間以内に、その主たる事務所の所在地において、継続の登記をしなければならない。

(清算人等の登記)
第310条　第209条第1項第1号に掲げる者が清算人となったときは、解散の日から2週間以内に、その主たる事務所の所在地において、次に掲げる事項を登記しなければならない。
　一　清算人の氏名
　二　代表清算人の氏名及び住所
　三　清算法人が清算人会を置くときは、その旨
　四　清算一般財団法人が監事を置くときは、その旨
2　清算人が選任されたときは、2週間以内に、その主たる事務所の所在地において、前項各号に掲げる事項を登記しなければならない。
3　第303条の規定は前2項の規定による登記について、第305条の規定は清算人又は代表清算人について、それぞれ準用する。

(清算結了の登記)
第311条　清算が結了したときは、清算法人は、第240条第3項の承認の日から2週間以内に、その主たる事務所の所在地において、清算結了の登記をしなければならない。

第3款　従たる事務所の所在地における登記

(従たる事務所の所在地における登記)
第312条　次の各号に掲げる場合（当該各号に規定する従たる事務所が主たる事務所の所在地を管轄する登記所の管轄区域内にある場合を除く。）には、当該各号に定める期間内に、当該従たる事務所の所在地において、従たる事務所の所在地における登記をしなければならない。
　一　一般社団法人等の設立に際して従たる事務所を設けた場合（次号に掲げる場合を除く。）　主たる事務所の所在地における設立の登記をした日から2週間以内
　二　新設合併設立法人が新設合併に際して従たる事務所を設けた場合　第307条第1項各号に掲げる日のいずれか遅い日から3週間以内
　三　一般社団法人等の成立後に従たる事務所を設けた場合　従たる事務所を設けた日から3週間以内
2　従たる事務所の所在地における登記においては、次に掲げる事項を登記しなければならない。ただし、従たる事務所の所在地を管轄する登記所の管轄区域内に新たに従たる事務所を設けたときは、第3号に掲げる事項を登記すれば足りる。
　一　名称
　二　主たる事務所の所在場所
　三　従たる事務所（その所在地を管轄する登記所の管轄区域内にあるものに限る。）の所在場所
3　従たる事務所の所在地において前2項の規定により前項各号に掲げる事項を登記する場合には、一般社団法人等の成立の年月日並びに従たる事務所を設置した旨及びその年月日をも登記しなければならない。
4　第2項各号に掲げる事項に変更が生じたときは、3週間以内に、当該従たる事務所の所在地において、変更の登記をしなければならない。

(他の登記所の管轄区域内への従たる事務所の移転の登記)
第313条　一般社団法人等がその従たる事務所を他の登記所の管轄区域内に移転したときは、

旧所在地（主たる事務所の所在地を管轄する登記所の管轄区域内にある場合を除く。）においては3週間以内に移転の登記をし，新所在地（主たる事務所の所在地を管轄する登記所の管轄区域内にある場合を除く。以下この項において同じ。）においては4週間以内に前条第2項各号に掲げる事項を登記しなければならない。ただし，従たる事務所の所在地を管轄する登記所の管轄区域内に新たに従たる事務所を移転したときは，新所在地においては，同項第3号に掲げる事項を登記すれば足りる。

2　従たる事務所の所在地において前項の規定により前条第2項各号に掲げる事項を登記する場合には，一般社団法人等の成立の年月日並びに従たる事務所を移転した旨及びその年月日をも登記しなければならない。

（従たる事務所における変更の登記等）

第314条　第306条第1項，第307条第1項及び第311条に規定する場合には，これらの規定に規定する日から3週間以内に，従たる事務所の所在地においても，これらの規定に規定する登記をしなければならない。ただし，第306条第1項に規定する変更の登記は，第312条第2項各号に掲げる事項に変更が生じた場合に限り，するものとする。

第4款　登記の嘱託

第315条　次に掲げる場合には，裁判所書記官は，職権で，遅滞なく，一般社団法人等の主たる事務所（第1号ロに規定する場合であって当該決議によって第312条第2項各号に掲げる事項についての登記がされているときにあっては，主たる事務所及び当該登記に係る従たる事務所）の所在地を管轄する登記所にその登記を嘱託しなければならない。

一　次に掲げる訴えに係る請求を認容する判決が確定したとき。
　　イ　一般社団法人等の設立の無効又は取消しの訴え
　　ロ　社員総会等の決議した事項についての登記があった場合における次に掲げる訴え
　　　(1)　社員総会等の決議が存在しないこと又は社員総会等の決議の内容が法令に違反することを理由として当該決議が無効であることの確認の訴え
　　　(2)　社員総会等の決議の取消しの訴え
　　ハ　一般社団法人等の解散の訴え
　　ニ　一般社団法人等の役員等の解任の訴え

二　次に掲げる裁判があったとき。
　　イ　第75条第2項（第177条において準用する場合を含む。），第79条第2項（第197条において準用する場合を含む。）又は第175条第2項の規定による一時理事，監事，代表理事又は評議員の職務を行うべき者の選任の裁判
　　ロ　第210条第4項において準用する第75条第2項又は第214条第7項において準用する第79条第2項の規定による一時清算人又は代表清算人の職務を行うべき者の選任の裁判
　　ハ　イ又はロに掲げる裁判を取り消す裁判
　　ニ　清算人又は代表清算人の選任又は選定の裁判を取り消す裁判
　　ホ　清算人の解任の裁判

三　次に掲げる裁判が確定したとき。
　　イ　前号ホに掲げる裁判を取り消す裁判
　　ロ　第261条第1項の規定による一般社団法人等の解散を命ずる裁判

2　次の各号に掲げる訴えに係る請求を認容する判決が確定した場合には，裁判所書記官は，職権で，遅滞なく，各一般社団法人等の主たる事務所の所在地を管轄する登記所に当該各号に定める登記を嘱託しなければならない。

一　一般社団法人等の吸収合併の無効の訴え　吸収合併存続法人についての変更の登記及び吸収合併消滅法人についての回復の登記

二　一般社団法人等の新設合併の無効の訴え　新設合併設立法人についての解散の登記及び新設合併消滅法人についての回復の登記

3　前項に規定する場合において，同項各号に掲げる訴えに係る請求の目的に係る合併により第312条第2項各号に掲げる事項についての登記がされているときは，各一般社団法人等の従たる事務所の所在地を管轄する登記所にも前項各号に定める登記を嘱託しなければならない。

第5款　登記の手続等

（登記簿）

第316条　登記所に，一般社団法人登記簿及び

一般財団法人登記簿を備える。
(添付書面の通則)
第317条　登記すべき事項につき社員全員の同意又はある理事若しくは清算人の一致を要するときは，申請書にその同意又は一致があったことを証する書面を添付しなければならない。
2　登記すべき事項につき社員総会，評議員会，理事会又は清算人会の決議を要するときは，申請書にその議事録を添付しなければならない。
3　登記すべき事項につき第58条第1項，第96条（第197条及び第221条第5項において準用する場合を含む。）又は第194条第1項の規定により社員総会，理事会，清算人会又は評議員会の決議があったものとみなされる場合には，申請書に，前項の議事録に代えて，当該場合に該当することを証する書面を添付しなければならない。

(一般社団法人の設立の登記の申請)
第318条　一般社団法人の設立の登記は，当該一般社団法人を代表すべき者の申請によってする。
2　一般社団法人の設立の登記の申請書には，法令に別段の定めがある場合を除き，次に掲げる書面を添付しなければならない。
　一　定款
　二　設立時理事が設立時代表理事を選定したときは，これに関する書面
　三　設立時理事，設立時監事及び設立時代表理事が就任を承諾したことを証する書面
　四　設立時会計監査人を選任したときは，次に掲げる書面
　　イ　就任を承諾したことを証する書面
　　ロ　設立時会計監査人が法人であるときは，当該法人の登記事項証明書。ただし，当該登記所の管轄区域内に当該法人の主たる事務所がある場合を除く。
　　ハ　設立時会計監査人が法人でないときは，その者が公認会計士であることを証する書面
3　登記すべき事項につき設立時社員全員の同意又はある設立時社員の一致を要するときは，前項の登記の申請書にその同意又は一致があったことを証する書面を添付しなければならない。

(一般財団法人の設立の登記の申請)
第319条　一般財団法人の設立の登記は，当該一般財団法人を代表すべき者の申請によってする。
2　一般財団法人の設立の登記の申請書には，法令に別段の定めがある場合を除き，次に掲げる書面を添付しなければならない。
　一　定款
　二　財産の拠出の履行があったことを証する書面
　三　設立時評議員，設立時理事及び設立時監事の選任に関する書面
　四　設立時代表理事の選定に関する書面
　五　設立時評議員，設立時理事，設立時監事及び設立時代表理事が就任を承諾したことを証する書面
　六　設立時会計監査人を選任したときは，次に掲げる書面
　　イ　設立時会計監査人の選任に関する書面
　　ロ　就任を承諾したことを証する書面
　　ハ　設立時会計監査人が法人であるときは，当該法人の登記事項証明書。ただし，当該登記所の管轄区域内に当該法人の主たる事務所がある場合を除く。
　　ニ　設立時会計監査人が法人でないときは，その者が公認会計士であることを証する書面
3　登記すべき事項につき設立者全員の同意又はある設立者の一致を要するときは，前項の登記の申請書にその同意又は一致があったことを証する書面を添付しなければならない。

(理事等の変更の登記の申請)
第320条　理事，監事又は代表理事の就任による変更の登記の申請書には，就任を承諾したことを証する書面を添付しなければならない。
2　評議員の就任による変更の登記の申請書には，その選任に関する書面及び就任を承諾したことを証する書面を添付しなければならない。
3　会計監査人の就任による変更の登記の申請書には，次に掲げる書面を添付しなければならない。
　一　就任を承諾したことを証する書面
　二　会計監査人が法人であるときは，当該法人の登記事項証明書。ただし，当該登記所の管轄区域内に当該法人の主たる事務所が

三 会計監査人が法人でないときは、その者が公認会計士であることを証する書面
4 会計監査人が法人であるときは、その名称の変更の登記の申請書には、前項第2号に掲げる書面を添付しなければならない。ただし、同号ただし書に規定する場合は、この限りでない。
5 第1項から第3項までに規定する者の退任による変更の登記の申請書には、これを証する書面を添付しなければならない。

（一時会計監査人の職務を行うべき者の変更の登記の申請）
第321条 第75条第4項（第177条において準用する場合を含む。）の一時会計監査人の職務を行うべき者の就任による変更の登記の申請書には、次に掲げる書面を添付しなければならない。
一 その選任に関する書面
二 就任を承諾したことを証する書面
三 その者が法人であるときは、当該法人の登記事項証明書。ただし、前条第3項第2号ただし書に規定する場合を除く。
四 その者が法人でないときは、その者が公認会計士であることを証する書面
2 前条第4項及び第5項の規定は、一時会計監査人の職務を行うべき者の登記について準用する。

（吸収合併による変更の登記の申請）
第322条 吸収合併による変更の登記の申請書には、次に掲げる書面を添付しなければならない。
一 吸収合併契約書
二 第252条第2項の規定による公告及び催告（同条第3項の規定により公告を官報のほか第331条第1項の規定による定めに従い同項第2号又は第3号に掲げる方法によってした場合にあっては、これらの方法による公告）をしたこと並びに異議を述べた債権者があるときは、当該債権者に対し弁済し若しくは相当の担保を提供し若しくは当該債権者に弁済を受けさせることを目的として相当の財産を信託したこと又は当該吸収合併をしても当該債権者を害するおそれがないことを証する書面
三 吸収合併消滅法人の登記事項証明書。ただし、当該登記所の管轄区域内に吸収合併消滅法人の主たる事務所がある場合を除く。
四 第247条の規定による吸収合併契約の承認があったことを証する書面
五 吸収合併消滅法人において第248条第2項の規定による公告及び催告（同条第3項の規定により公告を官報のほか第331条第1項の規定による定めに従い同項第2号又は第3号に掲げる方法によってした場合にあっては、これらの方法による公告）をしたこと並びに異議を述べた債権者があるときは、当該債権者に対し弁済し若しくは相当の担保を提供し若しくは当該債権者に弁済を受けさせることを目的として相当の財産を信託したこと又は当該吸収合併をしても当該債権者を害するおそれがないことを証する書面

（新設合併による設立の登記の申請）
第323条 新設合併による設立の登記の申請書には、次に掲げる書面を添付しなければならない。
一 新設合併契約書
二 定款
三 第318条第2項第2号から第4号まで又は第319条第2項第4号、第5号及び第6号（イを除く。）に掲げる書面
四 新設合併消滅法人の登記事項証明書。ただし、当該登記所の管轄区域内に新設合併消滅法人の主たる事務所がある場合を除く。
五 第257条の規定による新設合併契約の承認があったことを証する書面
六 新設合併消滅法人において第258条第2項の規定による公告及び催告（同条第3項の規定により公告を官報のほか第331条第1項の規定による定めに従い同項第2号又は第3号に掲げる方法によってした場合にあっては、これらの方法による公告）をしたこと並びに異議を述べた債権者があるときは、当該債権者に対し弁済し若しくは相当の担保を提供し若しくは当該債権者に弁済を受けさせることを目的として相当の財産を信託したこと又は当該新設合併をしても当該債権者を害するおそれがないことを証する書面

（解散の登記の申請）
第324条 定款で定めた解散の事由又は第202条

第1項第3号，第2項若しくは第3項に規定する事由の発生による解散の登記の申請書には，その事由の発生を証する書面を添付しなければならない。
2　代表清算人の申請に係る解散の登記の申請書には，その資格を証する書面を添付しなければならない。ただし，当該代表清算人が第209条第1項第1号の規定により清算人となったもの（第214条第4項に規定する場合にあっては，同項の規定により代表清算人となったもの）であるときは，この限りでない。

（継続の登記の申請）
第325条　一般社団法人等の設立の無効又は取消しの訴えに係る請求を認容する判決が確定した場合において，第276条第1項（同条第2項において準用する場合を含む。以下この条において同じ。）の規定により一般社団法人等を継続したときは，継続の登記の申請書には，その判決の謄本及び第276条第1項の同意があったことを証する書面を添付しなければならない。

（清算人の登記の申請）
第326条　清算人の登記の申請書には，定款を添付しなければならない。
2　第209条第1項第2号又は第3号に掲げる者が清算人となった場合の清算人の登記の申請書には，就任を承諾したことを証する書面を添付しなければならない。
3　裁判所が選任した者が清算人となった場合の清算人の登記の申請書には，その選任及び第310条第1項第2号に掲げる事項を証する書面を添付しなければならない。

（清算人に関する変更の登記の申請）
第327条　裁判所が選任した清算人に関する第310条第1項第2号に掲げる事項の変更の登記の申請書には，変更の事由を証する書面を添付しなければならない。
2　清算人の退任による変更の登記の申請書には，これを証する書面を添付しなければならない。

（清算結了の登記の申請）
第328条　清算結了の登記の申請書には，第240条第3項の規定による決算報告の承認があったことを証する書面を添付しなければならない。

（従たる事務所の所在地における登記の申請）
第329条　主たる事務所及び従たる事務所の所在地において登記すべき事項について従たる事務所の所在地においてする登記の申請書には，主たる事務所の所在地においてした登記を証する書面を添付しなければならない。この場合においては，他の書面の添付を要しない。

（商業登記法の準用）
第330条　商業登記法（昭和38年法律第125号）第1条の3から第5条まで，第7条から第15条まで，第17条から第27条まで，第33条，第49条から第52条まで，第72条，第82条，第83条及び第132条から第148条までの規定は，一般社団法人等に関する登記について準用する。この場合において，これらの規定（同法第27条及び第33条第1項中「本店」とある部分を除く。）中「商号」とあるのは「名称」と，「本店」とあるのは「主たる事務所」と，「支店」とあるのは「従たる事務所」と，同法第1条の3及び第24条第1号中「営業所」とあるのは「事務所」と，同法第27条及び第33条第1項中「営業所（会社にあつては，本店。以下この条において同じ。）の」とあり，並びに同法第27条並びに第33条第1項第4号及び第2項中「営業所の」とあるのは「主たる事務所の」と，同条第1項第4号中「営業所を」とあるのは「主たる事務所を」と，同法第72条中「会社法第472条第1項本文」とあるのは「一般社団法人及び一般財団法人に関する法律（平成18年法律第48号）第149条第1項本文又は第203条第1項本文」と読み替えるものとする。

第5節　公告

（公告方法）
第331条　一般社団法人等は，公告方法として，次に掲げる方法のいずれかを定めることができる。
一　官報に掲載する方法
二　時事に関する事項を掲載する日刊新聞紙に掲載する方法
三　電子公告（公告方法のうち，電磁的方法により不特定多数の者が公告すべき内容である情報の提供を受けることができる状態に置く措置であって法務省令で定めるものをとる方法をいう。以下同じ。）
四　前3号に掲げるもののほか，不特定多数

の者が公告すべき内容である情報を認識することができる状態に置く措置として法務省令で定める方法
2　一般社団法人等が前項第3号に掲げる方法を公告方法とする旨を定款で定める場合には，その定款には，電子公告を公告方法とする旨を定めれば足りる。この場合において，事故その他やむを得ない事由によって電子公告による公告をすることができない場合の公告方法として，同項第1号又は第2号に掲げる方法のいずれかを定めることができる。

（電子公告の公告期間）
第332条　一般社団法人等が電子公告により公告をする場合には，次の各号に掲げる公告の区分に応じ，当該各号に定める日までの間，継続して電子公告による公告をしなければならない。
　一　第128条第1項の規定による公告　同項の定時社員総会の終結の日後5年を経過する日
　二　第199条において準用する第128条第1項の規定による公告　同項の定時評議員会の終結の日後5年を経過する日
　三　公告に定める期間内に異議を述べることができる旨の公告　当該期間を経過する日
　四　第249条第2項の規定による公告　同項の変更前の効力発生日（変更後の効力発生日が変更前の効力発生日前の日である場合にあっては，当該変更後の効力発生日）

（電子公告の中断及び電子公告調査機関に関する会社法の規定の準用）
第333条　一般社団法人等が電子公告によりこの法律又は他の法律の規定による公告をする場合については，会社法第940条第3項，第941条，第946条，第947条，第951条第2項，第953条及び第955条の規定を準用する。この場合において，同法第940条第3項中「前2項の規定にかかわらず，これらの」とあるのは「一般社団法人及び一般財団法人に関する法律（平成18年法律第48号）第332条の規定にかかわらず，同条の」と，同法第941条中「この法律又は他の法律の規定による公告（第440条第1項」とあるのは「一般社団法人及び一般財団法人に関する法律又は他の法律の規定による公告（一般社団法人及び一般財団法人に関する法律第128条第1項（同法第199条において準用する場合を含む。）」と，同法第946条第3項中「商号」とあるのは「名称」と読み替えるものとする。

第7章　罰則
（理事等の特別背任罪）
第334条　次に掲げる者が，自己若しくは第三者の利益を図り又は一般社団法人等に損害を加える目的で，その任務に背く行為をし，当該一般社団法人等に財産上の損害を加えたときは，7年以下の懲役若しくは500万円以下の罰金に処し，又はこれを併科する。
　一　設立時社員
　二　設立者
　三　設立時理事（一般社団法人等の設立に際して理事となる者をいう。第342条において同じ。）又は設立時監事（一般社団法人等の設立に際して監事となる者をいう。同条において同じ。）
　四　理事，監事又は評議員
　五　民事保全法第56条に規定する仮処分命令により選任された理事，監事又は評議員の職務を代行する者
　六　第75条第2項（第177条において準用する場合を含む。），第79条第2項（第197条において準用する場合を含む。）又は第175条第2項の規定により選任された一時理事，監事，代表理事又は評議員の職務を行うべき者
　七　事業に関するある種類又は特定の事項の委任を受けた使用人
　八　検査役
2　次に掲げる者が，自己若しくは第三者の利益を図り又は清算法人に損害を加える目的で，その任務に背く行為をし，当該清算法人に財産上の損害を加えたときも，前項と同様とする。
　一　清算人
　二　民事保全法第56条に規定する仮処分命令により選任された清算人の職務を代行する者
　三　第210条第4項において準用する第75条第2項又は第214条第7項において準用する第79条第2項の規定により選任された一時清算人又は代表清算人の職務を行うべき者

3　前2項の罪の未遂は，罰する。
（法人財産の処分に関する罪）
第335条　前条第1項第4号から第7号までに掲げる者が，次のいずれかに該当する場合には，3年以下の懲役若しくは100万円以下の罰金に処し，又はこれを併科する。
一　法令又は定款の規定に違反して，基金の返還をしたとき。
二　一般社団法人等の目的の範囲外において，投機取引のために一般社団法人等の財産を処分したとき。

（虚偽文書行使等の罪）
第336条　次に掲げる者が，基金を引き受ける者の募集をするに当たり，一般社団法人の事業その他の事項に関する説明を記載した資料若しくは当該募集の広告その他の当該募集に関する文書であって重要な事項について虚偽の記載のあるものを行使し，又はこれらの書類の作成に代えて電磁的記録の作成がされている場合における当該電磁的記録であって重要な事項について虚偽の記録のあるものをその募集の事務の用に供したときは，3年以下の懲役若しくは100万円以下の罰金に処し，又はこれを併科する。
一　第334条第1項第1号又は第3号から第7号までに掲げる者
二　基金を引き受ける者の募集の委託を受けた者

（理事等の贈収賄罪）
第337条　次に掲げる者が，その職務に関し，不正の請託を受けて，財産上の利益を収受し，又はその要求若しくは約束をしたときは，5年以下の懲役又は500万円以下の罰金に処する。
一　第334条第1項各号又は第2項各号に掲げる者
二　会計監査人又は第75条第4項（第177条において準用する場合を含む。）の規定により選任された一時会計監査人の職務を行うべき者
2　前項の利益を供与し，又はその申込み若しくは約束をした者は，3年以下の懲役又は300万円以下の罰金に処する。
3　第1項の場合において，犯人の収受した利益は，没収する。その全部又は一部を没収することができないときは，その価額を追徴する。

（国外犯）
第338条　第334条，第335条及び前条第1項の罪は，日本国外においてこれらの罪を犯した者にも適用する。
2　前条第2項の罪は，刑法（明治40年法律第45号）第2条の例に従う。

（法人における罰則の適用）
第339条　第334条第1項，第336条又は第337条第1項に規定する者が法人であるときは，これらの規定及び第334条第3項の規定は，その行為をした理事その他業務を執行する者に対してそれぞれ適用する。

（虚偽記載等の罪）
第340条　第333条において準用する会社法第955条第1項の規定に違反して，同項に規定する調査記録簿等に同項に規定する電子公告調査に関し法務省令で定めるものを記載せず，若しくは記録せず，若しくは虚偽の記載若しくは記録をし，又は調査記録簿等を保存しなかった者は，30万円以下の罰金に処する。

（両罰規定）
第341条　法人の代表者又は法人若しくは人の代理人，使用人その他の従業者が，その法人又は人の業務に関し，前条の違反行為をしたときは，行為者を罰するほか，その法人又は人に対しても，同条の罰金刑を科する。

（過料に処すべき行為）
第342条　設立時社員，設立者，設立時理事，設立時監事，設立時評議員，理事，監事，評議員，会計監査人若しくはその職務を行うべき社員，清算人，民事保全法第56条に規定する仮処分命令により選任された理事，監事，評議員若しくは清算人の職務を代行する者，第334条第1項第6号に規定する一時理事，監事，代表理事若しくは評議員の職務を行うべき者，同条第2項第3号に規定する一時清算人若しくは代表清算人の職務を行うべき者，第337条第1項第2号に規定する一時会計監査人の職務を行うべき者又は検査役は，次のいずれかに該当する場合には，100万円以下の過料に処する。ただし，その行為について刑を科すべきときは，この限りでない。
一　この法律の規定による登記をすることを怠ったとき。
二　この法律の規定による公告若しくは通知

をすることを怠ったとき，又は不正の公告若しくは通知をしたとき。

三　この法律の規定による開示をすることを怠ったとき。

四　この法律の規定に違反して，正当な理由がないのに，書類若しくは電磁的記録に記録された事項を法務省令で定める方法により表示したものの閲覧若しくは謄写又は書類の謄本若しくは抄本の交付，電磁的記録に記録された事項を電磁的方法により提供すること若しくはその事項を記載した書面の交付を拒んだとき。

五　この法律の規定による調査を妨げたとき。

六　官庁又は社員総会若しくは評議員会に対し，虚偽の申述を行い，又は事実を隠ぺいしたとき。

七　定款，社員名簿，議事録，財産目録，会計帳簿，貸借対照表，損益計算書，事業報告，事務報告，第123条第2項（第199条において準用する場合を含む。）若しくは第227条第1項の附属明細書，監査報告，会計監査報告，決算報告又は第246条第1項，第250条第1項，第253条第1項，第256条第1項若しくは第260条第2項の書面若しくは電磁的記録に記載し，若しくは記録すべき事項を記載せず，若しくは記録せず，又は虚偽の記載若しくは記録をしたとき。

八　第14条第1項，第32条第1項，第50条第5項，第51条第3項，第52条第4項，第57条第2項若しくは第3項，第58条第2項，第97条第1項（第197条において準用する場合を含む。），第129条第1項若しくは第2項（第199条において準用する場合を含む。），第156条第1項，第193条第2項若しくは第3項，第194条第2項，第223条第1項，第229条第1項，第246条第1項，第250条第1項，第253条第2項，第256条第1項又は第260条第2項の規定に違反して，帳簿又は書類若しくは電磁的記録を備え置かなかったとき。

九　第36条第1項若しくは第179条第1項の規定又は第47条第1項第1号，第87条第1項第1号（第197条において準用する場合を含む。）若しくは第188条第1項第1号の規定による裁判所の命令に違反して，社員総会又は評議員会を招集しなかったとき。

十　第43条又は第184条の規定による請求があった場合において，その請求に係る事項を社員総会又は評議員会の目的としなかったとき。

十一　正当な理由がないのに，社員総会又は評議員会において，社員又は評議員の求めた事項について説明をしなかったとき。

十二　第72条第2項又は第73条第2項（これらの規定を第177条において準用する場合を含む。）の規定による請求があった場合において，その請求に係る事項を社員総会若しくは評議員会の目的とせず，又はその請求に係る議案を社員総会若しくは評議員会に提出しなかったとき。

十三　理事，監事，評議員又は会計監査人がこの法律又は定款で定めたその員数を欠くこととなった場合において，その選任（一時会計監査人の職務を行うべき者の選任を含む。）の手続をすることを怠ったとき。

十四　第92条第2項（第197条及び第220条第10項において準用する場合を含む。）の規定に違反して，理事会又は清算人会に報告せず，又は虚偽の報告をしたとき。

十五　第142条第1項の規定に違反して自己を債務者とする基金の返還に係る債権を取得したとき，又は同条第2項の規定に違反して当該債権を相当の時期に他に譲渡することを怠ったとき。

十六　第144条第1項の規定に違反して代替基金を計上せず，又は同条第2項の規定に違反して代替基金を取り崩したとき。

十七　第215条第1項の規定に違反して，破産手続開始の申立てを怠ったとき。

十八　清算の結了を遅延させる目的で，第233条第1項の期間を不当に定めたとき。

十九　第234条第1項の規定に違反して，債務の弁済をしたとき。

二十　第237条の規定に違反して，清算法人の財産を引き渡したとき。

二十一　第248条第2項若しくは第5項，第252条第2項若しくは第5項又は第258条第2項若しくは第5項の規定に違反して，吸収合併又は新設合併をしたとき。

二十二　第333条において準用する会社法第941条の規定に違反して，同条の規定による調査を求めなかったとき。

第343条　次のいずれかに該当する者は，100万円以下の過料に処する。
一　第333条において準用する会社法第946条第3項の規定に違反して，報告をせず，又は虚偽の報告をした者
二　正当な理由がないのに，第333条において準用する会社法第951条第2項各号又は第955条第2項各号に掲げる請求を拒んだ者

第344条　次のいずれかに該当する者は，20万円以下の過料に処する。
一　第5条第2項の規定に違反して，一般財団法人であると誤認されるおそれのある文字をその名称中に用いた者
二　第5条第3項の規定に違反して，一般社団法人であると誤認されるおそれのある文字をその名称中に用いた者
三　第6条の規定に違反して，一般社団法人又は一般財団法人であると誤認されるおそれのある文字をその名称又は商号中に用いた者
四　第7条第1項の規定に違反して，他の一般社団法人又は一般財団法人であると誤認されるおそれのある名称又は商号を使用した者

附　則
（施行期日）
1　この法律は，公布の日から起算して2年6月を超えない範囲内において政令で定める日から施行する。
（経過措置の原則）
2　この法律の規定（罰則を除く。）は，他の法律に特別の定めがある場合を除き，この法律の施行前に生じた事項にも適用する。
（検討）
3　政府は，この法律の施行後適当な時期において，この法律の施行の状況を勘案し，必要があると認めるときは，この法律の規定について検討を加え，その結果に基づいて必要な措置を講ずるものとする。

附　則　（平成23年5月25日法律第53号）
この法律は，新非訟事件手続法の施行の日から施行する。

附　則　（平成26年6月27日法律第91号）　抄
この法律は，会社法の一部を改正する法律の施行の日から施行する。

附　則　（平成29年6月2日法律第45号）
この法律は，民法改正法（民法の一部を改正する法律（平成29法44）の施行の日〔平成32年4月1日〕から施行する。ただし，（中略）第362条の規定は，公布の日から施行する。

信託法　条文（平成19年9月30日施行）

信託法
（平成18年12月15日法律第108号）
最終改正：平成30年7月13日法律第72号

- 第1章　総則（第1条―第13条）
- 第2章　信託財産等（第14条―第25条）
- 第3章　受託者等
  - 第1節　受託者の権限（第26条―第28条）
  - 第2節　受託者の義務等（第29条―第39条）
  - 第3節　受託者の責任等（第40条―第47条）
  - 第4節　受託者の費用等及び信託報酬等（第48条―第55条）
  - 第5節　受託者の変更等
    - 第1款　受託者の任務の終了（第56条―第58条）
    - 第2款　前受託者の義務等（第59条―第61条）
    - 第3款　新受託者の選任（第62条）
    - 第4款　信託財産管理者等（第63条―第74条）
    - 第5款　受託者の変更に伴う権利義務の承継等（第75条―第78条）
  - 第6節　受託者が2人以上ある信託の特例（第79条―第87条）
- 第4章　受益者等
  - 第1節　受益者の権利の取得及び行使（第88条―第92条）
  - 第2節　受益権等
    - 第1款　受益権の譲渡等（第93条―第98条）
    - 第2款　受益権の放棄（第99条）
    - 第3款　受益債権（第100条―第102条）
    - 第4款　受益権取得請求権（第103条・第104条）
  - 第3節　2人以上の受益者による意思決定の方法の特例
    - 第1款　総則（第105条）
    - 第2款　受益者集会（第106条―第122条）
  - 第4節　信託管理人等
    - 第1款　信託管理人（第123条―第130条）
    - 第2款　信託監督人（第131条―第137条）
    - 第3款　受益者代理人（第138条―第144条）
- 第5章　委託者（第145条―第148条）
- 第6章　信託の変更，併合及び分割
  - 第1節　信託の変更（第149条・第150条）
  - 第2節　信託の併合（第151条―第154条）
  - 第3節　信託の分割
    - 第1款　吸収信託分割（第155条―第158条）
    - 第2款　新規信託分割（第159条―第162条）
- 第7章　信託の終了及び清算
  - 第1節　信託の終了（第163条―第174条）
  - 第2節　信託の清算（第175条―第184条）
- 第8章　受益証券発行信託の特例
  - 第1節　総則（第185条―第193条）
  - 第2節　受益権の譲渡等の特例（第194条―第206条）
  - 第3節　受益証券（第207条―第211条）
  - 第4節　関係当事者の権利義務等の特例（第212条―第215条）
- 第9章　限定責任信託の特例
  - 第1節　総則（第216条―第221条）
  - 第2節　計算等の特例（第222条―第231条）

第3節　限定責任信託の登記（第232条―第247条）
第10章　受益証券発行限定責任信託の特例（第248条―第257条）
第11章　受益者の定めのない信託の特例（第258条―第261条）
第12章　雑則
　第1節　非訟（第262条―第264条）
　第2節　公告等（第265条・第266条）
第13章　罰則（第267条―第271条）
　附則

第1章　総則
（趣旨）
第1条　信託の要件、効力等については、他の法令に定めるもののほか、この法律の定めるところによる。
（定義）
第2条　この法律において「信託」とは、次条各号に掲げる方法のいずれかにより、特定の者が一定の目的（専らその者の利益を図る目的を除く。同条において同じ。）に従い財産の管理又は処分及びその他の当該目的の達成のために必要な行為をすべきものとすることをいう。
2　この法律において「信託行為」とは、次の各号に掲げる信託の区分に応じ、当該各号に定めるものをいう。
　一　次条第1号に掲げる方法による信託　同号の信託契約
　二　次条第2号に掲げる方法による信託　同号の遺言
　三　次条第3号に掲げる方法による信託　同号の書面又は電磁的記録（同号に規定する電磁的記録をいう。）によってする意思表示
3　この法律において「信託財産」とは、受託者に属する財産であって、信託により管理又は処分をすべき一切の財産をいう。
4　この法律において「委託者」とは、次条各号に掲げる方法により信託をする者をいう。
5　この法律において「受託者」とは、信託行為の定めに従い、信託財産に属する財産の管理又は処分及びその他の信託の目的の達成のために必要な行為をすべき義務を負う者をいう。
6　この法律において「受益者」とは、受益権を有する者をいう。
7　この法律において「受益権」とは、信託行為に基づいて受託者が受益者に対し負う債務であって信託財産に属する財産の引渡しその他の信託財産に係る給付をすべきものに係る債権（以下「受益債権」という。）及びこれを確保するためにこの法律の規定に基づいて受託者その他の者に対し一定の行為を求めることができる権利をいう。
8　この法律において「固有財産」とは、受託者に属する財産であって、信託財産に属する財産でない一切の財産をいう。
9　この法律において「信託財産責任負担債務」とは、受託者が信託財産に属する財産をもって履行する責任を負う債務をいう。
10　この法律において「信託の併合」とは、受託者を同一とする二以上の信託の信託財産の全部を一の新たな信託の信託財産とすることをいう。
11　この法律において「吸収信託分割」とは、ある信託の信託財産の一部を受託者を同一とする他の信託の信託財産として移転することをいい、「新規信託分割」とは、ある信託の信託財産の一部を受託者を同一とする新たな信託の信託財産として移転することをいい、「信託の分割」とは、吸収信託分割又は新規信託分割をいう。
12　この法律において「限定責任信託」とは、受託者が当該信託のすべての信託財産責任負担債務について信託財産に属する財産のみをもってその履行の責任を負う信託をいう。
（信託の方法）
第3条　信託は、次に掲げる方法のいずれかによってする。
　一　特定の者との間で、当該特定の者に対し財産の譲渡、担保権の設定その他の財産の処分をする旨並びに当該特定の者が一定の目的に従い財産の管理又は処分及びその他の当該目的の達成のために必要な行為をすべき旨の契約（以下「信託契約」という。）を締結する方法

二　特定の者に対し財産の譲渡，担保権の設定その他の財産の処分をする旨並びに当該特定の者が一定の目的に従い財産の管理又は処分及びその他の当該目的の達成のために必要な行為をすべき旨の遺言をする方法

三　特定の者が一定の目的に従い自己の有する一定の財産の管理又は処分及びその他の当該目的の達成のために必要な行為を自らすべき旨の意思表示を公正証書その他の書面又は電磁的記録（電子的方式，磁気的方式その他人の知覚によっては認識することができない方式で作られる記録であって，電子計算機による情報処理の用に供されるものとして法務省令で定めるものをいう。以下同じ。）で当該目的，当該財産の特定に必要な事項その他の法務省令で定める事項を記載し又は記録したものによってする方法

（信託の効力の発生）

第4条　前条第1号に掲げる方法によってされる信託は，委託者となるべき者と受託者となるべき者との間の信託契約の締結によってその効力を生ずる。

2　前条第2号に掲げる方法によってされる信託は，当該遺言の効力の発生によってその効力を生ずる。

3　前条第3号に掲げる方法によってされる信託は，次の各号に掲げる場合の区分に応じ，当該各号に定めるものによってその効力を生ずる。

一　公正証書又は公証人の認証を受けた書面若しくは電磁的記録（以下この号及び次号において「公正証書等」と総称する。）によってされる場合　当該公正証書等の作成

二　公正証書等以外の書面又は電磁的記録によってされる場合　受益者となるべき者として指定された第三者（当該第三者が2人以上ある場合にあっては，その1人）に対する確定日付のある証書による当該信託がされた旨及びその内容の通知

4　前3項の規定にかかわらず，信託は，信託行為に停止条件又は始期が付されているときは，当該停止条件の成就又は当該始期の到来によってその効力を生ずる。

（遺言信託における信託の引受けの催告）

第5条　第3条第2号に掲げる方法によって信託がされた場合において，当該遺言に受託者となるべき者を指定する定めがあるときは，利害関係人は，受託者となるべき者として指定された者に対し，相当の期間を定めて，その期間内に信託の引受けをするかどうかを確答すべき旨を催告することができる。ただし，当該定めに停止条件又は始期が付されているときは，当該停止条件が成就し，又は当該始期が到来した後に限る。

2　前項の規定による催告があった場合において，受託者となるべき者として指定された者は，同項の期間内に委託者の相続人に対し確答をしないときは，信託の引受けをしなかったものとみなす。

3　委託者の相続人が現に存しない場合における前項の規定の適用については，同項中「委託者の相続人」とあるのは，「受益者（2人以上の受益者が現に存する場合にあってはその1人，信託管理人が現に存する場合にあっては信託管理人）」とする。

（遺言信託における裁判所による受託者の選任）

第6条　第3条第2号に掲げる方法によって信託がされた場合において，当該遺言に受託者の指定に関する定めがないとき，又は受託者となるべき者として指定された者が信託の引受けをせず，若しくはこれをすることができないときは，裁判所は，利害関係人の申立てにより，受託者を選任することができる。

2　前項の申立てについての裁判には，理由を付さなければならない。

3　第1項の規定による受託者の選任の裁判に対しては，受益者又は既に存する受託者に限り，即時抗告をすることができる。

4　前項の即時抗告は，執行停止の効力を有する。

（受託者の資格）

第7条　信託は，未成年者又は成年被後見人若しくは被保佐人を受託者としてすることができない。

（受託者の利益享受の禁止）

第8条　受託者は，受益者として信託の利益を享受する場合を除き，何人の名義をもってするかを問わず，信託の利益を享受することができない。

（脱法信託の禁止）

第9条　法令によりある財産権を享有すること

ができない者は，その権利を有するのと同一の利益を受益者として享受することができない。
（訴訟信託の禁止）
第10条　信託は，訴訟行為をさせることを主たる目的としてすることができない。
（詐害信託の取消し等）
第11条　委託者がその債権者を害することを知って信託をした場合には，受託者が債権者を害すべき事実を知っていたか否かにかかわらず，債権者は，受託者を被告として，民法（明治29年法律第89号）第424条第1項の規定による取消しを裁判所に請求することができる。ただし，受益者が現に存する場合において，その受益者の全部又は一部が，受益者としての指定（信託行為の定めにより又は第89条第1項に規定する受益者指定権等の行使により受益者又は変更後の受益者として指定されることをいう。以下同じ。）を受けたことを知った時又は受益権を譲り受けた時において債権者を害すべき事実を知らなかったときは，この限りでない。

2　前項の規定による請求を認容する判決が確定した場合において，信託財産責任負担債務に係る債権を有する債権者（委託者であるものを除く。）が当該債権を取得した時において債権者を害すべき事実を知らなかったときは，委託者は，当該債権を有する債権者に対し，当該信託財産責任負担債務について弁済の責任を負う。ただし，同項の規定による取消しにより受託者から委託者に移転する財産の価額を限度とする。

第11条　委託者がその債権者を害することを知って信託をした場合には，受託者が債権者を害することを知っていたか否かにかかわらず，債権者は，受託者を被告として，民法（明治29年法律第89号）第424条第3項に規定する詐害行為取消請求をすることができる。ただし，受益者が現に存する場合においては，当該受益者（当該受益者の中に受益権を譲り受けた者がある場合にあっては，当該受益者及びその前に受益権を譲り渡した全ての者）の全部が，受益者としての指定（信託行為の定めにより又は第89条第1項に規定する受益者指定権等の

行為により受益者又は変更後の受益者として指定されることをいう。以下同じ。）を受けたことを知った時（受益権を譲り受けた者にあっては，受益権を譲り受けた時）において債権者を害すること知っていたときに限る。

2　前項の規定による詐害行為取消請求を認容する判決が確定した場合において，信託財産責任負担債務に係る債権を有する債権者（委託者であるものを除く。）が当該債権を取得した時において債権者を害することを知らなかったときは，委託者は，当該債権を有する債権者に対し，当該信託財産責任負担債務について弁済の責任を負う。ただし，同項の規定による詐害行為取消請求により受託者から委託者に移転する財産の価額を限度とする。
〔施行日：民法の一部を改正する法律（平成29年6月2日法律第44号）施行の日＝平成32年4月1日〕

3　前項の規定の適用については，第49条第1項（第53条第2項及び第54条第4項において準用する場合を含む。）の規定により受託者が有する権利は，金銭債権とみなす。

4　委託者がその債権者を害することを知って信託をした場合において，受益者が受託者から信託財産に属する財産の給付を受けたときは，債権者は，受益者を被告として，民法第424条第1項の規定による取消しを裁判所に請求することができる。ただし，当該受益者が，受益者としての指定を受けたことを知った時又は受益権を譲り受けた時において債権者を害すべき事実を知らなかったときは，この限りでない。

4　委託者がその債権者を害することを知って信託をした場合において，受益者が受託者から信託財産に属する財産の給付を受けたときは，債権者は，受益者を被告として，民法第424条第3項に規定する詐害行為取消請求をすることができる。ただし，当該受益者（当該受益者が受益権を譲り受けた者である場合にあっては，当該受益者及びその前に受益権を譲り渡した全ての者）が，受益者としての指定を受けたことを知った

時（受益権を譲り受けた者にあっては，受益権を譲り受けた時）において債権者を害することを知っていたときに限る。
〔施行日：民法の一部を改正する法律（平成29年6月2日法律第44号）施行の日＝平成32年4月1日〕

5　委託者がその債権者を害することを知って信託をした場合には，債権者は，受益者を被告として，その受益権を委託者に譲り渡すことを訴えをもって請求することができる。この場合において，前項ただし書の規定を準用する。

6　民法第426条の規定は，前項の規定による請求権について準用する。

7　受益者の指定又は受益権の譲渡に当たっては，第1項本文，第4項本文又は第5項前段の規定の適用を不当に免れる目的で，債権者を害すべき事実を知らない者（以下この項において「善意者」という。）を無償（無償と同視すべき有償を含む。以下この項において同じ。）で受益者として指定し，又は善意者に対し無償で受益権を譲り渡してはならない。

7　受益者の指定又は受益権の譲渡に当たっては，第1項本文，第4項本文又は第5項前段の規定の適用を不当に免れる目的で，債権者を害することを知らない者（以下この項において「善意者」という。）を無償（無償と同視すべき有償を含む。以下この項において同じ。）で受益者として指定し，又は善意者に対し無償で受益権を譲り渡してはならない。
〔施行日：民法の一部を改正する法律（平成29年6月2日法律第44号）施行の日＝平成32年4月1日〕

8　前項の規定に違反する受益者の指定又は受益権の譲渡により受益者となった者については，第1項ただし書及び第4項ただし書（第5項後段において準用する場合を含む。）の規定は，適用しない。

（詐害信託の否認等）
第12条　破産者が委託者としてした信託における破産法（平成16年法律第75号）第160条第1項の規定の適用については，同項各号中「これによって利益を受けた者」とあるのは，「これによって利益を受けた受益者の全部又は一部」とする。

第12条　破産者が委託者としてした信託における破産法（平成16年法律第75号）第160条第1項の規定の適用については，同項各号中「これによって利益を受けた者が，その行為の当時」とあるのは「受益者が現に存する場合においては，当該受益者（当該受益者の中に受益権を譲り受けた者がある場合にあっては，当該受益者及びその前に受益権を譲り渡した全ての者）の全部が信託法11条第1項に規定する受益者としての指定を受けたことを知った時（受益権を譲り受けた者にあっては，受益権を譲り受けた時）において」と，「知らなかったときは，この限りではない」とあるのは「知っていたときに限る」とする。
〔施行日：民法の一部を改正する法律（平成29年6月2日法律第44号）施行の日＝平成32年4月1日〕

2　破産者が破産債権者を害することを知って委託者として信託をした場合には，破産管財人は，受益者を被告として，その受益権を破産財団に返還することを訴えをもって請求することができる。この場合において，前条第4項ただし書の規定を準用する。

3　再生債務者が委託者としてした信託における民事再生法（平成11年法律第225号）第127条第1項の規定の適用については，同項各号中「これによって利益を受けた者」とあるのは，「これによって利益を受けた受益者の全部又は一部」とする。

3　再生債務者が委託者としてした信託における民事再生法（平成11年法律第225号）第127条第1項の規定の適用については，同項各号中「これによって利益を受けた者が，その行為の当時」とあるのは「受益者が現に存する場合においては，当該受益者（当該受益者の中に受益権を譲り受けた者がある場合にあっては，当該受益者及びその前に受益権を譲り渡した全ての者）の全部が信託法（平成18年法律第108号）第11条第1項に規定する受益者としての指定を受けたことを知った時（受益権を譲り受け

た者にあっては，受益権を譲り受けた時）において」と，「知らなかったときは，この限りではない」とあるのは「知っていたときに限る」とする。
〔施行日：民法の一部を改正する法律（平成29年6月2日法律第44号）施行の日＝平成32年4月1日〕

4　再生債務者が再生債権者を害することを知って委託者として信託をした場合には，否認権限を有する監督委員又は管財人は，受益者を被告として，その受益権を再生債務者財産（民事再生法第12条第1項第1号に規定する再生債務者財産をいう。第25条第4項において同じ。）に返還することを訴えをもって請求することができる。この場合においては，前条第4項ただし書の規定を準用する。

5　前2項の規定は，更生会社（会社更生法（平成14年法律第154号）第2条第7項に規定する更生会社又は金融機関等の更生手続の特例等に関する法律（平成8年法律第95号）第169条第7項に規定する更生会社をいう。）又は更生協同組織金融機関（同法第4条第7項に規定する更生協同組織金融機関をいう。）について準用する。この場合において，第3項中「民事再生法（平成11年法律第225号）第127条第1項」とあるのは「会社更生法（平成14年法律第154号）第86条第1項並びに金融機関等の更生手続の特例等に関する法律（平成8年法律第95号）第57条第1項及び第223条第1項」と，「同項各号」とあるのは「これらの規定」と，前項中「再生債権者」とあるのは「更生債権者又は更生担保権者」と，「否認権限を有する監督委員又は管財人」とあるのは「管財人」と，「再生債務者財産（民事再生法第12条第1項第1号に規定する再生債務者財産をいう。第25条第4項において同じ。）」とあるのは「更生会社財産（会社更生法第2条第14項に規定する更生会社財産又は金融機関等の更生手続の特例等に関する法律第169条第14項に規定する更生会社財産をいう。）又は更生協同組織金融機関財産（同法第4条第14項に規定する更生協同組織金融機関財産をいう。）」と読み替えるものとする。

（会計の原則）
第13条　信託の会計は，一般に公正妥当と認められる会計の慣行に従うものとする。

第2章　信託財産等
（信託財産に属する財産の対抗要件）
第14条　登記又は登録をしなければ権利の得喪及び変更を第三者に対抗することができない財産については，信託の登記又は登録をしなければ，当該財産が信託財産に属することを第三者に対抗することができない。
（信託財産に属する財産の占有の瑕疵の承継）
第15条　受託者は，信託財産に属する財産の占有について，委託者の占有の瑕疵を承継する。
（信託財産の範囲）
第16条　信託行為において信託財産に属すべきものと定められた財産のほか，次に掲げる財産は，信託財産に属する。
　一　信託財産に属する財産の管理，処分，滅失，損傷その他の事由により受託者が得た財産
　二　次条，第18条，第19条（第84条の規定により読み替えて適用する場合を含む。以下この号において同じ。），第226条第3項，第228条第3項及び第254条第2項の規定により信託財産に属することとなった財産（第18条第1項（同条第3項において準用する場合を含む。）の規定により信託財産に属するものとみなされた共有持分及び第19条の規定による分割によって信託財産に属することとされた財産を含む。）

（信託財産に属する財産の付合等）
第17条　信託財産に属する財産と固有財産若しくは他の信託の信託財産に属する財産との付合若しくは混和又はこれらの財産を材料とする加工があった場合には，各信託の信託財産及び固有財産に属する財産は各別の所有者に属するものとみなして，民法第242条から第248条までの規定を適用する。
第18条　信託財産に属する財産と固有財産に属する財産とを識別することができなくなった場合（前条に規定する場合を除く。）には，各財産の共有持分が信託財産と固有財産とに属するものとみなす。この場合において，その共有持分の割合は，その識別することができなくなった当時における各財産の価格の割合に応ずる。

2　前項の共有持分は，相等しいものと推定する。
3　前2項の規定は，ある信託の受託者が他の信託の受託者を兼ねる場合において，各信託の信託財産に属する財産を識別することができなくなったとき（前条に規定する場合を除く。）について準用する。この場合において，第1項中「信託財産と固有財産と」とあるのは，「各信託の信託財産」と読み替えるものとする。

（信託財産と固有財産等とに属する共有物の分割）
第19条　受託者に属する特定の財産について，その共有持分が信託財産と固有財産とに属する場合には，次に掲げる方法により，当該財産の分割をすることができる。
一　信託行為において定めた方法
二　受託者と受益者（信託管理人が現に存する場合にあっては，信託管理人）との協議による方法
三　分割をすることが信託の目的の達成のために合理的に必要と認められる場合であって，受益者の利益を害しないことが明らかであるとき，又は当該分割の信託財産に与える影響，当該分割の目的及び態様，受託者の受益者との実質的な利害関係の状況その他の事情に照らして正当な理由があるときは，受託者が決する方法
2　前項に規定する場合において，同項第2号の協議が調わないときその他同項各号に掲げる方法による分割をすることができないときは，受託者又は受益者（信託管理人が現に存する場合にあっては，信託管理人）は，裁判所に対し，同項の共有物の分割を請求することができる。
3　受託者に属する特定の財産について，その共有持分が信託財産と他の信託の信託財産とに属する場合には，次に掲げる方法により，当該財産の分割をすることができる。
一　各信託の信託行為において定めた方法
二　各信託の受益者（信託管理人が現に存する場合にあっては，信託管理人）の協議による方法
三　各信託について，分割をすることが信託の目的の達成のために合理的に必要と認められる場合であって，受益者の利益を害しないことが明らかであるとき，又は当該分割の信託財産に与える影響，当該分割の目的及び態様，受託者の受益者との実質的な利害関係の状況その他の事情に照らして正当な理由があるときは，各信託の受託者が決する方法
4　前項に規定する場合において，同項第2号の協議が調わないときその他同項各号に掲げる方法による分割をすることができないときは，各信託の受託者（信託管理人が現に存する場合にあっては，信託管理人）は，裁判所に対し，同項の共有物の分割を請求することができる。

（信託財産に属する財産についての混同の特例）
第20条　同一物について所有権及び他の物権が信託財産と固有財産又は他の信託の信託財産とにそれぞれ帰属した場合には，民法第179条第1項本文の規定にかかわらず，当該他の物権は，消滅しない。
2　所有権以外の物権及びこれを目的とする他の権利が信託財産と固有財産又は他の信託の信託財産とにそれぞれ帰属した場合には，民法第179条第2項前段の規定にかかわらず，当該他の権利は，消滅しない。
3　次に掲げる場合には，民法第520条本文の規定にかかわらず，当該債権は，消滅しない。
一　信託財産に属する債権に係る債務が受託者に帰属した場合（信託財産責任負担債務となった場合を除く。）
二　信託財産責任負担債務に係る債権が受託者に帰属した場合（当該債権が信託財産に属することとなった場合を除く。）
三　固有財産又は他の信託の信託財産に属する債権に係る債務が受託者に帰属した場合（信託財産責任負担債務となった場合に限る。）
四　受託者の債務（信託財産責任負担債務を除く。）に係る債権が受託者に帰属した場合（当該債権が信託財産に属することとなった場合に限る。）

（信託財産責任負担債務の範囲）
第21条　次に掲げる権利に係る債務は，信託財産責任負担債務となる。
一　受益債権
二　信託財産に属する財産について信託前の原因によって生じた権利

三　信託前に生じた委託者に対する債権であって，当該債権に係る債務を信託財産責任負担債務とする旨の信託行為の定めがあるもの
四　第103条第1項又は第2項の規定による受益権取得請求権
五　信託財産のためにした行為であって受託者の権限に属するものによって生じた権利
六　信託財産のためにした行為であって受託者の権限に属しないもののうち，次に掲げるものによって生じた権利
　イ　第27条第1項又は第2項（これらの規定を第75条第4項において準用する場合を含む。ロにおいて同じ。）の規定により取り消すことができない行為（当該行為の相手方が，当該行為の当時，当該行為が信託財産のためにされたものであることを知らなかったもの（信託財産に属する財産について権利を設定し又は移転する行為を除く。）を除く。）
　ロ　第27条第1項又は第2項の規定により取り消すことができる行為であって取り消されていないもの
七　第31条第6項に規定する処分その他の行為又は同条第7項に規定する行為のうち，これらの規定により取り消すことができない行為又はこれらの規定により取り消すことができる行為であって取り消されていないものによって生じた権利
八　受託者が信託事務を処理するについてした不法行為によって生じた権利
九　第5号から前号までに掲げるもののほか，信託事務の処理について生じた権利
2　信託財産責任負担債務のうち次に掲げる権利に係る債務について，受託者は，信託財産に属する財産のみをもってその履行の責任を負う。
一　受益債権
二　信託行為に第216条第1項の定めがあり，かつ，第232条の定めるところにより登記がされた場合における信託債権（信託財産責任負担債務に係る債権であって，受益債権でないものをいう。以下同じ。）
三　前2号に掲げる場合のほか，この法律の規定により信託財産に属する財産のみをもってその履行の責任を負うものとされる場合における信託債権
四　信託債権を有する者（以下「信託債権者」という。）との間で信託財産に属する財産のみをもってその履行の責任を負う旨の合意がある場合における信託債権

（信託財産に属する債権等についての相殺の制限）
第22条　受託者が固有財産又は他の信託の信託財産（第1号において「固有財産等」という。）に属する財産のみをもって履行する責任を負う債務（第1号及び第2号において「固有財産等責任負担債務」という。）に係る債権を有する者は，当該債権をもって信託財産に属する債権に係る債務と相殺をすることができない。ただし，次に掲げる場合は，この限りでない。
一　当該固有財産等責任負担債務に係る債権を有する者が，当該債権を取得した時又は当該信託財産に属する債権に係る債務を負担した時のいずれか遅い時において，当該信託財産に属する債権が固有財産等に属するものでないことを知らず，かつ，知らなかったことにつき過失がなかった場合
二　当該固有財産等責任負担債務に係る債権を有する者が，当該債権を取得した時又は当該信託財産に属する債権に係る債務を負担した時のいずれか遅い時において，当該固有財産等責任負担債務が信託財産責任負担債務でないことを知らず，かつ，知らなかったことにつき過失がなかった場合
2　前項本文の規定は，第31条第2項各号に掲げる場合において，受託者が前項の相殺を承認したときは，適用しない。
3　信託財産責任負担債務（信託財産に属する財産のみをもってその履行の責任を負うものに限る。）に係る債権を有する者は，当該債権をもって固有財産に属する債権に係る債務と相殺をすることができない。ただし，当該信託財産責任負担債務に係る債権を有する者が，当該債権を取得した時又は当該固有財産に属する債権に係る債務を負担した時のいずれか遅い時において，当該固有財産に属する債権が信託財産に属するものでないことを知らず，かつ，知らなかったことにつき過失がなかった場合は，この限りでない。
4　前項本文の規定は，受託者が同項の相殺を

承認したときは，適用しない。

(信託財産に属する財産に対する強制執行等の制限等)
第23条 信託財産責任負担債務に係る債権（信託財産に属する財産について生じた権利を含む。次項において同じ。）に基づく場合を除き，信託財産に属する財産に対しては，強制執行，仮差押え，仮処分若しくは担保権の実行若しくは競売（担保権の実行としてのものを除く。以下同じ。）又は国税滞納処分（その例による処分を含む。以下同じ。）をすることができない。

2　第3条第3号に掲げる方法によって信託がされた場合において，委託者がその債権者を害することを知って当該信託をしたときは，前項の規定にかかわらず，信託財産責任負担債務に係る債権を有する債権者のほか，当該委託者（受託者であるものに限る。）に対する債権で信託前に生じたものを有する者は，信託財産に属する財産に対し，強制執行，仮差押え，仮処分若しくは担保権の実行若しくは競売又は国税滞納処分をすることができる。ただし，受益者が現に存する場合において，その受益者の全部又は一部が，受益者としての指定を受けたことを知った時又は受益権を譲り受けた時において債権者を害すべき事実を知らなかったときは，この限りでない。

3　第11条第7項及び第8項の規定は，前項の規定の適用について準用する。

2　第3条第3号に掲げる方法によって信託がされた場合において，委託者がその債権者を害することを知って当該信託をしたときは，前項の規定にかかわらず，信託財産責任負担債務に係る債権を有する債権者のほか，当該委託者（受託者であるものに限る。）に対する債権で信託前に生じたものを有する者は，信託財産に属する財産に対し，強制執行，仮差押え，仮処分若しくは担保権の実行若しくは競売又は国税滞納処分をすることができる。

3　第11条第1項ただし書，第7項及び第8項の規定は，前項の規定の適用について準用する。

〔施行日：民法の一部を改正する法律（平成29年6月2日法律第44号）施行の日＝平成32年4月1日〕

4　前2項の規定は，第2項の信託がされた時から2年間を経過したときは，適用しない。

5　第1項又は第2項の規定に違反してされた強制執行，仮差押え，仮処分又は担保権の実行若しくは競売に対しては，受託者又は受益者は，異議を主張することができる。この場合においては，民事執行法（昭和54年法律第4号）第38条及び民事保全法（平成元年法律第91号）第45条の規定を準用する。

6　第1項又は第2項の規定に違反してされた国税滞納処分に対しては，受託者又は受益者は，異議を主張することができる。この場合においては，当該異議の主張は，当該国税滞納処分について不服の申立てをする方法である。

(費用又は報酬の支弁等)
第24条 前条第5項又は第6項の規定による異議に係る訴えを提起した受益者が勝訴（一部勝訴を含む。）した場合において，当該訴えに係る訴訟に関し，必要な費用（訴訟費用を除く。）を支出したとき又は弁護士，弁護士法人，司法書士若しくは司法書士法人に報酬を支払うべきときは，その費用又は報酬は，その額の範囲内で相当と認められる額を限度として，信託財産から支弁する。

2　前項の訴えを提起した受益者が敗訴した場合であっても，悪意があったときを除き，当該受益者は，受託者に対し，これによって生じた損害を賠償する義務を負わない。

(信託財産と受託者の破産手続等との関係等)
第25条 受託者が破産手続開始の決定を受けた場合であっても，信託財産に属する財産は，破産財団に属しない。

2　前項の場合には，受益債権は，破産債権とならない。信託債権であって受託者が信託財産に属する財産のみをもってその履行の責任を負うものも，同様とする。

3　第1項の場合には，破産法第252条第1項の免責許可の決定による信託債権（前項に規定する信託債権を除く。）に係る債務の免責は，信託財産との関係においては，その効力を主張することができない。

4　受託者が再生手続開始の決定を受けた場合であっても，信託財産に属する財産は，再生債務者財産に属しない。

5　前項の場合には，受益債権は，再生債権とならない。信託債権であって受託者が信託財産に属する財産のみをもってその履行の責任を負うものも，同様とする。
6　第4項の場合には，再生計画，再生計画認可の決定又は民事再生法第235条第1項の免責の決定による信託債権（前項に規定する信託債権を除く。）に係る債務の免責又は変更は，信託財産との関係においては，その効力を主張することができない。
7　前3項の規定は，受託者が更生手続開始の決定を受けた場合について準用する。この場合において，第4項中「再生債務者財産」とあるのは「更生会社財産（会社更生法第2条第14項に規定する更生会社財産又は金融機関等の更生手続の特例等に関する法律第169条第14項に規定する更生会社財産をいう。）又は更生協同組織金融機関財産（同法第4条第14項に規定する更生協同組織金融機関財産をいう。）」と，第5項中「再生債権」とあるのは「更生債権又は更生担保権」と，前項中「再生計画，再生計画認可の決定又は民事再生法第235条第1項の免責の決定」とあるのは「更生計画又は更生計画認可の決定」と読み替えるものとする。

第3章　受託者等
第1節　受託者の権限
（受託者の権限の範囲）
第26条　受託者は，信託財産に属する財産の管理又は処分及びその他の信託の目的の達成のために必要な行為をする権限を有する。ただし，信託行為によりその権限に制限を加えることを妨げない。

（受託者の権限違反行為の取消し）
第27条　受託者が信託財産のためにした行為がその権限に属しない場合において，次のいずれにも該当するときは，受益者は，当該行為を取り消すことができる。
一　当該行為の相手方が，当該行為の当時，当該行為が信託財産のためにされたものであることを知っていたこと。
二　当該行為の相手方が，当該行為の当時，当該行為が受託者の権限に属しないことを知っていたこと又は知らなかったことにつき重大な過失があったこと。

2　前項の規定にかかわらず，受託者が信託財産に属する財産（第14条の信託の登記又は登録をすることができるものに限る。）について権利を設定し又は移転した行為がその権限に属しない場合には，次のいずれにも該当するときに限り，受益者は，当該行為を取り消すことができる。
一　当該行為の当時，当該信託財産に属する財産について第14条の信託の登記又は登録がされていたこと。
二　当該行為の相手方が，当該行為の当時，当該行為が受託者の権限に属しないことを知っていたこと又は知らなかったことにつき重大な過失があったこと。
3　2人以上の受益者のうちの1人が前2項の規定による取消権を行使したときは，その取消しは，他の受益者のためにも，その効力を生ずる。
4　第1項又は第2項の規定による取消権は，受益者（信託管理人が現に存する場合にあっては，信託管理人）が取消しの原因があることを知った時から3箇月間行使しないときは，時効によって消滅する。行為の時から1年を経過したときも，同様とする。

（信託事務の処理の第三者への委託）
第28条　受託者は，次に掲げる場合には，信託事務の処理を第三者に委託することができる。
一　信託行為に信託事務の処理を第三者に委託する旨又は委託することができる旨の定めがあるとき。
二　信託行為に信託事務の処理の第三者への委託に関する定めがない場合において，信託事務の処理を第三者に委託することが信託の目的に照らして相当であると認められるとき。
三　信託行為に信託事務の処理を第三者に委託してはならない旨の定めがある場合において，信託事務の処理を第三者に委託することにつき信託の目的に照らしてやむを得ない事由があると認められるとき。

第2節　受託者の義務等
（受託者の注意義務）
第29条　受託者は，信託の本旨に従い，信託事務を処理しなければならない。
2　受託者は，信託事務を処理するに当たっては，善良な管理者の注意をもって，これをし

なければならない。ただし、信託行為に別段の定めがあるときは、その定めるところによる注意をもって、これをするものとする。
(忠実義務)
第30条　受託者は、受益者のため忠実に信託事務の処理その他の行為をしなければならない。
(利益相反行為の制限)
第31条　受託者は、次に掲げる行為をしてはならない。
　一　信託財産に属する財産（当該財産に係る権利を含む。）を固有財産に帰属させ、又は固有財産に属する財産（当該財産に係る権利を含む。）を信託財産に帰属させること。
　二　信託財産に属する財産（当該財産に係る権利を含む。）を他の信託の信託財産に帰属させること。
　三　第三者との間において信託財産のためにする行為であって、自己が当該第三者の代理人となって行うもの
　四　信託財産に属する財産につき固有財産に属する財産のみをもって履行する責任を負う債務に係る債権を被担保債権とする担保権を設定することその他第三者との間において信託財産のためにする行為であって受託者又はその利害関係人と受益者との利益が相反することとなるもの
2　前項の規定にかかわらず、次のいずれかに該当するときは、同項各号に掲げる行為をすることができる。ただし、第2号に掲げる事由にあっては、同号に該当する場合でも当該行為をすることができない旨の信託行為の定めがあるときは、この限りでない。
　一　信託行為に当該行為をすることを許容する旨の定めがあるとき。
　二　受託者が当該行為について重要な事実を開示して受益者の承認を得たとき。
　三　相続その他の包括承継により信託財産に属する財産に係る権利が固有財産に帰属したとき。
　四　受託者が当該行為をすることが信託の目的の達成のために合理的に必要と認められる場合であって、受益者の利益を害しないことが明らかであるとき、又は当該行為の信託財産に与える影響、当該行為の目的及び態様、受託者の受益者との実質的な利害

関係の状況その他の事情に照らして正当な理由があるとき。
3　受託者は、第1項各号に掲げる行為をしたときは、受益者に対し、当該行為についての重要な事実を通知しなければならない。ただし、信託行為に別段の定めがあるときは、その定めるところによる。
4　第1項及び第2項の規定に違反して第1項第1号又は第2号に掲げる行為がされた場合には、これらの行為は、無効とする。
5　前項の行為は、受益者の追認により、当該行為の時にさかのぼってその効力を生ずる。
6　第4項に規定する場合において、受託者が第三者との間において第1項第1号又は第2号の財産について処分その他の行為をしたときは、当該第三者が同項及び第2項の規定に違反して第1項第1号又は第2号に掲げる行為がされたことを知っていたとき又は知らなかったことにつき重大な過失があったときに限り、受益者は、当該処分その他の行為を取り消すことができる。この場合においては、第27条第3項及び第4項の規定を準用する。
7　第1項及び第2項の規定に違反して第1項第3号又は第4号に掲げる行為がされた場合には、当該第三者がこれを知っていたとき又は知らなかったことにつき重大な過失があったときに限り、受益者は、当該行為を取り消すことができる。この場合においては、第27条第3項及び第4項の規定を準用する。

第32条　受託者は、受託者として有する権限に基づいて信託事務の処理としてすることができる行為であってこれをしないことが受益者の利益に反するものについては、これを固有財産又は受託者の利害関係人の計算でしてはならない。
2　前項の規定にかかわらず、次のいずれかに該当するときは、同項に規定する行為を固有財産又は受託者の利害関係人の計算ですることができる。ただし、第2号に掲げる事由にあっては、同号に該当する場合でも当該行為を固有財産又は受託者の利害関係人の計算ですることができない旨の信託行為の定めがあるときは、この限りでない。
　一　信託行為に当該行為を固有財産又は受託者の利害関係人の計算ですることを許容する旨の定めがあるとき。

二　受託者が当該行為を固有財産又は受託者の利害関係人の計算ですることについて重要な事実を開示して受益者の承認を得たとき。
3　受託者は，第１項に規定する行為を固有財産又は受託者の利害関係人の計算でした場合には，受益者に対し，当該行為についての重要な事実を通知しなければならない。ただし，信託行為に別段の定めがあるときは，その定めるところによる。
4　第１項及び第２項の規定に違反して受託者が第１項に規定する行為をした場合には，受益者は，当該行為は信託財産のためにされたものとみなすことができる。ただし，第三者の権利を害することはできない。
5　前項の規定による権利は，当該行為の時から１年を経過したときは，消滅する。

（公平義務）
第33条　受益者が２人以上ある信託においては，受託者は，受益者のために公平にその職務を行わなければならない。

（分別管理義務）
第34条　受託者は，信託財産に属する財産と固有財産及び他の信託の信託財産に属する財産とを，次の各号に掲げる財産の区分に応じ，当該各号に定める方法により，分別して管理しなければならない。ただし，分別して管理する方法について，信託行為に別段の定めがあるときは，その定めるところによる。
一　第14条の信託の登記又は登録をすることができる財産（第３号に掲げるものを除く。）　当該信託の登記又は登録
二　第14条の信託の登記又は登録をすることができない財産（次号に掲げるものを除く。）　次のイ又はロに掲げる財産の区分に応じ，当該イ又はロに定める方法
　　イ　動産（金銭を除く。）　信託財産に属する財産と固有財産及び他の信託の信託財産に属する財産とを外形上区別することができる状態で保管する方法
　　ロ　金銭その他のイに掲げる財産以外の財産　その計算を明らかにする方法
三　法務省令で定める財産　当該財産を適切に分別して管理する方法として法務省令で定めるもの
2　前項ただし書の規定にかかわらず，同項第１号に掲げる財産について第14条の信託の登記又は登録をする義務は，これを免除することができない。

（信託事務の処理の委託における第三者の選任及び監督に関する義務）
第35条　第28条の規定により信託事務の処理を第三者に委託するときは，受託者は，信託の目的に照らして適切な者に委託しなければならない。
2　第28条の規定により信託事務の処理を第三者に委託したときは，受託者は，当該第三者に対し，信託の目的の達成のために必要かつ適切な監督を行わなければならない。
3　受託者が信託事務の処理を次に掲げる第三者に委託したときは，前２項の規定は，適用しない。ただし，受託者は，当該第三者が不適任若しくは不誠実であること又は当該第三者による事務の処理が不適切であることを知ったときは，その旨の受益者に対する通知，当該第三者への委託の解除その他の必要な措置をとらなければならない。
一　信託行為において指名された第三者
二　信託行為において受託者が委託者又は受益者の指名に従い信託事務の処理を第三者に委託する旨の定めがある場合において，当該定めに従い指名された第三者
4　前項ただし書の規定にかかわらず，信託行為に別段の定めがあるときは，その定めるところによる。

（信託事務の処理の状況についての報告義務）
第36条　委託者又は受益者は，受託者に対し，信託事務の処理の状況並びに信託財産に属する財産及び信託財産責任負担債務の状況について報告を求めることができる。

（帳簿等の作成等，報告及び保存の義務）
第37条　受託者は，信託事務に関する計算並びに信託財産に属する財産及び信託財産責任負担債務の状況を明らかにするため，法務省令で定めるところにより，信託財産に係る帳簿その他の書類又は電磁的記録を作成しなければならない。
2　受託者は，毎年１回，一定の時期に，法務省令で定めるところにより，貸借対照表，損益計算書その他の法務省令で定める書類又は電磁的記録を作成しなければならない。
3　受託者は，前項の書類又は電磁的記録を作

成したときは，その内容について受益者（信託管理人が現に存する場合にあっては，信託管理人）に報告しなければならない。ただし，信託行為に別段の定めがあるときは，その定めるところによる。

4　受託者は，第1項の書類又は電磁的記録を作成した場合には，その作成の日から10年間（当該期間内に信託の清算の結了があったときは，その日までの間。次項において同じ。），当該書類（当該書類に代えて電磁的記録を法務省令で定める方法により作成した場合にあっては，当該電磁的記録）又は電磁的記録（当該電磁的記録に代えて書面を作成した場合にあっては，当該書面）を保存しなければならない。ただし，受益者（2人以上の受益者が現に存する場合にあってはそのすべての受益者，信託管理人が現に存する場合にあっては信託管理人。第6項ただし書において同じ。）に対し，当該書類若しくはその写しを交付し，又は当該電磁的記録に記録された事項を法務省令で定める方法により提供したときは，この限りでない。

5　受託者は，信託財産に属する財産の処分に係る契約書その他の信託事務の処理に関する書類又は電磁的記録を作成し，又は取得した場合には，その作成又は取得の日から10年間，当該書類（当該書類に代えて電磁的記録を法務省令で定める方法により作成した場合にあっては，当該電磁的記録）又は電磁的記録（当該電磁的記録に代えて書面を作成した場合にあっては，当該書面）を保存しなければならない。この場合においては，前項ただし書の規定を準用する。

6　受託者は，第2項の書類又は電磁的記録を作成した場合には，信託の清算の結了の日までの間，当該書類（当該書類に代えて電磁的記録を法務省令で定める方法により作成した場合にあっては，当該電磁的記録）又は電磁的記録（当該電磁的記録に代えて書面を作成した場合にあっては，当該書面）を保存しなければならない。ただし，その作成の日から10年間を経過した後において，受益者に対し，当該書類若しくはその写しを交付し，又は当該電磁的記録に記録された事項を法務省令で定める方法により提供したときは，この限りでない。

（帳簿等の閲覧等の請求）
第38条　受益者は，受託者に対し，次に掲げる請求をすることができる。この場合においては，当該請求の理由を明らかにしてしなければならない。
　一　前条第1項又は第5項の書類の閲覧又は謄写の請求
　二　前条第1項又は第5項の電磁的記録に記録された事項を法務省令で定める方法により表示したものの閲覧又は謄写の請求

2　前項の請求があったときは，受託者は，次のいずれかに該当すると認められる場合を除き，これを拒むことができない。
　一　当該請求を行う者（以下この項において「請求者」という。）がその権利の確保又は行使に関する調査以外の目的で請求を行ったとき。
　二　請求者が不適当な時に請求を行ったとき。
　三　請求者が信託事務の処理を妨げ，又は受益者の共同の利益を害する目的で請求を行ったとき。
　四　請求者が当該信託に係る業務と実質的に競争関係にある事業を営み，又はこれに従事するものであるとき。
　五　請求者が前項の規定による閲覧又は謄写によって知り得た事実を利益を得て第三者に通報するため請求したとき。
　六　請求者が，過去2年以内において，前項の規定による閲覧又は謄写によって知り得た事実を利益を得て第三者に通報したことがあるものであるとき。

3　前項（第1号及び第2号を除く。）の規定は，受益者が2人以上ある信託のすべての受益者から第1項の請求があったとき，又は受益者が1人である信託の当該受益者から同項の請求があったときは，適用しない。

4　信託行為において，次に掲げる情報以外の情報について，受益者が同意をしたときは第1項の規定による閲覧又は謄写の請求をすることができない旨の定めがある場合には，当該同意をした受益者（その承継人を含む。以下この条において同じ。）は，その同意を撤回することができない。
　一　前条第2項の書類又は電磁的記録の作成に欠くことのできない情報その他の信託に関する重要な情報

二　当該受益者以外の者の利益を害するおそれのない情報
5　受託者は，前項の同意をした受益者から第1項の規定による閲覧又は謄写の請求があったときは，前項各号に掲げる情報に該当する部分を除き，これを拒むことができる。
6　利害関係人は，受託者に対し，次に掲げる請求をすることができる。
一　前条第2項の書類の閲覧又は謄写の請求
二　前条第2項の電磁的記録に記録された事項を法務省令で定める方法により表示したものの閲覧又は謄写の請求

（他の受益者の氏名等の開示の請求）
第39条　受益者が2人以上ある信託においては，受益者は，受託者に対し，次に掲げる事項を相当な方法により開示することを請求することができる。この場合においては，当該請求の理由を明らかにしてしなければならない。
一　他の受益者の氏名又は名称及び住所
二　他の受益者が有する受益権の内容
2　前項の請求があったときは，受託者は，次のいずれかに該当すると認められる場合を除き，これを拒むことができない。
一　当該請求を行う者（以下この項において「請求者」という。）がその権利の確保又は行使に関する調査以外の目的で請求を行ったとき。
二　請求者が不適当な時に請求を行ったとき。
三　請求者が信託事務の処理を妨げ，又は受益者の共同の利益を害する目的で請求を行ったとき。
四　請求者が前項の規定による開示によって知り得た事実を利益を得て第三者に通報するため請求を行ったとき。
五　請求者が，過去2年以内において，前項の規定による開示によって知り得た事実を利益を得て第三者に通報したことがあるものであるとき。
3　前2項の規定にかかわらず，信託行為に別段の定めがあるときは，その定めるところによる。

第3節　受託者の責任等
（受託者の損失てん補責任等）
第40条　受託者がその任務を怠ったことによって次の各号に掲げる場合に該当するに至ったときは，受益者は，当該受託者に対し，当該各号に定める措置を請求することができる。ただし，第2号に定める措置にあっては，原状の回復が著しく困難であるとき，原状の回復をするのに過分の費用を要するとき，その他受託者に原状の回復をさせることを不適当とする特別の事情があるときは，この限りでない。
一　信託財産に損失が生じた場合　当該損失のてん補
二　信託財産に変更が生じた場合　原状の回復
2　受託者が第28条の規定に違反して信託事務の処理を第三者に委託した場合において，信託財産に損失又は変更を生じたときは，受託者は，第三者に委託をしなかったとしても損失又は変更が生じたことを証明しなければ，前項の責任を免れることができない。
3　受託者が第30条，第31条第1項及び第2項又は第32条第1項及び第2項の規定に違反する行為をした場合には，受託者は，当該行為によって受託者又はその利害関係人が得た利益の額と同額の損失を信託財産に生じさせたものと推定する。
4　受託者が第34条の規定に違反して信託財産に属する財産を管理した場合において，信託財産に損失又は変更を生じたときは，受託者は，同条の規定に従い分別して管理をしたとしても損失又は変更が生じたことを証明しなければ，第1項の責任を免れることができない。

（法人である受託者の役員の連帯責任）
第41条　法人である受託者の理事，取締役若しくは執行役又はこれらに準ずる者は，当該法人が前条の規定による責任を負う場合において，当該法人が行った法令又は信託行為の定めに違反する行為につき悪意又は重大な過失があるときは，受益者に対し，当該法人と連帯して，損失のてん補又は原状の回復をする責任を負う。

（損失てん補責任等の免除）
第42条　受益者は，次に掲げる責任を免除することができる。
一　第40条の規定による責任
二　前条の規定による責任

（損失てん補責任等に係る債権の期間の制限）
第43条　第40条の規定による責任に係る債権の

消滅時効は、債務の不履行によって生じた責任に係る債権の消滅時効の例による。
2 第41条の規定による責任に係る債権は、10年間行使しないときは、時効によって消滅する。

第43条 第40条の規定による責任に係る債権の消滅時効は、債務の不履行によって生じた責任に係る債権の消滅時効の例による。
2 第41条の規定による責任に係る債権は、次に掲げる場合には、時効によって消滅する。
　一 受益者が当該債権を行使することができることを知った時から5年間行使しないとき。
　二 当該債権を行使することができる時から10年間行使しないとき。
〔施行日：民法の一部を改正する法律（平成29年6月2日法律第44号）施行の日＝平成32年4月1日〕

3 第40条又は第41条の規定による責任に係る受益者の債権の消滅時効は、受益者が受益者としての指定を受けたことを知るに至るまでの間（受益者が現に存しない場合にあっては、信託管理人が選任されるまでの間）は、進行しない。
4 前項に規定する債権は、受託者がその任務を怠ったことによって信託財産に損失又は変更が生じた時から20年を経過したときは、消滅する。

（受益者による受託者の行為の差止め）
第44条 受託者が法令若しくは信託行為の定めに違反する行為をし、又はこれらの行為をするおそれがある場合において、当該行為によって信託財産に著しい損害が生ずるおそれがあるときは、受益者は、当該受託者に対し、当該行為をやめることを請求することができる。
2 受託者が第33条の規定に違反する行為をし、又はこれをするおそれがある場合において、当該行為によって一部の受益者に著しい損害が生ずるおそれがあるときは、当該受益者は、当該受託者に対し、当該行為をやめることを請求することができる。

（費用又は報酬の支弁等）
第45条 第40条、第41条又は前条の規定による請求に係る訴えを提起した受益者が勝訴（一部勝訴を含む。）した場合において、当該訴えに係る訴訟に関し、必要な費用（訴訟費用を除く。）を支出したとき又は弁護士、弁護士法人、司法書士若しくは司法書士法人に報酬を支払うべきときは、その費用又は報酬は、その額の範囲内で相当と認められる額を限度として、信託財産から支弁する。
2 前項の訴えを提起した受益者が敗訴した場合であっても、悪意があったときを除き、当該受益者は、受託者に対し、これによって生じた損害を賠償する義務を負わない。

（検査役の選任）
第46条 受託者の信託事務の処理に関し、不正の行為又は法令若しくは信託行為の定めに違反する重大な事実があることを疑うに足りる事由があるときは、受益者は、信託事務の処理の状況並びに信託財産に属する財産及び信託財産責任負担債務の状況を調査させるため、裁判所に対し、検査役の選任の申立てをすることができる。
2 前項の申立てがあった場合には、裁判所は、これを不適法として却下する場合を除き、検査役を選任しなければならない。
3 第1項の申立てを却下する裁判には、理由を付さなければならない。
4 第1項の規定による検査役の選任の裁判に対しては、不服を申し立てることができない。
5 第2項の検査役は、信託財産から裁判所が定める報酬を受けることができる。
6 前項の規定による検査役の報酬を定める裁判をする場合には、受託者及び第2項の検査役の陳述を聴かなければならない。
7 第5項の規定による検査役の報酬を定める裁判に対しては、受託者及び第2項の検査役に限り、即時抗告をすることができる。

第47条 前条第2項の検査役は、その職務を行うため必要があるときは、受託者に対し、信託事務の処理の状況並びに信託財産に属する財産及び信託財産責任負担債務の状況について報告を求め、又は当該信託に係る帳簿、書類その他の物件を調査することができる。
2 前条第2項の検査役は、必要な調査を行い、当該調査の結果を記載し、又は記録した書面又は電磁的記録（法務省令で定めるものに限る。）を裁判所に提供して報告をしなければならない。

3　裁判所は，前項の報告について，その内容を明瞭にし，又はその根拠を確認するため必要があると認めるときは，前条第2項の検査役に対し，更に前項の報告を求めることができる。
4　前条第2項の検査役は，第2項の報告をしたときは，受託者及び同条第1項の申立てをした受益者に対し，第2項の書面の写しを交付し，又は同項の電磁的記録に記録された事項を法務省令で定める方法により提供しなければならない。
5　受託者は，前項の規定による書面の写しの交付又は電磁的記録に記録された事項の法務省令で定める方法による提供があったときは，直ちに，その旨を受益者（前条第1項の申立てをしたものを除く。次項において同じ。）に通知しなければならない。ただし，信託行為に別段の定めがあるときは，その定めるところによる。
6　裁判所は，第2項の報告があった場合において，必要があると認めるときは，受託者に対し，同項の調査の結果を受益者に通知することその他の当該報告の内容を周知するための適切な措置をとるべきことを命じなければならない。

第4節　受託者の費用等及び信託報酬等
（信託財産からの費用等の償還等）
第48条　受託者は，信託事務を処理するのに必要と認められる費用を固有財産から支出した場合には，信託財産から当該費用及び支出の日以後におけるその利息（以下「費用等」という。）の償還を受けることができる。ただし，信託行為に別段の定めがあるときは，その定めるところによる。
2　受託者は，信託事務を処理するについて費用を要するときは，信託財産からその前払を受けることができる。ただし，信託行為に別段の定めがあるときは，その定めるところによる。
3　受託者は，前項本文の規定により信託財産から費用の前払を受けるには，受益者に対し，前払を受ける額及びその算定根拠を通知しなければならない。ただし，信託行為に別段の定めがあるときは，その定めるところによる。
4　第1項又は第2項の規定にかかわらず，費用等の償還又は費用の前払は，受託者が第40条の規定による責任を負う場合には，これを履行した後でなければ，受けることができない。ただし，信託行為に別段の定めがあるときは，その定めるところによる。
5　第1項又は第2項の場合には，受託者が受益者との間の合意に基づいて当該受益者から費用等の償還又は費用の前払を受けることを妨げない。

（費用等の償還等の方法）
第49条　受託者は，前条第1項又は第2項の規定により信託財産から費用等の償還又は費用の前払を受けることができる場合には，その額の限度で，信託財産に属する金銭を固有財産に帰属させることができる。
2　前項に規定する場合において，必要があるときは，受託者は，信託財産に属する財産（当該財産を処分することにより信託の目的を達成することができないこととなるものを除く。）を処分することができる。ただし，信託行為に別段の定めがあるときは，その定めるところによる。
3　第1項に規定する場合において，第31条第2項各号のいずれかに該当するときは，受託者は，第1項の規定により有する権利の行使に代えて，信託財産に属する財産で金銭以外のものを固有財産に帰属させることができる。ただし，信託行為に別段の定めがあるときは，その定めるところによる。
4　第1項の規定により受託者が有する権利は，信託財産に属する財産に対し強制執行又は担保権の実行の手続が開始したときは，これらの手続との関係においては，金銭債権とみなす。
5　前項の場合には，同項に規定する権利の存在を証する文書により当該権利を有することを証明した受託者も，同項の強制執行又は担保権の実行の手続において，配当要求をすることができる。
6　各債権者（信託財産責任負担債務に係る債権を有する債権者に限る。以下この項及び次項において同じ。）の共同の利益のためにされた信託財産に属する財産の保存，清算又は配当に関する費用等について第1項の規定により受託者が有する権利は，第4項の強制執行又は担保権の実行の手続において，他の債権者（当該費用等がすべての債権者に有益で

なかった場合にあっては，当該費用等によって利益を受けていないものを除く。）の権利に優先する。この場合においては，その順位は，民法第307条第1項に規定する先取特権と同順位とする。
7 次の各号に該当する費用等について第1項の規定により受託者が有する権利は，当該各号に掲げる区分に応じ，当該各号の財産に係る第4項の強制執行又は担保権の実行の手続において，当該各号に定める金額について，他の債権者の権利に優先する。
　一　信託財産に属する財産の保存のために支出した金額その他の当該財産の価値の維持のために必要であると認められるもの　その金額
　二　信託財産に属する財産の改良のために支出した金額その他の当該財産の価値の増加に有益であると認められるもの　その金額又は現に存する増価額のいずれか低い金額

（信託財産責任負担債務の弁済による受託者の代位）
第50条　受託者は，信託財産責任負担債務を固有財産をもって弁済した場合において，これにより前条第1項の規定による権利を有することとなったときは，当該信託財産責任負担債務に係る債権を有する債権者に代位する。この場合においては，同項の規定により受託者が有する権利は，その代位との関係においては，金銭債権とみなす。
2　前項の規定により受託者が同項の債権者に代位するときは，受託者は，遅滞なく，当該債権者の有する債権が信託財産責任負担債務に係る債権である旨及びこれを固有財産をもって弁済した旨を当該債権者に通知しなければならない。

（費用等の償還等と同時履行）
第51条　受託者は，第49条第1項の規定により受託者が有する権利が消滅するまでは，受益者又は第182条第1項第2号に規定する帰属権利者に対する信託財産に係る給付をすべき債務の履行を拒むことができる。ただし，信託行為に別段の定めがあるときは，その定めるところによる。

（信託財産が費用等の償還等に不足している場合の措置）
第52条　受託者は，第48条第1項又は第2項の規定により信託財産から費用等の償還又は費用の前払を受けるのに信託財産（第49条第2項の規定により処分することができないものを除く。第1号及び第4項において同じ。）が不足している場合において，委託者及び受益者に対し次に掲げる事項を通知し，第2号の相当の期間を経過しても委託者又は受益者から費用等の償還又は費用の前払を受けなかったときは，信託を終了させることができる。
　一　信託財産が不足しているため費用等の償還又は費用の前払を受けることができない旨
　二　受託者の定める相当の期間内に委託者又は受益者から費用等の償還又は費用の前払を受けないときは，信託を終了させる旨
2　委託者が現に存しない場合における前項の規定の適用については，同項中「委託者及び受益者」とあり，及び「委託者又は受益者」とあるのは，「受益者」とする。
3　受益者が現に存しない場合における第1項の規定の適用については，同項中「委託者及び受益者」とあり，及び「委託者又は受益者」とあるのは，「委託者」とする。
4　第48条第1項又は第2項の規定により信託財産から費用等の償還又は費用の前払を受けるのに信託財産が不足している場合において，委託者及び受益者が現に存しないときは，受託者は，信託を終了させることができる。

（信託財産からの損害の賠償）
第53条　受託者は，次の各号に掲げる場合には，当該各号に定める損害の額について，信託財産からその賠償を受けることができる。ただし，信託行為に別段の定めがあるときは，その定めるところによる。
　一　受託者が信託事務を処理するため自己に過失なく損害を受けた場合　当該損害の額
　二　受託者が信託事務を処理するため第三者の故意又は過失によって損害を受けた場合（前号に掲げる場合を除く。）　当該第三者に対し賠償を請求することができる額
2　第48条第4項及び第5項，第49条（第6項及び第7項を除く。）並びに前2条の規定は，前項の規定による信託財産からの損害の賠償について準用する。

（受託者の信託報酬）

第54条　受託者は，信託の引受けについて商法（明治32年法律第48号）第512条の規定の適用がある場合のほか，信託行為に受託者が信託財産から信託報酬（信託事務の処理の対価として受託者の受ける財産上の利益をいう。以下同じ。）を受ける旨の定めがある場合に限り，信託財産から信託報酬を受けることができる。
2　前項の場合には，信託報酬の額は，信託行為に信託報酬の額又は算定方法に関する定めがあるときはその定めるところにより，その定めがないときは相当の額とする。
3　前項の定めがないときは，受託者は，信託財産から信託報酬を受けるには，受益者に対し，信託報酬の額及びその算定の根拠を通知しなければならない。
4　第48条第4項及び第5項，第49条（第6項及び第7項を除く。），第51条並びに第52条並びに民法第648条第2項及び第3項の規定は，受託者の信託報酬について準用する。

> 4　第48条第4項及び第5項，第49条（第6項及び第7項を除く。），第51条並びに第52条並びに民法第648条第2項及び第3項並びに第648条の2の規定は，受託者の信託報酬について準用する。
> 〔施行日：民法の一部を改正する法律（平成29年6月2日法律第44号）施行の日＝平成32年4月1日〕

（受託者による担保権の実行）
第55条　担保権が信託財産である信託において，信託行為において受益者が当該担保権によって担保される債権に係る債権者とされている場合には，担保権者である受託者は，信託事務として，当該担保権の実行の申立てをし，売却代金の配当又は弁済金の交付を受けることができる。

第5節　受託者の変更等
第1款　受託者の任務の終了
（受託者の任務の終了事由）
第56条　受託者の任務は，信託の清算が結了した場合のほか，次に掲げる事由によって終了する。ただし，第3号に掲げる事由による場合にあっては，信託行為に別段の定めがあるときは，その定めるところによる。
一　受託者である個人の死亡
二　受託者である個人が後見開始又は保佐開始の審判を受けたこと。
三　受託者（破産手続開始の決定により解散するものを除く。）が破産手続開始の決定を受けたこと。
四　受託者である法人が合併以外の理由により解散したこと。
五　次条の規定による受託者の辞任
六　第58条の規定による受託者の解任
七　信託行為において定めた事由
2　受託者である法人が合併をした場合における合併後存続する法人又は合併により設立する法人は，受託者の任務を引き継ぐものとする。受託者である法人が分割をした場合における分割により受託者としての権利義務を承継する法人も，同様とする。
3　前項の規定にかかわらず，信託行為に別段の定めがあるときは，その定めるところによる。
4　第1項第3号に掲げる事由が生じた場合において，同項ただし書の定めにより受託者の任務が終了しないときは，受託者の職務は，破産者が行う。
5　受託者の任務は，受託者が再生手続開始の決定を受けたことによっては，終了しない。ただし，信託行為に別段の定めがあるときは，その定めるところによる。
6　前項本文に規定する場合において，管財人があるときは，受託者の職務の遂行並びに信託財産に属する財産の管理及び処分をする権利は，管財人に専属する。保全管理人があるときも，同様とする。
7　前2項の規定は，受託者が更生手続開始の決定を受けた場合について準用する。この場合において，前項中「管財人があるとき」とあるのは，「管財人があるとき（会社更生法第74条第2項（金融機関等の更生手続の特例等に関する法律第47条及び第213条において準用する場合を含む。）の期間を除く。）」と読み替えるものとする。

（受託者の辞任）
第57条　受託者は，委託者及び受益者の同意を得て，辞任することができる。ただし，信託行為に別段の定めがあるときは，その定めるところによる。
2　受託者は，やむを得ない事由があるときは，

裁判所の許可を得て，辞任することができる。
3 受託者は，前項の許可の申立てをする場合には，その原因となる事実を疎明しなければならない。
4 第2項の許可の申立てを却下する裁判には，理由を付さなければならない。
5 第2項の規定による辞任の許可の裁判に対しては，不服を申し立てることができない。
6 委託者が現に存しない場合には，第1項本文の規定は，適用しない。

(受託者の解任)
第58条 委託者及び受益者は，いつでも，その合意により，受託者を解任することができる。
2 委託者及び受益者が受託者に不利な時期に受託者を解任したときは，委託者及び受益者は，受託者の損害を賠償しなければならない。ただし，やむを得ない事由があったときは，この限りでない。
3 前2項の規定にかかわらず，信託行為に別段の定めがあるときは，その定めるところによる。
4 受託者がその任務に違反して信託財産に著しい損害を与えたことその他重要な事由があるときは，裁判所は，委託者又は受益者の申立てにより，受託者を解任することができる。
5 裁判所は，前項の規定により受託者を解任する場合には，受託者の陳述を聴かなければならない。
6 第4項の申立てについての裁判には，理由を付さなければならない。
7 第4項の規定による解任の裁判に対しては，委託者，受託者又は受益者に限り，即時抗告をすることができる。
8 委託者が現に存しない場合には，第1項及び第2項の規定は，適用しない。

第2款 前受託者の義務等
(前受託者の通知及び保管の義務等)
第59条 第56条第1項第3号から第7号までに掲げる事由により受託者の任務が終了した場合には，受託者であった者(以下「前受託者」という。)は，受益者に対し，その旨を通知しなければならない。ただし，信託行為に別段の定めがあるときは，その定めるところによる。
2 第56条第1項第3号に掲げる事由により受託者の任務が終了した場合には，前受託者は，

破産管財人に対し，信託財産に属する財産の内容及び所在，信託財産責任負担債務の内容その他の法務省令で定める事項を通知しなければならない。
3 第56条第1項第4号から第7号までに掲げる事由により受託者の任務が終了した場合には，前受託者は，新たな受託者(第64条第1項の規定により信託財産管理者が選任された場合にあっては，信託財産管理者。以下この節において「新受託者等」という。)が信託事務の処理をすることができるに至るまで，引き続き信託財産に属する財産の保管をし，かつ，信託事務の引継ぎに必要な行為をしなければならない。ただし，信託行為に別段の定めがあるときは，その義務を加重することができる。
4 前項の規定にかかわらず，第56条第1項第5号に掲げる事由(第57条第1項の規定によるものに限る。)により受託者の任務が終了した場合には，前受託者は，新受託者等が信託事務の処理をすることができるに至るまで，引き続き受託者としての権利義務を有する。ただし，信託行為に別段の定めがあるときは，この限りでない。
5 第3項の場合(前項本文に規定する場合を除く。)において，前受託者が信託財産に属する財産の処分をしようとするときは，受益者は，前受託者に対し，当該財産の処分をやめることを請求することができる。ただし，新受託者等が信託事務の処理をすることができるに至った後は，この限りでない。

(前受託者の相続人等の通知及び保管の義務等)
第60条 第56条第1項第1号又は第2号に掲げる事由により受託者の任務が終了した場合において，前受託者の相続人(法定代理人が現に存する場合にあっては，その法定代理人)又は成年後見人若しくは保佐人(以下この節において「前受託者の相続人等」と総称する。)がその事実を知っているときは，前受託者の相続人等は，知れている受益者に対し，これを通知しなければならない。ただし，信託行為に別段の定めがあるときは，その定めるところによる。
2 第56条第1項第1号又は第2号に掲げる事由により受託者の任務が終了した場合には，前受託者の相続人等は，新受託者等又は信託

財産法人管理人が信託事務の処理をすることができるに至るまで，信託財産に属する財産の保管をし，かつ，信託事務の引継ぎに必要な行為をしなければならない。

3　前項の場合において，前受託者の相続人等が信託財産に属する財産の処分をしようとするときは，受益者は，これらの者に対し，当該財産の処分をやめることを請求することができる。ただし，新受託者等又は信託財産法人管理人が信託事務の処理をすることができるに至った後は，この限りでない。

4　第56条第1項第3号に掲げる事由により受託者の任務が終了した場合には，破産管財人は，新受託者等が信託事務を処理することができるに至るまで，信託財産に属する財産の保管をし，かつ，信託事務の引継ぎに必要な行為をしなければならない。

5　前項の場合において，破産管財人が信託財産に属する財産の処分をしようとするときは，受益者は，破産管財人に対し，当該財産の処分をやめることを請求することができる。ただし，新受託者等が信託事務の処理をすることができるに至った後は，この限りでない。

6　前受託者の相続人等又は破産管財人は，新受託者等又は信託財産法人管理人に対し，第1項，第2項又は第4項の規定による行為をするために支出した費用及び支出の日以後におけるその利息の償還を請求することができる。

7　第49条第6項及び第7項の規定は，前項の規定により前受託者の相続人等又は破産管財人が有する権利について準用する。

（費用又は報酬の支弁等）

第61条　第59条第5項又は前条第3項若しくは第5項の規定による請求に係る訴えを提起した受益者が勝訴（一部勝訴を含む。）した場合において，当該訴えに係る訴訟に関し，必要な費用（訴訟費用を除く。）を支出したとき又は弁護士，弁護士法人，司法書士若しくは司法書士法人に報酬を支払うべきときは，その費用又は報酬は，その額の範囲内で相当と認められる額を限度として，信託財産から支弁する。

2　前項の訴えを提起した受益者が敗訴した場合であっても，悪意があったときを除き，当該受益者は，受託者に対し，これによって生じた損害を賠償する義務を負わない。

第3款　新受託者の選任

第62条　第56条第1項各号に掲げる事由により受託者の任務が終了した場合において，信託行為に新たな受託者（以下「新受託者」という。）に関する定めがないとき，又は信託行為の定めにより新受託者となるべき者として指定された者が信託の引受けをせず，若しくはこれをすることができないときは，委託者及び受益者は，その合意により，新受託者を選任することができる。

2　第56条第1項各号に掲げる事由により受託者の任務が終了した場合において，信託行為に新受託者となるべき者を指定する定めがあるときは，利害関係人は，新受託者となるべき者として指定された者に対し，相当の期間を定めて，その期間内に就任の承諾をするかどうかを確答すべき旨を催告することができる。ただし，当該定めに停止条件又は始期が付されているときは，当該停止条件が成就し，又は当該始期が到来した後に限る。

3　前項の規定による催告があった場合において，新受託者となるべき者として指定された者は，同項の期間内に委託者及び受益者（2人以上の受益者が現に存する場合にあってはその1人，信託管理人が現に存する場合にあっては信託管理人）に対し確答をしないときは，就任の承諾をしなかったものとみなす。

4　第1項の場合において，同項の合意に係る協議の状況その他の事情に照らして必要があると認めるときは，裁判所は，利害関係人の申立てにより，新受託者を選任することができる。

5　前項の申立てについての裁判には，理由を付さなければならない。

6　第4項の規定による新受託者の選任の裁判に対しては，委託者若しくは受益者又は現に存する受託者に限り，即時抗告をすることができる。

7　前項の即時抗告は，執行停止の効力を有する。

8　委託者が現に存しない場合における前各項の規定の適用については，第1項中「委託者及び受益者は，その合意により」とあるのは「受益者は」と，第3項中「委託者及び受益者」とあるのは「受益者」と，第4項中「同

項の合意に係る協議の状況」とあるのは「受益者の状況」とする。

第4款　信託財産管理者等
（信託財産管理命令）

第63条　第56条第1項各号に掲げる事由により受託者の任務が終了した場合において，新受託者が選任されておらず，かつ，必要があると認めるときは，新受託者が選任されるまでの間，裁判所は，利害関係人の申立てにより，信託財産管理者による管理を命ずる処分（以下この款において「信託財産管理命令」という。）をすることができる。

2　前項の申立てを却下する裁判には，理由を付さなければならない。

3　裁判所は，信託財産管理命令を変更し，又は取り消すことができる。

4　信託財産管理命令及び前項の規定による決定に対しては，利害関係人に限り，即時抗告をすることができる。

（信託財産管理者の選任等）

第64条　裁判所は，信託財産管理命令をする場合には，当該信託財産管理命令において，信託財産管理者を選任しなければならない。

2　前項の規定による信託財産管理者の選任の裁判に対しては，不服を申し立てることができない。

3　裁判所は，第1項の規定による信託財産管理者の選任の裁判をしたときは，直ちに，次に掲げる事項を公告しなければならない。
　一　信託財産管理者を選任した旨
　二　信託財産管理者の氏名又は名称

4　前項第2号の規定は，同号に掲げる事項に変更を生じた場合について準用する。

5　信託財産管理命令があった場合において，信託財産に属する権利で登記又は登録がされたものがあることを知ったときは，裁判所書記官は，職権で，遅滞なく，信託財産管理命令の登記又は登録を嘱託しなければならない。

6　信託財産管理命令を取り消す裁判があったとき，又は信託財産管理命令があった後に新受託者が選任された場合において当該新受託者が信託財産管理命令の登記若しくは登録の抹消の嘱託の申立てをしたときは，裁判所書記官は，職権で，遅滞なく，信託財産管理命令の登記又は登録の抹消を嘱託しなければならない。

（前受託者がした法律行為の効力）

第65条　前受託者が前条第1項の規定による信託財産管理者の選任の裁判があった後に信託財産に属する財産に関してした法律行為は，信託財産との関係においては，その効力を主張することができない。

2　前受託者が前条第1項の規定による信託財産管理者の選任の裁判があった日にした法律行為は，当該裁判があった後にしたものと推定する。

（信託財産管理者の権限）

第66条　第64条第1項の規定により信託財産管理者が選任された場合には，受託者の職務の遂行並びに信託財産に属する財産の管理及び処分をする権利は，信託財産管理者に専属する。

2　2人以上の信託財産管理者があるときは，これらの者が共同してその権限に属する行為をしなければならない。ただし，裁判所の許可を得て，それぞれ単独にその職務を行い，又は職務を分掌することができる。

3　2人以上の信託財産管理者があるときは，第三者の意思表示は，その1人に対してすれば足りる。

4　信託財産管理者が次に掲げる行為の範囲を超える行為をするには，裁判所の許可を得なければならない。
　一　保存行為
　二　信託財産に属する財産の性質を変えない範囲内において，その利用又は改良を目的とする行為

5　前項の規定に違反して行った信託財産管理者の行為は，無効とする。ただし，信託財産管理者は，これをもって善意の第三者に対抗することができない。

6　信託財産管理者は，第2項ただし書又は第4項の許可の申立てをする場合には，その原因となる事実を疎明しなければならない。

7　第2項ただし書又は第4項の許可の申立てを却下する裁判には，理由を付さなければならない。

8　第2項ただし書又は第4項の規定による許可の裁判に対しては，不服を申し立てることができない。

（信託財産に属する財産の管理）

第67条　信託財産管理者は，就職の後直ちに信

託財産に属する財産の管理に着手しなければならない。
（当事者適格）
第68条　信託財産に関する訴えについては，信託財産管理者を原告又は被告とする。
（信託財産管理者の義務等）
第69条　信託財産管理者は，その職務を行うに当たっては，受託者と同一の義務及び責任を負う。
（信託財産管理者の辞任及び解任）
第70条　第57条第2項から第5項までの規定は信託財産管理者の辞任について，第58条第4項から第7項までの規定は信託財産管理者の解任について，それぞれ準用する。この場合において，第57条第2項中「やむを得ない事由」とあるのは，「正当な事由」と読み替えるものとする。
（信託財産管理者の報酬等）
第71条　信託財産管理者は，信託財産から裁判所が定める額の費用の前払及び報酬を受けることができる。
2　前項の規定による費用又は報酬の額を定める裁判をする場合には，信託財産管理者の陳述を聴かなければならない。
3　第1項の規定による費用又は報酬の額を定める裁判に対しては，信託財産管理者に限り，即時抗告をすることができる。
（信託財産管理者による新受託者への信託事務の引継ぎ等）
第72条　第77条の規定は，信託財産管理者の選任後に新受託者が就任した場合について準用する。この場合において，同条第1項中「受益者（2人以上の受益者が現に存する場合にあってはそのすべての受益者，信託管理人が現に存する場合にあっては信託管理人）」とあり，同条第2項中「受益者（信託管理人が現に存する場合にあっては，信託管理人。次項において同じ。）」とあり，及び同条第3項中「受益者」とあるのは「新受託者」と，同条第2項中「当該受益者」とあるのは「当該新受託者」と読み替えるものとする。
（受託者の職務を代行する者の権限）
第73条　第66条の規定は，受託者の職務を代行する者を選任する仮処分命令により選任された受託者の職務を代行する者について準用する。

（受託者の死亡により任務が終了した場合の信託財産の帰属等）
第74条　第56条第1項第1号に掲げる事由により受託者の任務が終了した場合には，信託財産は，法人とする。
2　前項に規定する場合において，必要があると認めるときは，裁判所は，利害関係人の申立てにより，信託財産法人管理人による管理を命ずる処分（第6項において「信託財産法人管理命令」という。）をすることができる。
3　第63条第2項から第4項までの規定は，前項の申立てに係る事件について準用する。
4　新受託者が就任したときは，第1項の法人は，成立しなかったものとみなす。ただし，信託財産法人管理人がその権限内でした行為の効力を妨げない。
5　信託財産法人管理人の代理権は，新受託者が信託事務の処理をすることができるに至った時に消滅する。
6　第64条の規定は信託財産法人管理命令をする場合について，第66条から第72条までの規定は信託財産法人管理人について，それぞれ準用する。

　　　第5款　受託者の変更に伴う権利義務の承継等
（信託に関する権利義務の承継等）
第75条　第56条第1項各号に掲げる事由により受託者の任務が終了した場合において，新受託者が就任したときは，新受託者は，前受託者の任務が終了した時に，その時に存する信託に関する権利義務を前受託者から承継したものとみなす。
2　前項の規定にかかわらず，第56条第1項第5号に掲げる事由（第57条第1項の規定によるものに限る。）により受託者の任務が終了した場合（第59条第4項ただし書の場合を除く。）には，新受託者は，新受託者等が就任した時に，その時に存する信託に関する権利義務を前受託者から承継したものとみなす。
3　前2項の規定は，新受託者が就任するに至るまでの間に前受託者，信託財産管理者又は信託財産法人管理人がその権限内でした行為の効力を妨げない。
4　第27条の規定は，新受託者等が就任するに至るまでの間に前受託者がその権限に属しない行為をした場合について準用する。

5　前受託者(その相続人を含む。以下この条において同じ。)が第40条の規定による責任を負う場合又は法人である前受託者の理事,取締役若しくは執行役若しくはこれらに準ずる者(以下この項において「理事等」と総称する。)が第41条の規定による責任を負う場合には,新受託者等又は信託財産法人管理人は,前受託者又は理事等に対し,第40条又は第41条の規定による請求をすることができる。

6　前受託者が信託財産から費用等の償還若しくは損害の賠償を受けることができ,又は信託報酬を受けることができる場合には,前受託者は,新受託者等又は信託財産法人管理人に対し,費用等の償還若しくは損害の賠償又は信託報酬の支払を請求することができる。ただし,新受託者等又は信託財産法人管理人は,信託財産に属する財産のみをもってこれを履行する責任を負う。

7　第48条第4項並びに第49条第6項及び第7項の規定は,前項の規定により前受託者が有する権利について準用する。

8　新受託者が就任するに至るまでの間に信託財産に属する財産に対し既にされている強制執行,仮差押え若しくは仮処分の執行又は担保権の実行若しくは競売の手続は,新受託者に対し続行することができる。

9　前受託者は,第6項の規定による請求に係る債権の弁済を受けるまで,信託財産に属する財産を留置することができる。

(承継された債務に関する前受託者及び新受託者の責任)

第76条　前条第1項又は第2項の規定により信託債権に係る債務が新受託者に承継された場合にも,前受託者は,自己の固有財産をもって,その承継された債務を履行する責任を負う。ただし,信託財産に属する財産のみをもって当該債務を履行する責任を負うときは,この限りでない。

2　新受託者は,前項本文に規定する債務を承継した場合には,信託財産に属する財産のみをもってこれを履行する責任を負う。

(前受託者による新受託者等への信託事務の引継ぎ等)

第77条　新受託者等が就任した場合には,前受託者は,遅滞なく,信託事務に関する計算を行い,受益者(2人以上の受益者が現に存する場合にあってはそのすべての受益者,信託管理人が現に存する場合にあっては信託管理人)に対しその承認を求めるとともに,新受託者等が信託事務の処理を行うのに必要な信託事務の引継ぎをしなければならない。

2　受益者(信託管理人が現に存する場合にあっては,信託管理人。次項において同じ。)が前項の計算を承認した場合には,同項の規定による当該受益者に対する信託事務の引継ぎに関する責任は,免除されたものとみなす。ただし,前受託者の職務の執行に不正の行為があったときは,この限りでない。

3　受益者が前受託者から第1項の計算の承認を求められた時から1箇月以内に異議を述べなかった場合には,当該受益者は,同項の計算を承認したものとみなす。

(前受託者の相続人等又は破産管財人による新受託者等への信託事務の引継ぎ等)

第78条　前条の規定は,第56条第1項第1号又は第2号に掲げる事由により受託者の任務が終了した場合における前受託者の相続人等及び同項第3号に掲げる事由により受託者の任務が終了した場合における破産管財人について準用する。

第6節　受託者が2人以上ある信託の特例

(信託財産の合有)

第79条　受託者が2人以上ある信託においては,信託財産は,その合有とする。

(信託事務の処理の方法)

第80条　受託者が2人以上ある信託においては,信託事務の処理については,受託者の過半数をもって決する。

2　前項の規定にかかわらず,保存行為については,各受託者が単独で決することができる。

3　前2項の規定により信託事務の処理について決定がされた場合には,各受託者は,当該決定に基づいて信託事務を執行することができる。

4　前3項の規定にかかわらず,信託行為に受託者の職務の分掌に関する定めがある場合には,各受託者は,その定めに従い,信託事務の処理について決し,これを執行する。

5　前2項の規定による信託事務の処理についての決定に基づく信託財産のためにする行為については,各受託者は,他の受託者を代理する権限を有する。

6 前各項の規定にかかわらず，信託行為に別段の定めがあるときは，その定めるところによる。
7 受託者が２人以上ある信託においては，第三者の意思表示は，その１人に対してすれば足りる。ただし，受益者の意思表示については，信託行為に別段の定めがあるときは，その定めるところによる。

(職務分掌者の当事者適格)
第81条　前条第４項に規定する場合には，信託財産に関する訴えについて，各受託者は，自己の分掌する職務に関し，他の受託者のために原告又は被告となる。

(信託事務の処理についての決定の他の受託者への委託)
第82条　受託者が２人以上ある信託においては，各受託者は，信託行為に別段の定めがある場合又はやむを得ない事由がある場合を除き，他の受託者に対し，信託事務（常務に属するものを除く。）の処理についての決定を委託することができない。

(信託事務の処理に係る債務の負担関係)
第83条　受託者が２人以上ある信託において，信託事務を処理するに当たって各受託者が第三者に対し債務を負担した場合には，各受託者は，連帯債務者とする。
2 前項の規定にかかわらず，信託行為に受託者の職務の分掌に関する定めがある場合において，ある受託者がその定めに従い信託事務を処理するに当たって第三者に対し債務を負担したときは，他の受託者は，信託財産に属する財産のみをもってこれを履行する責任を負う。ただし，当該第三者が，その債務の負担の原因である行為の当時，当該行為が信託事務の処理としてされたこと及び受託者が２人以上ある信託であることを知っていた場合であって，信託行為に受託者の職務の分掌に関する定めがあることを知らず，かつ，知らなかったことにつき過失がなかったときは，当該他の受託者は，これをもって当該第三者に対抗することができない。

(信託財産と固有財産等とに属する共有物の分割の特例)
第84条　受託者が２人以上ある信託における第19条の規定の適用については，同条第１項中「場合には」とあるのは「場合において，当該信託財産に係る信託に受託者が２人以上あるときは」と，同項第２号中「受託者」とあるのは「固有財産に共有持分が属する受託者」と，同項第３号中「受託者の」とあるのは「固有財産に共有持分が属する受託者の」と，同条第２項中「受託者」とあるのは「固有財産に共有持分が属する受託者」と，同条第３項中「場合には」とあるのは「場合において，当該信託財産に係る信託又は他の信託財産に係る信託に受託者が２人以上あるときは」と，同項第３号中「受託者の」とあるのは「各信託財産の共有持分が属する受託者の」と，「受託者が決する」とあるのは「受託者の協議による」と，同条第４項中「第２号」とあるのは「第２号又は第３号」とする。

(受託者の責任等の特例)
第85条　受託者が２人以上ある信託において，２人以上の受託者がその任務に違反する行為をしたことにより第40条の規定による責任を負う場合には，当該行為をした各受託者は，連帯債務者とする。
2 受託者が２人以上ある信託における第40条第１項及び第41条の規定の適用については，これらの規定中「受益者」とあるのは，「受益者又は他の受託者」とする。
3 受託者が２人以上ある信託において第42条の規定により第40条又は第41条の規定による責任が免除されたときは，他の受託者は，これらの規定によれば当該責任を負うべき者に対し，当該責任の追及に係る請求をすることができない。ただし，信託行為に別段の定めがあるときは，その定めるところによる。
4 受託者が２人以上ある信託における第44条の規定の適用については，同条第１項中「受益者」とあるのは「受益者又は他の受託者」と，同条第２項中「当該受益者」とあるのは「当該受益者又は他の受託者」とする。

(受託者の変更等の特例)
第86条　受託者が２人以上ある信託における第59条の規定の適用については，同条第１項中「受益者」とあるのは「受益者及び他の受託者」と，同条第３項及び第４項中「受託者の任務」とあるのは「すべての受託者の任務」とする。
2 受託者が２人以上ある信託における第60条の規定の適用については，同条第１項中「受

益者」とあるのは「受益者及び他の受託者」と，同条第2項及び第4項中「受託者の任務」とあるのは「すべての受託者の任務」とする。
3　受託者が2人以上ある信託における第74条第1項の規定の適用については，同項中「受託者の任務」とあるのは，「すべての受託者の任務」とする。
4　受託者が2人以上ある信託においては，第75条第1項及び第2項の規定にかかわらず，その1人の任務が第56条第1項各号に掲げる事由により終了した場合には，その任務が終了した時に存する信託に関する権利義務は他の受託者が当然に承継し，その任務は他の受託者が行う。ただし，信託行為に別段の定めがあるときは，その定めるところによる。

(信託の終了の特例)
第87条　受託者が2人以上ある信託における第163条第3号の規定の適用については，同号中「受託者が欠けた場合」とあるのは，「すべての受託者が欠けた場合」とする。
2　受託者が2人以上ある信託においては，受託者の一部が欠けた場合であって，前条第4項ただし書の規定によりその任務が他の受託者によって行われず，かつ，新受託者が就任しない状態が1年間継続したときも，信託は，終了する。

第4章　受益者等
第1節　受益者の権利の取得及び行使
(受益権の取得)
第88条　信託行為の定めにより受益者となるべき者として指定された者（次条第1項に規定する受益者指定権等の行使により受益者又は変更後の受益者として指定された者を含む。）は，当然に受益権を取得する。ただし，信託行為に別段の定めがあるときは，その定めるところによる。
2　受託者は，前項に規定する受益者となるべき者として指定された者が同項の規定により受益権を取得したことを知らないときは，その者に対し，遅滞なく，その旨を通知しなければならない。ただし，信託行為に別段の定めがあるときは，その定めるところによる。

(受益者指定権等)
第89条　受益者を指定し，又はこれを変更する権利（以下この条において「受益者指定権等」という。）を有する者の定めのある信託においては，受益者指定権等は，受託者に対する意思表示によって行使する。
2　前項の規定にかかわらず，受益者指定権等は，遺言によって行使することができる。
3　前項の規定により遺言によって受益者指定権等が行使された場合において，受託者がこれを知らないときは，これにより受益者となったことをもって当該受託者に対抗することができない。
4　受託者は，受益者を変更する権利が行使されたことにより受益者であった者がその受益権を失ったときは，その者に対し，遅滞なく，その旨を通知しなければならない。ただし，信託行為に別段の定めがあるときは，その定めるところによる。
5　受益者指定権等は，相続によって承継されない。ただし，信託行為に別段の定めがあるときは，その定めるところによる。
6　受益者指定権等を有する者が受託者である場合における第1項の規定の適用については，同項中「受託者」とあるのは，「受益者となるべき者」とする。

(委託者の死亡の時に受益権を取得する旨の定めのある信託等の特例)
第90条　次の各号に掲げる信託においては，当該各号の委託者は，受益者を変更する権利を有する。ただし，信託行為に別段の定めがあるときは，その定めるところによる。
一　委託者の死亡の時に受益者となるべき者として指定された者が受益権を取得する旨の定めのある信託
二　委託者の死亡の時以後に受益者が信託財産に係る給付を受ける旨の定めのある信託
2　前項第2号の受益者は，同号の委託者が死亡するまでは，受益者としての権利を有しない。ただし，信託行為に別段の定めがあるときは，その定めるところによる。

(受益者の死亡により他の者が新たに受益権を取得する旨の定めのある信託の特例)
第91条　受益者の死亡により，当該受益者の有する受益権が消滅し，他の者が新たな受益権を取得する旨の定め（受益者の死亡により順次他の者が受益権を取得する旨の定めを含む。）のある信託は，当該信託がされた時か

ら30年を経過した時以後に現に存する受益者が当該定めにより受益権を取得した場合であって当該受益者が死亡するまで又は当該受益権が消滅するまでの間，その効力を有する。
(信託行為の定めによる受益者の権利行使の制限の禁止)
第92条　受益者による次に掲げる権利の行使は，信託行為の定めにより制限することができない。
一　この法律の規定による裁判所に対する申立権
二　第5条第1項の規定による催告権
三　第23条第5項又は第6項の規定による異議を主張する権利
四　第24条第1項の規定による支払の請求権
五　第27条第1項又は第2項（これらの規定を第75条第4項において準用する場合を含む。）の規定による取消権
六　第31条第6項又は第7項の規定による取消権
七　第36条の規定による報告を求める権利
八　第38条第1項又は第6項の規定による閲覧又は謄写の請求権
九　第40条の規定による損失のてん補又は原状の回復の請求権
十　第41条の規定による損失のてん補又は原状の回復の請求権
十一　第44条の規定による差止めの請求権
十二　第45条第1項の規定による支払の請求権
十三　第59条第5項の規定による差止めの請求権
十四　第60条第3項又は第5項の規定による差止めの請求権
十五　第61条第1項の規定による支払の請求権
十六　第62条第2項の規定による催告権
十七　第99条第1項の規定による受益権を放棄する権利
十八　第103条第1項又は第2項の規定による受益権取得請求権
十九　第131条第2項の規定による催告権
二十　第138条第2項の規定による催告権
二十一　第187条第1項の規定による交付又は提供の請求権
二十二　第190条第2項の規定による閲覧又は謄写の請求権
二十三　第198条第1項の規定による記載又は記録の請求権
二十四　第226条第1項の規定による金銭のてん補又は支払の請求権
二十五　第228条第1項の規定による金銭のてん補又は支払の請求権
二十六　第254条第1項の規定による損失のてん補の請求権

第2節　受益権等
第1款　受益権の譲渡等
(受益権の譲渡性)
第93条　受益者は，その有する受益権を譲り渡すことができる。ただし，その性質がこれを許さないときは，この限りでない。
2　前項の規定は，信託行為に別段の定めがあるときは，適用しない。ただし，その定めは，善意の第三者に対抗することができない。

> 2　前項の規定にかかわらず，受益権の譲渡を禁止し，又は制限する旨の信託行為の定め（以下この項において「譲渡制限の定め」という。）は，その譲渡制限の定めがされたことを知り，又は重大な過失によって知らなかった譲受人その他の第三者に対抗することができる。
> 〔施行日：民法の一部を改正する法律（平成29年6月2日法律第44号）施行の日＝平成32年4月1日〕

(受益権の譲渡の対抗要件)
第94条　受益権の譲渡は，譲渡人が受託者に通知をし，又は受託者が承諾をしなければ，受託者その他の第三者に対抗することができない。
2　前項の通知及び承諾は，確定日付のある証書によってしなければ，受託者以外の第三者に対抗することができない。
(受益権の譲渡における受託者の抗弁)
第95条　受託者は，前条第1項の通知又は承諾がされるまでに譲渡人に対し生じた事由をもって譲受人に対抗することができる。
(共同相続における受益権の承継の対抗要件)
第95条の2　相続により受益権が承継された場合において，民法第900条及び第901条の規定により算定した相続分を超えて当該受

益権を承継した共同相続人が当該受益権に係る遺言の内容（遺産の分割により当該受益権を承継した場合にあっては，当該受益権に係る遺産の分割の内容）を明らかにして受益者にその承継の通知をしたときは，共同相続人の全員が受託者に通知をしたものとみなして，同法第899条の2第1項の規定を適用する。
〔施行日：民法及び家事事件手続法の一部を改正する法律（平成30年7月13日法律第72号）施行の日〕

（受益権の質入れ）
第96条 受益者は，その有する受益権に質権を設定することができる。ただし，その性質がこれを許さないときは，この限りでない。
2　前項の規定は，信託行為に別段の定めがあるときは，適用しない。ただし，その定めは，善意の第三者に対抗することができない。

2　前項の規定にかかわらず，受益権の質入れを禁止し，又は制限する旨の信託行為の定め（以下この項において「質入制限の定め」という。）は，その質入制限の定めがされたことを知り，又は重大な過失によって知らなかった質権者その他の第三者に対抗することができる。
〔施行日：民法の一部を改正する法律（平成29年6月2日法律第44号）施行の日＝平成32年4月1日〕

（受益権の質入れの効果）
第97条 受益権を目的とする質権は，次に掲げる金銭等（金銭その他の財産をいう。以下この条及び次条において同じ。）について存在する。
一　当該受益権を有する受益者が受託者から信託財産に係る給付として受けた金銭等
二　第103条第6項に規定する受益権取得請求によって当該受益権を有する受益者が受ける金銭等
三　信託の変更による受益権の併合又は分割によって当該受益権を有する受益者が受ける金銭等
四　信託の併合又は分割（信託の併合又は信託の分割をいう。以下同じ。）によって当該受益権を有する受益者が受ける金銭等
五　前各号に掲げるもののほか，当該受益権を有する受益者が当該受益権に代わるものとして受ける金銭等

第98条 受益権の質権者は，前条の金銭等（金銭に限る。）を受領し，他の債権者に先立って自己の債権の弁済に充てることができる。
2　前項の債権の弁済期が到来していないときは，受益権の質権者は，受託者に同項に規定する金銭等に相当する金額を供託させることができる。この場合において，質権は，その供託金について存在する。

第2款　受益権の放棄

第99条 受益者は，受託者に対し，受益権を放棄する旨の意思表示をすることができる。ただし，受益者が信託行為の当事者である場合は，この限りでない。
2　受益者は，前項の規定による意思表示をしたときは，当初から受益権を有していなかったものとみなす。ただし，第三者の権利を害することはできない。

第3款　受益債権

（受益債権に係る受託者の責任）
第100条 受益債権に係る債務については，受託者は，信託財産に属する財産のみをもってこれを履行する責任を負う。
（受益債権と信託債権との関係）
第101条 受益債権は，信託債権に後れる。
（受益債権の期間の制限）
第102条 受益債権の消滅時効は，次項及び第3項に定める事項を除き，債権の消滅時効の例による。
2　受益債権の消滅時効は，受益者が受益者としての指定を受けたことを知るに至るまでの間（受益者が現に存しない場合にあっては，信託管理人が選任されるまでの間）は，進行しない。
3　受益債権の消滅時効は，次に掲げる場合に限り，援用することができる。
一　受託者が，消滅時効の期間の経過後，遅滞なく，受益者に対し受益債権の存在及びその内容を相当の期間を定めて通知し，かつ，受益者からその期間内に履行の請求を受けなかったとき。
二　消滅時効の期間の経過時において受益者の所在が不明であるとき，その他信託行為の定め，受益者の状況，関係資料の滅失そ

の他の事情に照らして，受益者に対し前号の規定による通知をしないことについて正当な理由があるとき．
4　受益債権は，これを行使することができる時から20年を経過したときは，消滅する．

第4款　受益権取得請求権
（受益権取得請求）
第103条　次に掲げる事項に係る信託の変更（第3項において「重要な信託の変更」という．）がされる場合には，これにより損害を受けるおそれのある受益者は，受託者に対し，自己の有する受益権を公正な価格で取得することを請求することができる．ただし，第1号又は第2号に掲げる事項に係る信託の変更がされる場合にあっては，これにより損害を受けるおそれのあることを要しない．
　一　信託の目的の変更
　二　受益権の譲渡の制限
　三　受託者の義務の全部又は一部の減免（当該減免について，その範囲及びその意思決定の方法につき信託行為に定めがある場合を除く．）
　四　受益債権の内容の変更（当該内容の変更について，その範囲及びその意思決定の方法につき信託行為に定めがある場合を除く．）
　五　信託行為において定めた事項
2　信託の併合又は分割がされる場合には，これらにより損害を受けるおそれのある受益者は，受託者に対し，自己の有する受益権を公正な価格で取得することを請求することができる．ただし，前項第1号又は第2号に掲げる事項に係る変更を伴う信託の併合又は分割がされる場合にあっては，これらにより損害を受けるおそれのあることを要しない．
3　前2項の受益者が，重要な信託の変更又は信託の併合若しくは信託の分割（以下この章において「重要な信託の変更等」という．）の意思決定に関与し，その際に当該重要な信託の変更等に賛成する旨の意思を表示したときは，前2項の規定は，当該受益者については，適用しない．
4　受託者は，重要な信託の変更等の意思決定の日から20日以内に，受益者に対し，次に掲げる事項を通知しなければならない．
　一　重要な信託の変更等をする旨

　二　重要な信託の変更等がその効力を生ずる日（次条第1項において「効力発生日」という．）
　三　重要な信託の変更等の中止に関する条件を定めたときは，その条件
5　前項の規定による通知は，官報による公告をもって代えることができる．
6　第1項又は第2項の規定による請求（以下この款において「受益権取得請求」という．）は，第4項の規定による通知又は前項の規定による公告の日から20日以内に，その受益権取得請求に係る受益権の内容を明らかにしてしなければならない．
7　受益権取得請求をした受益者は，受託者の承諾を得た場合に限り，その受益権取得請求を撤回することができる．
8　重要な信託の変更等が中止されたときは，受益権取得請求は，その効力を失う．

（受益権の価格の決定等）
第104条　受益権取得請求があった場合において，受益権の価格の決定について，受託者と受益者との間に協議が調ったときは，受託者は，受益権取得請求の日から60日を経過する日（その日までに効力発生日が到来していない場合にあっては，効力発生日）までにその支払をしなければならない．
2　受益権の価格の決定について，受益権取得請求の日から30日以内に協議が調わないときは，受託者又は受益者は，その期間の満了の日後30日以内に，裁判所に対し，価格の決定の申立てをすることができる．
3　裁判所は，前項の規定により価格の決定をする場合には，同項の申立てをすることができる者の陳述を聴かなければならない．
4　第2項の申立てについての裁判には，理由を付さなければならない．
5　第2項の規定による価格の決定の裁判に対しては，申立人及び同項の申立てをすることができる者に限り，即時抗告をすることができる．
6　前項の即時抗告は，執行停止の効力を有する．
7　前条第7項の規定にかかわらず，第2項に規定する場合において，受益権取得請求の日から60日以内に同項の申立てがないときは，その期間の満了後は，受益者は，いつでも，

受益権取得請求を撤回することができる。
8　第1項の受託者は，裁判所の決定した価格に対する同項の期間の満了の日後の利息をも支払わなければならない。
9　受託者は，受益権の価格の決定があるまでは，受益者に対し，当該受託者が公正な価格と認める額を支払うことができる。
10　受益権取得請求に係る受託者による受益権の取得は，当該受益権の価格に相当する金銭の支払の時に，その効力を生ずる。
11　受益証券（第185条第1項に規定する受益証券をいう。以下この章において同じ。）が発行されている受益権について受益権取得請求があったときは，当該受益証券と引換えに，その受益権取得請求に係る受益権の価格に相当する金銭を支払わなければならない。
12　受益権取得請求に係る債務については，受託者は，信託財産に属する財産のみをもってこれを履行する責任を負う。ただし，信託行為又は当該重要な信託の変更等の意思決定において別段の定めがされたときは，その定めるところによる。
13　前条第1項又は第2項の規定により受託者が受益権を取得したときは，その受益権は，消滅する。ただし，信託行為又は当該重要な信託の変更等の意思決定において別段の定めがされたときは，その定めるところによる。

第3節　2人以上の受益者による意思決定の方法の特例
第1款　総則
第105条　受益者が2人以上ある信託における受益者の意思決定（第92条各号に掲げる権利の行使に係るものを除く。）は，すべての受益者の一致によってこれを決する。ただし，信託行為に別段の定めがあるときは，その定めるところによる。
2　前項ただし書の場合において，信託行為に受益者集会における多数決による旨の定めがあるときは，次款の定めるところによる。ただし，信託行為に別段の定めがあるときは，その定めるところによる。
3　第1項ただし書又は前項の規定にかかわらず，第42条の規定による責任の免除に係る意思決定の方法についての信託行為の定めは，次款の定めるところによる受益者集会における多数決による旨の定めに限り，その効力を

有する。
4　第1項ただし書及び前2項の規定は，次に掲げる責任の免除については，適用しない。
一　第42条の規定による責任の全部の免除
二　第42条第1号の規定による責任（受託者がその任務を行うにつき悪意又は重大な過失があった場合に生じたものに限る。）の一部の免除
三　第42条第2号の規定による責任の一部の免除

第2款　受益者集会
（受益者集会の招集）
第106条　受益者集会は，必要がある場合には，いつでも，招集することができる。
2　受益者集会は，受託者（信託監督人が現に存する場合にあっては，受託者又は信託監督人）が招集する。
（受益者による招集の請求）
第107条　受益者は，受託者（信託監督人が現に存する場合にあっては，受託者又は信託監督人）に対し，受益者集会の目的である事項及び招集の理由を示して，受益者集会の招集を請求することができる。
2　次に掲げる場合において，信託財産に著しい損害を生ずるおそれがあるときは，前項の規定による請求をした受益者は，受益者集会を招集することができる。
一　前項の規定による請求の後遅滞なく招集の手続が行われない場合
二　前項の規定による請求があった日から8週間以内の日を受益者集会の日とする受益者集会の招集の通知が発せられない場合
（受益者集会の招集の決定）
第108条　受益者集会を招集する者（以下この款において「招集者」という。）は，受益者集会を招集する場合には，次に掲げる事項を定めなければならない。
一　受益者集会の日時及び場所
二　受益者集会の目的である事項があるときは，当該事項
三　受益者集会に出席しない受益者が電磁的方法（電子情報処理組織を使用する方法その他の情報通信の技術を利用する方法であって法務省令で定めるものをいう。以下この款において同じ。）によって議決権を行使することができることとするときは，

その旨
四　前3号に掲げるもののほか，法務省令で定める事項
（受益者集会の招集の通知）
第109条　受益者集会を招集するには，招集者は，受益者集会の日の2週間前までに，知れている受益者及び受託者（信託監督人が現に存する場合にあっては，知れている受益者，受託者及び信託監督人）に対し，書面をもってその通知を発しなければならない。
2　招集者は，前項の書面による通知の発出に代えて，政令で定めるところにより，同項の通知を受けるべき者の承諾を得て，電磁的方法により通知を発することができる。この場合において，当該招集者は，同項の書面による通知を発したものとみなす。
3　前2項の通知には，前条各号に掲げる事項を記載し，又は記録しなければならない。
4　無記名式の受益証券が発行されている場合において，受益者集会を招集するには，招集者は，受益者集会の日の3週間前までに，受益者集会を招集する旨及び前条各号に掲げる事項を官報により公告しなければならない。
（受益者集会参考書類及び議決権行使書面の交付等）
第110条　招集者は，前条第1項の通知に際しては，法務省令で定めるところにより，知れている受益者に対し，議決権の行使について参考となるべき事項を記載した書類（以下この条において「受益者集会参考書類」という。）及び受益者が議決権を行使するための書面（以下この款において「議決権行使書面」という。）を交付しなければならない。
2　招集者は，前条第2項の承諾をした受益者に対し同項の電磁的方法による通知を発するときは，前項の規定による受益者集会参考書類及び議決権行使書面の交付に代えて，これらの書類に記載すべき事項を電磁的方法により提供することができる。ただし，受益者の請求があったときは，これらの書類を当該受益者に交付しなければならない。
3　招集者は，前条第4項の規定による公告をした場合において，受益者集会の日の1週間前までに無記名受益権（無記名式の受益証券が発行されている受益権をいう。第8章において同じ。）の受益者の請求があったときは，直ちに，受益者集会参考書類及び議決権行使書面を当該受益者に交付しなければならない。
4　招集者は，前項の規定による受益者集会参考書類及び議決権行使書面の交付に代えて，政令で定めるところにより，受益者の承諾を得て，これらの書類に記載すべき事項を電磁的方法により提供することができる。この場合において，当該招集者は，同項の規定によるこれらの書類の交付をしたものとみなす。
第111条　招集者は，第108条第3号に掲げる事項を定めた場合には，第109条第2項の承諾をした受益者に対する電磁的方法による通知に際して，法務省令で定めるところにより，受益者に対し，議決権行使書面に記載すべき事項を当該電磁的方法により提供しなければならない。
2　招集者は，第108条第3号に掲げる事項を定めた場合において，第109条第2項の承諾をしていない受益者から受益者集会の日の1週間前までに議決権行使書面に記載すべき事項の電磁的方法による提供の請求があったときは，法務省令で定めるところにより，直ちに，当該受益者に対し，当該事項を電磁的方法により提供しなければならない。
（受益者の議決権）
第112条　受益者は，受益者集会において，次の各号に掲げる区分に従い，当該各号に定めるものに応じて，議決権を有する。
一　各受益権の内容が均等である場合　受益権の個数
二　前号に掲げる場合以外の場合　受益者集会の招集の決定の時における受益権の価格
2　前項の規定にかかわらず，受益権が当該受益権に係る信託の信託財産に属するときは，受託者は，当該受益権については，議決権を有しない。
（受益者集会の決議）
第113条　受益者集会の決議は，議決権を行使することができる受益者の議決権の過半数を有する受益者が出席し，出席した当該受益者の議決権の過半数をもって行う。
2　前項の規定にかかわらず，次に掲げる事項に係る受益者集会の決議は，当該受益者集会において議決権を行使することができる受益者の議決権の過半数を有する受益者が出席し，出席した当該受益者の議決権の3分の2以上

に当たる多数をもって行わなければならない。
一　第42条の規定による責任の免除（第105条第4項各号に掲げるものを除く。）
二　第136条第1項第1号に規定する合意
三　第143条第1項第1号に規定する合意
四　第149条第1項若しくは第2項第1号に規定する合意又は同条第3項に規定する意思表示
五　第151条第1項又は第2項第1号に規定する合意
六　第155条第1項又は第2項第1号に規定する合意
七　第159条第1項又は第2項第1号に規定する合意
八　第164条第1項に規定する合意

3　前2項の規定にかかわらず，第103条第1項第2号から第4号までに掲げる事項（同号に掲げる事項にあっては，受益者間の権衡に変更を及ぼすものを除く。）に係る重要な信託の変更等に係る受益者集会の決議は，当該受益者集会において議決権を行使することができる受益者の半数以上であって，当該受益者の議決権の3分の2以上に当たる多数をもって行わなければならない。

4　前3項の規定にかかわらず，第103条第1項第1号又は第4号に掲げる事項（同号に掲げる事項にあっては，受益者間の権衡に変更を及ぼすものに限る。）に係る重要な信託の変更等に係る受益者集会の決議は，総受益者の半数以上であって，総受益者の議決権の4分の3以上に当たる多数をもって行わなければならない。

5　受益者集会は，第108条第2号に掲げる事項以外の事項については，決議をすることができない。

（議決権の代理行使）
第114条　受益者は，代理人によってその議決権を行使することができる。この場合においては，当該受益者又は代理人は，代理権を証明する書面を招集者に提出しなければならない。

2　前項の代理権の授与は，受益者集会ごとにしなければならない。

3　第1項の受益者又は代理人は，代理権を証明する書面の提出に代えて，政令で定めるところにより，招集者の承諾を得て，当該書面に記載すべき事項を電磁的方法により提供することができる。この場合において，当該受益者又は代理人は，当該書面を提出したものとみなす。

4　受益者が第109条第2項の承諾をした者である場合には，招集者は，正当な理由がなければ，前項の承諾をすることを拒んではならない。

（書面による議決権の行使）
第115条　受益者集会に出席しない受益者は，書面によって議決権を行使することができる。

2　書面による議決権の行使は，議決権行使書面に必要な事項を記載し，法務省令で定める時までに当該記載をした議決権行使書面を招集者に提出して行う。

3　前項の規定により書面によって行使した議決権は，出席した議決権者の行使した議決権とみなす。

（電磁的方法による議決権の行使）
第116条　電磁的方法による議決権の行使は，政令で定めるところにより，招集者の承諾を得て，法務省令で定める時までに議決権行使書面に記載すべき事項を，電磁的方法により当該招集者に提供して行う。

2　受益者が第109条第2項の承諾をした者である場合には，招集者は，正当な理由がなければ，前項の承諾をすることを拒んではならない。

3　第1項の規定により電磁的方法によって行使した議決権は，出席した議決権者の行使した議決権とみなす。

（議決権の不統一行使）
第117条　受益者は，その有する議決権を統一しないで行使することができる。この場合においては，受益者集会の日の3日前までに，招集者に対しその旨及びその理由を通知しなければならない。

2　招集者は，前項の受益者が他人のために受益権を有する者でないときは，当該受益者が同項の規定によりその有する議決権を統一しないで行使することを拒むことができる。

（受託者の出席等）
第118条　受託者（法人である受託者にあっては，その代表者又は代理人。次項において同じ。）は，受益者集会に出席し，又は書面により意見を述べることができる。

2　受益者集会又は招集者は，必要があると認めるときは，受託者に対し，その出席を求めることができる。この場合において，受益者集会にあっては，これをする旨の決議を経なければならない。
（延期又は続行の決議）
第119条　受益者集会においてその延期又は続行について決議があった場合には，第108条及び第109条の規定は，適用しない。
（議事録）
第120条　受益者集会の議事については，招集者は，法務省令で定めるところにより，議事録を作成しなければならない。
（受益者集会の決議の効力）
第121条　受益者集会の決議は，当該信託のすべての受益者に対してその効力を有する。
（受益者集会の費用の負担）
第122条　受益者集会に関する必要な費用を支出した者は，受託者に対し，その償還を請求することができる。
2　前項の規定による請求に係る債務については，受託者は，信託財産に属する財産のみをもってこれを履行する責任を負う。

第4節　信託管理人等
第1款　信託管理人

（信託管理人の選任）
第123条　信託行為においては，受益者が現に存しない場合に信託管理人となるべき者を指定する定めを設けることができる。
2　信託行為に信託管理人となるべき者を指定する定めがあるときは，利害関係人は，信託管理人となるべき者として指定された者に対し，相当の期間を定めて，その期間内に就任の承諾をするかどうかを確答すべき旨を催告することができる。ただし，当該定めに停止条件又は始期が付されているときは，当該停止条件が成就し，又は当該始期が到来した後に限る。
3　前項の規定による催告があった場合において，信託管理人となるべき者として指定された者は，同項の期間内に委託者（委託者が現に存しない場合にあっては，受託者）に対し確答をしないときは，就任の承諾をしなかったものとみなす。
4　受益者が現に存しない場合において，信託行為に信託管理人に関する定めがないとき，又は信託行為の定めにより信託管理人となるべき者として指定された者が就任の承諾をせず，若しくはこれをすることができないときは，裁判所は，利害関係人の申立てにより，信託管理人を選任することができる。
5　前項の規定による信託管理人の選任の裁判があったときは，当該信託管理人について信託行為に第1項の定めが設けられたものとみなす。
6　第4項の申立てについての裁判には，理由を付さなければならない。
7　第4項の規定による信託管理人の選任の裁判に対しては，委託者若しくは受託者又は既に存する信託管理人に限り，即時抗告をすることができる。
8　前項の即時抗告は，執行停止の効力を有する。
（信託管理人の資格）
第124条　次に掲げる者は，信託管理人となることができない。
一　未成年者又は成年被後見人若しくは被保佐人
二　当該信託の受託者である者
（信託管理人の権限）
第125条　信託管理人は，受益者のために自己の名をもって受益者の権利に関する一切の裁判上又は裁判外の行為をする権限を有する。ただし，信託行為に別段の定めがあるときは，その定めるところによる。
2　2人以上の信託管理人があるときは，これらの者が共同してその権限に属する行為をしなければならない。ただし，信託行為に別段の定めがあるときは，その定めるところによる。
3　この法律の規定により受益者に対してすべき通知は，信託管理人があるときは，信託管理人に対してしなければならない。
（信託管理人の義務）
第126条　信託管理人は，善良な管理者の注意をもって，前条第1項の権限を行使しなければならない。
2　信託管理人は，受益者のために，誠実かつ公平に前条第1項の権限を行使しなければならない。
（信託管理人の費用等及び報酬）
第127条　信託管理人は，その事務を処理する

のに必要と認められる費用及び支出の日以後におけるその利息を受託者に請求することができる。

2　信託管理人は，次の各号に掲げる場合には，当該各号に定める損害の額について，受託者にその賠償を請求することができる。
　一　信託管理人がその事務を処理するため自己に過失なく損害を受けた場合　当該損害の額
　二　信託管理人がその事務を処理するため第三者の故意又は過失によって損害を受けた場合（前号に掲げる場合を除く。）　当該第三者に対し賠償を請求することができる額

3　信託管理人は，商法第512条の規定の適用がある場合のほか，信託行為に信託管理人が報酬を受ける旨の定めがある場合に限り，受託者に報酬を請求することができる。

4　前3項の規定による請求に係る債務については，受託者は，信託財産に属する財産のみをもってこれを履行する責任を負う。

5　第3項の場合には，報酬の額は，信託行為に報酬の額又は算定方法に関する定めがあるときはその定めるところにより，その定めがないときは相当の額とする。

6　裁判所は，第123条第4項の規定により信託管理人を選任した場合には，信託管理人の報酬を定めることができる。

7　前項の規定による信託管理人の報酬の裁判があったときは，当該信託管理人について信託行為に第3項の定め及び第5項の報酬の額に関する定めがあったものとみなす。

8　第6項の規定による信託管理人の報酬の裁判をする場合には，受託者及び信託管理人の陳述を聴かなければならない。

9　第6項の規定による信託管理人の報酬の裁判に対しては，受託者及び信託管理人に限り，即時抗告をすることができる。

(信託管理人の任務の終了)
第128条　第56条の規定は，信託管理人の任務の終了について準用する。この場合において，同条第1項第5号中「次条」とあるのは「第128条第2項において準用する次条」と，同項第6号中「第58条」とあるのは「第128条第2項において準用する第58条」と読み替えるものとする。

2　第57条の規定は信託管理人の辞任について，第58条の規定は信託管理人の解任について，それぞれ準用する。

(新信託管理人の選任等)
第129条　第62条の規定は，前条第1項において準用する第56条第1項各号の規定により信託管理人の任務が終了した場合における新たな信託管理人（次項において「新信託管理人」という。）の選任について準用する。

2　新信託管理人が就任した場合には，信託管理人であった者は，遅滞なく，新信託管理人がその事務の処理を行うのに必要な事務の引継ぎをしなければならない。

3　前項の信託管理人であった者は，受益者が存するに至った後においてその受益者となった者を知ったときは，遅滞なく，当該受益者となった者に対しその事務の経過及び結果を報告しなければならない。

(信託管理人による事務の処理の終了等)
第130条　信託管理人による事務の処理は，次に掲げる事由により終了する。ただし，第2号に掲げる事由による場合にあっては，信託行為に別段の定めがあるときは，その定めるところによる。
　一　受益者が存するに至ったこと。
　二　委託者が信託管理人に対し事務の処理を終了する旨の意思表示をしたこと。
　三　信託行為において定めた事由

2　前項の規定により信託管理人による事務の処理が終了した場合には，信託管理人であった者は，遅滞なく，受益者に対しその事務の経過及び結果を報告しなければならない。ただし，受益者が存するに至った後においてその受益者となった者を知った場合に限る。

第2款　信託監督人

(信託監督人の選任)
第131条　信託行為においては，受益者が現に存する場合に信託監督人となるべき者を指定する定めを設けることができる。

2　信託行為に信託監督人となるべき者を指定する定めがあるときは，利害関係人は，信託監督人となるべき者として指定された者に対し，相当の期間を定めて，その期間内に就任の承諾をするかどうかを確答すべき旨を催告することができる。ただし，当該定めに停止条件又は始期が付されているときは，当該停止条件が成就し，又は当該始期が到来した後

に限る。

3　前項の規定による催告があった場合において，信託監督人となるべき者として指定された者は，同項の期間内に委託者（委託者が現に存しない場合にあっては，受託者）に対し確答をしないときは，就任の承諾をしなかったものとみなす。

4　受益者が受託者の監督を適切に行うことができない特別の事情がある場合において，信託行為に信託監督人に関する定めがないとき，又は信託行為の定めにより信託監督人となるべき者として指定された者が就任の承諾をせず，若しくはこれをすることができないときは，裁判所は，利害関係人の申立てにより，信託監督人を選任することができる。

5　前項の規定による信託監督人の選任の裁判があったときは，当該信託監督人について信託行為に第1項の定めが設けられたものとみなす。

6　第4項の申立てについての裁判には，理由を付さなければならない。

7　第4項の規定による信託監督人の選任の裁判に対しては，委託者，受託者若しくは受益者又は既に存する信託監督人に限り，即時抗告をすることができる。

8　前項の即時抗告は，執行停止の効力を有する。

（信託監督人の権限）

第132条　信託監督人は，受益者のために自己の名をもって第92条各号（第17号，第18号，第21号及び第23号を除く。）に掲げる権利に関する一切の裁判上又は裁判外の行為をする権限を有する。ただし，信託行為に別段の定めがあるときは，その定めるところによる。

2　2人以上の信託監督人があるときは，これらの者が共同してその権限に属する行為をしなければならない。ただし，信託行為に別段の定めがあるときは，その定めるところによる。

（信託監督人の義務）

第133条　信託監督人は，善良な管理者の注意をもって，前条第1項の権限を行使しなければならない。

2　信託監督人は，受益者のために，誠実かつ公平に前条第1項の権限を行使しなければならない。

（信託監督人の任務の終了）

第134条　第56条の規定は，信託監督人の任務の終了について準用する。この場合において，同条第1項第5号中「次条」とあるのは「第134条第2項において準用する次条」と，同項第6号中「第58条」とあるのは「第134条第2項において準用する第58条」と読み替えるものとする。

2　第57条の規定は信託監督人の辞任について，第58条の規定は信託監督人の解任について，それぞれ準用する。

（新信託監督人の選任等）

第135条　第62条の規定は，前条第1項において準用する第56条第1項各号の規定により信託監督人の任務が終了した場合における新たな信託監督人（次項において「新信託監督人」という。）の選任について準用する。

2　新信託監督人が就任した場合には，信託監督人であった者は，遅滞なく，受益者に対しその事務の経過及び結果を報告し，新信託監督人がその事務の処理を行うのに必要な事務の引継ぎをしなければならない。

（信託監督人による事務の処理の終了等）

第136条　信託監督人による事務の処理は，信託の清算の結了のほか，次に掲げる事由により終了する。ただし，第1号に掲げる事由による場合にあっては，信託行為に別段の定めがあるときは，その定めるところによる。

一　委託者及び受益者が信託監督人による事務の処理を終了する旨の合意をしたこと。

二　信託行為において定めた事由

2　前項の規定により信託監督人による事務の処理が終了した場合には，信託監督人であった者は，遅滞なく，受益者に対しその事務の経過及び結果を報告しなければならない。

3　委託者が現に存しない場合には，第1項第1号の規定は，適用しない。

（信託管理人に関する規定の準用）

第137条　第124条及び第127条の規定は，信託監督人について準用する。この場合において，同条第6項中「第123条第4項」とあるのは，「第131条第4項」と読み替えるものとする。

第3款　受益者代理人

（受益者代理人の選任）

第138条　信託行為においては，その代理する受益者を定めて，受益者代理人となるべき者

を指定する定めを設けることができる。

2　信託行為に受益者代理人となるべき者を指定する定めがあるときは，利害関係人は，受益者代理人となるべき者として指定された者に対し，相当の期間を定めて，その期間内に就任の承諾をするかどうかを確答すべき旨を催告することができる。ただし，当該定めに停止条件又は始期が付されているときは，当該停止条件が成就し，又は当該始期が到来した後に限る。

3　前項の規定による催告があった場合において，受益者代理人となるべき者として指定された者が，同項の期間内に委託者（委託者が現に存しない場合にあっては，受託者）に対し確答をしないときは，就任の承諾をしなかったものとみなす。

(受益者代理人の権限等)

第139条　受益者代理人は，その代理する受益者のために当該受益者の権利（第42条の規定による責任の免除に係るものを除く。）に関する一切の裁判上又は裁判外の行為をする権限を有する。ただし，信託行為に別段の定めがあるときは，その定めるところによる。

2　受益者代理人がその代理する受益者のために裁判上又は裁判外の行為をするときは，その代理する受益者の範囲を示せば足りる。

3　1人の受益者につき2人以上の受益者代理人があるときは，これらの者が共同してその権限に属する行為をしなければならない。ただし，信託行為に別段の定めがあるときは，その定めるところによる。

4　受益者代理人があるときは，当該受益者代理人に代理される受益者は，第92条各号に掲げる権利及び信託行為において定めた権利を除き，その権利を行使することができない。

(受益者代理人の義務)

第140条　受益者代理人は，善良な管理者の注意をもって，前条第1項の権限を行使しなければならない。

2　受益者代理人は，その代理する受益者のために，誠実かつ公平に前条第1項の権限を行使しなければならない。

(受益者代理人の任務の終了)

第141条　第56条の規定は，受益者代理人の任務の終了について準用する。この場合において，同条第1項第5号中「次条」とあるのは

「第141条第2項において準用する次条」と，同項第6号中「第58条」とあるのは「第141条第2項において準用する第58条」と読み替えるものとする。

2　第57条の規定は受益者代理人の辞任について，第58条の規定は受益者代理人の解任について，それぞれ準用する。

(新受益者代理人の選任等)

第142条　第62条の規定は，前条第1項において準用する第56条第1項各号の規定により受益者代理人の任務が終了した場合における新たな受益者代理人（次項において「新受益者代理人」という。）の選任について準用する。この場合において，第62条第2項及び第4項中「利害関係人」とあるのは，「委託者又は受益者代理人に代理される受益者」と読み替えるものとする。

2　新受益者代理人が就任した場合には，受益者代理人であった者は，遅滞なく，その代理する受益者に対しその事務の経過及び結果を報告し，新受益者代理人がその事務の処理を行うのに必要な事務の引継ぎをしなければならない。

(受益者代理人による事務の処理の終了等)

第143条　受益者代理人による事務の処理は，信託の清算の結了のほか，次に掲げる事由により終了する。ただし，第1号に掲げる事由による場合にあっては，信託行為に別段の定めがあるときは，その定めるところによる。

一　委託者及び受益者代理人に代理される受益者が受益者代理人による事務の処理を終了する旨の合意をしたこと。

二　信託行為において定めた事由

2　前項の規定により受益者代理人による事務の処理が終了した場合には，受益者代理人であった者は，遅滞なく，その代理した受益者に対しその事務の経過及び結果を報告しなければならない。

3　委託者が現に存しない場合には，第1項第1号の規定は，適用しない。

(信託管理人に関する規定の準用)

第144条　第124条及び第127条第1項から第5項までの規定は，受益者代理人について準用する。

第5章　委託者
（委託者の権利等）

第145条　信託行為においては，委託者がこの法律の規定によるその権利の全部又は一部を有しない旨を定めることができる。

2　信託行為においては，委託者も次に掲げる権利の全部又は一部を有する旨を定めることができる。
　一　第23条第5項又は第6項の規定による異議を主張する権利
　二　第27条第1項又は第2項（これらの規定を第75条第4項において準用する場合を含む。）の規定による取消権
　三　第31条第6項又は第7項の規定による取消権
　四　第32条第4項の規定による権利
　五　第38条第1項の規定による閲覧又は謄写の請求権
　六　第39条第1項の規定による開示の請求権
　七　第40条の規定による損失のてん補又は原状の回復の請求権
　八　第41条の規定による損失のてん補又は原状の回復の請求権
　九　第44条の規定による差止めの請求権
　十　第46条第1項の規定による検査役の選任の申立権
　十一　第59条第5項の規定による差止めの請求権
　十二　第60条第3項又は第5項の規定による差止めの請求権
　十三　第226条第1項の規定による金銭のてん補又は支払の請求権
　十四　第228条第1項の規定による金銭のてん補又は支払の請求権
　十五　第254条第1項の規定による損失のてん補の請求権

3　前項第1号，第7号から第9号まで又は第11号から第15号までに掲げる権利について同項の信託行為の定めがされた場合における第24条，第45条（第226条第6項，第228条第6項及び第254条第3項において準用する場合を含む。）又は第61条の規定の適用については，これらの規定中「受益者」とあるのは，「委託者又は受益者」とする。

4　信託行為においては，受託者が次に掲げる義務を負う旨を定めることができる。
　一　この法律の規定により受託者が受益者（信託管理人が現に存する場合にあっては，信託管理人。次号において同じ。）に対し通知すべき事項を委託者に対しても通知する義務
　二　この法律の規定により受託者が受益者に対し報告すべき事項を委託者に対しても報告する義務
　三　第77条第1項又は第184条第1項の規定により受託者がする計算の承認を委託者に対しても求める義務

5　委託者が2人以上ある信託における第1項，第2項及び前項の規定の適用については，これらの規定中「委託者」とあるのは，「委託者の全部又は一部」とする。

（委託者の地位の移転）

第146条　委託者の地位は，受託者及び受益者の同意を得て，又は信託行為において定めた方法に従い，第三者に移転することができる。

2　委託者が2人以上ある信託における前項の規定の適用については，同項中「受託者及び受益者」とあるのは，「他の委託者，受託者及び受益者」とする。

（遺言信託における委託者の相続人）

第147条　第3条第2号に掲げる方法によって信託がされた場合には，委託者の相続人は，委託者の地位を相続により承継しない。ただし，信託行為に別段の定めがあるときは，その定めるところによる。

（委託者の死亡の時に受益権を取得する旨の定めのある信託等の特例）

第148条　第90条第1項各号に掲げる信託において，その信託の受益者が現に存せず，又は同条第2項の規定により受益者としての権利を有しないときは，委託者が第145条第2項各号に掲げる権利を有し，受託者が同条第4項各号に掲げる義務を負う。ただし，信託行為に別段の定めがあるときは，その定めるところによる。

第6章　信託の変更，併合及び分割
第1節　信託の変更
（関係当事者の合意等）

第149条　信託の変更は，委託者，受託者及び受益者の合意によってすることができる。この場合においては，変更後の信託行為の内容

を明らかにしてしなければならない。
2　前項の規定にかかわらず，信託の変更は，次の各号に掲げる場合には，当該各号に定めるものによりすることができる。この場合において，受託者は，第1号に掲げるときは委託者に対し，第2号に掲げるときは委託者及び受益者に対し，遅滞なく，変更後の信託行為の内容を通知しなければならない。
　一　信託の目的に反しないことが明らかであるとき　受託者及び受益者の合意
　二　信託の目的に反しないこと及び受益者の利益に適合することが明らかであるとき　受託者の書面又は電磁的記録によってする意思表示
3　前2項の規定にかかわらず，信託の変更は，次の各号に掲げる場合には，当該各号に定める者による受託者に対する意思表示によってすることができる。この場合において，第2号に掲げるときは，受託者は，委託者に対し，遅滞なく，変更後の信託行為の内容を通知しなければならない。
　一　受託者の利益を害しないことが明らかであるとき　委託者及び受益者
　二　信託の目的に反しないこと及び受託者の利益を害しないことが明らかであるとき　受益者
4　前3項の規定にかかわらず，信託行為に別段の定めがあるときは，その定めるところによる。
5　委託者が現に存しない場合においては，第1項及び第3項第1号の規定は適用せず，第2項中「第1号に掲げるときは委託者に対し，第2号に掲げるときは委託者及び受益者に対し」とあるのは，「第2号に掲げるときは，受益者に対し」とする。

（特別の事情による信託の変更を命ずる裁判）
第150条　信託行為の当時予見することのできなかった特別の事情により，信託事務の処理の方法に係る信託行為の定めが信託の目的及び信託財産の状況その他の事情に照らして受益者の利益に適合しなくなるに至ったときは，裁判所は，委託者，受託者又は受益者の申立てにより，信託の変更を命ずることができる。
2　前項の申立ては，当該申立てに係る変更後の信託行為の定めを明らかにしてしなければならない。

3　裁判所は，第1項の申立てについての裁判をする場合には，受託者の陳述を聴かなければならない。ただし，不適法又は理由がないことが明らかであるとして申立てを却下する裁判をするときは，この限りでない。
4　第1項の申立てについての裁判には，理由の要旨を付さなければならない。
5　第1項の申立てについての裁判に対しては，委託者，受託者又は受益者に限り，即時抗告をすることができる。
6　前項の即時抗告は，執行停止の効力を有する。

第2節　信託の併合
（関係当事者の合意等）
第151条　信託の併合は，従前の各信託の委託者，受託者及び受益者の合意によってすることができる。この場合においては，次に掲げる事項を明らかにしてしなければならない。
　一　信託の併合後の信託行為の内容
　二　信託行為において定める受益権の内容に変更があるときは，その内容及び変更の理由
　三　信託の併合に際して受益者に対し金銭その他の財産を交付するときは，当該財産の内容及びその価額
　四　信託の併合がその効力を生ずる日
　五　その他法務省令で定める事項
2　前項の規定にかかわらず，信託の併合は，次の各号に掲げる場合には，当該各号に定めるものによってすることができる。この場合において，受託者は，第1号に掲げるときは委託者に対し，第2号に掲げるときは委託者及び受益者に対し，遅滞なく，同項各号に掲げる事項を通知しなければならない。
　一　信託の目的に反しないことが明らかであるとき　受託者及び受益者の合意
　二　信託の目的に反しないこと及び受益者の利益に適合することが明らかであるとき　受託者の書面又は電磁的記録によってする意思表示
3　前2項の規定にかかわらず，各信託行為に別段の定めがあるときは，その定めるところによる。
4　委託者が現に存しない場合においては，第1項の規定は適用せず，第2項中「第1号に掲げるときは委託者に対し，第2号に掲げる

ときは委託者及び受益者に対し」とあるのは，「第2号に掲げるときは，受益者に対し」とする。

（債権者の異議）
第152条 信託の併合をする場合には，従前の信託の信託財産責任負担債務に係る債権を有する債権者は，受託者に対し，信託の併合について異議を述べることができる。ただし，信託の併合をしても当該債権者を害するおそれのないことが明らかであるときは，この限りでない。
2 前項の規定により同項の債権者の全部又は一部が異議を述べることができる場合には，受託者は，次に掲げる事項を官報に公告し，かつ，同項の債権者で知れているものには，各別にこれを催告しなければならない。ただし，第2号の期間は，1箇月を下ることができない。
　一 信託の併合をする旨
　二 前項の債権者が一定の期間内に異議を述べることができる旨
　三 その他法務省令で定める事項
3 前項の規定にかかわらず，法人である受託者は，公告（次に掲げる方法によるものに限る。）をもって同項の規定による各別の催告に代えることができる。
　一 時事に関する事項を掲載する日刊新聞紙に掲載する方法
　二 電子公告（公告の方法のうち，電磁的方法（会社法（平成17年法律第86号）第2条第34号に規定する電磁的方法をいう。）により不特定多数の者が公告すべき内容である情報の提供を受けることができる状態に置く措置であって同号に規定するものをとる方法をいう。次節において同じ。）
4 第1項の債権者が第2項第2号の期間内に異議を述べなかったときは，当該債権者は，当該信託の併合について承認をしたものとみなす。
5 第1項の債権者が第2項第2号の期間内に異議を述べたときは，受託者は，当該債権者に対し，弁済し，若しくは相当の担保を提供し，又は当該債権者に弁済を受けさせることを目的として信託会社等（信託会社及び信託業務を営む金融機関（金融機関の信託業務の兼営等に関する法律（昭和18年法律第43号）第1条第1項の認可を受けた金融機関をいう。）をいう。次節において同じ。）に相当の財産を信託しなければならない。ただし，当該信託の併合をしても当該債権者を害するおそれがないときは，この限りでない。

（信託の併合後の信託の信託財産責任負担債務の範囲等）
第153条 信託の併合がされた場合において，従前の信託の信託財産責任負担債務であった債務は，信託の併合後の信託の信託財産責任負担債務となる。
第154条 信託の併合がされた場合において，前条に規定する従前の信託の信託財産責任負担債務のうち信託財産限定責任負担債務（受託者が信託財産に属する財産のみをもって履行する責任を負う信託財産責任負担債務をいう。以下この章において同じ。）であるものは，信託の併合後の信託の信託財産限定責任負担債務となる。

第3節　信託の分割
第1款　吸収信託分割

（関係当事者の合意等）
第155条 吸収信託分割は，委託者，受託者及び受益者の合意によってすることができる。この場合においては，次に掲げる事項を明らかにしてしなければならない。
　一 吸収信託分割後の信託行為の内容
　二 信託行為において定める受益権の内容に変更があるときは，その内容及び変更の理由
　三 吸収信託分割に際して受益者に対し金銭その他の財産を交付するときは，当該財産の内容及びその価額
　四 吸収信託分割がその効力を生ずる日
　五 移転する財産の内容
　六 吸収信託分割によりその信託財産の一部を他の信託に移転する信託（以下この款において「分割信託」という。）の信託財産責任負担債務でなくなり，分割信託からその信託財産の一部の移転を受ける信託（以下「承継信託」という。）の信託財産責任負担債務となる債務があるときは，当該債務に係る事項
　七 その他法務省令で定める事項
2 前項の規定にかかわらず，吸収信託分割は，次の各号に掲げる場合には，当該各号に定め

るものによってすることができる。この場合において，受託者は，第1号に掲げるときは委託者に対し，第2号に掲げるときは委託者及び受益者に対し，遅滞なく，同項各号に掲げる事項を通知しなければならない。
　一　信託の目的に反しないことが明らかであるとき　受託者及び受益者の合意
　二　信託の目的に反しないこと及び受益者の利益に適合することが明らかであるとき　受託者の書面又は電磁的記録によってする意思表示
3　前2項の規定にかかわらず，各信託行為に別段の定めがあるときは，その定めるところによる。
4　委託者が現に存しない場合においては，第1項の規定は適用せず，第2項中「第1号に掲げるときは委託者に対し，第2号に掲げるときは委託者及び受益者に対し」とあるのは，「第2号に掲げるときは，受益者に対し」とする。

（債権者の異議）
第156条　吸収信託分割をする場合には，分割信託又は承継信託の信託財産責任負担債務に係る債権を有する債権者は，受託者に対し，吸収信託分割について異議を述べることができる。ただし，吸収信託分割をしても当該債権者を害するおそれのないことが明らかであるときは，この限りでない。
2　前項の規定により同項の債権者の全部又は一部が異議を述べることができる場合には，受託者は，次に掲げる事項を官報に公告し，かつ，同項の債権者で知れているものには，各別にこれを催告しなければならない。ただし，第2号の期間は，1箇月を下ることができない。
　一　吸収信託分割をする旨
　二　前項の債権者が一定の期間内に異議を述べることができる旨
　三　その他法務省令で定める事項
3　前項の規定にかかわらず，法人である受託者は，公告（次に掲げる方法によるものに限る。）をもって同項の規定による各別の催告に代えることができる。
　一　時事に関する事項を掲載する日刊新聞紙に掲載する方法
　二　電子公告

4　第1項の債権者が第2項第2号の期間内に異議を述べなかったときは，当該債権者は，当該吸収信託分割について承認をしたものとみなす。
5　第1項の債権者が第2項第2号の期間内に異議を述べたときは，受託者は，当該債権者に対し，弁済し，若しくは相当の担保を提供し，又は当該債権者に弁済を受けさせることを目的として信託会社等に相当の財産を信託しなければならない。ただし，当該吸収信託分割をしても当該債権者を害するおそれがないときは，この限りでない。

（吸収信託分割後の分割信託及び承継信託の信託財産責任負担債務の範囲等）
第157条　吸収信託分割がされた場合において，第155条第1項第6号の債務は，吸収信託分割後の分割信託の信託財産責任負担債務でなくなり，吸収信託分割後の承継信託の信託財産責任負担債務となる。この場合において，分割信託の信託財産限定責任負担債務であった債務は，承継信託の信託財産限定責任負担債務となる。

第158条　第156条第1項の規定により異議を述べることができる債権者（同条第2項の規定により各別の催告をしなければならないものに限る。）は，同条第2項の催告を受けなかった場合には，吸収信託分割前から有する次の各号に掲げる債権に基づき，受託者に対し，当該各号に定める財産をもって当該債権に係る債務を履行することを請求することもできる。ただし，第1号に定める財産に対しては吸収信託分割がその効力を生ずる日における承継信託の移転を受ける財産の価額を，第2号に定める財産に対しては当該日における分割信託の信託財産の価額を限度とする。
　一　分割信託の信託財産責任負担債務に係る債権（第155条第1項第6号の債務に係る債権を除く。）　吸収信託分割後の承継信託の信託財産に属する財産
　二　承継信託の信託財産責任負担債務に係る債権（第155条第1項第6号の債務に係る債権に限る。）　吸収信託分割後の分割信託の信託財産に属する財産

第2款　新規信託分割

（関係当事者の合意等）
第159条　新規信託分割は，委託者，受託者及

び受益者の合意によってすることができる。この場合においては，次に掲げる事項を明らかにしてしなければならない。
一　新規信託分割後の信託行為の内容
二　信託行為において定める受益権の内容に変更があるときは，その内容及び変更の理由
三　新規信託分割に際して受益者に対し金銭その他の財産を交付するときは，当該財産の内容及びその価額
四　新規信託分割がその効力を生ずる日
五　移転する財産の内容
六　新規信託分割により従前の信託の信託財産責任負担債務でなくなり，新たな信託の信託財産責任負担債務となる債務があるときは，当該債務に係る事項
七　その他法務省令で定める事項
2　前項の規定にかかわらず，新規信託分割は，次の各号に掲げる場合には，当該各号に定めるものによってすることができる。この場合において，受託者は，第1号に掲げるときは委託者に対し，第2号に掲げるときは委託者及び受益者に対し，遅滞なく，同項各号に掲げる事項を通知しなければならない。
一　信託の目的に反しないことが明らかであるとき　受託者及び受益者の合意
二　信託の目的に反しないこと及び受益者の利益に適合することが明らかであるとき　受託者の書面又は電磁的記録によってする意思表示
3　前2項の規定にかかわらず，各信託行為に別段の定めがあるときは，その定めるところによる。
4　委託者が現に存しない場合においては，第1項の規定は適用せず，第2項中「第1号に掲げるときは委託者に対し，第2号に掲げるときは委託者及び受益者に対し」とあるのは，「第2号に掲げるときは，受益者に対し」とする。

（債権者の異議）
第160条　新規信託分割をする場合には，従前の信託の信託財産責任負担債務に係る債権を有する債権者は，受託者に対し，新規信託分割について異議を述べることができる。ただし，新規信託分割をしても当該債権者を害するおそれのないことが明らかであるときは，この限りでない。
2　前項の規定により同項の債権者の全部又は一部が異議を述べることができる場合には，受託者は，次に掲げる事項を官報に公告し，かつ，同項の債権者で知れているものには，各別に催告しなければならない。ただし，第2号の期間は，1箇月を下ることができない。
一　新規信託分割をする旨
二　前項の債権者が一定の期間内に異議を述べることができる旨
三　その他法務省令で定める事項
3　前項の規定にかかわらず，法人である受託者は，公告（次に掲げる方法によるものに限る。）をもって同項の規定による各別の催告に代えることができる。
一　時事に関する事項を掲載する日刊新聞紙に掲載する方法
二　電子公告
4　第1項の債権者が第2項第2号の期間内に異議を述べなかったときは，当該債権者は，当該新規信託分割について承認をしたものとみなす。
5　第1項の債権者が第2項第2号の期間内に異議を述べたときは，受託者は，当該債権者に対し，弁済し，若しくは相当の担保を提供し，又は当該債権者に弁済を受けさせることを目的として信託会社等に相当の財産を信託しなければならない。ただし，当該新規信託分割をしても当該債権者を害するおそれがないときは，この限りでない。

（新規信託分割後の従前の信託及び新たな信託の信託財産責任負担債務の範囲等）
第161条　新規信託分割がされた場合において，第159条第1項第6号の債務は，新規信託分割後の従前の信託の信託財産責任負担債務でなくなり，新規信託分割後の新たな信託の信託財産責任負担債務となる。この場合において，従前の信託の信託財産限定責任負担債務であった債務は，新たな信託の信託財産限定責任負担債務となる。

第162条　第160条第1項の規定により異議を述べることができる債権者（同条第2項の規定により各別の催告をしなければならないものに限る。）は，同条第2項の催告を受けなかった場合には，新規信託分割前から有する次の各号に掲げる債権に基づき，受託者に対

し，当該各号に定める財産をもって当該債権に係る債務を履行することを請求することもできる。ただし，第1号に定める財産に対しては新規信託分割がその効力を生ずる日における新たな信託の信託財産の価額を，第2号に定める財産に対しては当該日における従前の信託の信託財産の価額を限度とする。
一　従前の信託の信託財産責任負担債務に係る債権（第159条第1項第6号の債務に係る債権を除く。）　新規信託分割後の新たな信託の信託財産に属する財産
二　新たな信託の信託財産責任負担債務に係る債権となった債権（第159条第1項第6号の債務に係る債権に限る。）　新規信託分割後の従前の信託の信託財産に属する財産

第7章　信託の終了及び清算
第1節　信託の終了
（信託の終了事由）
第163条　信託は，次条の規定によるほか，次に掲げる場合に終了する。
一　信託の目的を達成したとき，又は信託の目的を達成することができなくなったとき。
二　受託者が受益権の全部を固有財産で有する状態が1年間継続したとき。
三　受託者が欠けた場合であって，新受託者が就任しない状態が1年間継続したとき。
四　受託者が第52条（第53条第2項及び第54条第4項において準用する場合を含む。）の規定により信託を終了させたとき。
五　信託の併合がされたとき。
六　第165条又は第166条の規定により信託の終了を命ずる裁判があったとき。
七　信託財産についての破産手続開始の決定があったとき。
八　委託者が破産手続開始の決定，再生手続開始の決定又は更生手続開始の決定を受けた場合において，破産法第53条第1項，民事再生法第49条第1項又は会社更生法第61条第1項（金融機関等の更生手続の特例等に関する法律第41条第1項及び第206条第1項において準用する場合を含む。）の規定による信託契約の解除がされたとき。
九　信託行為において定めた事由が生じたとき。

（委託者及び受益者の合意等による信託の終了）
第164条　委託者及び受益者は，いつでも，その合意により，信託を終了することができる。
2　委託者及び受益者が受託者に不利な時期に信託を終了したときは，委託者及び受益者は，受託者の損害を賠償しなければならない。ただし，やむを得ない事由があったときは，この限りでない。
3　前2項の規定にかかわらず，信託行為に別段の定めがあるときは，その定めるところによる。
4　委託者が現に存しない場合には，第1項及び第2項の規定は，適用しない。

（特別の事情による信託の終了を命ずる裁判）
第165条　信託行為の当時予見することのできなかった特別の事情により，信託を終了することが信託の目的及び信託財産の状況その他の事情に照らして受益者の利益に適合するに至ったことが明らかであるときは，裁判所は，委託者，受託者又は受益者の申立てにより，信託の終了を命ずることができる。
2　裁判所は，前項の申立てについての裁判をする場合には，受託者の陳述を聴かなければならない。ただし，不適法又は理由がないことが明らかであるとして申立てを却下する裁判をするときは，この限りでない。
3　第1項の申立てについての裁判には，理由を付さなければならない。
4　第1項の申立てについての裁判に対しては，委託者，受託者又は受益者に限り，即時抗告をすることができる。
5　前項の即時抗告は，執行停止の効力を有する。

（公益の確保のための信託の終了を命ずる裁判）
第166条　裁判所は，次に掲げる場合において，公益を確保するため信託の存立を許すことができないと認めるときは，法務大臣又は委託者，受益者，信託債権者その他の利害関係人の申立てにより，信託の終了を命ずることができる。
一　不法な目的に基づいて信託がされたとき。
二　受託者が，法令若しくは信託行為で定めるその権限を逸脱し若しくは濫用する行為又は刑罰法令に触れる行為をした場合において，法務大臣から書面による警告を受けたにもかかわらず，なお継続的に又は反覆して当該行為をしたとき。

2　裁判所は，前項の申立てについての裁判をする場合には，受託者の陳述を聴かなければならない。ただし，不適法又は理由がないことが明らかであるとして申立てを却下する裁判をするときは，この限りでない。
3　第１項の申立てについての裁判には，理由を付さなければならない。
4　第１項の申立てについての裁判に対しては，同項の申立てをした者又は委託者，受託者若しくは受益者に限り，即時抗告をすることができる。
5　前項の即時抗告は，執行停止の効力を有する。
6　委託者，受益者，信託債権者その他の利害関係人が第１項の申立てをしたときは，裁判所は，受託者の申立てにより，同項の申立てをした者に対し，相当の担保を立てるべきことを命ずることができる。
7　受託者は，前項の規定による申立てをするには，第１項の申立てが悪意によるものであることを疎明しなければならない。
8　民事訴訟法（平成８年法律第109号）第75条第５項及び第７項並びに第76条から第80条までの規定は，第６項の規定により第１項の申立てについて立てるべき担保について準用する。

（官庁等の法務大臣に対する通知義務）
第167条　裁判所その他の官庁，検察官又は吏員は，その職務上前条第１項の申立て又は同項第２号の警告をすべき事由があることを知ったときは，法務大臣にその旨を通知しなければならない。

（法務大臣の関与）
第168条　裁判所は，第166条第１項の申立てについての裁判をする場合には，法務大臣に対し，意見を求めなければならない。
2　法務大臣は，裁判所が前項の申立てに係る事件について審問をするときは，当該審問に立ち会うことができる。
3　裁判所は，法務大臣に対し，第１項の申立てに係る事件が係属したこと及び前項の審問の期日を通知しなければならない。
4　第１項の申立てを却下する裁判に対しては，第166条第４項に規定する者のほか，法務大臣も，即時抗告をすることができる。

（信託財産に関する保全処分）
第169条　裁判所は，第166条第１項の申立てがあった場合には，法務大臣若しくは委託者，受益者，信託債権者その他の利害関係人の申立てにより又は職権で，同項の申立てにつき決定があるまでの間，信託財産に関し，管理人による管理を命ずる処分（次条において「管理命令」という。）その他の必要な保全処分を命ずることができる。
2　裁判所は，前項の規定による保全処分を変更し，又は取り消すことができる。
3　第１項の規定による保全処分及び前項の規定による決定に対しては，利害関係人に限り，即時抗告をすることができる。

第170条　裁判所は，管理命令をする場合には，当該管理命令において，管理人を選任しなければならない。
2　前項の管理人は，裁判所が監督する。
3　裁判所は，第１項の管理人に対し，信託財産に属する財産及び信託財産責任負担債務の状況の報告をし，かつ，その管理の計算をすることを命ずることができる。
4　第64条から第72条までの規定は，第１項の管理人について準用する。この場合において，第65条中「前受託者」とあるのは，「受託者」と読み替えるものとする。
5　信託財産に属する権利で登記又は登録がされたものに関し前条第１項の規定による保全処分（管理命令を除く。）があったときは，裁判所書記官は，職権で，遅滞なく，当該保全処分の登記又は登録を嘱託しなければならない。
6　前項の規定は，同項に規定する保全処分の変更若しくは取消しがあった場合又は当該保全処分が効力を失った場合について準用する。

（保全処分に関する費用の負担）
第171条　裁判所が第169条第１項の規定による保全処分をした場合には，非訟事件の手続の費用は，受託者の負担とする。当該保全処分について必要な費用も，同様とする。
2　前項の保全処分又は第169条第１項の申立てを却下する裁判に対して即時抗告があった場合において，抗告裁判所が当該即時抗告を理由があると認めて原裁判を取り消したときは，その抗告審における手続に要する裁判費用及び抗告人が負担した前審における手続に要する裁判費用は，受託者の負担とする。

（保全処分に関する資料の閲覧等）
第172条　利害関係人は，裁判所書記官に対し，第170条第3項の報告又は計算に関する資料の閲覧を請求することができる。
2　利害関係人は，裁判所書記官に対し，前項の資料の謄写又はその正本，謄本若しくは抄本の交付を請求することができる。
3　前項の規定は，第1項の資料のうち録音テープ又はビデオテープ（これらに準ずる方法により一定の事項を記録した物を含む。）に関しては，適用しない。この場合において，これらの物について利害関係人の請求があるときは，裁判所書記官は，その複製を許さなければならない。
4　法務大臣は，裁判所書記官に対し，第1項の資料の閲覧を請求することができる。
5　民事訴訟法第91条第5項の規定は，第1項の資料について準用する。

（新受託者の選任）
第173条　裁判所は，第166条第1項の規定により信託の終了を命じた場合には，法務大臣若しくは委託者，受益者，信託債権者その他の利害関係人の申立てにより又は職権で，当該信託の清算のために新受託者を選任しなければならない。
2　前項の規定による新受託者の選任の裁判に対しては，不服を申し立てることができない。
3　第1項の規定により新受託者が選任されたときは，前受託者の任務は，終了する。
4　第1項の新受託者は，信託財産から裁判所が定める額の費用の前払及び報酬を受けることができる。
5　前項の規定による費用又は報酬の額を定める裁判をする場合には，第1項の新受託者の陳述を聴かなければならない。
6　第4項の規定による費用又は報酬の額を定める裁判に対しては，第1項の新受託者に限り，即時抗告をすることができる。

（終了した信託に係る吸収信託分割の制限）
第174条　信託が終了した場合には，当該信託を承継信託とする吸収信託分割は，することができない。

第2節　信託の清算
（清算の開始原因）
第175条　信託は，当該信託が終了した場合（第163条第5号に掲げる事由によって終了した場合及び信託財産についての破産手続開始の決定により終了した場合であって当該破産手続が終了していない場合を除く。）には，この節の定めるところにより，清算をしなければならない。

（信託の存続の擬制）
第176条　信託は，当該信託が終了した場合においても，清算が結了するまではなお存続するものとみなす。

（清算受託者の職務）
第177条　信託が終了した時以後の受託者（以下「清算受託者」という。）は，次に掲げる職務を行う。
一　現務の結了
二　信託財産に属する債権の取立て及び信託債権に係る債務の弁済
三　受益債権（残余財産の給付を内容とするものを除く。）に係る債務の弁済
四　残余財産の給付

（清算受託者の権限等）
第178条　清算受託者は，信託の清算のために必要な一切の行為をする権限を有する。ただし，信託行為に別段の定めがあるときは，その定めるところによる。
2　清算受託者は，次に掲げる場合には，信託財産に属する財産を競売に付することができる。
一　受益者又は第182条第1項第2号に規定する帰属権利者（以下この条において「受益者等」と総称する。）が信託財産に属する財産を受領することを拒み，又はこれを受領することができない場合において，相当の期間を定めてその受領の催告をしたとき。
二　受益者等の所在が不明である場合
3　前項第1号の規定により信託財産に属する財産を競売に付したときは，遅滞なく，受益者等に対しその旨の通知を発しなければならない。
4　損傷その他の事由による価格の低落のおそれがある物は，第2項第1号の催告をしないで競売に付することができる。

（清算中の信託財産についての破産手続の開始）
第179条　清算中の信託において，信託財産に属する財産がその債務を完済するのに足りないことが明らかになったときは，清算受託者

は，直ちに信託財産についての破産手続開始の申立てをしなければならない。
2　信託財産についての破産手続開始の決定がされた場合において，清算受託者が既に信託財産責任負担債務に係る債権を有する債権者に支払ったものがあるときは，破産管財人は，これを取り戻すことができる。

（条件付債権等に係る債務の弁済）
第180条　清算受託者は，条件付債権，存続期間が不確定な債権その他その額が不確定な債権に係る債務を弁済することができる。この場合においては，これらの債権を評価させるため，裁判所に対し，鑑定人の選任の申立てをしなければならない。
2　前項の場合には，清算受託者は，同項の鑑定人の評価に従い同項の債権に係る債務を弁済しなければならない。
3　第1項の鑑定人の選任の手続に関する費用は，清算受託者の負担とする。当該鑑定人による鑑定のための呼出し及び質問に関する費用についても，同様とする。
4　第1項の申立てを却下する裁判には，理由を付さなければならない。
5　第1項の規定による鑑定人の選任の裁判に対しては，不服を申し立てることができない。
6　前各項の規定は，清算受託者，受益者，信託債権者及び第182条第1項第2号に規定する帰属権利者の間に別段の合意がある場合には，適用しない。

（債務の弁済前における残余財産の給付の制限）
第181条　清算受託者は，第177条第2号及び第3号の債務を弁済した後でなければ，信託財産に属する財産を次条第2項に規定する残余財産受益者等に給付することができない。ただし，当該債務についてその弁済をするために必要と認められる財産を留保した場合は，この限りでない。

（残余財産の帰属）
第182条　残余財産は，次に掲げる者に帰属する。
一　信託行為において残余財産の給付を内容とする受益債権に係る受益者（次項において「残余財産受益者」という。）となるべき者として指定された者
二　信託行為において残余財産の帰属すべき者（以下この節において「帰属権利者」と

いう。）となるべき者として指定された者
2　信託行為に残余財産受益者若しくは帰属権利者（以下この項において「残余財産受益者等」と総称する。）の指定に関する定めがない場合又は信託行為の定めにより残余財産受益者等として指定を受けた者のすべてがその権利を放棄した場合には，信託行為に委託者又はその相続人その他の一般承継人を帰属権利者として指定する旨の定めがあったものとみなす。
3　前2項の規定により残余財産の帰属が定まらないときは，残余財産は，清算受託者に帰属する。

（帰属権利者）
第183条　信託行為の定めにより帰属権利者となるべき者として指定された者は，当然に残余財産の給付をすべき債務に係る債権を取得する。ただし，信託行為に別段の定めがあるときは，その定めるところによる。
2　第88条第2項の規定は，前項に規定する帰属権利者となるべき者として指定された者について準用する。
3　信託行為の定めにより帰属権利者となった者は，受託者に対し，その権利を放棄する旨の意思表示をすることができる。ただし，信託行為の定めにより帰属権利者となった者が信託行為の当事者である場合は，この限りでない。
4　前項本文に規定する帰属権利者となった者は，同項の規定による意思表示をしたときは，当初から帰属権利者としての権利を取得していなかったものとみなす。ただし，第三者の権利を害することはできない。
5　第100条及び第102条の規定は，帰属権利者が有する債権で残余財産の給付をすべき債務に係るものについて準用する。
6　帰属権利者は，信託の清算中は，受益者とみなす。

（清算受託者の職務の終了等）
第184条　清算受託者は，その職務を終了したときは，遅滞なく，信託事務に関する最終の計算を行い，信託が終了した時における受益者（信託管理人が現に存する場合にあっては，信託管理人）及び帰属権利者（以下この条において「受益者等」と総称する。）のすべてに対し，その承認を求めなければならない。

2　受益者等が前項の計算を承認した場合には，当該受益者等に対する清算受託者の責任は，免除されたものとみなす。ただし，清算受託者の職務の執行に不正の行為があったときは，この限りでない。

3　受益者等が清算受託者から第1項の計算の承認を求められた時から1箇月以内に異議を述べなかった場合には，当該受益者等は，同項の計算を承認したものとみなす。

第8章　受益証券発行信託の特例
第1節　総則
（受益証券の発行に関する信託行為の定め）

第185条　信託行為においては，この章の定めるところにより，一又は二以上の受益権を表示する証券（以下「受益証券」という。）を発行する旨を定めることができる。

2　前項の規定は，当該信託行為において特定の内容の受益権については受益証券を発行しない旨を定めることを妨げない。

3　第1項の定めのある信託（以下「受益証券発行信託」という。）においては，信託の変更によって前2項の定めを変更することはできない。

4　第1項の定めのない信託においては，信託の変更によって同項又は第2項の定めを設けることはできない。

（受益権原簿）

第186条　受益証券発行信託の受託者は，遅滞なく，受益権原簿を作成し，これに次に掲げる事項（以下この章において「受益権原簿記載事項」という。）を記載し，又は記録しなければならない。
　一　各受益権に係る受益債権の内容その他の受益権の内容を特定するものとして法務省令で定める事項
　二　各受益権に係る受益証券の番号，発行の日，受益証券が記名式か又は無記名式かの別及び無記名式の受益証券の数
　三　各受益権に係る受益者（無記名受益権の受益者を除く。）の氏名又は名称及び住所
　四　前号の受益者が各受益権を取得した日
　五　前各号に掲げるもののほか，法務省令で定める事項

（受益権原簿記載事項を記載した書面の交付等）

第187条　第185条第2項の定めのある受益権の受益者は，受益証券発行信託の受託者に対し，当該受益者についての受益権原簿に記載され，若しくは記録された受益権原簿記載事項を記載した書面の交付又は当該受益権原簿記載事項を記録した電磁的記録の提供を請求することができる。

2　前項の書面には，受益証券発行信託の受託者（法人である受託者にあっては，その代表者。次項において同じ。）が署名し，又は記名押印しなければならない。

3　第1項の電磁的記録には，受益証券発行信託の受託者が法務省令で定める署名又は記名押印に代わる措置をとらなければならない。

4　受益証券発行信託の受託者が2人以上ある場合における前2項の規定の適用については，これらの規定中「受益証券発行信託の受託者」とあるのは，「受益証券発行信託のすべての受託者」とする。

（受益権原簿管理人）

第188条　受益証券発行信託の受託者は，受益権原簿管理人（受益証券発行信託の受託者に代わって受益権原簿の作成及び備置きその他の受益権原簿に関する事務を行う者をいう。以下同じ。）を定め，当該事務を行うことを委託することができる。

（基準日）

第189条　受益証券発行信託の受託者は，一定の日（以下この条において「基準日」という。）を定めて，基準日において受益権原簿に記載され，又は記録されている受益者（以下この条において「基準日受益者」という。）をその権利を行使することができる者と定めることができる。

2　前項の規定は，無記名受益権の受益者については，適用しない。

3　基準日を定める場合には，受益証券発行信託の受託者は，基準日受益者が行使することができる権利（基準日から3箇月以内に行使するものに限る。）の内容を定めなければならない。

4　受益証券発行信託の受託者は，基準日を定めたときは，当該基準日の2週間前までに，当該基準日及び前項の規定により定めた事項を官報に公告しなければならない。ただし，信託行為に当該基準日及び基準日受益者が行使することができる権利の内容について定め

があるときは，この限りでない。
5 　第1項，第3項及び前項本文の規定にかかわらず，信託行為に別段の定めがあるときは，その定めるところによる。
（受益権原簿の備置き及び閲覧等）
第190条 　受益証券発行信託の受託者は，受益権原簿をその住所（当該受託者が法人である場合（受益権原簿管理人が現に存する場合を除く。）にあってはその主たる事務所，受益権原簿管理人が現に存する場合にあってはその営業所）に備え置かなければならない。
2 　委託者，受益者その他の利害関係人は，受益証券発行信託の受託者に対し，次に掲げる請求をすることができる。この場合においては，当該請求の理由を明らかにしてしなければならない。
　一　受益権原簿が書面をもって作成されているときは，当該書面の閲覧又は謄写の請求
　二　受益権原簿が電磁的記録をもって作成されているときは，当該電磁的記録に記録された事項を法務省令で定める方法により表示したものの閲覧又は謄写の請求
3 　前項の請求があったときは，受益証券発行信託の受託者は，次のいずれかに該当すると認められる場合を除き，これを拒むことができない。
　一　当該請求を行う者（以下この項において「請求者」という。）がその権利の確保又は行使に関する調査以外の目的で請求を行ったとき。
　二　請求者が不適当な時に請求を行ったとき。
　三　請求者が信託事務の処理を妨げ，又は受益者の共同の利益を害する目的で請求を行ったとき。
　四　請求者が前項の規定による閲覧又は謄写によって知り得た事実を利益を得て第三者に通報するため請求を行ったとき。
　五　請求者が，過去2年以内において，前項の規定による閲覧又は謄写によって知り得た事実を利益を得て第三者に通報したことがあるものであるとき。
4 　第186条第3号又は第4号に掲げる事項（第185条第2項の定めのない受益権に係るものに限る。）について第2項の請求があった場合において，信託行為に別段の定めがあるときは，その定めるところによる。

（受益者に対する通知等）
第191条 　受益証券発行信託の受託者が受益者に対してする通知又は催告は，受益権原簿に記載し，又は記録した当該受益者の住所（当該受益者が別に通知又は催告を受ける場所又は連絡先を当該受託者に通知した場合にあっては，その場所又は連絡先）にあてて発すれば足りる。
2 　前項の通知又は催告は，その通知又は催告が通常到達すべきであった時に，到達したものとみなす。
3 　受益証券発行信託の受益権が2人以上の者の共有に属するときは，共有者は，受益証券発行信託の受託者が受益者に対してする通知又は催告を受領する者1人を定め，当該受託者に対し，その者の氏名又は名称を通知しなければならない。この場合においては，その者を受益者とみなして，前2項の規定を適用する。
4 　前項の規定による共有者の通知がない場合には，受益証券発行信託の受託者が受益権の共有者に対してする通知又は催告は，そのうちの1人に対してすれば足りる。
5 　この法律の規定により受益証券発行信託の受託者が無記名受益権の受益者に対してすべき通知は，当該受益者のうち当該受託者に氏名又は名称及び住所の知れている者に対してすれば足りる。この場合においては，当該受託者は，その通知すべき事項を官報に公告しなければならない。
（無記名受益権の受益者による権利の行使）
第192条 　無記名受益権の受益者は，受益証券発行信託の受託者その他の者に対しその権利を行使しようとするときは，その受益証券を当該受託者その他の者に提示しなければならない。
2 　無記名受益権の受益者は，受益者集会において議決権を行使しようとするときは，受益者集会の日の1週間前までに，その受益証券を第108条に規定する招集者に提示しなければならない。
（共有者による権利の行使）
第193条 　受益証券発行信託の受益権が2人以上の者の共有に属するときは，共有者は，当該受益権についての権利を行使する者1人を定め，受益証券発行信託の受託者に対し，そ

の者の氏名又は名称を通知しなければ，当該受益権についての権利を行使することができない。ただし，当該受託者が当該権利を行使することに同意した場合は，この限りでない。

第2節　受益権の譲渡等の特例

(受益証券の発行された受益権の譲渡)

第194条　受益証券発行信託の受益権（第185条第2項の定めのある受益権を除く。）の譲渡は，当該受益権に係る受益証券を交付しなければ，その効力を生じない。

(受益証券発行信託における受益権の譲渡の対抗要件)

第195条　受益証券発行信託の受益権の譲渡は，その受益権を取得した者の氏名又は名称及び住所を受益権原簿に記載し，又は記録しなければ，受益証券発行信託の受託者に対抗することができない。

2　第185条第2項の定めのある受益権に関する前項の規定の適用については，同項中「受託者」とあるのは，「受託者その他の第三者」とする。

3　第1項の規定は，無記名受益権については，適用しない。

(権利の推定等)

第196条　受益証券の占有者は，当該受益証券に係る受益権を適法に有するものと推定する。

2　受益証券の交付を受けた者は，当該受益券に係る受益権についての権利を取得する。ただし，その者に悪意又は重大な過失があるときは，この限りでない。

(受益者の請求によらない受益権原簿記載事項の記載又は記録)

第197条　受益証券発行信託の受託者は，次の各号に掲げる場合には，法務省令で定めるところにより，当該各号の受益権の受益者に係る受益権原簿記載事項を受益権原簿に記載し，又は記録しなければならない。

一　受益証券発行信託の受益権を取得した場合において，当該受益権が消滅しなかったとき。

二　前号の受益証券発行信託の受益権を処分したとき。

2　受益証券発行信託の受託者は，信託の変更によって受益権の併合がされた場合には，併合された受益権について，その受益権の受益者に係る受益権原簿記載事項を受益権原簿に記載し，又は記録しなければならない。

3　受益証券発行信託の受託者は，信託の変更によって受益権の分割がされた場合には，分割された受益権について，その受益権の受益者に係る受益権原簿記載事項を受益権原簿に記載し，又は記録しなければならない。

4　前3項の規定は，無記名受益権については，適用しない。

(受益者の請求による受益権原簿記載事項の記載又は記録)

第198条　受益証券発行信託の受益権を受益証券発行信託の受託者以外の者から取得した者（当該受託者を除く。）は，受益証券発行信託の受託者に対し，当該受益権に係る受益権原簿記載事項を受益権原簿に記載し，又は記録することを請求することができる。

2　前項の規定による請求は，利害関係人の利益を害するおそれがないものとして法務省令で定める場合を除き，その取得した受益権の受益者として受益権原簿に記載され，若しくは記録された者又はその相続人その他の一般承継人と共同してしなければならない。

3　前2項の規定は，無記名受益権については，適用しない。

(受益証券の発行された受益権の質入れ)

第199条　受益証券発行信託の受益権（第185条第2項の定めのある受益権を除く。）の質入れは，当該受益権に係る受益証券を交付しなければ，その効力を生じない。

(受益証券発行信託における受益権の質入れの対抗要件)

第200条　受益証券発行信託の受益権（第185条第2項の定めのある受益権を除く。）の質権者は，継続して当該受益権に係る受益証券を占有しなければ，その質権をもって受益証券発行信託の受託者その他の第三者に対抗することができない。

2　第185条第2項の定めのある受益権の質入れは，その質権者の氏名又は名称及び住所を受益権原簿に記載し，又は記録しなければ，受益証券発行信託の受託者その他の第三者に対抗することができない。

(質権に関する受益権原簿の記載等)

第201条　受益証券発行信託の受益権に質権を設定した者は，受益証券発行信託の受託者に対し，次に掲げる事項を受益権原簿に記載し，

又は記録することを請求することができる。
一　質権者の氏名又は名称及び住所
二　質権の目的である受益権
2　前項の規定は，無記名受益権については，適用しない。

(質権に関する受益権原簿の記載事項を記載した書面の交付等)
第202条　前条第1項各号に掲げる事項が受益権原簿に記載され，又は記録された質権者(以下この節において「登録受益権質権者」という。)は，受益証券発行信託の受託者に対し，当該登録受益権質権者についての受益権原簿に記載され，若しくは記録された同項各号に掲げる事項を記載した書面の交付又は当該事項を記録した電磁的記録の提供を請求することができる。
2　前項の書面には，受益証券発行信託の受託者(法人である受託者にあっては，その代表者。次項において同じ。)が署名し，又は記名押印しなければならない。
3　第1項の電磁的記録には，受益証券発行信託の受託者が法務省令で定める署名又は記名押印に代わる措置をとらなければならない。
4　受益証券発行信託の受託者が2人以上ある場合における前2項の規定の適用については，これらの規定中「受益証券発行信託の受託者」とあるのは，「受益証券発行信託のすべての受託者」とする。

(登録受益権質権者に対する通知等)
第203条　受益証券発行信託の受託者が登録受益権質権者に対してする通知又は催告は，受益権原簿に記載し，又は記録した当該登録受益権質権者の住所(当該登録受益権質権者が別に通知又は催告を受ける場所又は連絡先を当該受託者に通知した場合にあっては，その場所又は連絡先)にあてて発すれば足りる。
2　前項の通知又は催告は，その通知又は催告が通常到達すべきであった時に，到達したものとみなす。

(受益権の併合又は分割に係る受益権原簿の記載等)
第204条　受益証券発行信託の受託者は，信託の変更によって受益権の併合がされた場合において，当該受益権を目的とする質権の質権者が登録受益権質権者であるときは，併合された受益権について，その質権者の氏名又は名称及び住所を受益権原簿に記載し，又は記録しなければならない。
2　受益証券発行信託の受託者は，信託の変更によって受益権の分割がされた場合において，当該受益権を目的とする質権の質権者が登録受益権質権者であるときは，分割された受益権について，その質権者の氏名又は名称及び住所を受益権原簿に記載し，又は記録しなければならない。

第205条　受益証券発行信託の受託者は，前条第1項に規定する場合には，併合された受益権に係る受益証券を登録受益権質権者に引き渡さなければならない。
2　受益証券発行信託の受託者は，前条第2項に規定する場合には，分割された受益権に係る受益証券を登録受益権質権者に引き渡さなければならない。

(受益証券の発行されない受益権についての対抗要件等)
第206条　第185条第2項の定めのある受益権で他の信託の信託財産に属するものについては，当該受益権が信託財産に属する旨を受益権原簿に記載し，又は記録しなければ，当該受益権が信託財産に属することを受益証券発行信託の受託者その他の第三者に対抗することができない。
2　前項の受益権が属する他の信託の受託者は，受益証券発行信託の受託者に対し，当該受益権が信託財産に属する旨を受益権原簿に記載し，又は記録することを請求することができる。
3　受益権原簿に前項の規定による記載又は記録がされた場合における第187条の規定の適用については，同条第1項中「第185条第2項の定めのある受益権の受益者」とあるのは「第206条第1項の受益権が属する他の信託の受託者」と，「当該受益者」とあるのは「当該受益権」と，「記録された受益権原簿記載事項」とあるのは「記録された受益権原簿記載事項(当該受益権が信託財産に属する旨を含む。)」とする。

第3節　受益証券
(受益証券の発行)
第207条　受益証券発行信託の受託者は，信託行為の定めに従い，遅滞なく，当該受益権に係る受益証券を発行しなければならない。

(受益証券不所持の申出)
第208条　受益証券発行信託の受益者は、受益証券発行信託の受託者に対し、当該受益者の有する受益権に係る受益証券の所持を希望しない旨を申し出ることができる。ただし、信託行為に別段の定めがあるときは、その定めるところによる。
2　前項の規定による申出は、その申出に係る受益権の内容を明らかにしてしなければならない。この場合において、当該受益権に係る受益証券が発行されているときは、当該受益者は、当該受益証券を受益証券発行信託の受託者に提出しなければならない。
3　第1項の規定による申出を受けた受益証券発行信託の受託者は、遅滞なく、前項前段の受益権に係る受益証券を発行しない旨を受益権原簿に記載し、又は記録しなければならない。
4　受益証券発行信託の受託者は、前項の規定による記載又は記録をしたときは、第2項前段の受益権に係る受益証券を発行することができない。
5　第2項後段の規定により提出された受益証券は、第3項の規定による記載又は記録をした時において、無効となる。
6　第1項の規定による申出をした受益者は、いつでも、受益証券発行信託の受託者に対し、第2項前段の受益権に係る受益証券を発行することを請求することができる。この場合において、同項後段の規定により提出された受益証券があるときは、受益証券の発行に要する費用は、当該受益者の負担とする。
7　前各項の規定は、無記名受益権については、適用しない。

(受益証券の記載事項)
第209条　受益証券には、次に掲げる事項及びその番号を記載し、受益証券発行信託の受託者（法人である受託者にあっては、その代表者）がこれに署名し、又は記名押印しなければならない。
　一　受益証券発行信託の受益証券である旨
　二　当初の委託者及び受益証券発行信託の受託者の氏名又は名称及び住所
　三　記名式の受益証券にあっては、受益者の氏名又は名称
　四　各受益権に係る受益債権の内容その他の受益権の内容を特定するものとして法務省令で定める事項
　五　受益証券発行信託の受託者に対する費用等の償還及び損害の賠償に関する信託行為の定め
　六　信託報酬の計算方法並びにその支払の方法及び時期
　七　記名式の受益証券をもって表示される受益権について譲渡の制限があるときは、その旨及びその内容
　八　受益者の権利の行使に関する信託行為の定め（信託監督人及び受益者代理人に係る事項を含む。）
　九　その他法務省令で定める事項
2　受益証券発行信託の受託者が2人以上ある場合における前項の規定の適用については、同項中「受益証券発行信託の受託者」とあるのは、「受益証券発行信託のすべての受託者」とする。

(記名式と無記名式との間の転換)
第210条　受益証券が発行されている受益権の受益者は、いつでも、その記名式の受益証券を無記名式とし、又はその無記名式の受益証券を記名式とすることを請求することができる。ただし、信託行為に別段の定めがあるときは、その定めるところによる。

(受益証券の喪失)
第211条　受益証券は、非訟事件手続法（平成23年法律第51号）第100条に規定する公示催告手続によって無効とすることができる。
2　受益証券を喪失した者は、非訟事件手続法第106条第1項に規定する除権決定を得た後でなければ、その再発行を請求することができない。
3　受益証券を喪失した者が非訟事件手続法第114条に規定する公示催告の申立てをしたときは、当該受益証券を喪失した者は、相当の担保を供して、受益証券発行信託の受託者に当該受益証券に係る債務を履行させることができる。

第4節　関係当事者の権利義務等の特例
(受益証券発行信託の受託者の義務の特例)
第212条　受益証券発行信託においては、第29条第2項ただし書の規定にかかわらず、信託行為の定めにより同項本文の義務を軽減することはできない。

2　受益証券発行信託においては，第35条第4項の規定は，適用しない。
(受益者の権利行使の制限に関する信託行為の定めの特例)
第213条　受益証券発行信託においては，第92条第1号，第5号，第6号及び第8号の規定にかかわらず，次に掲げる権利の全部又は一部について，総受益者の議決権の100分の3（これを下回る割合を信託行為において定めた場合にあっては，その割合。以下この項において同じ。）以上の割合の受益権を有する受益者又は現に存する受益権の総数の100分の3以上の数の受益権を有する受益者に限り当該権利を行使することができる旨の信託行為の定めを設けることができる。
　一　第27条第1項又は第2項（これらの規定を第75条第4項において準用する場合を含む。）の規定による取消権
　二　第31条第6項又は第7項の規定による取消権
　三　第38条第1項の規定による閲覧又は謄写の請求権
　四　第46条第1項の規定による検査役の選任の申立権
2　受益証券発行信託においては，第92条第1号の規定にかかわらず，次に掲げる権利の全部又は一部について，総受益者の議決権の10分の1（これを下回る割合を信託行為において定めた場合にあっては，その割合。以下この項において同じ。）以上の割合の受益権を有する受益者又は現に存する受益権の総数の10分の1以上の数の受益権を有する受益者に限り当該権利を行使することができる旨の信託行為の定めを設けることができる。
　一　第150条第1項の規定による信託の変更を命ずる裁判の申立権
　二　第165条第1項の規定による信託の終了を命ずる裁判の申立権
3　受益証券発行信託において，第39条第1項の規定による開示が同条第3項の信託行為の定めにより制限されているときは，前2項の規定は，適用しない。
4　受益証券発行信託においては，第92条第11号の規定にかかわらず，6箇月（これを下回る期間を信託行為において定めた場合にあっては，その期間）前から引き続き受益権を有する受益者に限り第44条第1項の規定による差止めの請求権を行使することができる旨の信託行為の定めを設けることができる。
(2人以上の受益者による意思決定の方法の特例)
第214条　受益者が2人以上ある受益証券発行信託においては，信託行為に別段の定めがない限り，信託行為に受益者の意思決定（第92条各号に掲げる権利の行使に係るものを除く。）は第4章第3節第2款の定めるところによる受益者集会における多数決による旨の定めがあるものとみなす。
(委託者の権利の特例)
第215条　受益証券発行信託においては，この法律の規定による委託者の権利のうち次に掲げる権利は，受益者がこれを行使する。
　一　第36条の規定による報告を求める権利
　二　第58条第4項（第134条第2項及び第141条第2項において準用する場合を含む。），第62条第4項（第135条第1項及び第142条第1項において準用する場合を含む。），第63条第1項，第74条第2項，第131条第4項，第150条第1項，第165条第1項，第166条第1項，第169条第1項又は第173条第1項の規定による申立権
　三　第62条第2項，第131条第2項又は第138条第2項の規定による催告権
　四　第172条第1項，第2項又は第3項後段の規定による閲覧，謄写若しくは交付又は複製の請求権
　五　第190条第2項の規定による閲覧又は謄写の請求権

第9章　限定責任信託の特例
第1節　総則
(限定責任信託の要件)
第216条　限定責任信託は，信託行為においてそのすべての信託財産責任負担債務について受託者が信託財産に属する財産のみをもってその履行の責任を負う旨の定めをし，第232条の定めるところにより登記をすることによって，限定責任信託としての効力を生ずる。
2　前項の信託行為においては，次に掲げる事項を定めなければならない。
　一　限定責任信託の目的
　二　限定責任信託の名称

三　委託者及び受託者の氏名又は名称及び住所
四　限定責任信託の主たる信託事務の処理を行うべき場所（第3節において「事務処理地」という。）
五　信託財産に属する財産の管理又は処分の方法
六　その他法務省令で定める事項

（固有財産に属する財産に対する強制執行等の制限）
第217条　限定責任信託においては，信託財産責任負担債務（第21条第1項第8号に掲げる権利に係る債務を除く。）に係る債権に基づいて固有財産に属する財産に対し強制執行，仮差押え，仮処分若しくは担保権の実行若しくは競売又は国税滞納処分をすることはできない。
2　前項の規定に違反してされた強制執行，仮差押え，仮処分又は担保権の実行若しくは競売に対しては，受託者は，異議を主張することができる。この場合において，民事執行法第38条及び民事保全法第45条の規定を準用する。
3　第1項の規定に違反してされた国税滞納処分に対しては，受託者は，異議を主張することができる。この場合において，当該異議の主張は，当該国税滞納処分について不服の申立てをする方法でする。

（限定責任信託の名称等）
第218条　限定責任信託には，その名称中に限定責任信託という文字を用いなければならない。
2　何人も，限定責任信託でないものについて，その名称又は商号中に，限定責任信託であると誤認されるおそれのある文字を用いてはならない。
3　何人も，不正の目的をもって，他の限定責任信託であると誤認されるおそれのある名称又は商号を使用してはならない。
4　前項の規定に違反する名称又は商号の使用によって事業に係る利益を侵害され，又は侵害されるおそれがある限定責任信託の受託者は，その利益を侵害する者又は侵害するおそれがある者に対し，その侵害の停止又は予防を請求することができる。

（取引の相手方に対する明示義務）
第219条　受託者は，限定責任信託の受託者として取引をするに当たっては，その旨を取引の相手方に示さなければ，これを当該取引の相手方に対し主張することができない。

（登記の効力）
第220条　この章の規定により登記すべき事項は，登記の後でなければ，これをもって善意の第三者に対抗することができない。登記の後であっても，第三者が正当な事由によってその登記があることを知らなかったときは，同様とする。
2　この章の規定により登記すべき事項につき故意又は過失によって不実の事項を登記した者は，その事項が不実であることをもって善意の第三者に対抗することができない。

（限定責任信託の定めを廃止する旨の信託の変更）
第221条　第216条第1項の定めを廃止する旨の信託の変更がされ，第235条の終了の登記がされたときは，その変更後の信託については，この章の規定は，適用しない。

第2節　計算等の特例
（帳簿等の作成等，報告及び保存の義務等の特例）
第222条　限定責任信託における帳簿その他の書類又は電磁的記録の作成，内容の報告及び保存並びに閲覧及び謄写については，第37条及び第38条の規定にかかわらず，次項から第9項までに定めるところによる。
2　受託者は，法務省令で定めるところにより，限定責任信託の会計帳簿を作成しなければならない。
3　受託者は，限定責任信託の効力が生じた後速やかに，法務省令で定めるところにより，その効力が生じた日における限定責任信託の貸借対照表を作成しなければならない。
4　受託者は，毎年，法務省令で定める一定の時期において，法務省令で定めるところにより，限定責任信託の貸借対照表及び損益計算書並びにこれらの附属明細書その他の法務省令で定める書類又は電磁的記録を作成しなければならない。
5　受託者は，前項の書類又は電磁的記録を作成したときは，その内容について受益者（信託管理人が現に存する場合にあっては，信託管理人）に報告しなければならない。ただし，

信託行為に別段の定めがあるときは，その定めるところによる。
6 受託者は，第2項の会計帳簿を作成した場合には，その作成の日から10年間（当該期間内に信託の清算の結了があったときは，その日までの間。次項において同じ。），当該会計帳簿（書面に代えて電磁的記録を法務省令で定める方法により作成した場合にあっては当該電磁的記録，電磁的記録に代えて書面を作成した場合にあっては当該書面）を保存しなければならない。ただし，受託者（2人以上の受益者が現に存する場合にあってはそのすべての受益者，信託管理人が現に存する場合にあっては信託管理人。第8項において同じ。）に対し，当該書類若しくはその写しを交付し，又は当該電磁的記録に記録された事項を法務省令で定める方法により提供したときは，この限りでない。
7 受託者は，信託財産に属する財産の処分に係る契約書その他の信託事務の処理に関する書類又は電磁的記録を作成し，又は取得した場合には，その作成又は取得の日から10年間，当該書類又は電磁的記録（書類に代えて電磁的記録を法務省令で定める方法により作成した場合にあっては当該電磁的記録，電磁的記録に代えて書面を作成した場合にあっては当該書面）を保存しなければならない。この場合においては，前項ただし書の規定を準用する。
8 受託者は，第3項の貸借対照表及び第4項の書類又は電磁的記録（以下この項及び第224条第2項第1号において「貸借対照表等」という。）を作成した場合には，信託の清算の結了の日までの間，当該貸借対照表等（書類に代えて電磁的記録を法務省令で定める方法により作成した場合にあっては当該電磁的記録，電磁的記録に代えて書面を作成した場合にあっては当該書面）を保存しなければならない。ただし，その作成の日から10年間を経過した後において，受益者に対し，当該書類若しくはその写しを交付し，又は当該電磁的記録に記録された事項を法務省令で定める方法により提供したときは，この限りでない。
9 限定責任信託における第38条の規定の適用については，同条第1項各号中「前条第1項又は第5項」とあるのは「第222条第2項又

は第7項」と，同条第4項第1号及び第6項各号中「前条第2項」とあるのは「第222条第3項又は第4項」とする。

(裁判所による提出命令)
第223条 裁判所は，申立てにより又は職権で，訴訟の当事者に対し，前条第2項から第4項までの書類の全部又は一部の提出を命ずることができる。

(受託者の第三者に対する責任)
第224条 限定責任信託において，受託者が信託事務を行うについて悪意又は重大な過失があったときは，当該受託者は，これによって第三者に生じた損害を賠償する責任を負う。
2 限定責任信託の受託者が，次に掲げる行為をしたときも，前項と同様とする。ただし，受託者が当該行為をすることについて注意を怠らなかったことを証明したときは，この限りでない。
一 貸借対照表等に記載し，又は記録すべき重要な事項についての虚偽の記載又は記録
二 虚偽の登記
三 虚偽の公告
3 前2項の場合において，当該損害を賠償する責任を負う他の受託者があるときは，これらの者は，連帯債務者とする。

(受益者に対する信託財産に係る給付の制限)
第225条 限定責任信託においては，受益者に対する信託財産に係る給付は，その給付可能額（受益者に対し給付をすることができる額として純資産額の範囲内において法務省令で定める方法により算定される額をいう。以下この節において同じ。）を超えてすることはできない。

(受益者に対する信託財産に係る給付に関する責任)
第226条 受託者が前条の規定に違反して受益者に対する信託財産に係る給付をした場合には，次の各号に掲げる者は，連帯して（第2号に掲げる受益者にあっては，現に受けた個別の給付額の限度で連帯して），当該各号に定める義務を負う。ただし，受託者がその職務を行うについて注意を怠らなかったことを証明した場合は，この限りでない。
一 受託者 当該給付の帳簿価額（以下この節において「給付額」という。）に相当する金銭の信託財産に対するてん補の義務

二　当該給付を受けた受益者　現に受けた個別の給付額に相当する金銭の受託者に対する支払の義務
2　受託者が前項第1号に定める義務の全部又は一部を履行した場合には，同項第2号に掲げる受益者は，当該履行された金額に同号の給付額の同項第1号の給付額に対する割合を乗じて得た金額の限度で同項第2号に定める義務を免れ，受益者が同号に定める義務の全部又は一部を履行した場合には，受託者は，当該履行された金額の限度で同項第1号に定める義務を免れる。
3　第1項（第2号に係る部分に限る。）の規定により受益者から受託者に対し支払われた金銭は，信託財産に帰属する。
4　第1項に規定する義務は，免除することができない。ただし，当該給付をした日における給付可能額を限度として当該義務を免除することについて総受益者の同意がある場合は，この限りでない。
5　第1項本文に規定する場合において，同項第1号の義務を負う他の受託者があるときは，これらの者は，連帯債務者とする。
6　第45条の規定は，第1項の規定による請求に係る訴えについて準用する。

(受益者に対する求償権の制限等)
第227条　前条第1項本文に規定する場合において，当該給付を受けた受益者は，給付額が当該給付をした日における給付可能額を超えることにつき善意であるときは，当該給付額について，受託者からの求償の請求に応ずる義務を負わない。
2　前条第1項本文に規定する場合には，信託債権者は，当該給付を受けた受益者に対し，給付額（当該給付額が当該信託債権者の債権額を超える場合にあっては，当該債権額）に相当する金銭を支払わせることができる。

(欠損が生じた場合の責任)
第228条　受託者が受益者に対する信託財産に係る給付をした場合において，当該給付をした日後最初に到来する第222条第4項の時期に欠損額（貸借対照表上の負債の額が資産の額を上回る場合において，当該負債の額から当該資産の額を控除して得た額をいう。以下この項において同じ。）が生じたときは，次の各号に掲げる者は，連帯して（第2号に掲げる受益者にあっては，現に受けた個別の給付額の限度で連帯して），当該各号に定める義務を負う。ただし，受託者がその職務を行うについて注意を怠らなかったことを証明した場合は，この限りでない。
一　受託者　その欠損額（当該欠損額が給付額を超える場合にあっては，当該給付額）に相当する金銭の信託財産に対するてん補の義務
二　当該給付を受けた受益者　欠損額（当該欠損額が現に受けた個別の給付額を超える場合にあっては，当該給付額）に相当する金銭の受託者に対する支払の義務
2　受託者が前項第1号に定める義務の全部又は一部を履行した場合には，同項第2号に掲げる受益者は，当該履行された金額に同号の給付額の同項第1号の給付額に対する割合を乗じて得た金額の限度で同項第2号に定める義務を免れ，受益者が同号に定める義務の全部又は一部を履行した場合には，受託者は，当該履行された金額の限度で同項第1号に定める義務を免れる。
3　第1項（第2号に係る部分に限る。）の規定により受益者から受託者に対し支払われた金銭は，信託財産に帰属する。
4　第1項に規定する義務は，総受益者の同意がなければ，免除することができない。
5　第1項本文に規定する場合において，同項第1号の義務を負う他の受託者があるときは，これらの者は，連帯債務者とする。
6　第45条の規定は，第1項の規定による請求に係る訴えについて準用する。

(債権者に対する公告)
第229条　限定責任信託の清算受託者は，その就任後遅滞なく，信託債権者に対し，一定の期間内にその債権を申し出るべき旨を官報に公告し，かつ，知れている信託債権者には，各別にこれを催告しなければならない。ただし，当該期間は，2箇月を下ることができない。
2　前項の規定による公告には，当該信託債権者が当該期間内に申出をしないときは清算から除斥される旨を付記しなければならない。

(債務の弁済の制限)
第230条　限定責任信託の清算受託者は，前条第1項の期間内は，清算中の限定責任信託の

債務の弁済をすることができない。この場合において，清算受託者は，その債務の不履行によって生じた責任を免れることができない。
2 前項の規定にかかわらず，清算受託者は，前条第１項の期間内であっても，裁判所の許可を得て，少額の債権，清算中の限定責任信託の信託財産に属する財産につき存する担保権によって担保される債権その他これを弁済しても他の債権者を害するおそれがない債権に係る債務について，その弁済をすることができる。この場合において，当該許可の申立ては，清算受託者が２人以上あるときは，その全員の同意によってしなければならない。
3 清算受託者は，前項の許可の申立てをする場合には，その原因となる事実を疎明しなければならない。
4 第２項の許可の申立てを却下する裁判には，理由を付さなければならない。
5 第２項の規定による弁済の許可の裁判に対しては，不服を申し立てることができない。
（清算からの除斥）
第231条 清算中の限定責任信託の信託債権者（知れているものを除く。）であって第229条第１項の期間内にその債権の申出をしなかったものは，清算から除斥される。
2 前項の規定により清算から除斥された信託債権者は，給付がされていない残余財産に対してのみ，弁済を請求することができる。
3 ２人以上の受益者がある場合において，清算中の限定責任信託の残余財産の給付を受益者の一部に対してしたときは，当該受益者の受けた給付と同一の割合の給付を当該受益者以外の受益者に対してするために必要な財産は，前項の残余財産から控除する。

第３節　限定責任信託の登記

（限定責任信託の定めの登記）
第232条 信託行為において第216条第１項の定めがされたときは，限定責任信託の定めの登記は，２週間以内に，次に掲げる事項を登記してしなければならない。
一 限定責任信託の目的
二 限定責任信託の名称
三 受託者の氏名又は名称及び住所
四 限定責任信託の事務処理地
五 第64条第１項（第74条第６項において準用する場合を含む。）の規定により信託財産管理者又は信託財産法人管理人が選任されたときは，その氏名又は名称及び住所
六 第163条第９号の規定による信託の終了についての信託行為の定めがあるときは，その定め
七 会計監査人設置信託（第248条第３項に規定する会計監査人設置信託をいう。第240条第３号において同じ。）であるときは，その旨及び会計監査人の氏名又は名称

（変更の登記）
第233条 限定責任信託の事務処理地に変更があったときは，２週間以内に，旧事務処理地においてはその変更の登記をし，新事務処理地においては前条各号に掲げる事項を登記しなければならない。
2 同一の登記所の管轄区域内において限定責任信託の事務処理地に変更があったときは，その変更の登記をすれば足りる。
3 前条各号（第４号を除く。）に掲げる事項に変更があったときは，２週間以内に，その変更の登記をしなければならない。

（職務執行停止の仮処分命令等の登記）
第234条 限定責任信託の受託者の職務の執行を停止し，若しくはその職務を代行する者を選任する仮処分命令又はその仮処分命令を変更し，若しくは取り消す決定がされたときは，その事務処理地において，その登記をしなければならない。

（終了の登記）
第235条 第163条（第６号及び第７号に係る部分を除く。）若しくは第164条第１項若しくは第３項の規定により限定責任信託が終了したとき，又は第216条第１項の定めを廃止する旨の信託の変更がされたときは，２週間以内に，終了の登記をしなければならない。

（清算受託者の登記）
第236条 限定責任信託が終了した場合において，限定責任信託が終了した時における受託者が清算受託者となるときは，終了の日から，２週間以内に，清算受託者の氏名又は名称及び住所を登記しなければならない。
2 信託行為の定め又は第62条第１項若しくは第４項若しくは第173条第１項の規定により清算受託者が選任されたときも，前項と同様とする。
3 第233条第３項の規定は，前２項の規定に

（清算結了の登記）
第237条　限定責任信託の清算が結了したときは，第184条第1項の計算の承認の日から，2週間以内に，清算結了の登記をしなければならない。

（管轄登記所及び登記簿）
第238条　限定責任信託の登記に関する事務は，限定責任信託の事務処理地を管轄する法務局若しくは地方法務局若しくはこれらの支局又はこれらの出張所が管轄登記所としてつかさどる。

2　登記所に，限定責任信託登記簿を備える。

（登記の申請）
第239条　第232条及び第233条の規定による登記は受託者の申請によって，第235条から第237条までの規定による登記は清算受託者の申請によってする。

2　前項の規定にかかわらず，信託財産管理者又は信託財産法人管理人が選任されている場合には，第232条及び第233条の規定による登記（第246条の規定によるものを除く。）は，信託財産管理者又は信託財産法人管理人の申請によってする。

（限定責任信託の定めの登記の添付書面）
第240条　限定責任信託の定めの登記の申請書には，次に掲げる書面を添付しなければならない。
一　限定責任信託の信託行為を証する書面
二　受託者が法人であるときは，当該法人の登記事項証明書。ただし，当該登記所の管轄区域内に当該法人の本店又は主たる事務所がある場合を除く。
三　会計監査人設置信託においては，次に掲げる書面
　イ　就任を承諾したことを証する書面
　ロ　会計監査人が法人であるときは，当該法人の登記事項証明書。ただし，当該登記所の管轄区域内に当該法人の主たる事務所がある場合を除く。
　ハ　会計監査人が法人でないときは，第249条第1項に規定する者であることを証する書面

（変更の登記の添付書面）
第241条　事務処理地の変更又は第232条各号（第4号を除く。）に掲げる事項の変更の登記の申請書には，事務処理地の変更又は登記事項の変更を証する書面を添付しなければならない。

2　法人である新受託者の就任による変更の登記の申請書には，前条第2号に掲げる書面を添付しなければならない。

3　会計監査人の就任による変更の登記の申請書には，前条第3号ロ又はハに掲げる書面を添付しなければならない。

（終了の登記の添付書面）
第242条　限定責任信託の終了の登記の申請書には，その事由の発生を証する書面を添付しなければならない。

（清算受託者の登記の添付書面）
第243条　次の各号に掲げる者が清算受託者となった場合の清算受託者の登記の申請書には，当該各号に定める書面を添付しなければならない。
一　信託行為の定めにより選任された者　次に掲げる書面
　イ　当該信託行為の定めがあることを証する書面
　ロ　選任された者が就任を承諾したことを証する書面
二　第62条第1項の規定により選任された者　次に掲げる書面
　イ　第62条第1項の合意があったことを証する書面
　ロ　前号ロに掲げる書面
三　第62条第4項又は第173条第1項の規定により裁判所が選任した者　その選任を証する書面

2　第240条（第2号に係る部分に限る。）の規定は，清算受託者が法人である場合の清算受託者の登記について準用する。

（清算受託者に関する変更の登記の添付書面）
第244条　清算受託者の退任による変更の登記の申請書には，退任を証する書面を添付しなければならない。

2　第236条第1項に規定する事項の変更の登記の申請書には，登記事項の変更を証する書面を添付しなければならない。

3　第241条第2項の規定は，法人である清算受託者の就任による変更の登記について準用する。

（清算結了の登記の添付書面）

第245条　清算結了の登記の申請書には，第184条第1項の計算の承認があったことを証する書面を添付しなければならない。
（裁判による登記の嘱託）
第246条　次に掲げる場合には，裁判所書記官は，職権で，遅滞なく，限定責任信託の事務処理地を管轄する登記所にその登記を嘱託しなければならない。
　一　次に掲げる裁判があったとき。
　　イ　第58条第4項（第70条（第74条第6項において準用する場合を含む。）において準用する場合を含む。）の規定による受託者又は信託財産管理者若しくは信託財産法人管理人の解任の裁判
　　ロ　第64条第1項（第74条第6項において準用する場合を含む。）の規定による信託財産管理者又は信託財産法人管理人の選任の裁判
　二　次に掲げる裁判が確定したとき。
　　イ　前号イに掲げる裁判を取り消す裁判
　　ロ　第165条又は第166条の規定による信託の終了を命ずる裁判
（商業登記法及び民事保全法の準用）
第247条　限定責任信託の登記については，商業登記法（昭和38年法律第125号）第2条から第5条まで，第7条から15条まで，第17条（第3項を除く。），第18条から第19条の2まで，第20条第1項及び第2項，第21条から第24条まで，第26条，第27条，第51条から第53条まで，第71条第1項，第132条から第137条まで並びに第139条から第148条まで並びに民事保全法第56条の規定を準用する。この場合において，商業登記法第51条第1項中「本店」とあるのは「事務処理地（信託法（平成18年法律第108号）第216条第2項第4号に規定する事務処理地をいう。以下同じ。）」と，「移転した」とあるのは「変更した」と，同項並びに同法第52条第2項，第3項及び第5項中「新所在地」とあるのは「新事務処理地」と，同法第51条第1項及び第2項並びに第52条中「旧所在地」とあるのは「旧事務処理地」と，同法第71条第1項中「解散」とあるのは「限定責任信託の終了」と，民事保全法第56条中「法人を代表する者その他法人の役員」とあるのは「限定責任信託の受託者又は清算受託者」と，「法人の本店又は主たる事務所の所在地（外国法人にあっては，各事務所）の所在地」とあるのは「限定責任信託の事務処理地（信託法（平成18年法律第108号）第216条第2項第4号に規定する事務処理地をいう。）」と読み替えるものとする。

第10章　受益証券発行限定責任信託の特例
（会計監査人の設置等）
第248条　受益証券発行信託である限定責任信託（以下「受益証券発行限定責任信託」という。）においては，信託行為の定めにより，会計監査人を置くことができる。
2　受益証券発行限定責任信託であって最終の貸借対照表（直近の第222条第4項の時期において作成された貸借対照表をいう。）の負債の部に計上した額の合計額が200億円以上であるものにおいては，会計監査人を置かなければならない。
3　第1項の信託行為の定めのある信託及び前項に規定する信託（以下「会計監査人設置信託」と総称する。）においては，信託行為に会計監査人を指定する定めを設けなければならない。
（会計監査人の資格等）
第249条　会計監査人は，公認会計士（外国公認会計士（公認会計士法（昭和23年法律第103号）第16条の2第5項に規定する外国公認会計士をいう。）を含む。第3項第2号において同じ。）又は監査法人でなければならない。
2　会計監査人に選任された監査法人は，その社員の中から会計監査人の職務を行うべき者を選定し，これを受託者に通知しなければならない。この場合においては，次項第2号に掲げる者を選定することはできない。
3　次に掲げる者は，会計監査人となることができない。
　一　公認会計士法の規定により，第222条第4項に規定する書類又は電磁的記録について監査をすることができない者
　二　受託者若しくはその利害関係人から公認会計士若しくは監査法人の業務以外の業務により継続的な報酬を受けている者又はその配偶者
　三　監査法人でその社員の半数以上が前号に掲げる者であるもの

（会計監査人が欠けた場合の措置）
第250条 会計監査人設置信託において，会計監査人が欠けたときは，委託者及び受益者は，会計監査人が欠けた時から2箇月以内に，その合意により，新たな会計監査人（以下この条において「新会計監査人」という。）を選任しなければならない。
2 前項に規定する場合において，委託者が現に存しないとき，又は会計監査人が欠けた時から2箇月を経過しても同項の合意が調わないときは，新会計監査人の選任は，受益者のみでこれをすることができる。
3 前2項に規定する場合において，受益者が2人以上あるときは，受託者（信託監督人が現に存する場合にあっては，受託者又は信託監督人）は，前2項の規定により新会計監査人を選任するため，遅滞なく，受益者集会を招集しなければならない。
4 第1項又は第2項の規定により新会計監査人が選任されたときは，当該新会計監査人について信託行為に第248条第3項の定めが設けられたものとみなす。
5 会計監査人が欠けた場合には，辞任により退任した会計監査人は，新会計監査人が選任されるまで，なお会計監査人としての権利義務を有する。

（会計監査人の辞任及び解任）
第251条 第57条第1項本文の規定は会計監査人の辞任について，第58条第1項及び第2項の規定は会計監査人の解任について，それぞれ準用する。

（会計監査人の権限等）
第252条 会計監査人は，第222条第4項の書類又は電磁的記録を監査する。この場合において，会計監査人は，法務省令で定めるところにより，会計監査報告を作成しなければならない。
2 会計監査人は，いつでも，次に掲げるものの閲覧及び謄写をし，又は受託者に対し，会計に関する報告を求めることができる。
 一 会計帳簿又はこれに関する資料が書面をもって作成されているときは，当該書面
 二 会計帳簿又はこれに関する資料が電磁的記録をもって作成されているときは，当該電磁的記録に記録された事項を法務省令で定める方法により表示したもの
3 会計監査人は，その職務を行うに当たっては，次のいずれかに該当する者を使用してはならない。
 一 第249条第3項第1号又は第2号に掲げる者
 二 受託者又はその利害関係人
 三 受託者又はその利害関係人から公認会計士又は監査法人の業務以外の業務により継続的な報酬を受けている者
4 会計監査人設置信託における第222条第4項，第5項及び第8項の規定の適用については，同条第4項中「作成しなければ」とあるのは「作成し，第252条第1項の会計監査を受けなければ」と，同条第5項中「その内容」とあるのは「その内容及び会計監査報告」と，同条第8項中「作成した場合には」とあるのは「作成し，第252条第1項の会計監査を受けた場合には」と，「当該書面）」とあるのは「当該書面）及び当該会計監査報告」とする。

（会計監査人の注意義務）
第253条 会計監査人は，その職務を行うに当たっては，善良な管理者の注意をもって，これをしなければならない。

（会計監査人の損失てん補責任等）
第254条 会計監査人がその任務を怠ったことによって信託財産に損失が生じた場合には，受益者は，当該会計監査人に対し，当該損失のてん補をすることを請求することができる。
2 前項の規定による損失のてん補として会計監査人が受託者に対し交付した金銭その他の財産は，信託財産に帰属する。
3 第42条（第1号に係る部分に限る。）並びに第105条第3項及び第4項（第3号を除く。）の規定は第1項の規定による責任の免除について，第43条の規定は第1項の規定による責任に係る債権について，第45条の規定は第1項の規定による請求に係る訴えについて，それぞれ準用する。この場合において，第105条第4項第2号中「受託者がその任務」とあるのは，「会計監査人がその職務」と読み替えるものとする。

（会計監査人の第三者に対する責任）
第255条 会計監査人設置信託において，会計監査人がその職務を行うについて悪意又は重大な過失があったときは，当該会計監査人は，

これによって第三者に生じた損害を賠償する責任を負う。
2　会計監査人設置信託の会計監査人が、第252条第1項の会計監査報告に記載し、又は記録すべき重要な事項について虚偽の記載又は記録をしたときも、前項と同様とする。ただし、会計監査人が当該行為をすることについて注意を怠らなかったことを証明したときは、この限りでない。
3　前2項の場合において、当該損害を賠償する責任を負う他の会計監査人があるときは、これらの者は、連帯債務者とする。
（会計監査人の費用等及び報酬）
第256条　第127条第1項から第5項までの規定は、会計監査人の費用及び支出の日以後におけるその利息、損害の賠償並びに報酬について準用する。
（受益者集会の特例）
第257条　会計監査人設置信託に係る信託行為に第214条の別段の定めがない場合における第118条の規定の適用については、同条第1項中「同じ。）」とあるのは「同じ。）及び会計監査人」と、同条第2項中「受託者」とあるのは「受託者又は会計監査人」とする。

第11章　受益者の定めのない信託の特例
（受益者の定めのない信託の要件）
第258条　受益者の定め（受益者を定める方法の定めを含む。以下同じ。）のない信託は、第3条第1号又は第2号に掲げる方法によってすることができる。
2　受益者の定めのない信託においては、信託の変更によって受益者の定めを設けることはできない。
3　受益者の定めのある信託においては、信託の変更によって受益者の定めを廃止することはできない。
4　第3条第2号に掲げる方法によって受益者の定めのない信託をするときは、信託管理人を指定する定めを設けなければならない。この場合においては、信託管理人の権限のうち第145条第2項各号（第6号を除く。）に掲げるものを行使する権限を制限する定めを設けることはできない。
5　第3条第2号に掲げる方法によってされた受益者の定めのない信託において信託管理人を指定する定めがない場合において、遺言執行者の定めがあるときは、当該遺言執行者は、信託管理人を選任しなければならない。この場合において、当該遺言執行者が信託管理人を選任したときは、当該信託管理人について信託行為に前項前段の定めが設けられたものとみなす。
6　第3条第2号に掲げる方法によってされた受益者の定めのない信託において信託管理人を指定する定めがない場合において、遺言執行者の定めがないとき、又は遺言執行者となるべき者として指定された者が信託管理人の選任をせず、若しくはこれをすることができないときは、裁判所は、利害関係人の申立てにより、信託管理人を選任することができる。この場合において、信託管理人の選任の裁判があったときは、当該信託管理人について信託行為に第4項前段の定めが設けられたものとみなす。
7　第123条第6項から第8項までの規定は、前項の申立てについての裁判について準用する。
8　第3条第2号に掲げる方法によってされた受益者の定めのない信託において、信託管理人が欠けた場合であって、信託管理人が就任しない状態が1年間継続したときは、当該信託は、終了する。
（受益者の定めのない信託の存続期間）
第259条　受益者の定めのない信託の存続期間は、20年を超えることができない。
（受益者の定めのない信託における委託者の権利）
第260条　第3条第1号に掲げる方法によってされた受益者の定めのない信託においては、委託者（委託者が2人以上ある場合にあっては、そのすべての委託者）が第145条第2項各号（第6号を除く。）に掲げる権利を有する旨及び受託者が同条第4項各号に掲げる義務を負う旨の定めが設けられたものとみなす。この場合において、信託の変更によってこれを変更することはできない。
2　第3条第2号に掲げる方法によってされた受益者の定めのない信託であって、第258条第5項後段又は第6項後段の規定により同条第4項前段の定めが設けられたものとみなされるものにおいては、信託の変更によって信

託管理人の権限のうち第145条第2項各号（第6号を除く。）に掲げるものを行使する権限を制限することはできない。

(この法律の適用関係)

第261条 受益者の定めのない信託に関する次の表の上欄に掲げるこの法律の規定の適用については，これらの規定中同表の中欄に掲げる字句は，同表の下欄に掲げる字句とする。

第19条第1項第3号及び第3項第3号	受益者の利益を害しない	信託の目的の達成の支障とならない
	受益者との	信託の目的に関して有する
第19条第3項第2号	各信託の受益者（信託管理人が現に存する場合にあっては，信託管理人）の協議	受益者の定めのない信託の信託管理人と他の信託の受益者（信託管理人が現に存する場合にあっては，信託管理人）との協議又は受益者の定めのない各信託の信託管理人の協議
第30条	受益者	信託の目的の達成
第31条第1項第4号	受託者又はその利害関係人と受益者との利益が相反する	受託者又はその利害関係人の利益となり，かつ，信託の目的の達成の支障となる
第31条第2項第4号	受益者の利益を害しない	信託の目的の達成の支障とならない
	受益者との	信託の目的に関して有する
第32条第1項	受益者の利益に反する	信託の目的の達成の支障となる
第37条第4項ただし書	受益者	委託者
	信託管理人。	信託管理人又は委託者。
第37条第6項ただし書	受益者	委託者
第38条第2項第3号	受益者の共同の利益を害する	信託の目的の達成を妨げる
第57条第1項	委託者及び受益者	委託者（信託管理人が現に存する場合にあっては，委託者及び信託管理人）
第58条第1項	委託者及び受益者は，いつでも，その合意により	委託者は，いつでも（信託管理人が現に存する場合にあっては，委託者及び信託管理人は，いつでも，その合意により）
第58条第2項	委託者及び受益者が	委託者（信託管理人が現に存する場合にあっては，委託者及び信託管理人）が
	委託者及び受益者は	委託者は
第62条第1項	委託者及び受益者が，その合意により	委託者は（信託管理人が現に存する場合にあっては，委託者及び信託管理人は，その合意により）
第62条第3項	委託者及び受益者（2人以上の受益者が現に存する場合にあってはその1人，信託管理人が現に存する場合にあっては信託管理人）	委託者（信託管理人が現に存する場合にあっては，委託者及び信託管理人）
第62条第4項	同項の合意に係る協議の状況	委託者の状況（信託管理人が現に存する場合にあっては，同項の合意に係る協議の状況）
第62条第8項	「受益者は」	「信託管理人は」
	「受益者」	「信託管理人」
	「受益者の状況」	「信託管理人の状況」
第125条第1項	受益者のために	信託の目的の達成のために
第126条第2項	受益者	信託の目的の達成
第146条第1項	受託者及び受益者	受託者
第146条第2項	他の委託者，受託者及び受益者	他の委託者及び受託者
第149条第1項	委託者，受託者及び受益者	委託者及び受託者（信託管理人が現に存する場合にあっては，委託者，受託者及び信託管理人）
第149条第2項（第1号を除く。）	委託者及び受益者	委託者（信託管理人が現に存する場合にあっては，委託者及び信託管理人）
	信託の目的に反しないこと及び受益者の利益に適合すること	信託の目的の達成のために必要であること
第149条第3項第1号	委託者及び受益者	委託者（信託管理人が現に存する場合にあっては，委託者及び信託管理人）
第149条第5項	，受益者に対し	，信託管理人に対し

条文		
第150条第1項	受益者の利益に適合しなくなる	信託の目的の達成の支障となる
第151条第1項	委託者，受託者及び受益者	委託者及び受託者（信託管理人が現に存する場合にあっては，委託者，受託者及び信託管理人）
第151条第2項（第1号を除く。）	委託者及び受益者	委託者（信託管理人が現に存する場合にあっては，委託者及び信託管理人）
	信託の目的に反しないこと及び受益者の利益に適合すること	信託の目的の達成のために必要であること
第151条第4項	，受益者に対し	，信託管理人に対し
第155条第1項	委託者，受託者及び受益者	委託者及び受託者（信託管理人が現に存する場合にあっては，委託者，受託者及び信託管理人）
第155条第2項（第1号を除く。）	委託者及び受益者	委託者（信託管理人が現に存する場合にあっては，委託者及び信託管理人）
	信託の目的に反しないこと及び受益者の利益に適合すること	信託の目的の達成のために必要であること
第155条第4項	，受益者に対し	，信託管理人に対し
第159条第1項	委託者，受託者及び受益者	委託者及び受託者（信託管理人が現に存する場合にあっては，委託者，受託者及び信託管理人）
第159条第2項（第1号を除く。）	委託者及び受益者	委託者（信託管理人が現に存する場合にあっては，委託者及び信託管理人）
	信託の目的に反しないこと及び受益者の利益に適合すること	信託の目的の達成のために必要であること
第159条第4項	，受益者に対し	，信託管理人に対し
第164条第1項	委託者及び受益者は，いつでも，その合意により	委託者は，いつでも（信託管理人が現に存する場合にあっては，委託者及び信託管理人は，いつでも，その合意により）
第164条第2項	委託者及び受益者が	委託者（信託管理人が現に存する場合にあっては，委託者及び信託管理人）が
	委託者及び受益者は	委託者は
第165条第1項	受益者の利益に適合する	相当となる
第222条第6項ただし書	受益者	委託者
	信託管理人。	信託管理人又は委託者。
第222条第8項ただし書	受益者	委託者
第243条第1項第2号イ	合意	委託者の意思表示（信託管理人が現に存する場合にあっては，委託者及び信託管理人の合意）

2 受益者の定めのない信託に係る受託者の費用等，損害の賠償及び信託報酬については，第48条第5項（第53条第2項及び第54条第4項において準用する場合を含む。）の規定は，適用しない。

3 受益者の定めのない信託に係る信託の変更については，第149条第2項第1号及び第3項第2号の規定は，適用しない。

4 受益者の定めのない信託に係る信託の併合については，第151条第2項第1号の規定は，適用しない。

5 受益者の定めのない信託に係る信託の分割については，第155条第2項第1号及び第159条第2項第1号の規定は，適用しない。

第12章　雑則
第1節　非訟
（信託に関する非訟事件の管轄）

第262条 この法律の規定による非訟事件は，この条に特別の定めがある場合を除き，受託者の住所地を管轄する地方裁判所の管轄に属する。

2 受託者が2人以上ある場合における前項の規定の適用については，同項中「住所地」とあるのは，「いずれかの住所地」とする。

3 受託者の任務の終了後新受託者の就任前におけるこの法律の規定による裁判所に対する申立てに係る事件は，前受託者の住所地を管轄する地方裁判所の管轄に属する。

4 受託者が2人以上ある場合における前項の規定の適用については，同項中「受託者の任

務」とあるのは,「すべての受託者の任務」とし,前受託者が2人以上ある場合における同項の規定の適用については,同項中「住所地」とあるのは,「いずれかの住所地」とする。

5　第6条第1項又は第258条第6項の申立てに係る事件は,遺言者の最後の住所地を管轄する地方裁判所の管轄に属する。

(信託に関する非訟事件の手続の特例)
第263条　この法律の規定による非訟事件については,非訟事件手続法第40条及び第57条第2項第2号の規定は,適用しない。

(最高裁判所規則)
第264条　この法律に定めるもののほか,この法律の規定による非訟事件の手続に関し必要な事項は,最高裁判所規則で定める。

第2節　公告等

(法人である受託者についての公告の方法)
第265条　この法律の規定(第152条第2項,第156条第2項,第160条第2項及び第229条第1項を除く。)による公告は,受託者(受託者の任務の終了後新受託者の就任前にあっては,前受託者)が法人である場合には,当該法人における公告の方法(公告の期間を含む。)によりしなければならない。

(法人である受託者の合併等についての公告の手続等の特例)
第266条　会社法その他の法律の規定によりある法人が組織変更,合併その他の行為をするときは当該法人の債権者が当該行為について公告,催告その他の手続を経て異議を述べることができることとされている場合において,法人である受託者が当該行為をしようとするときは,受託者が信託財産に属する財産のみをもって履行する責任を負う信託財産責任負担債務に係る債権を有する債権者は,当該行為についてこれらの手続を経て異議を述べることができる債権者に含まれないものとする。

2　会社法その他の法律の規定による法人の事業の譲渡に関する規定の適用については,第3条第3号に掲げる方法によってする信託は,その適用の対象となる行為に含まれるものとする。ただし,当該法律に別段の定めがあるときは,この限りでない。

第13章　罰則

(受益証券発行限定責任信託の受託者等の贈収賄罪)
第267条　次に掲げる者が,その職務に関して,賄賂を収受し,又はその要求若しくは約束をしたときは,3年以下の懲役又は300万円以下の罰金に処する。これによって不正の行為をし,又は相当の行為をしないときは,5年以下の懲役又は500万円以下の罰金に処する。

一　受益証券発行限定責任信託の受託者(前受託者又は清算受託者を含む。以下同じ。)

二　受益証券発行限定責任信託の信託財産管理者

三　受益証券発行限定責任信託の民事保全法第56条に規定する仮処分命令により選任された受託者の職務を代行する者

四　受益証券発行限定責任信託の信託財産法人管理人

五　受益証券発行限定責任信託の信託管理人

六　受益証券発行限定責任信託の信託監督人

七　受益証券発行限定責任信託の受益者代理人

八　受益証券発行限定責任信託の検査役

九　会計監査人

2　前項に規定する賄賂を供与し,又はその申込み若しくは約束をした者は,3年以下の懲役又は300万円以下の罰金に処する。

3　第1項の場合において,犯人の収受した賄賂は,没収する。その全部又は一部を没収することができないときは,その価額を追徴する。

(国外犯)
第268条　前条第1項の罪は,日本国外においてこれらの罪を犯した者にも適用する。

2　前条第2項の罪は,刑法(明治40年法律第45号)第2条の例に従う。

(法人における罰則の適用)
第269条　第267条第1項に規定する者が法人であるときは,同項の規定は,その行為をした取締役,執行役その他業務を執行する役員又は支配人に対してそれぞれ適用する。

(過料に処すべき行為)
第270条　受託者,第60条第1項に規定する前受託者の相続人等,信託財産管理者,民事保全法第56条に規定する仮処分命令により選任された受託者の職務を代行する者,信託財産

法人管理人，信託管理人，信託監督人，受益者代理人又は検査役は，次のいずれかに該当する場合には，100万円以下の過料に処する。ただし，その行為について刑を科すべきときは，この限りでない。
　一　この法律の規定による公告若しくは通知をすることを怠ったとき，又は不正の公告若しくは通知をしたとき。
　二　この法律の規定による開示をすることを怠ったとき。
　三　この法律の規定に違反して，正当な理由がないのに，書類又は電磁的記録に記録された事項を法務省令で定める方法により表示したものの閲覧又は謄写を拒んだとき。
　四　この法律の規定による報告をせず，又は虚偽の報告をしたとき。
　五　この法律の規定による調査を妨げたとき。
　六　第37条第1項，第2項若しくは第5項の書類若しくは電磁的記録又は第120条の議事録（信託行為に第4章第3節第2款の定めるところによる受益者集会における多数決による旨の定めがある場合に限る。）を作成せず，若しくは保存せず，又はこれらに記載し，若しくは記録すべき事項を記載せず，若しくは記録せず，若しくは虚偽の記載若しくは記録をしたとき。
　七　第152条第2項若しくは第5項，第156条第2項若しくは第5項又は第160条第2項若しくは第5項の規定に違反して，信託の併合又は分割をしたとき。
　八　第179条第1項の規定に違反して，破産手続開始の申立てをすることを怠ったとき。
　九　第181条の規定に違反して，清算中の信託財産に属する財産の給付をしたとき。
2　受益証券発行信託の受託者，信託財産管理者，民事保全法第56条に規定する仮処分命令により選任された受託者の職務を代行する者，信託財産法人管理人，信託監督人又は受益権原簿管理人は，次のいずれかに該当する場合には，100万円以下の過料に処する。ただし，その行為について刑を科すべきときは，この限りでない。
　一　第120条の議事録（信託行為に第214条の別段の定めがない場合に限る。）又は第186条の受益権原簿を作成せず，若しくは保存せず，又はこれらに記載し，若しくは記録すべき事項を記載せず，若しくは記録せず，若しくは虚偽の記載若しくは記録をしたとき。
　二　第187条第1項又は第202条第1項の規定に違反して，書面の交付又は電磁的記録の提供を拒んだとき。
　三　第190条第1項の規定に違反して，第186条の受益権原簿を備え置かなかったとき。
　四　第207条の規定に違反して，遅滞なく，受益証券を発行しなかったとき。
　五　第209条の規定に違反して，受益証券に記載すべき事項を記載せず，又は虚偽の記載をしたとき。
3　限定責任信託の受託者，信託財産管理者，民事保全法第56条に規定する仮処分命令により選任された受託者の職務を代行する者又は信託財産法人管理人は，次のいずれかに該当する場合には，100万円以下の過料に処する。ただし，その行為について刑を科すべきときは，この限りでない。
　一　第9章第3節の規定による登記をすることを怠ったとき。
　二　第222条第2項の会計帳簿，同条第3項の貸借対照表又は同条第4項若しくは第7項の書類若しくは電磁的記録を作成せず，若しくは保存せず，又はこれらに記載し，若しくは記録すべき事項を記載せず，若しくは記録せず，若しくは虚偽の記載若しくは記録をしたとき。
　三　清算の結了を遅延させる目的で，第229条第1項の期間を不当に定めたとき。
　四　第230条第1項の規定に違反して，債務の弁済をしたとき。
4　会計監査人設置信託の受託者，信託財産管理者，民事保全法第56条に規定する仮処分命令により選任された受託者の職務を代行する者，信託財産法人管理人又は信託監督人は，第250条第3項の規定に違反して，会計監査人の選任の手続をすることを怠ったときは，100万円以下の過料に処する。ただし，その行為について刑を科すべきときは，この限りでない。

第271条　次のいずれかに該当する者は，100万円以下の過料に処する。
　一　第218条第1項の規定に違反して，限定責任信託の名称中に限定責任信託という文

字を用いなかった者
二　第218条第2項の規定に違反して，限定責任信託であると誤認されるおそれのある文字をその名称又は商号中に使用した者
三　第218条第3項の規定に違反して，他の限定責任信託であると誤認されるおそれのある名称又は商号を使用した者

　　附　則
（施行期日）
1　この法律は，公布の日から起算して1年6月を超えない範囲内において政令で定める日から施行する。
（自己信託に関する経過措置）
2　第3条第3号の規定は，この法律の施行の日から起算して1年を経過する日までの間は，適用しない。
（受益者の定めのない信託に関する経過措置）
3　受益者の定めのない信託（学術，技芸，慈善，祭祀，宗教その他公益を目的とするものを除く。）は，別に法律で定める日までの間，当該信託に関する信託事務を適正に処理するに足りる財産的基礎及び人的構成を有する者として政令で定める法人以外の者を受託者としてすることができない。

4　前項の別に法律で定める日については，受益者の定めのない信託のうち学術，技芸，慈善，祭祀，宗教その他公益を目的とする信託に係る見直しの状況その他の事情を踏まえて検討するものとし，その結果に基づいて定めるものとする。

　　附　則（平成23年5月25日法律第53号）
　この法律は，新非訟事件手続法の施行の日から施行する。
　　附　則（平成25年5月31日法律第28号）
　この法律は，番号利用法の施行の日から施行する。
　　附　則（平成26年6月27日法律第91号）
　この法律は，会社法の一部を改正する法律の施行の日から施行する。
　　附　則（平成29年6月2日法律第45号）
　この法律は，民法改正法（民法の一部を改正する法律（平成29法44）の施行の日〔平成32年4月1日〕から施行する。
　　附　則（平成30年7月13日法律第72号）
　この法律は，公布の日から起算して1年を超えない範囲内において政令で定める日から施行する。（以下略）

あとがき

　魅惑的な「持分ワールド」を堪能して頂けたでしょうか？
　本書は『非公開株式譲渡の法務・税務』,『事業承継に活かす従業員持株会の法務・税務』,『組織再編・資本等取引をめぐる税務の基礎』の事業承継3部作に続く，4部作目として，株式会社から離れた視点を提示しました。

　①持ち前の図解による分かりやすさ，②「持分の有無をめぐって…」との一貫性を持たせ，さらに，③3つのコンテンツの一貫性として「信頼」を据えて，類書と差を見出しました。

　著名な携帯用六法である有斐閣『ポケット六法』でも，一般社団等の条文は「抄」でしか掲載されず，信託法に至っては全く掲載されていません。
　ネット上で見られるというものの，筆者の経験上も，手元に紙ベースのものが欲しいと痛切に思ったことから，3条文をできる限りの小文字で掲載することにして，講演や大学の講義での便宜性を高めました。今回も，先に講演が決まってのハードな日程でした。中央経済社の露本敦氏には無理なお願いの中，著者の筆の遅れを取り戻すべく，頑張っていただき感謝申し上げます。

平成27年10月

　第2版では最先端のスキームを2つ組み込みました。1つ目は「持分会社」＋「一般社団法人」＝「財産承継トラスト®」で，秋田康博弁護士のオリジナルのスキームです。
　2つ目は「一般社団法人」＋「信託」＝「永久事業承継信託」で，後藤孝典弁護士のお許しを得て先生の著書「会社の相続」（小学館）よりスキームを引用させていただきました。
　さらに著者（齋藤）の論文2点を加えたことから，資料のうち「持分会社」についての会社法の条文は「ポケット六法」等にも載っていることを考慮し削除しました。

平成30年6月

索　引

■英　数

M&A ……………………………… 319
nobody's property →誰のものでもない財産
NPO…228, 230, 232, 236, 239～240, 242, 246

■あ　行

頭数…………… **5**, 35, 124, 143, 171, 227
アップル………………………… 13, 74～75
跡継ぎ→受益者連続型信託
遺言…256～258, 264, 266, 282～283, 299, 302, 308, 320, 333
遺言代用（生前）信託……**264**, 297, 302, 307～309, 315
1階法人………………… **157～158**, 182
一般財団法人…146, 162～163, 192～193, 220, 250～256
一般財団法人（第Ⅱ編以外で）……… 256
一般社団法人（第Ⅱ編以外で）
　………256, 267, 295, 300～304, 319, 324
入り口課税…… 179, 182～183, 188～203
遺留分…150, 298～299, 308～309, 312, 315～319, 320～321, 326～327
医療法人……………………… 194, 208, 228
姻族関係終了届………………………… 323
受取配当等の益金不算入……… 210, 213
永久事業承継信託…………… 316～329
営業権………………………… 242～245
営利法人………………………………… 12
遠藤英嗣………………………………… 255
横領→使い込み

■か　行

会計公準………………………… 24～25
会計帳簿の閲覧………… 82～83, **98**
買取資金…………………………… 147
隔離…………………………… 168, 307
家族信託………… 258, **296～297**, 300
学校法人…228, 230, 232, 236, 239～240, 242, 246
家督相続……………………………… 319
株式会社…4～6, 12～13, 15, 52, 20, 30, 34, 35, 48～49, 51, 53, 57～60, 62～66, 68～69, 71, 75～83, 85～86, 88, 90～92, 94, 96～98, 102, 116～117, 123～132, 144, 164～166, 175, 206, 208
株式の譲渡………………………… 15
株主総会… 7, 34, 74, 170, 324, 327～328
株主代表訴訟………………… **50**, 86
株主平等の原則………………………… 79
川田剛………………………………… 215
監事……… 163, 167, 233～237, 246, 231
基金………… 155, **166～167**, 204～210
基金の返還…………………………… 207
議決権…7, 30, 34, 98, 143, 170～173, 190～192, 197, 206, 213, 218～219, 236, 246, 258, 266～267, 295, 302～315, 324, 325, 327～328
議決権行使の指図権…267, **302～303**, 324, 327～328
帰属権利者……………………… 277～279
寄附… **160**, 208, 229～230, 232, 236～237, 239, 243, 247

共益型……………………………157〜159
業務執行社員…31, **32**〜**34**, 37〜39, 98,
　　　　　　114, 117〜119, **143**, 231,
　　　　　　234〜236, 245〜246
業務を執行する(しない)有限責任社員
　　………………………14, **32**〜**36**
熊谷則一…………………………………231
組合…31, 85, 88, 91, 106, 116〜117, 130,
　　　141, 164, 177, 236, 245
クリティカルパス…………………………72
グループ法人…………… 149, 208〜210
経営承継円滑化法………………299, 321
経済的に合理的……………9 〜**10**, 13, 18
計算書類の閲覧…82, 94〜95, 98, 121〜
　　　122, 324
結婚・出産・子育て資金贈与信託
　　………………258, 330, **332**〜**333**, 334
決算公告……………4 〜5, 50, 52, **74**, 99
減資→資本金の額の減少
限定責任信託……………………………301
現物出資……… 11, 21〜22, 112, 117, **133**
公益に関する法人…228, 230, 232, 236, 239,
　　　　　　240, 242〜244, 247
公益法人等……… 157, 223, 232, 243, 247
後見開始……………………… 53, 56〜57
合資会社の定款……………… 375〜380
合同会社（第Ⅰ編以外で）… 228〜248
合同会社のメリット…………4 〜**5**, 52
合名会社の定款……………… 366〜374
ゴミ箱………………………… 147〜148

■さ　行

債権者保護…22〜23, 61, 90, 92, 96〜97,
　　　　　　99, **105**, 110, 113, 120, 122,
　　　　　　131, 137
財産移転の方法…… 148〜**151**, 257, 299
財産隔離→隔離

財産承継トラスト®………………… 242
債務控除…38, 42〜43, 47, 53, 61, 90〜91,
　　　　　　124, 127〜128, 132, **134**〜**139**,
　　　　　　144, 339〜351
債務超過→債務控除
債務免除益………… 167, 204, **207**, 210
指図権→議決権行使の指図権
3階法人……………………………… 157
残余財産受益者……………… 277〜279
残余財産…28, 83, 117, 133, 140, 144, 153,
　　　　　155, 159, 168〜169, 179, 183,
　　　　　189, 192, 196, 202, 206, 214,
　　　　　223, 230, 232, 234, 240〜241,
　　　　　278〜279, 297, 324
仕入税額控除…………………… **37**, 144
自益信託…**259**〜**260**, 265, 297, 302, 307〜
　　　　　309
事業承継税制……………… 35, 124, 143
事業年度…………………… **61**, 97〜98
自己信託……………… **256**〜**257**, 259
自己持分…………………………100, 117
資産保有型法人………………………41
自社株…147〜149, 267, 302〜303, 307〜
　　　313
私的自治………………………………242
品川芳宣………………………… **216**, 221
支配はすれども所有せず……… 244, 324
資本金の額の減少…… 102〜105, 113, 122
社員総会… 5, 34, 52, 97, 143, **169**〜**172**,
　　　　190〜192, 194, 206, 230〜231,
　　　　236, 301
社員の加入（入社）45, 88, 119, 143, 173
社員の責任→無限責任社員
社員の責任の変更→責任の変更
社員の退社→法定退社
社会福祉法人………………………… 232
収益事業……………………… 157〜161

索　引　503

従業員持株会……………149, 177, 212, 215
宗教法人…228, 230, 232, 236, 239～240, 242, 246
終了→信託の終了
受益債権の定義………………………262
受益者信託→受益者等課税信託
受益者等課税信託…259, **268～273**, 287
受益者等の定義………………262, **270**
受益者の定義…………………………262
受益者連続型信託…249, 258, 267, **282～285**, 298～299, 312～313
受託者は評議員………………………250
出資の払戻し…**103～105**, 112～113, 121～122
出資比率（割合）…5～7, 18～19, 52, 81, 83, 229, 238
種類株式…3, 6～8, **303～305**, 310～311
種類の変更………59, 81, 83, 90, 120, 128
準共有……………………………49, 81
ジョイント・ベンチャー………………89
障害者…………………………258, 266～267
障害者信託→特定贈与信託
商事信託…………………………**258**, 300
譲渡価額………………208, **211～213**
譲渡等承認請求………………………49
消費税還付…………………………41～42
譲渡制限株式…………………………15
除外合意………………………………321
除名………………………57, 119, 172, 175
所有権……………252～255, 296, 300, 308
信託（第Ⅲ編以外で）……………149, 163
信託監督人……………………………301
信託契約…**257～265**, 292, 298, 310, 312, 314, 317
信託行為…**257**, 265, 272～273, 277～281, 317

信託受益権の評価………263, 284～285
信託宣言→自己信託
信託で設定する遺言…………255～257
信託内借入…………336～337, 353～365
信託の効力の発生………………264～265
信託の終了…249, **276～281**, 308, 310～311, 313, 318
信託の設定………………………249, 260
信託の定義……………………………267
信託の変更…249, **269～275**, 308, 315～316
信託の方法………………………256～257
信託目的………………………………297
信託目録…………………………253～255
人的会社…………59～60, **78**, 81～82, 98
人的種類株式………………………7, 8
信用出資…**21～26**, 28, 39, 83, 112, 116～117, 133, 140, 144
信頼（感）…1, 4, 13, 22, 30, 36, 50～51, 53, 78, 88, 174～176, 249
スモールカンパニー……………………89
清算受託者……………………………249
成年後見……………………266～267, 300
税務大学校……………………………220
生命保険………………………………320
西友……………………………20, 74～75
責任の変更……………………………55
全所得課税法人………………………157
創業家…………………………………267
総社員（株主）の同意…8, 17, 26～27, 46, 53, 57, 59, 62～65, 70, **72～83**, 88, 107, 111, 116, 119～120, 131, 141, 143, 173, 311
相続税法施行令33条3項
……147, 149～150, 152～154, 179, 182,

186, **187**〜**189**, 193, 196, 198, 200, 208, 222〜223
相続税法64条（同族会社等の行為又は計算の否認等）……………150, 201, 223
相続税法65条……… 179, **183**, 201〜203
相続税法66条4項…148, 150, 179, **182**, 184〜187, 190, 200〜201, 203, 208, 224
相続人等に対する売渡し請求……… 50
総則6項………………………… 153
贈与税の申告内容の開示…… 322〜323
組織再編…57〜58, 61, 86〜87, 89, **124**〜**131**
組織変更… 1, 17, **48**〜**86**, 87, 90〜91, 93, 123
租税回避…138, 153, 170, 176, 181〜182, 215, 220, 224, 326
損益（の）分配……… 5〜12, 16〜20, 26〜28, 48, 52, 54, 81, 83, 106〜107, 141〜142

■た　行

退社にともなう持分の払戻し…… 44, **84**
代償分割………………………… 320
代替基金………………………… 207
代表社員…………… 31, 39, 119, 131, 143
他益信託…………… **259**〜**260**, 310〜311
誰のものでもない財産…… 255, 269, 276
中間整理………………………… 306〜317
中小会計要領…………………… 92
帳簿閲覧→計算書類の閲覧
使い込み……………… 266, **300**〜**301**
定款自治… 9, 20, 31, 60, 88, 112, **116**〜**117**, 130, 132, 205
定款（の）変更…**45**, 82〜83, 88, 104, 113, 119〜120, 128, 143, 191, 193〜194, 200

定期借地権……………………… 40
出口課税……… 179, **182**〜**183**, 202〜203
デッドロック…………………… 36
登記… 7, 8, 21〜23, 25, **31**〜**32**, 41, 43, 46〜47, 56, 61〜67, 69〜72, 76〜77, 252
倒産隔離→隔離
頭数→あたまかず（頭数）
同族理事………… 227, 231, 233, 239, 327
特定委託者の定義……… 220, **269**〜**271**
特定一般社団法人……… 226〜227, 327
特定贈与信託………… 258, **318**〜**319**, 322
特別支配株主…………………… 50
特例有限会社→有限会社

■な　行

2階法人…………………… 157〜161
日本版LLC……………………… 20
任意退社…………… 57, 172, 173
認知症…56, 75〜76, 79, 81, 252, 266, 296〜297
年金……………………………… 29
納税猶予……………………… 328
乗っ取り…………………… 170, 173

■は　行

配当還元価額……… 210, 212, 218〜219
パススルー課税………… 212, **268**〜**269**
非営利徹底型…………… 157, **159**, 223
非課税信託……………………… 271
否認……………………………… 215
評議員………… 163, 170, 192〜195, 250
夫婦別産性……………………… 322
負担付遺贈…………………… 267
物的会社……… **59**〜**60**, 78, 81〜82, 128
分別管理義務………………… 288
ペット……………………… 266, 286

変更→信託の変更
法人が業務執行(無限責任) 31〜32, 116, 132, 144,
法人課税信託……………… 288〜292, 326
法人税法施行令4条(同族関係者の範囲)
……………………………… 217, 219
法定退社……44, 52〜55, 57, 60, 83〜85, 119, 172〜173
ボナウェイ・コンサルティング…… 247
ホールディングカンパニー…89, 130, 175

■ま　行

みなし受益者…………… 268〜269, 271
みなし譲渡……150, 155, 161, 179, **180**〜**181**, 261, 274
みなし贈与…**10**〜**11**, 18, 86, 161, 183, 216, 327, 328
みなし配当…………………………… 17
未来永劫………………… **147**, 149, 209
民事信託………………………………… 258
民法特例………………………………… 321
無限責任(社員)…**20**〜**23**, 26, 38〜39, 41, 43, 46〜47, 61, 63, 83, 92, 99, 110, 112, 116〜117, 120, 122, 124, 132〜140, 144, 206, 339〜351
名義株式(主)………………… 48, 51, 65, 86
名義預金……………………… 296, 322

目的……… 176〜177, 210, 214, 222, 250
目的信託………………… 249, **286**〜**293**
持株会社…………………………… 147, 218
持分会社(第Ⅰ編以外で)
…… 171〜172, 175, 206, 208, 228, 232
持分権利者……………………… 8, 18
持分の譲渡……………………… 13〜14, 88
持分の払戻し……55, **84**〜**86**, 103, 114〜115, 119, 121〜122, 139
持分評価…………………… 18, 26, 28
モニタリング…………………… 147, 149

■や　行

役員…**30**〜**33**, 38〜39, 144, 153, 170, 179, 188〜191, 193, 198〜199, 237, 243〜244
遺言信託→信託で設定する遺言
有限会社……………… 2, 4, 88〜89, 99
有限責任(社員)…**20**〜**21**, 23, 31, 38〜39, 61〜63, 73, 75, 86, 88, 91, 109〜110, 116〜117, 132〜134, 144, 206

■ら　行

利益の配当…**11**〜**13**, 16〜20, 27, 106〜112, 121, 140, 142, 144, 206
理事…………… 170, 190〜197, 226〜228
劣後債務…………………………… **166**, 204
労務出資………… 21, 112, 116〜117, 133

著者紹介

牧口　晴一　昭和28年生まれ。慶應義塾大学卒業。名古屋大学大学院法学研究科博士課程（前期課程）修了。修士（法学）。税理士（昭和59年税理士試験5科目合格），牧口会計事務所所長，株式会社マネジメントプラン代表取締役社長。
　　〈事務所〉〒501-0118　岐阜県大菅北4-31
　　　　TEL 058-252-6255　FAX 058-252-6512
　　　　http://www.makiguchikaikei.com/

齋藤　孝一　昭和24年生まれ。早稲田大学卒業。名古屋大学大学院法学研究科博士課程（後期課程）単位取得。名古屋商科大学大学院専任教授，法学博士。税理士（平成2年税理士試験5科目合格），中小企業診断士，CFP，日本公認会計士協会準会員，MAC＆BPミッドランド税理士法人理事長，株式会社マックコンサルタンツ代表取締役社長兼会長。
　　〈事務所〉〒450-6421　愛知県名古屋市中村区名駅3-28-12
　　　　大名古屋ビルヂング21F
　　　　TEL 052-433-8820　FAX 052-433-1308
　　　　http://www.mac-g.co.jp/

著者の共著紹介

『イラストでわかる中小企業経営者のための新会社法』2006年3月　経済法令
『逐条解説　中小企業・大企業子会社のためのモデル定款』2006年7月　第一法規
『イラスト＆図解　中小企業経営に活かす税制改正と会社法』2007年10月　経済法令
『事業承継に活かす従業員持株会の法務・税務（第3版）』2015年12月　中央経済社
『事業承継に活かす納税猶予・免除の実務（第3版）』2019年8月　中央経済社
『組織再編・資本等取引をめぐる税務の基礎（第4版）』2020年12月　中央経済社
『非公開株式譲渡の法務・税務（第7版）』2021年6月　中央経済社
『図解＆イラスト　中小企業の事業承継（13訂版）』2022年6月　清文社

事業承継に活かす
持分会社・一般社団法人・信託の法務・税務（第2版）

2015年10月20日	第1版第1刷発行
2018年3月10日	第1版第5刷発行
2018年10月10日	第2版第1刷発行
2024年1月30日	第2版第3刷発行

著 者　牧　口　晴　一
　　　　齋　藤　孝　一
発行者　山　本　　　継
発行所　㈱中央経済社
発売元　㈱中央経済グループ
　　　　パブリッシング

〒101-0051　東京都千代田区神田神保町1-35
　　　　　　電　話　03(3293)3371(編集代表)
　　　　　　　　　　03(3293)3381(営業代表)
　　　　　　https://www.chuokeizai.co.jp
　　　　　　印刷／東光整版印刷㈱
　　　　　　製本／誠　製　本㈱

ⓒ 牧口晴一，齋藤孝一 2018
Printed in Japan

＊頁の「欠落」や「順序違い」などがありましたらお取り替えいたしますので発売元までご送付ください。（送料小社負担）

ISBN 978-4-502-28311-6　C3032

JCOPY〈出版者著作権管理機構委託出版物〉本書を無断で複写複製（コピー）することは，著作権法上の例外を除き，禁じられています。本書をコピーされる場合は事前に出版者著作権管理機構（JCOPY）の許諾を受けてください。
JCOPY〈https://www.jcopy.or.jp　eメール：info@jcopy.or.jp〉

会計全書 平成30年度 [6月1日現在]

《3分冊》 会計法規編 ■ 会社税務法規編 ■ 個人税務法規編

金子　宏
斎藤静樹 [監修]

定価17,280円(税込)

●法令・通達を体系的に整理編集、見やすい使いやすい頭柱形式、6月1日現在の最新内容
●各種会計基準、財表規則、会社法令など実用的に編集、未施行条文も該当箇所に掲記
●収益認識や税効果会計の基準、事業承継税制の拡充をフォロー

【会計法規編】

■第1部　会計諸則
会計原則
企業会計諸則
会計基準及び適用指針

■第2部　金商法規
金融商品取引法（抄）
金融商品取引法施行令（抄）
企業内容等の開示に関する内閣府令
企業内容等開示ガイドライン
財務諸表等規則
財務諸表等規則ガイドライン
連結財務諸表規則
連結財務諸表規則ガイドライン
四半期財務諸表等規則
四半期財務諸表等規則ガイドライン
四半期連結財務諸表規則
四半期連結財務諸表規則ガイドライン
内部統制府令
内部統制府令ガイドライン
監査証明府令
監査証明府令ガイドライン

■第3部　会社法規
会社法
会社法施行令
会社法施行規則
会社計算規則
電子公告規則
商法（抄）
商法施行法（抄）
中小企業の会計に関する基本要項
中小企業の会計に関する指針
公益法人会計基準
公益法人会計基準の運用指針

■第4部　監査諸基準
監査基準
監査における不正リスク対応基準
四半期レビュー基準
監査役監査基準
監査報告のひな型について
財務報告に係る内部統制基準・実施基準

【会社税務法規編】

国税通則法
国税通則法施行令
国税通則法施行規則
法人税法
法人税法施行令
法人税法施行規則
法人税基本通達
連結納税基本通達
法人税個別通達
租税特別措置法・同施行令・同施行規則（法人税法の特例）
租税特別措置法関係通達（法人税法編）
租税特別措置法関係通達（連結納税編）
租税特別措置法関係通達（法人税法）─その2
減価償却資産の耐用年数等に関する省令
耐用年数の適用等に関する取扱通達
耐用年数の適用等に関する取扱通達　─その2
震災特例法関係通達（法人税法の特例）
震災特例法に係る法人課税関係の申請、届出等の様式の制定について
東日本大震災に関する諸費用の法人税の取扱いについて
復興特別措置法（復興特別法人税）
復興特別法人税に関する政令・省令
復興特別所得税個別通達
消費税法
消費税法施行令
消費税法施行規則
消費税基本通達
消費税関係個別通達
租税特別措置法・同施行令・同施行規則（消費税法の特例）
震災特例法・同施行令・同施行規則（消費税の特例）
震災特例法律の施行に伴う消費税の取扱いについて
印紙税法
印紙税法施行令

印紙税法施行規則
租税特別措置法・同施行令・同施行規則（印紙税法の特例）
印紙税額一覧表
登録免許税法
登録免許税法施行令
登録免許税法施行規則
租税特別措置法・同施行令・同施行規則（登録免許税法の特例）
震災特例法・同施行令・同施行規則（登録免許税等の特例）
租税特別措置の適用状況の透明化等に関する法律・同施行令・同施行規則

【個人税務法規編】

所得税法
所得税法施行令
所得税法施行規則
所得税基本通達
所得税個別通達
租税特別措置法・同施行令・同施行規則（所得税法の特例）
租税特別措置法関係通達（所得税法の特例）
震災特例法・同施行令・同施行規則（所得税法の特例）
震災特例法関係通達（所得税法）
震災特例法の制定等に伴う所得税（譲渡所得関係）の取扱いについて
東日本大震災に関する諸費用の所得税の取扱いについて
復興特別措置法（復興特別所得税）
復興特別所得税に関する政令・省令
相続税法
相続税法施行令
相続税法施行規則
相続税基本通達
財産評価基本通達
相続税関係個別通達
租税特別措置法・同施行令・同施行規則（相続税法の特例）
租税特別措置法関係通達（相続税法の特例）
中小企業における経営の承継の円滑化に関する法律
震災特例法・同施行令・同施行規則（相続税法の特例）

中央経済社